삼국시대

평기와 연구

| 최맹식 지음 |

주류성출판사

삼국시대 평기와 연구

저　　자 : 최 맹 식
발　　행 : 주류성 출판사
발 행 인 : 최 병 식
인 쇄 일 : 2006년 5월 20일
발 행 일 : 2006년 5월 31일
등 록 일 : 1992년 3월 19일 제 21-325호
주　　소 : 서울특별시 서초구 서초동 1305-5 창람(蒼藍)빌딩

T E L : 02-3481-1024(대표전화)
F A X : 02-3482-0656
HOMEPAGE : www.juluesung.co.kr
E-MAIL : juluesung@yahoo.co.kr

값 20,000원

ISBN 89-87096-60-2 93910

1. 수키와 제작 중 5단계 성형작업(장흥 안양 모령리 한형준 옹)

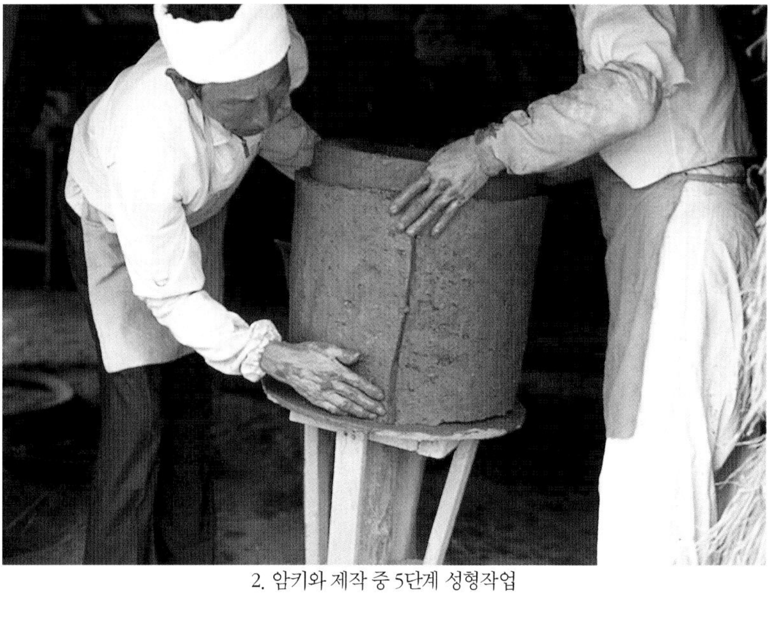

2. 암키와 제작 중 5단계 성형작업

◀ 3. 고구려 평기와 노출
(아차산 홍련봉 1보루 :
고려대학교 고고환경연구소)

▶ 4. 고구려 승문기와
(내부 통쪽 및 마포통보 흔적 : 고려대학교
고고환경연구소)

◀ 5. 풍납토성 격자문 암키와 외부
(국립문화재연구소)

▼ 6. 〈5〉의 내부(통쪽, 연결끈, 마포통보 흔적)

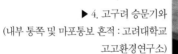

▲ 7. 풍납토성 승문암키와(국립문화재연구소)

▲ 8. 풍납토성 선문암키와
(국립문화재연구소)

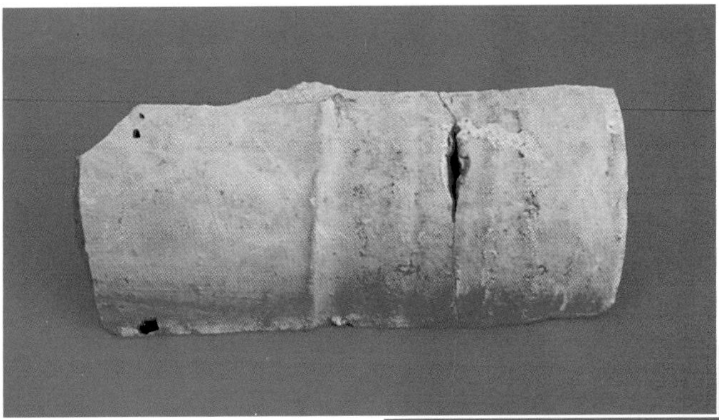

▲ 9. 풍납토성
무문미구기와
(국립문화재연구소)

▼ 10. 풍납토성 무문토수기와
(국립문화재연구소)

◀ 11. 풍납토성 초화문(草花紋)수키와
(국립문화재연구소)

▲ 12. 〈11〉의 뒷면
(아랫부분에 베어낸 흔적)

▲ 13. 풍납토성 각종 막새 · 기와류
(국립문화재연구소)

▼ 14. 풍납토성 미구기와
(국립문화재연구소)

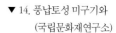

◀ 15. 대전 월평산성 백제 암키와
(충청문화재연구원)

▲ 16. 내면(갈대형 통보)

◀ 17. 순천 검단산성(백제)
격자문암키와
(순천대학교 박물관)

▼ 18. 〈17〉의 내면(승문통보)

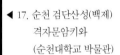

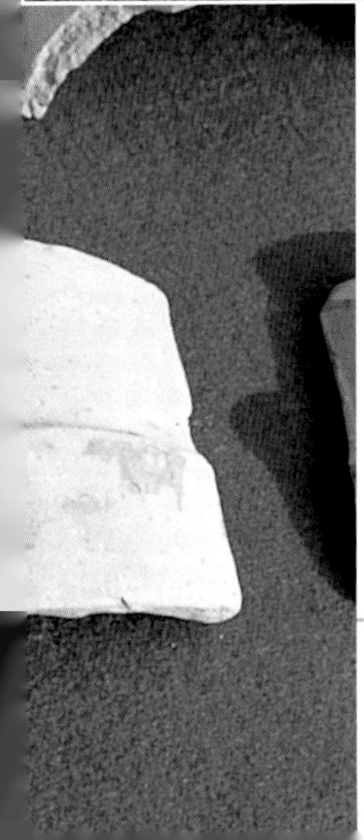

▲ 19. 아차산 홍련봉
보루 북서쪽 성벽
(고려대학교 고고환경연구소)

▶ 20. 아차산 홍련봉 보루 북쪽 성벽
(고려대학교 고고환경연구소)

◀ 21. 아차산 홍련봉
고구려 보루
연화문 수막새
(고려대학교 고고환경연구소)

삼국시대

평기와 연구

인사말

1980년 7월 제대한 지 달포나 지난 8월 경, 기약 없이 휴식을 가져보고자 오랫동안 별렀지만 마냥 놀러 있을 수 없다는 생각이 무겁게 짓눌러 왔다. 학부 시절 당시 문화재관리국 국립문화재연구소로부터 혜택을 받은 바가 있어 며칠간 고민 끝에 한번 찾아 가기로 결심하였다.

8월 하순경 문화재연구소에 방문하였는데, 미륵사지 발굴현장에서 근무할 수 있는지를 물었다. 사학과를 졸업한 나로서는 다른 분야에 준비된 바도 없고 하여 이를 수용했고, 바로 9월 1일부터 조사원으로 근무를 하게 되었다. 당시 책임조사원은 현 전북대학교의 윤덕향 교수가 현장을 진두지휘하였고, 그 위로는 미술공예연구실 조유전 연구관, 장경호 실장(부단장), 김정기 문화재연구소장(단장)께서 재직하고 계셨다. 현장에는 매월 단장과 부단장이 교대로 내려와 수 일씩 체류하시곤 하셨다.

필자는 현장경험이 없었기 때문에, 유물을 세척하는 일부터 하게 되었다. 세척 후, 유물을 복원하는 작업을 진행하였는데 매번 출토위치와 층위 등을 확인하는 작업을 하였다. 그렇지만 유물이 출토되는 건물지와, 함께 출토되는 다른 유물 및 실제 토층 등에 관한 궁금한 바가 많았다. 이후로 유물을 수습하는 일이 있을 때는 가능하면 직접하거나 확인하는 습관을 들였다. 유물을 수습하는 과정에서 파편이거나 일괄로 출토되는 경우 모두 봉투와 채집카드에 필요한 사항만을 기재하는 것이 관례였다. 하지만, 필자는 파편일지라도 현장에서 트렌치 번호, 층위, 토층, 건물명칭(가능한 시기 등)까지 부여하였고, 반드시 유물의 약식 평면도와 단면도를 함께 그리고 유물은 수습했다. 이와 더불어 매일 유물에 대한 일지를 쓰는 버릇을 기르고, 모르는 것은 선생님들께 여쭈어 궁금증을 해결하곤 하였다. 더불어 필요한 자료의 구입을 위하여 한두 달에 한 번꼴로 서울에 올라가 이를 수집했고, 돌아와서는 이들에 대한 습득에 최선을 다했다.

미륵사지는 백제시대부터 조선 임진왜란경까지 여러 시대에 걸쳐 오랜 동안 생활한 유적이었기 때문에, 토기와 기와가 가장 많이 출토되었다. 이 점을 감안하여 발굴단에서는 따로 기와를 세척하는 조를 짜서 매일 기와를 세척하고, 전담하는 조사원을 두어 출토위치, 층위, 문양 등 가능한 시대별 조사에 심혈을 기울였다.

필자 역시 자연스레 이 작업에 참여하게 되었고, 몇몇 연구자료 등을 검토한 결과 평기와에 대한 구체적인 연구는 거의 이루어지지 않았음을 알게 되었다. 여기서 이왕이면 남들이 아직 관심을 별로 기울이지 않은 평기와에 대한 조사를 해보는 것도 흥미가 있을 것이라고 생각하였다. 이에, 맡은 일을 처리하고, 업무가 끝나기 조금 전에 현장에 들러 각 트렌치마다 들러 일지를 쓰고, 안정된 층위의 경우에는 기와의 출토 층위, 토층, 반출유물, 기와에 관한 약식 문양 그림과 크기 및 내부나 외부 등 특기사항에 관한 제반기록의 작성을 생활화하였다. 당시 발굴조사에서는 이 분야에 별 관심을 두지 않았던 터라 필자의 이러한 행위가 웃음거리로 보였겠지만, 필자로서는 이러한 작업이 조금이라도 마음의 위안이 되었고 미지의 세계에 대한 시작이라는 점에서 가슴 벅찬 순간의 연속이었다.

이후, 1983년 2월 국립문화재연구소로 발령을 받았다가, 1985년 4월 미륵사지 현장에 다시 오게 되었다. 이 시기는 현장 조사원이 아니라 발굴조사 전체를 총괄하는 현장 책임자로 오게 되어 무거운 마음이 있었지만, 과거에 했던 평기와 연구에 더욱 매진할 수 있는 한 계기가 되기도 했다. 때문에 책임자로서 필요한 사항을 처리하는 시간을 제외하고는 아침부터 저녁까지 현장과 세척장에 들러 기와를 관찰하는데 대부분의 시간을 할애하였다. 이러한 일과는 1988년 7월 국립경주박물관으로 발령 날 때까지 계속되었다.

1992년 3월, 그간 국립경주박물관과 국립문화재연구소(유적조사연구실)를 거쳐 다시 부여문화재연구소로 오면서 미륵사지 발굴단에 세 번째로 책임을 맡게 되었다. 이처럼 필자와 미륵사지는 끊이지 않는 인연이 계속되었고, 이로 인해 평기와에 대한 연구는 마치 필생의 연구과제이자 미륵사의 창건주인 무왕이 내게 맡긴 숙제처럼 느껴지게 되었다. 사실 미륵사지 초임 시절부터 10여 년 이상 기와에 관한 관심이 있었지만, 심적으로 뚜렷하게 얻은 바가 없어 항상 허전한 느낌은 어쩔 수 없었다. 그러던 어느 날부터인가 갑자기 기와를 보면 기와를 보면 형태와 두께 문양, 느낌 등을 통하여 나름대로 오감을 관통하는 느낌이 오게 되었다. 아마도 이 언제인지 모를 순간부터가 필자가 기와를 떠난 다른 분야는 생각조차 할 수 없는 불행(?)길로 들어서게 된 계기라 생각된다.

부여문화재연구소장을 재직하던 1997년 봄 어느 날 박경식 교수가 갑자기 찾아왔다. 학생들과 답사하는 길에 들렀다가, 1982년 이후 여러 가지 일로 인해 미루어 두었던 석사논문을 마무리할 수 있는 기회를 알려주었다. 이를 계기로 다시 대학원을 복학하게 되었고, 정영호 교수님, 고인이 되신 이호영 교수님, 서영수 교수님, 윤내현 교수님, 김원모 교수님께서 뒤늦은 필자의 논문 제출에 격려를 아끼지 않으셨다. 이어 박사과정에 바로 진학했고, 마침내 박사학위를 받을 수 있었다. 이같은 필자의 학문 여정에 김정기, 김동현, 장경호, 조유전 선생님 등 역대 문화재연구소장님과, 신형식 교수님, 이해준 교수님, 이영문 교수님의 격려와 도움 또한 잊을 수 없다.

2003년 경주문화재연구소에 재직 시, 박사학위를 받을 무렵, 문화재청으로 발령을 받게 됨에 따라 2년여의 시간이 지나도록 박사학위논문을 그대로 방치하게 되었다. 그러던 차 작년 6월 국립문화재연구소에서 학술대회 참석차 오신 도서출판 주류성의 최병식 사장님께서 우연히 논문을 보시고 책으로 발간할 것을 권하셨다. 기와에 관심을 갖은 지가 어느덧 26년이 흘렀지만 아직도 이에 대해 모르는 바가 더욱 많음을 느낀다. 이럼에도 불구하고, 이 책을 발간을 선뜻 수락함은 필자의 부족함을 스스로 자각하고 끝까지 격물格物의 이치를 겸허하게 받아들이라는 필연의 귀결이라 생각한다.

끝으로 지금도 필자의 건강을 염려하시고, 부족함을 지적해주시는 부모님, 자신을 아끼지 않고 내 곁에 함께한 집사람과 네 아이들에게도 고마운 마음으로 인사말을 대신하고자 한다.

2006년 5월

崔孟植 삼가 씀

차 례

I
서론

1. 연구 목적

한반도에서 평기와 사용은 역사시대가 시작되는 시기를 전후한 무렵부터였을 것으로 추정하고 있다. 이러한 가능성은 두 가지 측면에서 고려해 볼 수 있을 것이다. 하나는 중국 후한後漢이 설치한 한사군漢四郡 중의 하나인 낙랑樂浪이 한반도 서북지방을 점유하면서 그 문물이 유입되는 과정에서, 기와 역시 이 중에 자연스럽게 포함되었을 가능성이 있다는 점이다. 또 다른 가능성은 중국과 직접 국경을 맞대고 있었던 고구려인이 교류나 기타 방법을 통하여 이를 그대로 받아들이거나 제작했을 가능성이다.

처음 기와가 사용되기 시작했을 당시 평기와의 용도는 적어도 궁전이나 관부官府 등 국가에서 직접 경영하는 건조물에 제한되었을 것으로 판단된다. 기와는 제작공정과 기와를 올릴 때, 가옥구조에서 조직적인 인력과 체계적인 기술 습득이 필요하고 상당한 경제력이 지속적으로 뒷받침되지 않으면 종합적인 공정작업이 이루어지기 어렵다. 이러한 점을 헤아려보면, 한반도의 기와는 자연발생적이라기보다는 당시 인접국이었던 중국 후한이나 평양 주변까지 진출한 후한의 낙랑문물樂浪文物과 함께 유입되었을 가능성이 높다는 것이다.

건축술의 발전은 구조적인 내실 뿐만 아니라 좀 더 나아가 장식적이고도 미적인 감각을 함께 추구해왔을 것이라는 점도 헤아려 볼 수 있다. 건축물 중 구조적인 측면에서 보아 이러한 두 가지를 충족시켜 줄 수 있는 재료 중의 하나가 기와다.

그래서 고대사회에서의 기와는 우선 국가적인 차원의 수요가 요구되었다. 이에 따라 고대국가는 기와 생산에 필요한 경제력 지원 같은 일련의 조치를 취하였을 것이다. 이는 어떤 의미에서 국가 개입한 일종의 통제수단이 되었을 지도 모른다. 어떻든 여러 가지 제약으로 인하여 일정한 기간 동안은 유입과정에서부터 생산단계에 이르기까지 많은 어려움이 따랐을 가능성은 높다. 그만큼 지속적이고 체계적인 노력이 뒷받침 되어 생산기술이 이어지는 가운데 살아남을 수 있었다. 이러한 측면은 곧 일단 도입과 일정한 수준의 기술과 발전단계를 거치게 되면, 창조의 가능성도 동시에 수반될 수 있는 여지를 갖추고 있다는 것을 의미하기도 한다. 이러한 기술의 습득과 발전은 오랜 과정을 통하여 전통적인 문화의 한 부분으로 자리를 잡아가게 되었을 것으로 보인다. 실제 우리 기와의 존재는 역사시대 개막에 즈음한 삼국시대부터 통일신라, 고려, 조선시대를 거쳐 지금까지도 우리의 중요한 전통문화의 한 자리를 지켜왔다는 사실은 그동안 유적조사에서 잘 보여주고 있다.

우리 고대유적에서 기와가 차지하는 비중과 위치는 어떠한가? 삼국시대 초·중기경에는 여건상 왕실과 관부官府나 국가적 차원의 건조물, 사찰, 산성과 그 내부의 건조물 등지에서 기와 사용이 일반화되었을 가능성이 높다.[1] 이러한 견해는 발굴조사 등을 통하여 조사된 내용을 분석한 결과에서 확인되고 있다. 유적에서 출토되는 기와의 비율을 일률적으로 적용하기는 어렵다. 이는 삼국시대 초기에는 기와를 사용했던 건조물의 범위가 더욱 제한되었을 가능성이 있고, 건조물의 부분적인 사용 또는 한

1. 삼국의 초기 유적 중 기와가 출토 조사·확인되거나, 보고되는 유적은 아직 미미한 편이다. 기록과 정황으로 보아 초기 유적으로 발표된 유적이라하더라도 역사시기에 즈음할만한 기와의 존재는 앞으로 검증단계가 남아 있다.

무리를 이루는 일정한 건물군에서도 중요한 건물에 한하여 기와를 올렸을 가능성도 배제할 수 없기 때문이다.[2] 기와 사용의 확장 추세는 삼국시대 중기를 전후하여 점차 급속도로 확대되었던 것으로 보인다. 아직은 물론 국가가 직 · 간접적으로 경영하는 궁전건축물과 관부官府 건조물, 사찰 건축물을 중심으로 한 제한적인 사용이 주류를 이루었을 것으로 보인다. 이 시기를 지나면서 고급관료 등 영향력 있는 세력가들에 의하여 좀 더 폭넓은 사용이 가능했을 것으로 추정된다. 삼국의 초 · 중기 유적을 기준한 기와 출토량은 아직 통계를 낼만한 자료가 별로 보고되지 않았다. 그러나 적어도 6세기경에 들어오면, 사찰의 경우 총 출토 유물의 1/3~1/2을 넘는 사례가 일반적인 추세로 확인되었다.[3] 이러한 많은 기와의 출토 경향은 건축물에서 사용되었다는 점에서 그 기능상 당연한 귀결歸結로 이해된다. 결국 이러한 정황은 기와에 대한 연구의 필요성과 목적이 제기되는 중요한 이유 중의 하나가 아닌가 한다.

기와 연구의 목적은 우리 건축 역사의 한 부분이면서도, 2000년에 가까운 세월 동안 우리 문화의 한 부분을 장식해왔던 실체를 밝혀보고자 하는 것이다. 이러한 작업을 위하여 실제 기와에 대한 많은 관찰과 다른 성과물 등을 검토 종합하는 방법으로 삼국 간 기와의 특성과 제작기법 등을 알아보고자 하였다. 이러한 일련의 작업은 첫째, 당시 제작기법을 파악함

2. 국립문화재연구소, 『풍납토성 I –현대연합주택 및 1지구 재건축 부지』, 2001. 보고자는 이곳에서 확인된 가–5 및 나–7호와 같은 주거지의 사례로 들었다. 여기서 출토 기와의 양이 적은 점은 특수한 건물에 한정하여 기와를 얹었을 가능성을 기술하고 있다.
3. 미륵사지에서 출토된 유물 중, 유물로 판단하여 정리한 수량은 약 20,000여 점이다. 그 중 출토된 평기와는 총 325만여 점에 달한 것으로 보고되었다(국립부여문화재연구소, 『미륵사유적발굴조사보고서 Ⅱ』 제13집, 1996, p.569).

으로써 지금까지 계승되어 오는 전통기와 제작기법과 비교할 수 있는 기본 자료제공이 가능하다. 둘째, 삼국의 기와에 대한 속성을 파악함으로써 후대 기와 제작공정과의 변화과정을 이해하는 데에 기본 자료가 될 수 있다. 셋째, 삼국 기와의 각 특징을 분석함으로써 특이성과 공통점 및 그 흐름을 이해하는 데 도움이 될 수 있다. 넷째, 조사 · 분석에 비례하여 관련 건조물이나 기타 유적의 시기와 반출유물의 편년에도 도움을 줄 수 있을 것이다.

2. 연구 방법

기와의 기본 연구 방법은 원칙적으로 발굴을 통하여 발굴한 기와 실물을 대상으로 한 관찰과 비교검토 작업을 거치는 것으로부터 우선하였다. 여기서 다루는 기와는 삼국시대가 중심이 되기 때문에 연구대상 역시 고대 전통기와 제작공정에 의하여 제작된 기와에 한정한다. 기와는 오랜 전통을 지녔는데도 제작공정에 대한 기록자료는 대단히 한정되어 있다.[4] 아울러 현재 우리 전통기법에 따라 제작되는 생산거점은 겨우 한 군데만 남아 명맥을 잇고 있을 뿐이다.[5]

---

4. 근래까지 이어지고 있는 순수한 전통기와 제작공정에 대한기록 및 조사자료는 아래와 같다.
   宋應星(中國 明), 『天工開物』 第7卷 瓦條.
   중국 명明나라 사람인 宋應星이 당시 제작되고 있는 기와제작 기법을 간단하게 소개하고 있다. 여기에서 두개의 그림을 삽입하였는데, 당시 중국에서 사용되고 있었던 와통瓦桶의 종류, 형태, 4분법, 와도瓦刀(쨀줄)를 확인할 수 있는 단서를 가지고 있다.
   佐原 眞, 「平瓦桶卷作り」, 『考古學雜誌』 昭和47年(1972), 日本考古學會.
   20세기에 들어와 광복전 일본인들이 한반도에서 제작되고 있던 전통기와 제작법을 조사하여 간단하게 소개한 사례가 있다.
   大川淸, 「扶餘郡 恩山面 金剛寺出土 古瓦의 硏究」, 『백제연구』 제6집, 공주사범대학부설백제문화연구소, 1973.
   정동찬 · 유창영 · 홍현섭 · 윤용선 · 신영순, 『전통과학기술조사연구(Ⅱ)-대장간, 옹기, 기와-』, 국립중앙과학관, 1994.
   조성모, 「한국전통기와 제작공정에 관한 연구」, 원광대학교 산업대학원 석사학위논문, 1995.
   국립문화재연구소, 『제와장』, 1996.

따라서 구체적인 제작기법에 대한 내용은 우선 고대 기와에 대한 실제 관찰을 통하여 이루어진 형태 분석과 조그마한 흔적이라도 놓치지 않고, 그 흔적의 연원淵源을 캐어 나아가는 것이다. 이러한 방법은 결과적으로 제작기법이나 복원작업 공정을 파악하기 위해서는 필수적으로 거쳐야하는 연구과정이다. 기와에 드러난 흔적관찰을 통하여 파악할 수 있는 것과 파악되지 않는 부분이 있고, 동일한 현상이 유적이나 기와에 따라 상당한 차이가 드러나는 경우도 적지 않다. 이러한 일련의 현상은 많은 유물을 확인하는 과정에서 공통분모를 찾아 내면서, 그 속성의 실체 하나 하나가 파헤쳐지기도 한다. 작업과정에서 기와에 대한 삼국 간 또는 시기에 따른 공통점과 차이점 등 전통 고수와 변화가 드러나기도 한다.

기와의 관찰을 통한 연구는 이미 제작된 기와의 형태를 관찰하여 파악하는 것이어서 그 한계성도 클 수밖에 없다. 이는 실제 연구자들은 익히 겪고 있는 측면이기도 하다. 기와의 제작과정은 ① 채토採土→② 흙고름→③ 흙벼늘 작업→④ 소지素地작업[6]→⑤ 기와 성형→⑥ 건조→⑦ 구움의 7단계를 걸쳐 완성되는데, 위의 실물 관찰에서는 기와 성형시 남겨진 흔적을 주로 보게 되는 것이다.[7] 이것은 위의 제작공정 중 5단계에서 형성된 여러 가지 흔적이 기와에 주로 남게 되고, 일부 기와 중에는 4단계인 소지素地작업 과정에서 어떠한 소지素地를 사용했는지를 보여주기도 한다. 물론 기와의 상태를 보아 7단계의 구움 상태에서 경도硬度의 정도를

---

5. 중요무형문화재 제91호 한형준 옹. 전남 장흥군 안양면 모령리.
6. 다무락 쌓기 : 다무락은 담장의 방언으로서 담장형태로 흙을 쌓은 후, 널판형 소지素地를 한 켜씩 떠서 성형작업을 할 준비를 한다.
7. 현재 재래식 기와 제작공정에 대한 정리작업은, 인간문화재 제91호인 한형준 옹製瓦匠이 현지에서 작업하는 과정에서 유래된 것이다. 이러한 까닭은 1970년대 이후 현대화 바람이 일어나면서 한옥에 관련된 건조물의 존재가 급격하게 위협을

어림잡을 수가 있기는 하다.[8] 결국 기와를 통하여 관찰할 수 있는 범위는 대체적으로 5단계인 기와성형 과정에서 형성된 특징을 분석하는 측면이 강하게 부각될 수밖에 없다. 다른 단계는 거의 파악이 어렵거나, 제한적이고도 부분적인 관찰만이 가능하다.

기와의 성형된 상태를 관찰하여 얻을 수 있는 결과는 위에서 서술한 바와 같이 한계성이 있기 때문에, 제한된 관찰 범위를 좀 더 넓힐 수 있는 방법으로는 전통적으로 제작되어온 제작공정을 세심하게 파악하는 것이다. 실제 한반도에서 출토된 비교적 이른 시기의 기와에서 관찰되는 속성과, 중국 명나라의 宋應星이 저술한 『天工開物』의 瓦條에서 보여주는 기록과 두 개의 그림을 비교 · 검토해보면, 기와제작 공정은 전통 고수적인 면이 대단히 강하게 남았다는 것을 실감할 수 있다. 이러한 측면은 지금까지 전해오는 전통기와 제작기법과 비교해 보아도 뒷받침되고 있음을 알 수 있다.

지금까지 서술한 연구방법을 소결小結하면, 기와에 대한 기본적인 관찰

받게 되었다. 이러한 일련의 현상은 지정된 문화재를 중심으로 한옥이 겨우 명맥을 잇게 되었고, 이는 수요의 급감소로 이어지게 되었다. 또한 수작업에 의한 기와제작은, 경제성이 떨어지게 되어 명맥을 잇기가 어렵게 되었기 때문이다. 따라서 대부분의 재래식 제와장製瓦匠에 대한 연구가 시도되기 이전에 그만두거나, 단절되게 된 것이다. 조성모(「한국전통기와 제작공정에 관한 연구」, 원광대학교 산업대학원 석사학위논문, 1995)는 현장에서 직접 체험을 바탕으로 하여, ①원토채취, ②구와질작업, ③흙보시작업, ④다드락작업, ⑤성형, ⑥건조작업, ⑦기와의 재임, ⑧번조 등으로 제작공정을 정리하고 있다. 문화재연구소에서 정리한 『제와장-중요무형문화재 제91호-』(문화재연구소, 1996)에서는 ①원토찾기-흙(질)채취, ②흙이기기-흙괭이질, ③흙벼늘 쌓기 작업, ④다무락 쌓기, ⑤기와만들기, ⑥건조, ⑦가마에 기와 재임, ⑧굴제사 ⑨가마불 작업 ⑩굴단속 ⑪굴문트기로 세분하여 정리하였다.

8. 이러한 방법은 조사방법의 연장에 따라 과학적인 분석을 적용하면, 소성온도와 성분분석까지도 가능하다.

을 통하여 ① 제작기법에서 나타나는 기와의 속성을 확인, ② 기와에 시문施紋된 문양, ③ 옛 자료를 통한 구체적 근거 확인작업과 같은 것이라고 볼 수 있다. 이러한 일련의 작업과정에서 얻어질 수 있는 내용은, 고구려 · 백제 · 신라의 외형적인 특징과 문양, 제작기법 등의 공통점과 차이점을 들 수 있겠다. 제작기법에 대한 세심한 배려는 와통瓦桶의 구조확인이 가능하고, 각 와통瓦桶이 지닌 특성과 이에 따라 기와에 드러난 특징은 기와 관찰작업과 직접관련이 있기 때문에 서로 보완적인 상호관계에 놓이는 셈이다.

마지막으로 위의 기와의 제작기법과 속성을 바탕으로 삼국 간 기와의 전파과정을 시도해 보았다. 이 작업은 기본적인 관찰작업과 함께 앞으로 지속적으로 보완해 나아가야 할 문제로 남는다.

3. 연구사적 검토

1) 일본인에 의한 연구

한반도에서의 기와 연구에 대한 첫 시도는 일본인이 기록으로 남긴 것이 가장 빠른 현장조사 사례로 나타나 있다. 일제강점기 이전까지도 우리는 기와를 실수요적인 필수품으로만 인식하고 있었던 터라 아직 연구대상으로 여기지 않았던 것으로 판단된다. 또 고고학이라는 학문이 미처 들어오지 않은 시기여서 어쩔 수 없는 현실도 작용했을 것으로 보인다. 이 시기에 일본인들은 한반도의 문화를 연구 · 조사한다는 명분으로 수많은 유적과 유물을 파헤쳤던 것으로 확인된다. 이 과정에서 한반도 내의 각 산성, 궁궐, 사찰 등이 발굴 등을 통하여 드러났고, 이러한 유적에서 출토되는 유물은 기와가 압도적으로 많은 출토량을 기록했던 것이다. 이러한 유물들은 조선총독부에서 『고적조사(특별)보고古蹟調查(特別)報告』라는 명칭으로 발간되었다. 이 보고서에 따르면 낙랑, 고구려, 백제, 신라 및 그 이후까지를 망라하여 그들의 손길이 닿지 않은 것이 없을 정도이다.[9] 예를 들면, 『조선고적도보朝鮮古蹟圖譜』에서는 평양을 중심으로 그 서남 · 북편의 낙랑 · 대방 · 고구려유적에 대한 발굴조사를 빌려 국가별로 유적과 유

9. 朝鮮總督府, 『高句麗時代之遺蹟』, 昭和4年古蹟調查特別報告 ; 朝鮮古蹟會, 昭和11年度古蹟調查報告 ; 朝鮮古蹟研究會, 昭和12年度古蹟調查報告 ; 朝鮮古蹟研究會, 昭和 13年度古蹟調查報告. 후에 나온 자료로는, 三 上次男 · 田村晃一, 『北闕山城-高爾山山城-高句麗新城の調查-』, 中央公論美術出版, 平成5年 ; 池內宏, 『通溝(上,下)』, 日滿 文化 協會 刊, 1985.

물을 소개하고 있다.[10] 이러한 내용들은 구체적인 낙랑과 대방유적에 대한 유적과 유물에 대한 나름대로의 검토분석 작업을 통하여 분류가 가능했을 것으로 보인다. 일본인들은 이러한 발굴작업을 거쳐 발굴한 명문전銘文塼을 빌려 한사군漢四郡의 실체 흔적을 조금씩 실물로서 규명하는 자료로 이용하였다. 또 명문전銘文塼과 함께 실린 평기와에는 내부에 승문繩紋과 마포麻布가 확인되어 결과적으로 제작기법에서의 승문繩紋통보나 마포麻布통보의 존재를 들추어냈다.[11]

이 시기의 보고서에 실린 내용은 기와에 대한 구체적인 연구까지는 미치지 못하였다. 주로 막새를 위주로 하여 평기와를 부분적으로 소개하는데에 한정된 것이었다. 조사내용에서는 방법상 발굴, 시굴, 지표조사 등을 사용하였다. 그래서 기본 조사방법은 요즈음과 별다른 차이를 발견할 수 없다. 이러한 제반 조사내용은 우리 평기와에 대한 조사의 첫걸음이 되었다는 점에서 주목되는 것이다.

또 기와 제작공정에 대해서는 일본인들 손에 조사가 이루어졌던 사실도 확인되었다. 이 기록에 의하면, 기와 성형과정과 당시 제작공정시에 사용되었던 도구에 대한 그림과 제작과정의 사진을 함께 실었다. 여기서 제공된 사진을 보면, 전통 한와韓瓦 제작공정 중 4단계인 벼늘쌓기, 5단계인 성형작업, 6단계인 건조작업 등이 관찰된다.[12] 이 자료는 1939년도의

10. 『朝鮮古蹟圖譜 第1冊』, 朝鮮總督府, 大正4年(1915).

11. 『朝鮮古蹟圖譜』. 위 보고서에 실린 전塼 중, 전곽塼槨에 사용된 것에 "帶方太守張撫夷"와 같은 명문銘文 등이 확인됨으로써 구체적인 국가명과 시기를 가늠할 수 있는 계기가 되었다.

12. 한반도에 전래되어온 전통한와에 대한 제작공정을 처음 현지 조사하여 기록을 남긴 사람은 藤島亥治郎인 듯하다(佐原 眞, 「平瓦桶卷作り」, 『考古學雜誌』, 日本考古學會, 昭和17年(1972). 여기서 필자는 광복전 한국의 전통적 기와 제작기법과 일본의 전래

충북지방의 전통기와 제작공정을 어느 정도 파악할 수 있다는 점에서 의의가 있다.[13] 이 자료에 나오는 사진에서는 지금은 흔적을 찾아볼 수 없는 충북지방에서 기와제작에 사용되었던 도구를 일일이 그림을 그려 제공하고 있다. 이 그림 중에는 2단계인 흙고름 작업에 사용되었던 판을 댄 쇠시랑 형태의 도구, 만들고자 하는 기와의 두께를 소지素地에 표시하기 위한 도구였던 톱날 형태의 눈대, 건장채[14], 조막손[15], 암 · 수키와통, 쨀줄[16] 등이 정밀하게 묘사되었다. 각 그림에는 실제 크기를 촌寸 단위를 넣었는데, 이는 한국 전통기와 제작기법에 대한 자세한 연구를 하기 위하여 전국을 조사했음을 의미한다.[17]

2) 광복 이후 ~ 1970년대까지

이 시기에는 우리 손으로 발굴이 처음 이루어진 시기이다. 이 기간 중 초기에는 발굴 유적 중 대부분 고적古墳이나 기타 주거지 등이 차지하는 비율이 높았다. 1959년도에 감은사지感恩寺址 발굴조사가 부분적으로 이

기와 제작법에 관한 내용과 함께 당시 기록된 사진 등을 함께 소개하고 있다).
藤島亥治郎,「朝鮮瓦の製作に就いて」,『綜合古瓦研究』, 1939.

13. 佐原眞,「平瓦桶卷作り」,『考古學雜誌』第58卷 第2號, 日本考古學會, 昭和47年(1972).
14. 타날打捺도구를 현지에서는 건장채라고 불림.
15. 조막손은 왼손으로 잡아 기와 내부에 대고, 오른손은 건장채를 잡고 기와의 외부를 두들긴다. 이 작업은 5단계인 성형작업을 마친 후, 건조장으로 옮겨와 건조되기 이전에 기와의 재조정작업에 사용되는 것들이다.
16. 기와 제작공정 작업 중, 3단계(흙벼늘 작업) 및 4단계(소지素地작업 ; 다무락작업)에서 숙성시키는 과정에서 흙을 옮길 때 흙을 베어내게 되는데 사용되는 가느다란 철사줄(중국에서는 철사줄이나 가느다란 끈을 이용하여 와도瓦刀로 사용된 사례가 있다. 예를 들면 진秦 · 한漢이나 남북조시대南北朝時代의 대부분의 막새 등기와는 쨀줄을 이용하여 기와를 베어내고 있다).
17. 이 작업은 藤島亥治郎에 의하여 1939년도에 시행되었음을 밝히고 있다.

루어졌고,[18] 1962년에는 부여 동남리東南里 와요지瓦窯址가 발굴되었다.[19] 1963년도 및 1964년에는 부여 금강사지金剛寺址 및 풍납리백제토성風納里百濟土城에 대한 발굴조사가 이루어졌다.[20] 1964년에는 풍납리백제토성에 대한 부분적 조사에 이어 같은 해에 부여 임강사지臨江寺址 조사가 수 일간 이루어졌다.[21] 이후 1960년대 말에 이르러서 부여 금강사지에 대한 발굴조사가 실시되었다. 이러한 발굴작업은 대부분 수일에서 3개월 이내의 단기 조사여서 시굴이나 부분적인 발굴작업의 범위를 벗어나지 못하였다.[22]

지금까지 일시적이고 단편적 조사범위에서 벗어난 시기는 1970년대에

---

18. 김재원 · 윤무병, 『감은사지 발굴조사 보고서』, 국립중앙박물관 특별보고 제2책, 1961.
19. 홍사준, 『백제와요지』 및 『부여군지』, 1964. 이 조사는 6일간 이루어졌으며, 간단한 기록만 남아 있을 뿐이다.
20. 윤무병, 『금강사』, 국립중앙박물관고적조사보고서 제7책 1969.
21. 김원룡, 『풍납리포함층조사보고』, 서울대학교 고고인류학총서 제3책, 1967.
    신영훈, 「부여 임강사지 발굴참가기」, 『고고미술』 52, 1964.
22. 황수영, 「익산 왕궁리 석탑 조사」, 『고고미술』 71, 1966.
    홍사준, 「백제 미륵사지 발굴작업 약보」, 『고고미술』 70, 1966.
    진홍섭, 「황룡사지 발굴조사 예보」, 『고고미술』 103, 1969.
    안승주, 「공주 서혈사지에 관한 조사연구(Ⅰ)」, 『백제문화』 4, 1970.
    박용진, 「공주 금학동 일명사지의유적」, 『공주교육대학논문집』 8, 1971.
    문화공보부 문화재관리국, 『불국사 복원공사 보고서』, 1976.
    안승주, 「공주 서혈사지에 관한 조사연구(Ⅱ)」, 『백제문화』 5, 1971.
    정영호, 『진전사지 발굴 보고』, 1989.
    김삼룡, 『익산 미륵사지 동탑지 및 서탑 발굴조사 보고서』, 원광대학교 마한 · 백제문화연구소, 1974.
    동국대학교박물관, 『불교미술』 2, 1974.
    윤무병, 『고선사지 발굴조사 보고서』, 문화재관리국 사적관리사무소, 1977.
    정영호, 『진전사지발굴 보고』, 1990.
    문명대, 「분황사 발굴조사 약보」, 『고고미술』 112, 1975.

들어서부터이다. 이때는 좀 더 본격적이고도 지속적인 전체 발굴조사가 이루어지기 시작했다. 이러한 발굴조사의 전환 시점은 우리의 고대문화에 대한 인식이 조금씩 달라지면서이다. 대규모 유적 중 본격적인 전면조사를 실시한 유적으로는 안압지雁鴨池가 첫 번째 사례가 아닌가 한다.[23] 여기서는 건물과 관련된 다량의 기와가 집중적으로 출토되었다. 이 조사는 1975~1976년도에 걸쳐 발굴작업이 실시되었으며, 본격적 기와연구에 큰 도움을 줄 수 있는 자료가 풍부하게 쏟아져 나왔다.[24] 이어 안압지 발굴조사를 마치면서 황룡사지皇龍寺址에 대한 발굴조사가 1976년도부터 시작되었다.[25] 경주에서의 이러한 대규모 발굴작업은 앞으로 계획적이면서도 지속적인 발굴작업의 효시라고 할 수 있는 것이었다. 그렇지만 일시적인 확인조사를 면하지 못했던 대부분의 조사는 아직 기와에 대한 인식이 거의 없었다. 따라서 보고서에는 막새와 같은 인식도가 좀 높은 유물 이외에는 조사연구자의 관심 밖으로 밀려났고, 이러한 추세는 대부분의 기와 또는 전량이 보고서에 실리지 않는 것이 일반적 관례였다. 이러한 가운데에서도 안압지와 황룡사지와 같은 큰 규모의 유적과 많은 유물의 출토 및 동 유적에 대한 지속적인 계획발굴작업은 기와에 대한 관심도가 점차 달라지게 되는 계기가 되었던 것으로 믿어진다.

이어 1970년대 말에 발굴을 시행했던 유적으로는 감은사지를 빼 놓을 수 없다. 사찰인 관계로 건물지와 함께 다량의 기와가 출토되었고, 종합

23. 문화공보부 문화재관리국 ,『안압지발굴조사보고서』, 1978.
24. 문화공보부 문화재관리국, 『안압지발굴조사보고서(내용 · 도판편)』, 1978.
윤근일, 「통일신라시대 와당의 제작기법에 관한 연구」, 단국대학교 대학원 석사학위청구논문, 1978.
25. 문화재관리국 문화재연구소, 『황룡사유적발굴조사보고서 I (내용 · 도판편)』, 1982 · 1984.

유적에 걸맞게 다양한 재료의 유물 및 유적의 성격을 규명할 만한 충분한 유물이 확인되었다.[26] 1977년과 1978년도에는 경주 동방동와요지東方洞瓦窯址와 금장리신라와요지金丈里新羅瓦窯址 조사가 이루어져 신라기와 연구에 중요한 자료를 제공했다.[27] 또 1978년도에는 흥륜사지興輪寺址 탑지塔址에 대한 발굴조사가 실시되었으며,[28] 1979년에는 부여 정림사지定林寺址 발굴조사가 시작되었다.[29] 이 유적들은 감은사지 및 정림사지 이외에는 부분적인 조사에 한정되었지만, 와요지瓦窯址에 대한 단일유적 발굴이라는 점에서 기와에 대한 관심도가 높아지고 있다는 것을 말해주고 있다. 또 흥륜사지에서 출토된 '靈廟之斜영묘지사' 및 '大令妙寺造瓦대영묘사조와'[30], 정림사지에서 출토된 '大平八年戊辰定林寺大藏當草대평팔년무진정림사대장당초'와 같은 명문와銘文瓦는 사찰의 명칭과 기와의 편년 등 여러 가지 문제를 고려할 수 있는 자료로 삼을 수 있는 기본적 근거의 단적인 사례로 꼽을 수 있게 되었다. 이러한 명문銘文은 다른 유물에 비하여 기와에서

26. 국립경주문화재연구소 외, 『감은사발굴조사보고서』, 1997.
27. 문화재관리국 허가자료. 발굴보고서 미발간으로 자세한 내용은 알 수 없다.
국립경주박물관, 『경주 동방동 기와 가마터』, 1993. 이 보고서에 실린 유물은 통일신라시대의 귀면와鬼面瓦 및 수막새, 전塼과 조선시대의 명문銘文 막새, 평기와 등이 출토되었다. 보고서에서 요지窯址는 조선으로 편년하고 있으나, 전체 가마와 반출되는 주변의 상황이 자세하지 않아 구체적인 내용은 알 수 없다. 와요지에서 출토된 유물 등을 통하여 다경와요지多慶瓦窯址는 6~7세기경, 금장와요지金丈瓦窯址는 8~9세기경으로 편년하는 의견이 있다(김유식, 「7~8세기 신라 기와의 수급」, 『기와를 통해본 고대 동아시아 대외교섭』, 국립경주박물관 외, 2000). 위 글에서 물천리勿川里, 동산리東山里가마는 각 6세기 반경 및 7세기 중엽, 육통리六通里가마는 6세기 중엽, 망성리望星里가마는 6~7세기경으로 보았다.
28. 신창수, 「흥륜사의 발굴성과검토」, 『신라문화』 제20집, 동국대학교 신라문화연구소, 2002.
29. 윤무병, 『정림사』, 충남대학교박물관 외, 1981.
30. 신창수 앞 논문.

보다 많은 사례를 들추었다는 점에서 신중한 조사연구가 병행되어야 함을 말해준다고 할 수 있다. 이 시기에 경주를 중심으로 사찰과 안압지와 같은 건조물 관련 유적이 발굴되어 기와를 막새류, 명문銘文, 기타 문양와紋樣瓦를 탁본과 함께, 개설적으로 설명한 연구서와 논문이 출현되기 시작했다.[31)]

위와 같은 기와가 출토된 여러 유적이 발굴되었던 것에 비하면, 아직 연구성과와 관심도는 대단히 미미한 상태로 남은 셈이었다. 이러한 단면은 유적과 유물에 대한 열정적인 관심도에 비례하여 아직 보고서에 대한 정리작업은 습관화되지 않은 면이 남아 있었던 탓도 작용했을 것으로 보인다. 또 현장에서 출토되었던 수많은 기와에 대한 조사방법과 익숙하지 않은 연구는 기본적인 자료정리를 외면할 수밖에 없었던 것으로 이해된다. 다만 관심도가 높았던 막새와 명문와銘文瓦, 특수한 문양으로 인정되는 몇몇 기와만을 대상으로 뽑아 보고서 자료에 싣는 경우가 일반적인 현황이었다. 이러한 조건임에도 불구하고, 기와는 건조물에 관련된 중요한 유물로 점차 인식되면서 자료가 쌓이기 시작했고, 연구대상으로 점차 자리를 굳히는 의식 기반은 이 시기에 싹이 트이기 시작했다고 판단된다.

3) 1980년대

평기와에 대한 본격적 연구 결과물은 이 시기에 이르러서야 출현되기 시작하였다. 이러한 결과물이 나오기까지는 1970년대 후반부터 본격적인

31. 박용진, 「공주 출토의 백제와전에 관한 연구」, 『백제연구』 제6집, 공주사범대학부설 백제연구소, 1973.
김동현, 『신라의 기와』, 동산문화사, 1976.
김화영 앞 논문.

건조물 관련 유적에 대한 발굴작업을 시작하면서 시기를 달리하는 다양한 막새, 명문와銘文瓦, 평기와 등이 출토되었고 이러한 자료를 통하여 관심과 필요성에 따른 그 동안 연구축적이 조금씩 등장한 것으로 이해할 수 있다. 특히 직접적인 동기는 단편적인 발굴조사를 벗어나 지속적이면서도, 유적 전체 발굴을 거치면서 문양 등을 분석할 만한 많은 유물 출토와 평기와에 대한 인식이 가장 큰 요인이 되었던 것으로 보인다.

이 기간을 즈음한 시기는 기와가 집중 출토될 수 있는 대규모 발굴이 백제 고지故地에서도 이어지기 시작하는 시점이다. 1980년도에는 백제의 마지막 도성이었던 부여 부소산성扶蘇山城 발굴에 들어가 이후 2002년까지 23년간 계속되어 왔다.[32] 또 같은 해에는 익산 금마金馬에 자리잡은 백제 최대의 사찰로 알려진 미륵사지彌勒寺址 발굴작업이 이루어져 1996년도까지 17년간 계속되었다.[33] 부여 정암리亭岩里에서는 백제 와요지瓦窯址가 확인되어 기와 요지窯址의 다양한 형태와 이에 따른 구조를 밝힐 수 있게 되었고, 많은 백제 막새와 평기와가 출토되어 이를 함께 연구할 수 있는 자료를 제공해 주었다.[34]

이러한 추세에 맞추어 1980년대 중반에는 평기와에 대한 논문이 처음

---

32. 국립부여문화재연구소, 『부소산성 발굴조사중간보고』, 1995.
    국립문화재연구소, 『부소산성 발굴조사보고서』, 1996.
    국립부여문화재연구소, 『부소산성 발굴조사중간보고 Ⅱ』, 1997.
    국립부여문화재연구소, 『부소산성 발굴조사중간보고서 Ⅲ』, 1999.
    국립부여문화재연구소, 『부소산성』, 1999.
    국립부여문화재연구소, 『부소산성 발굴중간보고 Ⅳ』, 2000.
33. 문화재관리국 문화재연구소, 『미륵사 Ⅰ』, 1989.
    국립부여문화재연구소, 『미륵사 Ⅱ』, 1996.
34. 김성구 · 신광섭 · 김종만 · 강희천, 『부여정암리가마터(Ⅰ)』, 1998.
    신광섭 · 김종만, 『부여정암리가마터(Ⅱ)』, 1992.

으로 등장하였다.[35] 이어 지속적으로 계획발굴이 이루어진 미륵사지 출토 기와를 분석한 글도 나오게 되었다.[36] 지금까지 장식이나 문양의 가치를 높이 샀던 막새류를 중심으로 정리되어 오거나, 막새류들 틈에 겨우 끼어 몇 점씩 선택 · 서술되었던 구태舊態를 조금씩 벗어나기 시작한 것도 1980년대에 들어와서 조금씩 바뀌는 변화 현상의 하나였다.[37] 또 1986년에는 이미 1976년대부터 지속적으로 발굴작업이 이루어진 황룡사지 출토 기와에 대한 검토 · 분석을 통한 논문이 나왔다.[38] 이 논문은 막새와 평기와를 함께 조사한 것이었다. 같은 해에 신라의 와전瓦塼을 함께 연구한 또 다른 글이 나왔는데, 이는 막새와 평기와 및 전돌을 함께 조사 · 정리한 것이었다.[39]

미륵사지 출토 기와는 백제기와에 대한 정밀한 분석작업을 빌려, 제작과정에서 드러난 흔적을 검토한 결과, 제작방법에서 다양한 기법의 존재와 편년에 도움되는 여러 가지 현상을 확인하였다. 이 방법은 기와의 내면과 측면은 물론, 외면에 드러나는 흔적을 관찰하는 것이었다. 이에 따라 와통瓦桶의 종류, 소지素地의 종류, 눈테의 종류, 와도瓦刀의 방향 등을 파악할 수 있게 되었다. 이러한 기와에 드러난 여러가지 특징을 파악함으로써 편년을 비롯 삼국 간 기와의 전파과정 및 경로 추정, 각 왕조에 따른 제작기법의 변화 등을 판단하는 또 다른 한 방법을 제시하게 되었던 것이

35. 서오선, 「한국평와문양의 시대적 변천에 대한 연구」, 충남대학교 석사학위청구논문, 1985.
순수한 기와에 대한 논문은 아니지만 백제의 막새와 인장와印章瓦에 대한 내용을 비중있게 실은 것으로는, 홍재선, 「백제 사비성 연구-유물 · 유적중심으로-」, 동국대학교 대학원 석사학위청구논문, 1981 참조.
36. 장경호 · 최맹식, 「미륵사지 출토 기와 등 문양에 대한 조사연구」, 『문화재』 제19호, 문화재관리국 문화재연구소, 1986.
37. 안승주, 『공산성』, 공주사범대학 백제문화연구소 외, 1982.

다. 이는 지금까지 주로 문양 조사에 크게 의존해 왔던 연구방법에서의 탈피였다. 그러니까 다른 각도에서도 분석이 가능하다는 사실을 보여준 것으로 평가할 수 있다. 1980년대 말에는 이성산성二聖山城 발굴과정에서 출토한 기와를 조사하여 통일신라시대 평기와에 대한 논문이 발표되었다.[40] 이 글은 동일 현장을 오랜 기간 동안 조사하여 얻을 수 있는 결과물이었다. 통일신라 평기와만을 정리한 것으로는 처음으로 시도한 논문이기도 하였다.

안승주 · 이남석, 『공산성 백제 추정 왕궁지 발굴조사 보고서』, 공주사범대학박물관, 1987.

박영복 · 조유전, 「예산 백제사면석불 조사 및 발굴」, 『문화재』 제16호, 1983.

전영래, 『익산 오금산산성 발굴조사 보고서』, 원광대학교 마한백제문화연구소 외, 1985.

윤무병, 『부여 관북리 백제유적 발굴보고(Ⅰ)』, 충남대학교박물관 외, 1985.

윤무병, 『부여 정림사지 연지유적 발굴조사 보고서』, 충남대학교박물관, 1987.

최몽룡 · 최병현, 「백제시대의 와요연구」, 1988.

문화재관리국 문화재연구소, 『미륵사(도판편)』, 1988.

문화재관리국 문화재연구소, 『미륵사(내용편)』, 1889.

광진구, 『아차산성기초학술조사보고서』, 명지대학교부설 한국건축문화연구소, 1998.

광진구, 『아차산성 '96보수구간내 실측 및 수습발굴 조사보고서』, 1998.

차용걸 · 박태우, 『온달산성지표조사보고서』, 충북대학교 호서문화연구소, 1989.

38. 신창수, 「황룡사지 출토 신라기와의 편년」, 단국대학교 석사학위청구논문, 1986.

39. 박홍국, 「삼국말~통일초기 신라와전에 대한 일고찰-월성군 내남면 망성리 와요지와 그 출토 와전을 중심으로-」, 동국대학교 대학원 석사학위청구논문, 1986.

조유전, 「신라 황룡사지 가람에 관한 연구」, 동아대학교 대학원 박사학위청구논문, 1986.

40. 허미형, 「통일신라기 평와에 대한 연구-이성산성 출토 와를 중심으로-」, 한양대학교 석사학위논문, 1989.

4) 1990년대 이후

1980년대는 전국적인 개발사업에 따른 발굴작업이 급격하게 많아지는 시기였다. 이는 유적의 성격을 파악하고, 자료확보와 정비차원에서 계획 실시하는 학술발굴이 현저하게 낮은 비율을 차지하는 부정적 측면을 드러냈다. 개발을 앞세운 발굴조사는 유적의 확인과 유물을 확보한 다음 고유현장은 대부분 원형을 상실하는 이른바 구제발굴의 병폐를 낳게 되었다. 국가적 차원을 앞세워 개발을 편승한 발굴작업은 전국적으로 대규모로 이루어지게 되었다. 이러한 추세는 대규모 유적에 포함되는 각종 산성, 건물지 등이 알게 모르게 수없이 파괴되는 현상을 몰고 왔다. 이러한 경향에 맞추어 지속되는 계획발굴과 함께 많은 유적에서 기와들이 수없이 쏟아져 출토되었다.[41] 많은 발굴조사 및 지표조사는 이에 비례하여 많은 보고서를 양산하는 계기가 되었다.[42]

---

41. 조유전 · 남시진, 『월성해자발굴조사보고서 I』, 문화재연구소 경주고적발굴단, 1990.
신광섭 · 김종만, 『부여 금성산 백제 와적 기단 건물지 발굴조사 보고서』, 국립부여박물관, 1992.
심정보 · 공석구, 『계족산성 정밀지표조사 보고서』, 대전공업대학교 향토문화연구소, 1992.
김선기 · 김종문 · 조상미 · 임영호, 『익산 제석사지 시굴조사 보고』, 원광대학교 마한백제문화연구소 외, 1994.
이강승 · 박순발 · 성정용, 『신금성 종합 발굴조사 보고』, 충남대학교박물관, 1994.
충남대학교박물관 외, 『성주사』, 충남대학교박물관 총서 제17집, 1998.
차용걸 · 우종윤 · 조상기, 『중원 장미산성』, 충북대학교박물관, 1992.
차용걸 · 양기석 · 김경표 · 조상기, 『청풍 망월산성 지표조사 보고서』, 충북대학교 호서문화연구소, 1994.
42. 국립경주문화재연구소, 『전랑지 남고루 발굴조사 보고서』, 학술연구총서 9, 1995.
김병모 · 김아관, 『이성산성 제4차 발굴조사 보고서』, 한양대학교 외, 1992.

1990년대에 들어와 특기할 만한 사항은, 지금까지 고구려유적 출토 기와에 대한 시야를 좀 더 넓힐 수 있는 기회를 좀 더 많이 잡았다는 것이다. 이는 1980년대에 한반도 주변 국가에 대한 국교가 시행되었으나, 아직 문화에 대해서는 상당히 제한적인 현장답사 정도에 그쳤던 것이 대부분이었던 것이 사실이다. 이에 비례하여 유물을 조사하거나, 구체적인 관찰 기회는 극히 제한적이거나 자료를 쉽게 접할 수 없었던 것이 그간의 사정이었다. 이러한 현실은 1980년대 후반경부터 조금씩 달라지기 시작하였고, 1990년대에 들어와서는 제한적이기는 했지만, 일반인들도 보다 쉽게 유적과 유물을 접할 수 있는 기회가 많아지게 되었다. 이러한 변화는 고구려 및 발해 등의 유적을 직접 답사하거나, 현지의 유물 등을 검토 · 관찰함으로써 그 동안 의구의 대상이 되었던 여러 내용을 조금씩이나마 풀어주는 계기로 작용하였다.[43)]

김병모 · 김아관, 『이성산성 제5차 발굴조사 보고서』, 한양대학교 외, 1998.
한양대학교박물관, 『이성산성 제6차 발굴조사 보고서』, 한양대학교박물관 외, 1999.
김병모 · 윤선영, 『이성산성 7차 발굴 보고서』, 하남시 · 한양대학교박물관, 2000.
신광섭 · 김종만, 『부여정암리가마터(2)』, 국립부여박물관, 1992.
안승주 · 이남석, 『공산성건물지』, 공주대학교박물관 외, 1992.
이남석 · 이훈, 『공산성지당』, 공주대학교박물관 외, 1999.
이남석 · 서정석, 『대통사지』, 2000.
김성구, 「부여의 백제요지와 출토유물에 대하여」, 『백제연구』, 제21집, 충남대학교 백제연구소, 1992.
김성구, 『옛기와』, 대원사, 1992.
안승주 · 서정석, 『성흥산성 문지 발굴조사 보고서』, 충남발전연구원, 1996.
아산시 · 충남발전연구원, 『아산 학성산성』, 1999.
김병모 · 심광주, 『이성산성 3차 발굴조사 보고서』, 한양대학교 외, 1991.
이상엽, 『서산 여미리유적』, (재)충남매장문화재연구원 문화유적발굴조사 21집, 2001.
한국문화재보호재단 외, 『경주 경마장 예정부지 C-I 지구 발굴조사 보고서』, 1999.

43. 양동윤 · 김주용 · 한창균, 「고구려 기와의 현미경 관찰과 XRD분석-고구려연구회

이에 즈음하여 평기와에 대한 글을 주로 분석 · 검토하여 정리한 논문이 1993년에 처음으로 출현하였다.[44] 이러한 지금까지 씌어진 것을 각 주제별로 분석하고, 해석하여 이를 편년하는 작업이 착수된 것은 평기와에 대한 논문들을 새로이 해석했다는 점에서 그 의의를 둘 수 있을 것이다. 이 기간 동안에 정리된 발굴보고서의 특징은 평기와에 대한 비중을 크게 두어 주로 사용되어왔던 문양 조사를 포함하고, 기와에 대한 세밀한 분석작업을 빌려 가능한 제작기법까지 연구했다는 점이다.[45] 이 작업은 현장조사를 통하여 좀 더 많은 자료를 확보하고, 지속적인 검토작업을 벌임으로써 지금까지 확인된 제작기법에 대해 좀더 조직적이고 정밀한 부분까지 확대 · 발전시키는 작업이 가능했던 것으로 풀이된다.[46] 물론 이러한 작업은 속성분석과 같은 형태의 논문으로까지 이어졌다.[47] 이러한 일련의 작업과 성과는 아직 한계성은 있지만, 평기와 연구자들의 저변확대가 눈

소장유물을 중심으로-」, 『고구려연구』, 제7집, 고구려연구회, 1999.
최맹식 · 서길수, 「고구려유적 기와에 관한 조사연구」, 『고구려연구』 제7집, 고구려연구회, 1999.

44. 최태선, 「평와 제작법의 변천에 대한 연구」, 경북대학교 석사학위논문, 1993.
45. 최맹식, 「백제 평기와 제작기법 연구」, 『백제연구』 제25집, 충남대학교 백제연구소, 1995.
최맹식, 「백제 평기와 제작기법 신연구」, 단국대학교 석사학위청구논문, 1998.
46. 최맹식, 「백제 평기와 한 유형에 관한 연구」, 『사학연구』 제58 · 59합집호, 1999.
최맹식, 「백제 평기와 제작기법일고-가래떡형(점토대) 소지를 중심으로-」, 『문화사학』 11 · 12 · 13호, 1999.
47. 서봉수, 「포천 반월산성 기와의 속성 분석과 제작시기」, 단국대학교대학원 석사학위청구논문, 1998.
조성윤, 「경주 출토 신라 평기와의 편년시안」, 경주대학교 석사학위청구논문, 2000.
백종오, 「경기북부지역 성곽 출토 고구려 평기와 연구」, 단국대학교 석사학위논문, 2001.
김기민, 「신라 기와 제작법에 관한 연구-경주 물천리 출토 기와를 중심으로-」, 동아대학교대학원 석사학위논문, 2001.

에 띠게 달라지고 있음을 읽을 수 있게 한다. 또 활발한 지표조사를 통하여 발굴과정으로까지 조사를 연계함으로써 그 동안 알려지지 않았던 새로운 유적이 많이 발굴되고, 평기와 연구에 새로운 자료를 확보하는 사례도 있다.[48)]

기와에 대한 연구경향은 전통 한식韓式 기와 제작공정에 대한 연구와,[49)] 기와에 대한 과학적 분석작업을 시도하는 것으로 나타났다.[50)] 또 그동안 적지 않은 와요지瓦窯址 발굴조사가 이루어진 것은 사실이지만, 종합적 연구는 아직 이루어지지 못하였다. 다만 특정 유적에서 출토된 기와가마를 중심으로 구조와 특징을 정리하는 논문이 나왔다.[51)] 또 백제의 건축기술과 전파에 대한 연구에서도 기와에 대한 내용을 검토한 사례도 있다.[52)]

위에서 검토한 바와 같이 1990년대 이후에는 평기와에 대한 연구자들의 저변확대가 점차 이루어지는 현상을 느낄 수 있었다. 이러한 경향은 기와 문양과 제작기법을 통한 검토가 이루어지고, 세분된 분야까지 분석작업이 진행되어 이들 축적된 논문들을 검토하여 내용을 재분석하는 단

48. 조원래 · 최인선 · 이동희 ,『순천 검단산성과 왜성』, 순천대학교박물관 외, 1997.
최인선 · 이동희, 『광양시의 산성-정밀지표조사보고서-』, 순천대학교박물관 외, 1998.
최인선 · 조근우, 『여수의 성지-정밀지표조사보고서-』, 순천대학교박물관 외, 1998.
49. 조성모, 「한국전통기와 제작공정에 관한 연구」, 원광대학교 산업대학원 석사학위논문, 1995.
50. 김형순 · 최진삼 · 김상섭, 「고려 및 조선시대 기와의 물성평가」, 『한국상고사학보』 제32호, 한국상고사학회, 2000.
51. 김성구 앞 논문.
이훈, 「와요의 구조형식 변천」, 공주대학교대학원 석사학위논문, 1996.
52. 조원창, 「백제 건축기술의 대일전파-기단구조와 제와술을 중심으로-」, 상명대학교 대학원 박사학위청구논문, 2002.

계까지 이르렀다. 이 기간 동안에 특기할 만한 것은, 보고서 등을 빌려 그 흔적 정도만 느껴야 했던 고구려 기와에 대한 접근이다. 일반 연구자들에게는 거의 접할 수 없었던 그동안의 상황에 비하면, 제한된 여건 하에서 그나마 현지를 직접 답사하고 관찰할 수 있는 기회가 주어졌다. 이 기회는 그동안 진행되었던 백제 및 신라 기와에 대한 연구를 바탕으로 상호 비교작업을 가능하게 하였다. 신라지역에서는 아직 가마의 구조를 정확하게 파악할 정도의 발굴조사는 이루어지지 않았지만, 지표조사 및 출토 유물의 비교를 통하여 기와의 수급관계를 밝히려는 연구가 시도되었다.[53]

특히 1980년대 말경부터는 임진강 주변에 산재한 고구려유적을 대상으로 실시한 지표조사를 시작으로 발굴의 길이 열렸다. 이러한 일련의 연관된 진행과정을 통하여 고구려 관련 유적과 유물을 함께 관찰할 수 있는 길을 찾게 되었다. 여기서 삼국시대 기와를 동시에 조사 · 연구할 수 있는 보다 나은 여건을 마련했던 것이다.

53. 김유식, 「7~8세기 신라 기와의 수급」, 『기와를 통해 본 고대 동아시아 삼국의 대외교섭』, 국립경주박물관 외, 2000.
차순철, 「경주지역 평기와 수급관계에 대한 일고찰-석장사지 출토 평기와를 중심으로-」, 『신라학연구』 제4집, 위덕대학교 부설 신라학연구소 ,2000.
박홍국 · 차순철 · 최용대 · 황보은숙, 『경주 남산 장창곡 신라와요지 지표조사 보고서』, 위덕대학교박물관, 2001.

II
삼국 평기와 제작기법의 특징

1. 관찰을 통한 분야별 특징

평기와 제작기법은 와통瓦桶 없이 토기를 제작하는 방법과 유사한 이른바 ① 무와통無瓦桶에 의한 제작방법과[1] ② 와통瓦桶에 의한 제작방법으로 크게 나눌 수 있다. 중국에서는 서주西周 이래 한漢나라 후기까지는 무와통無瓦桶에 의한 제작기법만이 사용되었던 것으로 보고되었다.[2] 무와통無瓦桶에 의한 제작은 정형화된 와통瓦桶을 사용하지 않았던 것으로 해석된

1. 무와통無瓦桶에 의한 제작방법은 토기제작 기법과 유사하다. 중국에서는 서주西周 이후 한漢나라까지 단일하게 계승된 것이며, 이후 와통瓦桶을 사용한 기법이 등장하면서, 소지素地 역시 그 동안 가래떡형 소지素地만을 사용해왔던 것이 널판형 소지素地가 출현하게 되었다. 와통瓦桶의 등장에도 불구하고 이전부터 이어져온 가래떡형 소지素地는 널판형 소지素地와 함께 남북조시대南北朝時代까지도 계승되고 있음을 알 수 있다. 최근에 이러한 무와통無瓦桶에 의한 제작기법을 권오영은 중국에서 사용되는 명칭을 그대로 인용하여 "泥條盤築技法"으로 소개한 바 있고(권오영, 「백제 전기 기와에 대한 신지견」, 『백제연구』, 충남대학교 백제연구소, 2001, p.104), 김기민은 이를 와통瓦桶을 사용하지 않는다는 의미에서 "무와통無瓦桶"이라는 용어를 채택하여 정리한 바 있다(김기민, 「신라기와 제작법에 관한 연구-경주 물천리 출토 기와를 중심으로-」, 동아대학교 대학원 석사학위논문, 2001). 泥條盤築技法이라는 용어는 가래떡형 소지素地를 사용 두드려 만든다는 구체적인 의미이다. 중국에서는 이에 대한 설명에서 무통無桶이라는 단어를 함께 사용하면서 泥條盤築技法을 함께 설명하고 있다. 실제 와통瓦桶 등장 이후에도 와통에 널판형 소지素地가 등장하였지만, 이전부터 사용되어 왔던 가래떡형 소지素地를 와통에 말아감아 올리면서 성형하게 되는 방법도 채택되게 된다.
2. 尹盛平, 「扶風召陳西周建築群基址發掘簡報」, 『文物』, 陝西周原考古隊, 1981-3.
聞人軍(譯注), 『考工記譯注』, 中國古代科技名著譯注叢書, 上海古籍出版社, 1993.
劉敦楨, 『中國古代建築史』, 中國建築工業出版社, 1978.

다. 그렇지만 소지素地를 성형하기 위한 타날도구와 기타 와도瓦刀 등 여러 도구가 필요했을 것이다.[3)]

위의 첫 번째 방법인 무와통無瓦桶에 의한 제작법은 백제의 한성도읍시기의 기와와 고신라古新羅 초기 기와에서 조사되고 있다. 백제 전기인 풍납토성 출토 기와를 보기로 한다.

〈표 1〉 풍납토성 출토 수키와 속성표

區分 / 紋樣		數量	가래떡형 소지(춤cm)	통보 麻布 (mm)	色調(外)			두께 (cm)	側面 全面 調整	備考
					灰色	黑灰	黃褐			
수키와	無紋미구	1	ㅇ	ㅇ	ㅇ	–	–	1.1	ㅇ	
	無紋미구	1	?	–	ㅇ	–	–	1.1	ㅇ	內面麻布 인위적 지움
	無紋미구	1	?	ㅇ	ㅇ	–	–	1.0	ㅇ	
	無紋	1	?	ㅇ	–	ㅇ	–	1.1	ㅇ	
	無紋	1	?	ㅇ	ㅇ	–	–	0.9	ㅇ	
	無紋	1	ㅇ	–	–	–	ㅇ	1.1	ㅇ	內面麻布 인위적 지움
	無紋	1	4.5	–	–	–	ㅇ	1.0	ㅇ	內面麻布 인위적 지움
	無紋	1	1.5	–	ㅇ	–	–	0.8	ㅇ	內面麻布 인위적 지움
	無紋	1	2	–	ㅇ	–	–	1.6	ㅇ	內面麻布 인위적 지움

(위의 속성표는 권오영 논문에서 전재[4)])

劉敦楨, 『中國古代建築史』, 中國建築工業出版社, 1978.
楊鴻勛, 「西周岐邑建築遺址初步考察」, 『文物』, 1981-3.
谷 豊信, 「西晉以前の中國の造瓦技法について」, 『考古學雜誌』, 日本考古學會 昭和59年.
陳全方, 「周原出土陶文硏究」, 『文物』, 1985-3.

3. 소지素地는 기와 성형을 위한 숙성된 흙으로서, 기와로 성형하기 직전의 단계의 흙을 지칭한다. 이 용어는 바탕 흙이라고도 할 수 있으며, 『天工開物』(明, 宋應星 著)에서는 숙성된 흙을 "熟泥"라 하고(재래식 기와제작 단계 중 4단계 ; 다무락작업), 와통 주위에 감아 놓은 상태의 것을 "瓦坯"(아직 굽지 않은 기와)라 표기하였다.
4. 권오영 위 논문에서 전재한 속성표 중, 일부는 필자가 수정하거나 제외한 부분이 있음.

위의 표에는 기재되지 않았지만, 수키와 중 5점은 마포麻布통보를 인위적으로 지운 사례에 속한 것으로 보고하고 있다. 그렇다면 위의 수키와는 나머지 마포통보가 확인된 4점과 함께 모두 마포 통보를 사용했던 것으로 나타난다. 마포麻布통보는 원칙적으로 와통瓦桶을 사용하여 제작한 경우에 속한다. 따라서 위의 자료에서 소개된 수키와는 모두 와통瓦桶에 의한 제작기와라고 할 수 있겠다.

풍납토성 출토 수키와는 2분법으로 분리시 와도瓦刀의 방향을 관찰할 수 없는 것이다. 이는 위의 자료에서 보이는 것처럼 와도瓦刀를 그을 시 ① 내외를 관통하여 그었기 때문이거나, ② 분리 후 재조정을 했기 때문에 분리흔적을 관찰할 수 없는 데에 원인이 있다. 백제 전기 수키와에서는 널판형 소지는 1점도 확인되지 않았고, 모두 가래떡형 소지素地가 사용되었다는 사실을 알 수 있게 되었다. 또 가래떡형 소지素地를 테쌓기 형태로 말아 올리면서 성형하는데, 이 가래떡형 소지素地의 춤은 1.5㎝ · 2㎝ · 4.5㎝ 내외로 조사되었다.[5] 색조 역시 대부분 회색계이고, 흑회색과 황갈색이 확인되고 있다. 이 시기의 평기와의 특징 중의 하나는 두께가 얇게 나타나고, 예외적으로 1.6㎝의 사례가 보이지만, 대부분 1㎝ 내외의 범위에 들어간다. 이러한 기와 두께는 백제 후기나 신라 및 고구려의 기와와는 일견 쉽게 구분이 가능하다. 문양은 대부분 성형시 타날되어 시문되었을 것으로 추정된다. 그러나 물질처리 등에 의하여 요철을 없게 하고, 내부의 마포麻布통보는 인위적으로 지운 사례도 비율로 보면 높게 나타나 기와의 외면을 조정하는 것과 상통되는 측면이 있다.

풍납리토성 출토 수키와 사례에서 보이는 것처럼 백제 전기부터 미구기와, 토수기와의 존재가 이미 확인되고 있음도 알 수 있게 되었다.

---

5. 춤이라는 용어는 건축에서 높이를 말한다.

다음으로는 풍납동토성 출토 암키와에 대한 속성을 살펴보고자 한다.

여기에 소개하는 자료 역시 위 표의 수키와와 함께 출토되었던 자료들이고, 기재된 원래의 자료를 필자가 원 내용은 그대로 두면서 순서와 구분방법 등을 가감하거나 체제를 바꾸어 정리한 것이다.

〈표 2〉에 의거하면, 풍납동토성 출토 암키와를 빌려 다음과 같은 내용으로 정리할 수 있다. 문양은 격자문格子紋(모두 소격자문小格子紋이며 20점 중 정격자문正格子紋 16점, 사격자문斜格子紋 4점), 승문繩紋, 선문線紋을 확인할 수 있었다.[6] 암키와의 두께를 보면 31점 중 8점이 1.5~1.8㎝ 범위에 속하고 나머지는 대부분 1㎝ 내외의 얇은 경향을 보인다. 이러한 추세는 같은 유적에서 출토된 수키와의 분포와 비슷하다.

〈표 2〉에서 본 제작기법 중 와통瓦桶과 소지素地, 통보에 관하여 검토해 보기로 하겠다. 와통瓦桶은 우선 무와통無瓦桶에 의한 제작기와가 확인되었다. 〈표 2〉의 기와 중 번호 13번인 소격자문小格子紋 암키와는 처음부터 통보사용을 하지 않았던 것으로 조사되고, 내면에는 성형시 형성된 박자로 두드린 흔적이 거의 전면에 드러나 있다. 이러한 제작법은 무와통無瓦桶에 의한 제작법으로 볼 수 있다. 기와 내면에 마포麻布통보 흔적을 보이는 기와는 15점이다. 또 13점은 마포麻布통보 흔적을 인위적으로 지우고 있다. 이들 28점은 처음 제작할 때, 마포麻布통보 흔적을 남김으로써 와통瓦桶에 의한 제작이 이루어졌음을 말해주는 것이다. 다만 이 중 통쪽흔적이 보이는 8점은 통쪽와통에 의한 제작이 이루어진 것이다. 이 8점 중 2점은 통쪽흔적이 관찰되었지만, 파편이라는 점과 약한 흔적 때문에 통쪽의 너비는 확인할 수 없었던 것으로 보고하고 있다. 확인할 수 있는 통쪽

---

6. 격자문格子紋 중, 소격자문小格子紋은 문양의 지름이 0.5㎝ 내외를 기준으로 그 이하를 지칭한다.

〈표 2〉 풍납토성 출토 암키와 속성표

區分	番號	두께(cm)	瓦桶			가래떡형 素地 (춤:cm)	통보			色調	備考
文樣			無瓦桶	통쪽	圓筒		無	麻布	繩紋		
小格子紋	5	1.0	–	–	o	?	o	–	o	灰	
小格子紋	6	1.0	–	3.2	–	3.8	–	o	–	灰	
小格子紋	7	1.1	–	–	–	?	o	–	–	灰	
小格子紋	8	1.6	–	–	o	3.1	–	o	–	灰	
小格子紋	9	1.6	–	–	o	?	–	o	–	灰	
小格子紋	10	0.8	–	–	–	o	o	–	–	灰	
小格子紋	11	1.5	–	4.0	–	o	–	o	–	黑灰	
小格子紋	12	1.2	–	3.7	–	o	–	o	–	灰	
小格子紋	13	1.6	o	–	–	4.0	o	–	–	灰	無瓦桶, 內面打捺拍子
小格子紋	14	0.9	–	–	o	?	–	o	–	灰	
小格子紋	15	1.3	–	–	–	4.5~5	o	–	–	赤褐	
小格子紋	16	1.1	–	–	o	?	–	o	–	灰白	
斜格子紋	17	1.1	o	–	–	o	o	–	–	褐	
斜格子紋	18	1.1	–	–	o	?	–	–	o	黑灰	
斜格子紋	19	1.0	–	o	–	o	–	o	–	灰	
斜格子紋	20	1.4	–	–	–	?	o	–	–	暗褐	
繩紋	21	1.5	–	–	o	?	–	o	–	赤褐	
繩紋	22	1.8	–	–	o	?	–	–	o	赤褐	
繩紋	23	1.5	o	–	–	?	o	–	–	灰	
繩紋	24	1.1	–	–	–	?	o	–	–	灰	
線紋	25	0.9	o	–	–	3.9	o	–	–	赤褐	
線紋	26	1.3	–	4.5, 6.5	–	o	–	o	–	黑灰	
線紋	27	1.2	–	–	–	5.5	o	–	–	黑灰	
線紋	28	1.2	–	o	–	o	o	–	–	灰	
線紋	29	1.0	–	–	–	o	o	–	–	灰	
無紋	30	1.4	–	o	–	?	–	o	–	黑	
無紋	31	1.6	–	–	o	?	–	o	–	灰	

(권오영, 앞 논문에서 전재)

너비는 3.3㎝, 3.7㎝, 3.8㎝, 4㎝, 4.5㎝, 6.5㎝로 다양하게 나타나고 있다. 또한 10점은 원통와통圓筒瓦桶에 의한 제작이 이루어졌던 것으로 나타난다. 따라서 풍납토성에서 조사된 백제 전기 암키와 제작법은 ① 무와통無瓦桶, ② 통쪽와통, ③ 원통와통圓筒瓦桶 등 세 종류의 기법이 동원되었던 것으로 나타난다.

기와제작을 위한 소지素地는 확인되는 경우는 예외 없이 가래떡형 소지素地를 사용하고 있다. 이는 수키와에서도 동일한 현상임을 이미 기술했다. 이로써 가래떡형 소지素地는 무와통無瓦桶 및 와통瓦桶의 어느 경우에도 쉽게 적용되었던 사실을 알 수 있게 되었다. 이 가래떡형 소지素地는 기와에 남긴 흔적을 보아, 그 춤(높이)은 3.1㎝ · 3.8㎝ · 3.9㎝ · 4㎝ · 4.5~5㎝ · 5~6㎝로 조사되었다.

통보는 마포麻布통보가 28점, 2점은 승문繩紋으로 보고하고 있다.

색조는 회색이나 흑회색계가 대부분을 차지했는데, 8점만이 적갈색이나 황갈색계를 보인다. 여기서 조사된 문양은 대부분 굽는 과정에서 색조의 변화가 있었던 것으로 짐작되었다. 그런데 대부분 회색이나 흑회색을 띠었다는 점에서 암 · 수키와가 비슷하다.

지금까지 풍납토성 출토 기와에 대하여 각 기와에서 드러난 속성을 검토해보았다. 그 결과 제작기법은 무와통無瓦桶에 의한 제작과 와통瓦桶에 의한 제작법이 함께 적용되었던 것을 알 수 있게 되었다. 지금까지도 우리의 전통적 기와 제작법을 계승한 재래식 기와 제작법을 알아보고자 한다. 와통瓦桶의 등장은 곧 다량생산 체제로 진입을 의미한다고 할 수 있다. 이러한 발전된 평기와를 제작하기 위해서는 7가지 정도의 공정과정이 필요하다.

이 기와 제작과정은 전통한식 기와제작 공정을 검토하여 설정한 것이다. 그 과정은 ① 채토採土 작업→② 흙고름 작업→③ 흙벼늘 작업→④

다무락 쌓기(소지素地 제작)→⑤ 성형→⑥ 건조→⑦ 구움(소성燒成) 등 7 단계로 나눌 수 있다.[7)]

기와를 제작하기 위해서는 위의 공정마다 많은 조건과 이에 따른 사용 도구가 필요하다. 세세한 과정이나 도구의 모양은 지역이나 와장瓦匠이 편의에 따라 달리할 수 있는 것이다. 또 이러한 제반 조건들은 부분적으로 왕조에 따라 조금씩 차이가 나거나, 다양한 현상의 차이점을 보여주고 있다. 그렇지만 기본적인 큰 틀의 몇 가지 점을 제외한 대부분의 공정이나 도구는 유사한 과정을 거쳐 지금까지 이르렀던 것으로 판단된다. 기와 제작을 위한 필요한 가장 기본적인 도구는 아래와 같이 구분 · 정리할 수

---

7. 기와 제작과정은 조사자에 따라 명칭을 달리 부여하거나 공정의 단계를 묶거나, 더 세분되기도 한다.
조성모는 앞 논문에서 ①원토채취 → ②구와질 작업 → ③흙보시 작업 → ④다드락 작업(소지素地작업) → ⑤성형 → ⑥건조작업 → ⑦기와의 재임 → ⑧번조 등 8단계로 나누고 있다.
위의 2단계인 구와질 작업은 흙을 고르는 작업으로 흙고름 작업과 같은 의미이다. 또 3단계인 흙보시 작업은 흙벼늘 작업과 같은 의미이며 흙을 전 단계에서 쨀줄로 한 켜씩 베어내어 쌓아 올리면서 다지는 작업을 의미한다. 특히 흙벼늘 작업은 가을 걷이때 나락을 차곡차곡 쌓는 작업과 같은 의미에서 이러한 명칭을 부여한 것으로 한형준 옹은 풀이해 주었다. 4단계인 다드락 작업은 작업 현지에서 일명 다무락 작업으로도 불리고 있다. 이는 현지의 방언으로 다무락(따무락)은 담장으로 불리고 있고, 흙은 장방형으로 다시 옮겨 쌓아 놓는 모습이 흡사 담장형태여서 이러한 명칭이 생성되었을 것으로 보았다. 필자는 위의 7단계인 기와의 재임을 따로 구분하지 않고, 8단계인 구움단계에 포함시켰다.
한편 국립문화재연구소에서 발간한 『製瓦匠(중요무형문화재 제91호)』(1996)에서는 ①원토찾기-흙(질)채취 → ②흙이기기-흙괭이질 → ③흙벼늘 쌓기 작업 → ④다무락 쌓기 → ⑤기와 만들기 → ⑥건조 → ⑦가마에 기와 재임 → ⑧굴제사 → ⑨가마불 작업 등 9단계로 정리하였다.
위의 기와 제작공정은 모두 한형준 옹의 재현작업과 동일한 진술에 의거하였기 때문에 실제 공정순서는 동일하다. 다만 정리자가 그 단어의 선택 및 보는 관점에 맞추어 명칭이나 과정 수순을 달리 하였을 뿐이다.

있다.

1) 와통(도면 1)

와통瓦桶은 기와를 만들기 위한 가장 기본적인 틀을 말한다. 우선 평기와를 크게 나누어 암키와와 수키와로 구분할 수 있다.[8] 기와의 틀인 와통瓦桶 역시 위의 기와 형태에 따라 제작이 가능한 암키와 와통瓦桶과 수키와 와통瓦桶으로 나눈다. 그렇지만 이러한 두 가지 종류로 구분한 것은 현재까지 전해져 오는 재래식 한식기와 제작법에 의거한 가장 기본적인 구분일 뿐이다. 한반도에서 확인된 고대 삼국의 기와에 대한 정밀관찰에 의하면, 좀 더 세분화를 부추긴 흔적들을 확인할 수 있다. 암키와 와통瓦桶의 경우 나무를 가늘고 긴 장방형으로 다듬어 구멍을 낸 다음 끈으로 묶어 만든 이른바 통쪽와통[9]과 통나무를 파내어 만든 원통와통圓筒瓦桶이 있다. 수키와 와통瓦桶 역시 작은 장방형으로 다듬은 나무에 구멍을 뚫은 후 끈으로 엮어 만든 것과 기와의 크기에 맞추어 통나무를 적당히 잘라 만들었던 것이 조사되었다.

8. 평기와에 대한 개념은 좁은 의미에서 주로 암키와를 지칭한다. 그렇지만 기와의 기능은 주목적이 지붕을 덮는 것이다. 이러한 측면에서 기와의 주목적과 주기능을 생각하면, 암키와와 수키와는 한 짝의 개념으로 판단하지 않을 수 없다. 물론 기와라는 개념으로 하면, 암·수키와를 모두 지칭할 수 있지만 너무 포괄적이어서 다소 혼란스럽다. 이러한 점에서 여기서 서술하는 평기와의 개념을 암키와와 수키와를 지칭하는 것으로 한정하고자 한다.
9. 최맹식, 「백제 평기와 제작기법 연구」, 『백제연구』 제25집, 1995.
   중국 명明나라 때 宋應星의 『天工開物』에서는 이러한 와통瓦桶을 模骨로 표현하였다. 필자는 위의 글에서 模骨을 통쪽으로 표현하였다.

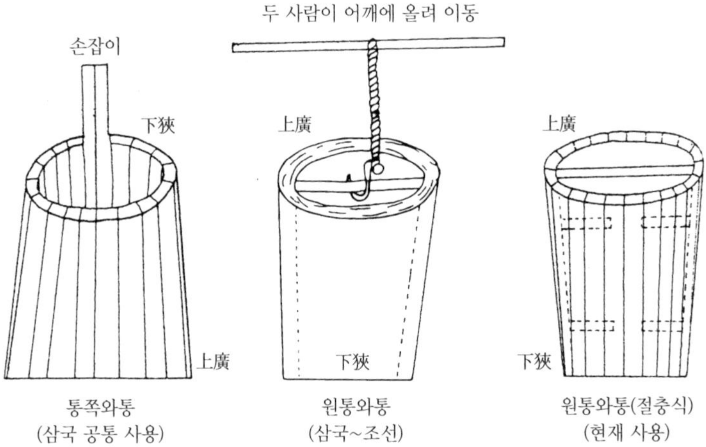

① 와통의 종류

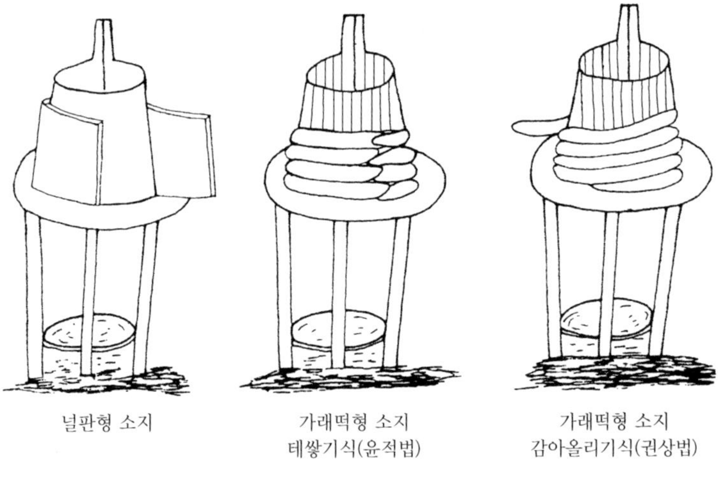

② 소지 형태에 따른 기와 성형 방법

도면 1. 평기와 제작 와통 및 소지 기와 성형 방법

(1) 통쪽와통

통쪽와통은 각 통쪽에 구멍을 뚫어 끈을 꿰어 제작한 것이다.[10] 이 와통은 통쪽에 구멍을 뚫어 제작했는데, 그 구멍은 다음과 같이 다양한 방법을 써서 엮는 방법이 확인되고 있다. 그런데 이러한 통쪽와통은 암키와 내면에서 확인되는 것이 일반적 사례이다. 수키와 내면에서의 통쪽와통은 가능성만 제기되다가 하동의 고소성姑蘇城과 순천의 검단산성劍丹山城에서 출토된 유물을 빌려 확인되었다. 이로써 수키와에서도 통쪽와통에 의한 제작이 명확해졌다.[11] 다만 수키와통은 규모가 작아 잦은 사용에도 불구하고, 연결끈이 크게 늦추어지는 경우가 거의 나타나지 않았을 가능성이 크다. 이러한 결과는 통쪽과 통쪽 간의 틈이 벌어질 가능성이 거의 없었을 것이고, 결과적으로 수키와에는 통쪽흔적을 관찰할 수 있는 기회가 그만큼 적어지는 요인으로 작용했을 것이다. 위의 두 유적에서 조사된 수키와에 드러난 통쪽와통은 와통瓦桶의 흔적이 뚜렷하지만, 와통瓦桶을 잇는 끈 흔적은 확인되지 않았다. 따라서 통쪽와통에서의 연결끈에 대한 내용은 실제 암키와에서 조사된 것이다. 그렇지만 수키와 역시 이 암키와에서 조사된 연결법의 범주를 크게 벗어날 수 없었을 것으로 판단된다.

지금까지 조사된 암키와에서 보이는 통쪽 연결끈에 관한 내용은 상세

10. 통쪽은 模骨을 우리말로 바꾸어 풀이한 것이다. 模骨에 관한 내용은, 중국 명明의 宋應星이 지은 『天工開物』에서 기와제작에 관한 내용 중, 와통瓦桶을 模骨로 표현한 데에서 유래한다. 그렇지만 재래식인 한식기와 가마현장에서 사용하고 있는 여와통女瓦桶(암키와 제작용 와통瓦桶)과 남와통男瓦桶(수키와 제작용 와통瓦桶) 중, 남와통男瓦桶은 통나무를 적당하게 통째로 이용하고, 여와통女瓦桶은 좁고 길게 켜서 다듬은 나무를 많이 만들어 와통瓦桶을 만든다. 이 좁고 긴 나무를 현장에서 통쪽으로 부르고 있어 명칭을 고쳐부르게 되었다.

11. 최맹식, 「백제 평기와 제작기법일고」, 『문화사학』 제11 · 12 · 13호, 한국문화사학회, 1999, pp.229~230, 그림 25, 탁본 14, 사진 63 · 64.

하게 설명된 적이 있지만,[12] 이후 제작기법 중 통쪽을 연결하는 기법과 더불어 눈테의 종류는 추가로 확인한 일이 있다. 여기서 이를 종합하여 재정리하기로 한다.[13]

통쪽와통의 각 통쪽을 발처럼 잇기 위해서는 각 통쪽마다 구멍을 뚫어야 한다. 각 통쪽의 위치에 따른 구멍에 관하여 정리하면 다음과 같다.(도면 2)

① 통쪽구멍은 상 · 하단의 두 곳에 뚫은 것과,

② 상 · 중 · 하 세 곳을 뚫은 것과 명확하게 확인되지 않는 경우도 있다.

③ 상 · 중 · 하 각 단마다 구멍을 하나 뚫은 것과 두 개 뚫은 것, 네 개 뚫은 것 등 세 종류가 조사되었다.

④ 그밖에 상 · 하단의 각 단에 두 개씩 평행 모양으로 뚫은 것도 보인다.

이들은 각 구멍 수에 따라 한 가지에서 몇 가지씩 엮는 방법을 달리 했던 것으로 나타나고 있다.[14] 구멍 수에 따른 통쪽 엮기법을 분류하여 정리

12. 최맹식, 「백제 평기와 제작기법 연구」, 『백제문화』 제25집, 충남대학교 백제연구소, 1995.
최맹식, 「백제 평기와 제작기법 신연구」, 단국대학교 대학원 석사학위청구논문, 1998.
충남대학교 외, 『성주사』 충남대학교박물관 총서 제17집, 1998.
이다운, 「飛鳥 · 白鳳の瓦と土器-年代論-」, 帝塚山大學 考古學研究所 歷史考古學研究會, 1999-11.
13. 최맹식 위 논문.
최맹식, 「백제 평기와 제작기법 신연구」, 단국대학교 대학원 석사학위청구논문, 1998.
최맹식, 『백제 평기와 신연구』, 학연문화사, 1999.
14. 최맹식, 앞 책.

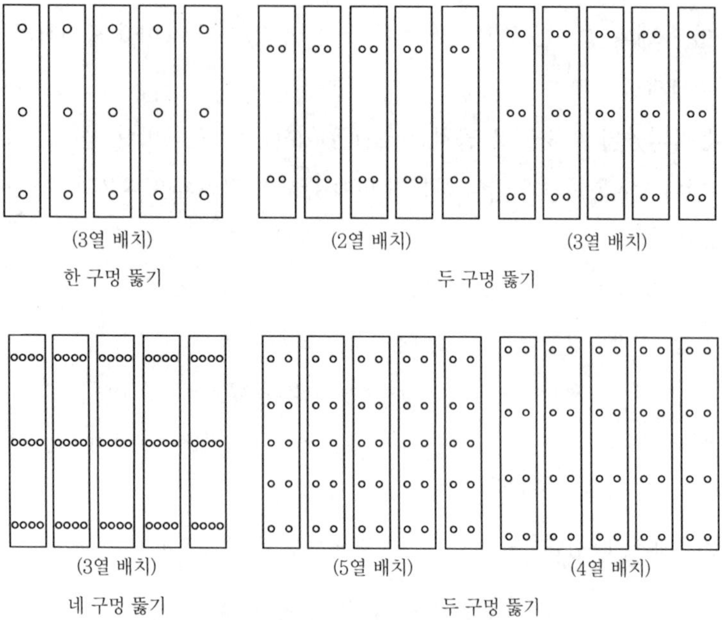

도면 2. 백제 · 고신라 통쪽와통에서 관찰된 연결끈 구멍 사례

하면 다음과 같다.

◇ 한 구멍 뚫기(도면 3 · 4)

· 두 줄 통쪽 사이 엮기[15)]

· 두 줄 통쪽 건너 엮기

15. 통쪽 엮기법에서 '한 줄' 또는 '두 줄'이라는 단어를 앞에 두는 것은, 통쪽 구멍을 통하여 끈을 이을 때 한 줄로 시작하는 것과 두 줄로 시작해야 하는 경우를 구분하기 위한 것이다.

◇ 두 구멍 뚫기(도면 5~13)

· 한 줄 엮기(1방법 및 2방법)

· 두 줄 엮기

· 한 줄 홈쳐 엮기

· 두 줄 홈쳐 엮기

· 두 줄 엇걸어 엮기

· 네모 홈 한 줄 엮기[16)]

· 한 줄 끈 고정 엮기

· 홈선 한 줄 엮기[17)]

◇ 쌍 두 구멍 뚫기(도면 14~17)

· 두 줄 평행 엮기

· 두 줄 엇걸어 평행 엮기

· 두 줄 홈쳐 평행 엮기

· 네모 홈 평행 엮기

· 홈선 평행 엮기

· 한 줄 고정 평행 엮기

---

16. '네모 홈 한 줄 엮기'는 필자가 앞 책에서 '한 줄 엮기' 중 B로 분류했던 것이다. 이 형식은 익산 왕궁리유적王宮里遺蹟에서 확인된 바 있다. 보령 성주사지聖住寺址에서는 네모 홈을 판 후, 네모 안에 한 줄과 두 줄이 평행으로 나란히 구멍이 뚫린 것이 있는 것으로 보고하였다(이강승 외, 『성주사지』 충남대학교박물관 총서 제17집, 보령시 · 충남대학교박물관, 1998). 한 줄로 구멍이 뚫린 것은 '횡선 홈파 엮기', 두 줄로 구멍이 뚫린 것은 '기타 d'로 분류하였다. 필자는 이를 부분적으로 받아들여 전자는 '네모 홈 한 줄 엮기', 후자는 '네모 홈 평행 엮기'로 명명하였다.
17. 보령 성주사지聖住寺址에서 확인된 것으로 보고됨(충남대학교박물관 외, 『성주사』 충남대학교박물관 총서 제17집, 1998, p.304, 삽도 16의 c · b형으로 분류).

◇ 네 구멍 뚫기(도면 18)

· 한 줄 통쪽 건너 엮기

① 사례별로 본 통쪽 엮기법

가. 한 구멍 뚫기(도면 3 · 4)

한 구멍 뚫기법은 한 통쪽의 중앙에 한 개의 구멍을 뚫어 끈을 엮는 기법을 말한다. 한 구멍 뚫기법에는 통쪽 사이 엮기법과 통쪽 건너 엮기법 두 가지가 조사되었다.

· 통쪽 사이 엮기법(도면 3, 도판 1)

통쪽 사이 엮기는 통쪽 중앙의 구멍에 두 개의 끈을 교차하여 넣은 뒤 다음 통쪽과의 틈 사이로 끈을 교차하고 또 다음 통쪽 구멍을 통하여 다시 교차해주는 동작을 반복하는 것이다. 즉 두 끈을 사용하여 통쪽에 마련된 구멍에서 서로 반대 방향으로 교차시켜 관통한 뒤 다시 다음 통쪽 구멍까지 가지 않고 통쪽 사이에서 끈을 동시에 교차시켜 나아가는 방법이다. 이 동작을 반복하게 되면 통쪽이 마치 발처럼 연결될 수 있다.

이 방법은 각 통쪽 사이마다 두 끈을 교차시켜 관통하기 때문에 끈의 두께만큼 통쪽 사이의 틈이 벌어지게 된다.

· 통쪽 건너 엮기법(도면 4, 도판 2)

통쪽 건너 엮기법은 두 줄을 사용하여 통쪽 간의 틈 사이는 그대로 통과하여 다음 통쪽의 구멍에서 두 끈을 교차한다. 즉 건너 뛴 끈은 통쪽 중앙에 마련된 구멍으로만 두 줄을 서로 반대 방향으로 교차시키면서 통쪽을 이어주는 방법이다. 따라서 기와 내측에 나타난 끈의 흔적은 통쪽 사

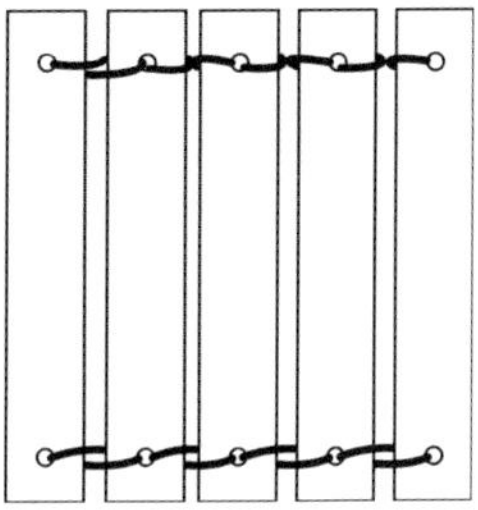

① 두 줄 통쪽 사이 엮기

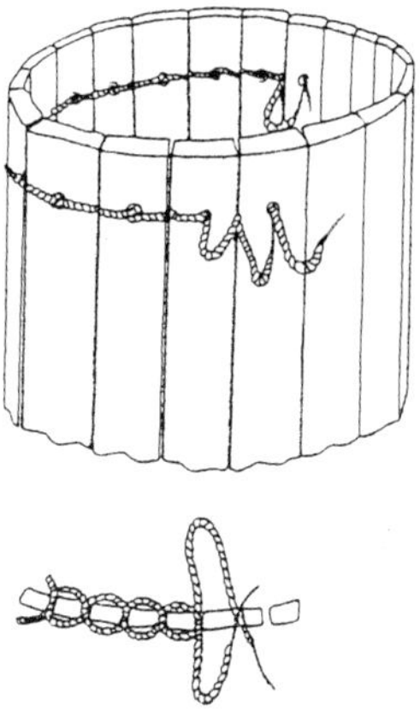

② 〈①〉의 두 줄 통쪽 사이 엮기

도면 3. 한 구멍 뚫기 통쪽와통

① 승문암키와(부소산성)

② 〈①〉의 내면
(통쪽 및 한 구멍 통쪽 사이 엮기 흔적)

도판 1. 백제 평기와

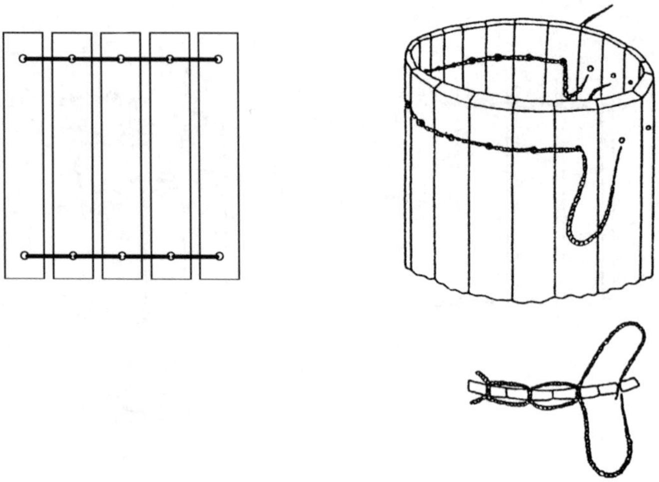

① 통쪽 건너 엮기 ② 〈①〉의 두 줄 통쪽 건너 엮기

도면 4. 한 구멍 뚫기 통쪽와통

이 엮기에 비하여 거의 횡으로 일직선을 이루게 된다.

통쪽 건너 엮기법은 각 통쪽 간의 틈을 건너가기 때문에 각 통쪽과 통쪽 간의 간격은 밀착된 모습을 보인다.

나. 두 구멍 뚫기(도면 5~13)

두 구멍 뚫기법은 한 통쪽에 두 개의 구멍을 뚫어 끈을 연결하는 방법이다. 이 두 구멍 뚫기법은 가장 많은 사례를 보인다. 이 방법에 의하여 끈을 엮는 기법은 다음과 같은 여러 가지가 조사되었다.

· 한 줄 엮기법(도판 3)

한 줄 엮기법에는 두 가지가 있다. 이 두 가지 방법은 1방법 및 2방법이

① 선문암키와

② 〈①〉의 내면
(두 줄 엇걸어 통쪽 건너 엮기 흔적)

③ 암키와

④ 〈③〉의 내면
(통쪽 건너 엮기법 흔적)

도판 2. 백제 평기와

라 명칭을 부여하기로 한다.

〈1방법〉(도면 5, 도판 4, 삽도 1)

한 줄 엮기법을 적용하여 기와를 제작한 암키와의 대부분은 엮은 끈의 위치가 상 · 하단에서 각각 중앙쪽으로 2.5~4㎝ 되는 지점에 자리잡은 것이다. 이 간격은 5~6㎝, 혹은 8㎝나 떨어진 지점에 위치하는 예도 있다.

① 선문암키와(부소산성)

② 〈①〉의 내면
(통쪽 및 한 줄 엮기 흔적)

도판 3. 백제 평기와

다만 이 한 줄 엮기법을 적용한 기와는 가장자리에 해당하는 끈의 위치가 기와의 상 · 하단에서 상당히 안쪽으로 치우쳐 나타나는 예라 하더라도 기와의 중앙 부분이 남아 있는 경우는 예외 없이 엮은 끈 흔적이 중앙지점에서도 발견되고 있다. 이러한 통쪽을 엮은 끈의 중앙지점 확인작업은 와통의 통쪽을 상 · 중 · 하 세 지점을 따라가면서 발처럼 엮었음을 확인시켜 주는 것이다. 한 줄 엮기법의 또 다른 방법은 짧은 줄을 각 통쪽의 접하는 부분쪽의 구멍을 이어 연결할 수도 있다. 이 후자 방법의 경우에는 끈을 통쪽의 안쪽에서 모아 두 통쪽 간을 이을 때마다 매듭을 지어 주어야 가능하다. 그러나 위의 어느 방법이나 연결 끈이 각 통쪽 간의 틈을 통과하지 않고, 건너뛰어 구멍과 구멍 간으로만 이어지게 된다. 이 방법을 이용하여 복원작업을 해 본 결과 단단하게 엮어지지 않고 헐렁하게 매어졌다. 이러한 점을 좀더 보강하기 위하여 와통瓦桶의 상 · 중 · 하 세 지점을 끈으로 엮었던 것으로 추정된다

한 줄 엮기법을 적용한 암키와 내면에 나타난 끈의 흔적은 두께가 0.5~

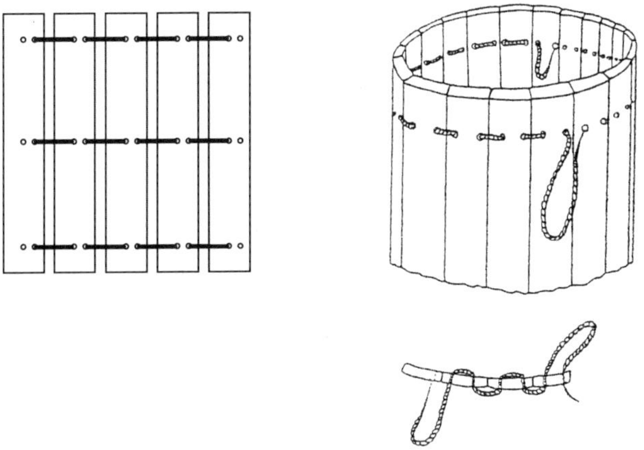

한 줄 엮기(1방법)

도면 5. 두 구멍 뚫기 통쪽와통

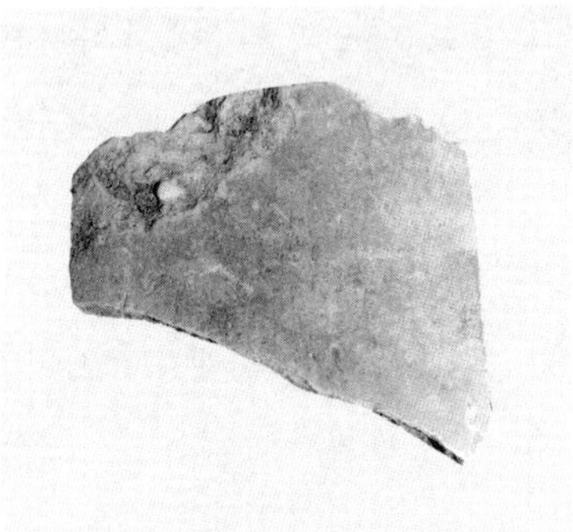

① 선문암키와(부소산성)

② 〈①〉의 내면
(한 줄 엮기 흔적)

도판 4. 백제 평기와

삽도 1. 통쪽와통(한 줄 엮기) 복원

0.6㎝ 정도가 대부분이다. 그 길이는 일정하지 않지만 2.5㎝ 정도의 예가 많다. 이 기와에 드러난 연결 끈의 깊이는 0.2~0.5㎝의 범주에 속하는 예가 많다. 이 엮기법은 삼국에서 가장 많이 적용한 사례에 속하고, 그 수량에 있어서도 가장 우세하게 나타난다.

이 1방법의 통쪽 구멍은 대부분 가능한 거리를 두어 뚫는 것이 일반적인 방법이지만, 통쪽의 두 구멍을 거의 근접하여 뚫는 사례가 조사되었다.

〈2방법〉(도면 6)

2방법은 기와의 내면에 드러난 통쪽을 잇는 끈이 한 통쪽의 가운데에만 횡선으로 확인된다. 1방법의 끈 흔적이 통쪽과 다른 통쪽의 일부분에 각각 걸쳐 있는 것과는 다른 것이다. 그렇지만 역으로 생각하면, 발처럼 엮

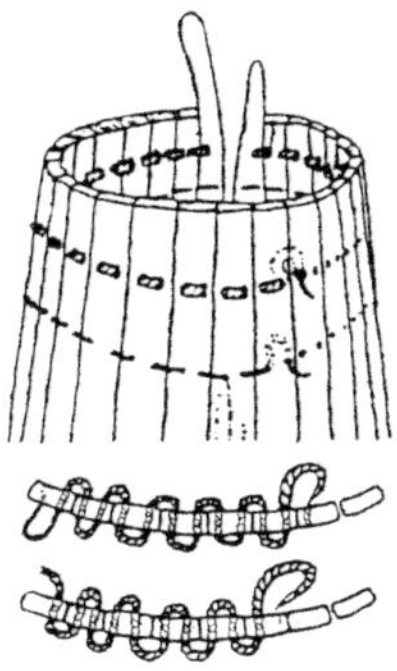

도면 6. 두 구멍 뚫기 통쪽와통 한 줄 엮기(2방법, 이다운 논문 전재)

은 1방법의 통쪽와통을 뒤집어 성형을 하면, 기와 내면에 드러난 모습은 2방법으로 나타나게 된다. 이러한 2방법에 의하여 제작된 기와는 풍납토성에서 출토된 소격자문小格子紋 암키와에서 조사되었다.[18]

· 두 줄 엮기법(도면 7, 도판 5, 삽도 2)

두 줄 엮기법은 연결 끈의 이음방법이나 연결 끈은 각 통쪽 간의 틈으로 통과하지 않는다. 또 구멍을 통하여서만 이어진다는 점에서 한 줄 엮기법과 상통한다. 따라서 두 줄 엮기법은 한 구멍을 통하여 두 선이 동시에 동일한 방법과 동일한 방향으로 이어진다. 암키와 내면에 드러난 흔적을 검토하면, 사용 끈을 반드시 새끼 형태로 꼬아야 이러한 흔적이 나타날 수 있다고 판단된다. 이 두 줄 엮기 법은 두 줄을 서로 부착하여 이어지게 하면, 한 줄 엮기 형태로 나타날 수밖에 없다. 따라서 두 줄이 확인

18. 국립문화재연구소, 『풍납토성 I』, 2001, p.256, 도면 124-④.

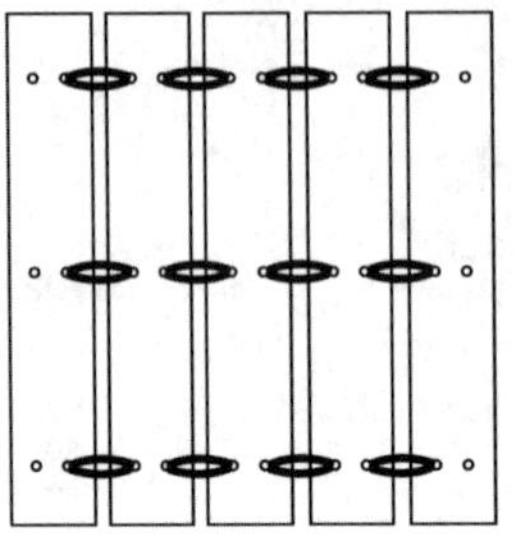

① 두 줄 엮기

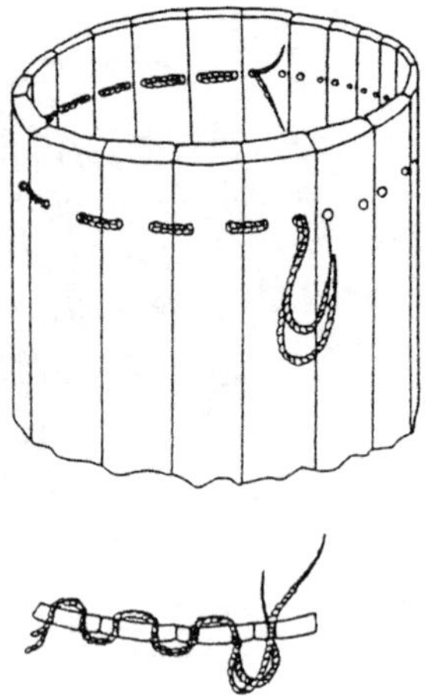

② 〈①〉의 끈 엮기 모사도

도면 7. 두 구멍 뚫기 통쪽와통

되지 않는다면, 외형상 한 줄 엮기로 포함될 수밖에 없을 것이다.

· 한 줄 홈쳐 엮기법(도면 8)

한 줄 홈쳐 엮기법은 한 줄을 사용하여 엮기법을 적용한다. 편의상 두 개의 구멍을 뚫은 세 개의 통쪽을 앞에 놓았다고 가정하겠다. 여기서 가장 좌측 통쪽부터 번호를 1번, 2번, 3번으로 정한다. 통쪽을 엮는 방법은 먼저 끈을 2번 통쪽 좌측 구멍을 통하여 안쪽으로 넣은 뒤 1번 통쪽 안의 우측 구멍을 통하여 밖으로 빼낸다. 이 끈을 다시 3번 통쪽의 좌측 구멍으로 넣는다. 이러한 방법을 반복하게 되면, 한 줄 홈쳐 엮기법을 적용한 엮기가 완성된다.

이 방법은 끈을 통쪽과 통쪽 사이를 관통하지 않고, 구멍에서 구멍으로 건너뛴다. 때문에 각 통쪽 사이의 간격은 틈이 형성되지 않고, 단단하게

① 승문암키와

② 기와 내면
(두 줄 엮기 및 마포통보)

③ 승문암키와
(전 천왕사지)

④ 〈③〉의 내면
(두 줄 엮기 흔적)

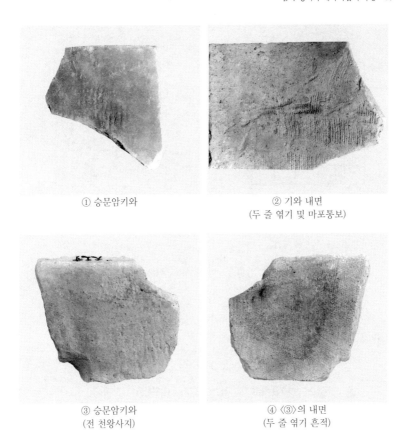

도판 5. 백제 평기와

삽도 2. 통쪽와통(두 줄 엮기) 복원

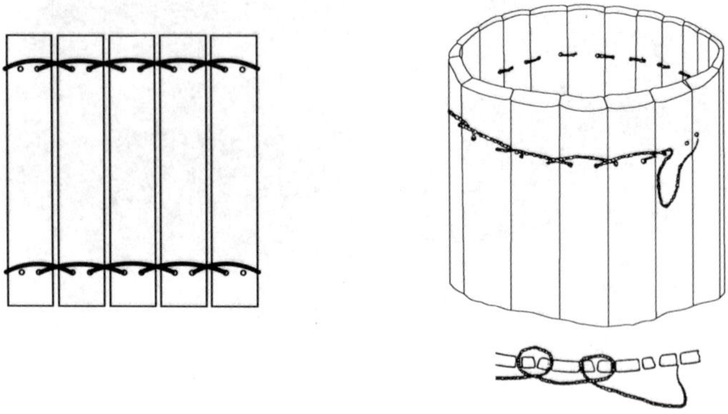

① 한 줄 홈쳐 엮기 ② 〈①〉의 끈 엮기 모사도

도면 8. 두 구멍 뚫기 통쪽와통

고정되는 이점을 가지고 있다.

· 두 줄 엇걸어 엮기법(통쪽 건너 엮기, 도면 9)

두 줄 엇걸어 엮기법은 '한 구멍 뚫기'에 적용된 통쪽 건너 엮기법과 비슷하다. 통쪽에 구멍을 하나 뚫었는가, 아니면 두 개 뚫었는가가 다를 뿐이다. 또 명칭에서 보여 주듯이 이 두 구멍 뚫기에서 적용되는 엇걸어 엮기법은, 각 통쪽 사이를 건너뛰어 엮는다. 때문에 끈은 통쪽 사이로 통과하지 않는다. 따라서 통쪽 간 간격을 좁힐 수 있는 장점이 있다. 기와 내면에 드러난 끈의 흔적은 중단되지 않고 계속 이어지게 된다.

이 방법은 처음부터 두 개의 끈을 이용하게 된다. 두 끈을 한 구멍을 통하여 교차시키면서 넣은 후, 다음 구멍에서 만나면 다시 교차시킨다. 이를 반대방향으로 반복하여 연결해 주면 두 줄 엇걸어 엮기법으로 통쪽와통이 완성된다. 이 방법은 한 구멍 뚫기의 통쪽 건너 엮기법과 기본적으

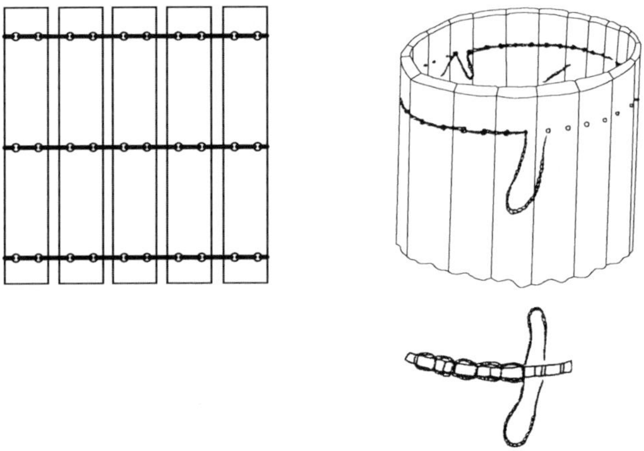

도면 9. 두 구멍 뚫기 통쪽와통 두 줄 엇걸어 엮기 모사도

로 일치한다.

· 두 줄 홈쳐 엮기법(도면 10, 도판 6, 삽도 3)

두 줄 홈쳐 엮기법은 한 줄 홈쳐 엮기법과 끈을 연결하는 통쪽과 구멍의 순서는 동일하다. 끈을 엮는 방법은 두 줄을 동시에 이어 나아가는데, 2번 통쪽 좌측 구멍에서 넣은 끈을 1번 통쪽 우측 구멍을 통하여 밖으로 나온 후, 두 끈을 앞의 두 끈 사이로 빼내면 된다. 두 줄 홈쳐 엮기법 역시 각 통쪽 사이의 틈으로는 엮는 끈을 통과하지 않고, 구멍과 구멍 사이로만 반복하여 엮게 된다. 이 때문에 대단히 견고하게 엮어 맬 수 있음을 복원해 본 결과 확인할 수 있었다.

이 방법은 엮었던 암키와는 어떠한 예를 막론하고 통쪽을 엮었던 끈의 흔적이 기와의 상단이나 하단에서부터 안쪽으로 각각 5~7㎝ 정도의 간격

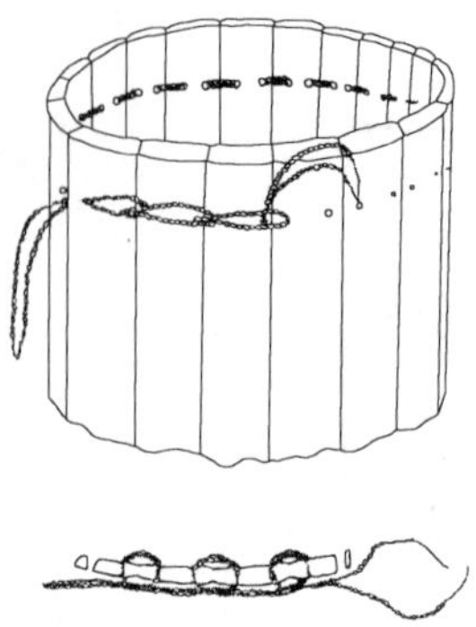

도면 10. 두 구멍 뚫기 통쪽와통 두 줄 흠쳐 엮기

① 승문암키와(전 천왕사지)

② 〈①〉의 내면
(통쪽 및 두 줄 흠쳐 엮기 흔적)

도판 6. 백제 평기와

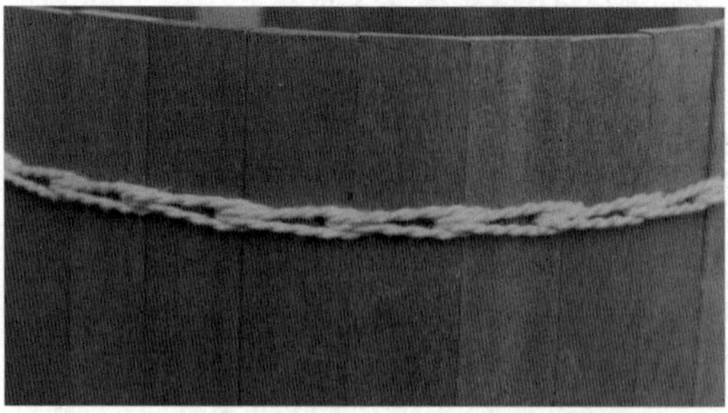

삽도 3. 통쪽와통(두 줄 흠쳐 엮기) 복원

을 가지고 있다. 이는 다른 방법을 사용한 기와보다도 배 정도의 안쪽에 치우쳐 연결 끈을 마련했던 사실을 알 수 있었다. 따라서 이러한 방법을 적용한 엮기법은, 기와 중간에서 엮은 끈의 흔적이 드러나지 않는다. 따라서 통쪽의 상 · 하단 두 곳에만 끈을 연결했던 것으로 확인된 것이다.

· 네모 홈 한 줄 엮기법[19](도면 11, 도판 7)

네모 홈 한 줄 엮기법은 끈 연결법이 한 줄 엮기법과 동일하다. 암키와 내면에 드러난 연결 줄 부분의 주변은 횡 방향의 긴 직사각형이 양각으로 돌출되었다. 그 크기는 횡장축 2.6㎝, 너비 1.5㎝, 높이 0.9㎝ 정도이다. 이러한 현상은 이 기와를 제작 성형했던 통쪽 와통瓦桶의 연결 끈 부위를 칼로 위의 크기대로 오린 뒤 그 안에 구멍을 뚫어 끈을 엮는 것이다.

기와 내면에 나타난 이 직사각형의 돌출면은, 실제 통쪽에는 음각의 홈을 파서 생기는 것이다. 따라서 연결 끈 흔적은 사각의 음각 홈 내에 들어가게 되기 때문에 실제로는 선명하게 드러나지 않는다. 그 요인은 기와 성형시 와통 외면에 덧씌우는 마포麻布로 인하여 좁은 음각의 사각형 내에 이 기와의 태토가 깊이 스며들기에는 한계가 있기 때문이다. 또 홈을 횡으로 연결한 홈선 한 줄 엮기법도 있다.(도면 12)

이런 사례의 암키와는 익산 왕궁리 백제유물 포함층에서 출토되었으며, 통쪽의 너비는 각각 5㎝, 6.2㎝에 이른다.[20] 성주사지서도 출토된 바

19. 이 엮기법은 필자가 앞 논문(최맹식, 「백제 평기와 제작기법 신연구」, 단국대학교대학원 석사학위청구논문, 1998)에서 '한 줄 엮기B'라는 명칭으로 발표했던 것이다. 이 방법을 성정룡과 이다운은 다시 '홈 파 엮기(횡선 홈 파 엮기)'(보령시 · 충남대학교박물관, 『성주사』 충남대학교박물관총서 제17집, 1998, pp.304~305 · 436)로 고쳐 불렀다. 필자는 좀 더 구체적인 방법으로 홈의 형태가 직사각형이라는 점에서 '사각 홈 파 엮기'로 다시 정리하였다. 〈도면 12〉는 네모 홈 대신 홈을 횡으로 연결한 것이다.

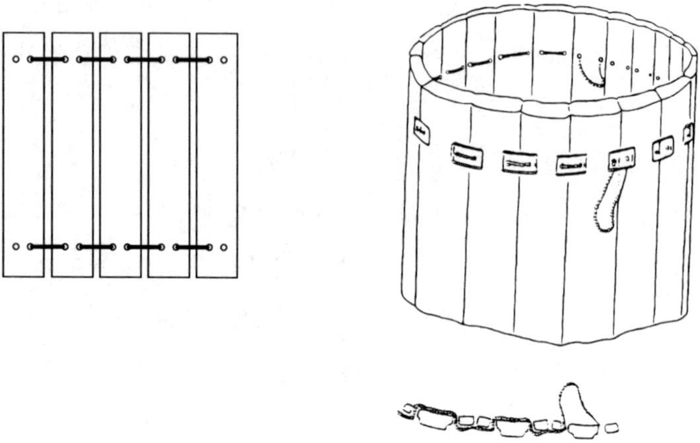

① 네모 홈 한 줄 엮기

② 〈①〉의 끈엮기 모사도

도면 11. 두 구멍 뚫기 통쪽와통

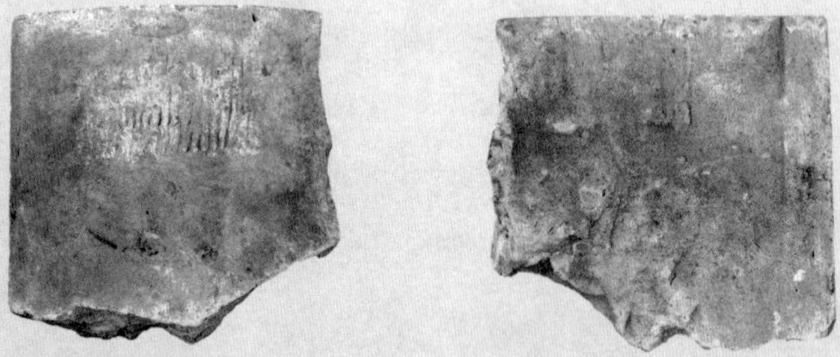

① 선문암키와

② 〈①〉의 내면
(통쪽 및 사각홈 한 줄 엮기 흔적)

도판 7. 백제 평기와

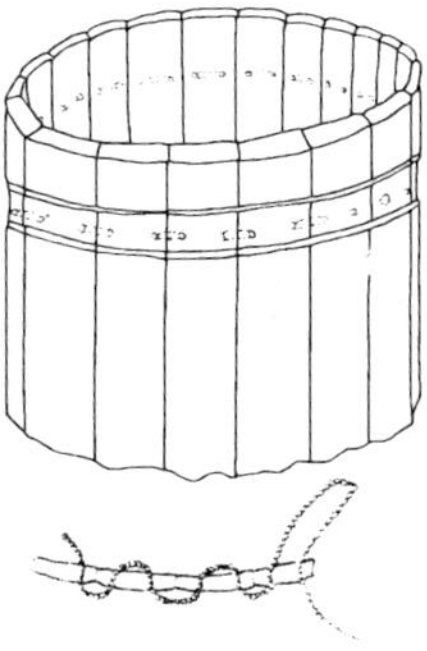

도면 12. 두 구멍 뚫기 통쪽와통(홈선 한 줄 엮기)

있다.[21]

· 한 줄 끈 고정 엮기법(도면 13, 도판 8, 삽도 4)

한 줄 끈 고정 엮기법은 좀 특이한 엮기법이다. 이 방법은 백제 전기 유적인 풍납토성 내부 유적과 부소산성의 백제 암키와에서 사례가 조사되었다. 부소산성 출토 기와는 제작 당시 통쪽와통 외측에 마포麻布를 씌우는 과정에서 윗면의 마포麻布 통보의 일부분이 완전하게 부착되지 않았다. 성형시 상단부의 마포麻布 일부가 벗겨지면서 기와의 통쪽 연결 끈 부위가 상세하게 남아 있게 된 것이다. 따라서 이러한 기법을 사용하여 통쪽을 연결하였던 사례는 극히 드물다.

20. 국립부여문화재연구소, 『왕궁리유적발굴중간보고 Ⅱ』, pp.212~213 및 p.226.
이 암키와는 가는 선문이 시문되었는데 태토는 정선되어 곱고 색조는 백색계이다. 그러나 소성도는 낮아 연질 기와이다. 기와의 두께는 1.5㎝ 정도이다.

21. 보령시 · 충남대학교박물관, 앞 보고서.

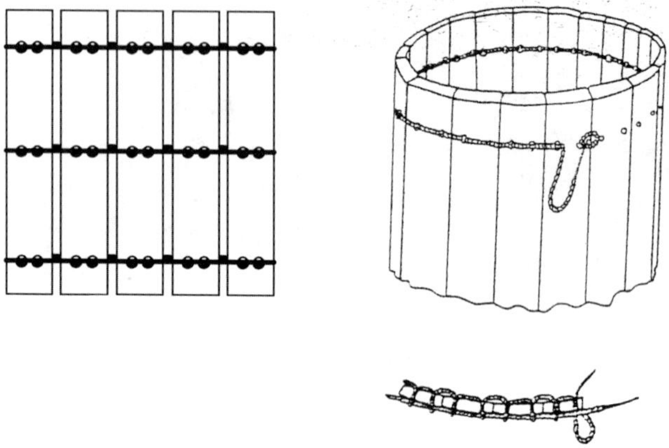

도면 13. 두 구멍 뚫기 통쪽와통(한 줄 끈 고정 엮기)

① 격자문암키와(부소산성)

② 〈①〉의 내면
(통쪽 및 한 줄 끈 고정 엮기 흔적)

도판 8. 백제 평기와

삽도 4. 통쪽와통(한 줄 끈 고정 엮기) 복원

이 한 줄 끈 고정 엮기 방법은 두 줄의 줄을 이용하여야 매어 나아갈 수 있다. 한 줄은 먼저 통쪽의 외측에 고정하여 놓은 채 작업할 수 있게 된다. 이 때문에 한 줄 끈 고정 엮기라고 명명하게 되었다. 끈을 엮는 방법은 통쪽 외측에 돌려놓은 새끼 끈을 기준으로 한다. 또 다른 새끼 끈을 이용하여 안쪽에서부터 구멍을 통하여 빼낸 뒤 외측에 고정시킨 끈 외측으로 돌리거나 단단하게 옭아맨다. 구멍을 통하여 빼낸 끈은 통쪽 안쪽으로 다시 넣는다. 안으로 잡아 뺀 끈은 다시 옆의 구멍을 통하여 통쪽의 밖으로 빼내어 외측에 마련된 다른 끈의 외측으로 돌아가게 하거나 옭아 맨 뒤 나온 구멍을 통하여 집어넣는다.

이 엮기법은 두 가지 방법이 적용될 수 있다. 또 다른 방법은 통쪽 외측에 횡으로 마련된 구멍 선들을 따라 먼저 한 끈을 고정시킨 것까지는 동일하다. 내측에도 외측과 같이 대칭으로 또 다른 끈을 대어 놓는다. 다음에 앞의 방법과 같이 긴 한 끈이 아닌 짧은 끈을 사용하여 통쪽의 안에서 구멍을 통하여 외측으로 빼낸다. 외측에 준비해 놓은 고정된 끈을 휘감거나 옭아맨 후, 다시 나온 구멍을 통하여 통쪽 안쪽으로 뺀다. 안쪽에 따로 마련된 다른 끈을 휘어 감거나 다른 방법으로 옭아매게 되면 역시 한 줄 끈 고정 엮기법으로 통쪽을 이어갈 수 있다.

끈 엮기법은 위의 제1방법과 제2방법을 함께 제시할 수 있지만, 제2방법은 공정이 번잡하고 단단하게 고정할 수 있는 힘이 약하여 제1방법이 적용되었을 것으로 판단된다.

한 줄 끈 고정 엮기법은 확인된 암키와가 파편이었다. 기와 내면의 흔적만으로는 와통瓦桶의 상 · 하단 두 곳 또는 상 · 중 · 하 세 곳을 엮었는지는 명확하지 않다. 기와 내면에 관찰된 끈의 흔적을 보면 통쪽 외측에 따로 마련된 연결 끈은 꼬아 만든 새끼 끈으로서 지름이 0.3㎝ 정도이다. 통쪽 안팎으로 이동하면서 엮는 끈의 지름은 0.5㎝에 이른다. 그러나 통쪽 외측에 고정된 끈 흔적은 보다 깊고 선명하여 꼬아 만든 새끼끈 흔적이 뚜렷하다. 역시 연결 끈은 통쪽사이는 건너 뛰어 구멍을 통해서만 잇는다.

다. 쌍 두 구멍 뚫기(도면 14~17)

· 두 줄 평행 엮기법[22](도면 14, 도판 9)

한 줄 엮기법과 동일하지만, 통쪽의 구멍이 상 · 하 대칭된 상태로 두 개를 더 두었다. 기와 내면에 드러난 연결 끈 흔적은 마치 '=' 자 형태가 횡으로 반복하여 나타난다. 이러한 사례가 확인된 유적은 부여 용정리龍井里 백제 사찰터 및 보령 성주사지이다.

용정리 백제 사찰터 출토의 승문繩紋 암키와는 금당지金堂址 기단 지하

22. 최맹식, 앞 논문에서 한 줄 평행 엮기법으로 명명하였으나, 통쪽 구멍의 한 횡橫을 기준으로 하여 볼 때, 한 줄을 이용하는 사례와 두 줄을 이용하는 것 등이 확인되었다. 따라서 혼란을 피하기 위하여 두 줄 평행 엮기로 정리하였다.

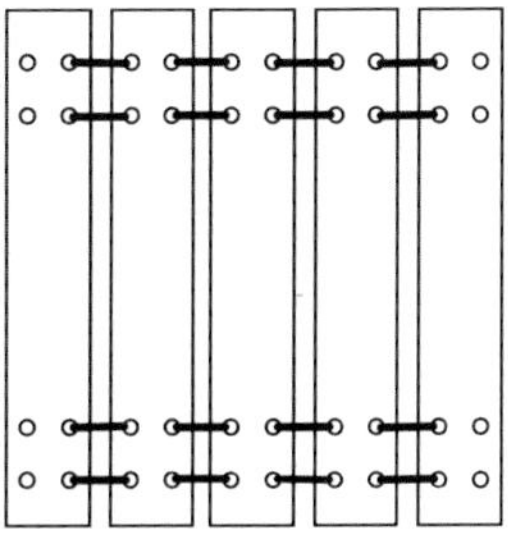

① 두 줄 평행 엮기

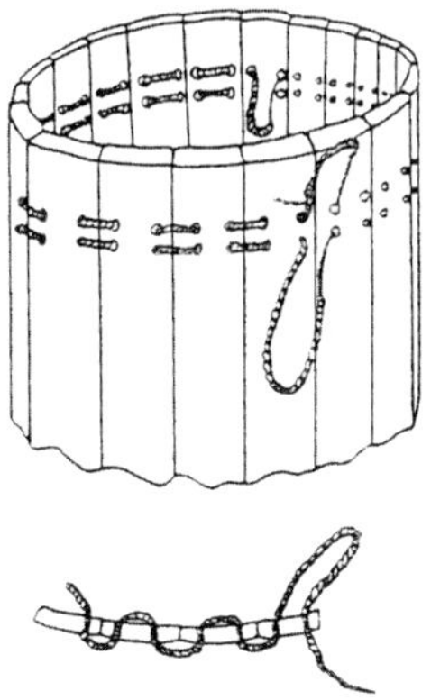

② 〈①〉의 끈 엮기법 모사도

도면 14. 쌍 두 구멍 뚫기 통쪽와통

① 승문암키와(용정리사지)

② 〈①〉의 내면
(두 줄 평행 엮기 흔적)

도판 9. 백제 평기와

성토층에서 출토된 것이었다. 이 엮기법은 상 · 하 두 곳만 연결 끈이 있었다.

· 두 줄 엇걸어 평행 엮기법(도면 15, 도판 10)

이 방법은 한 구멍 뚫기의 두 줄 엇걸어 엮기법(통쪽 건너 엮기법)과 기본적으로 일치한다. 다만 통쪽에 뚫린 구멍 개수와 이에 따른 암키와에 나타난 끈의 형상만 다를 뿐이다.

한 구멍을 통하여 두 끈을 서로 엇갈린 방향으로 이어 다음 구멍에서 만나면 끈을 다시 엇갈린 반대 방향으로 이끌어 내어 이어 나아가는 방법이다. 이때 끈은 각 통쪽 간의 틈 사이를 뚫고 지나가지 않고 건너뛴다. 따라서 각 통쪽 간의 사이는 끈이 지나가지 않기 때문에 상대적으로 틈이 거의 없게 되고, 각 통쪽 간의 고정력을 상승시키는 효과를 높일 수 있다.

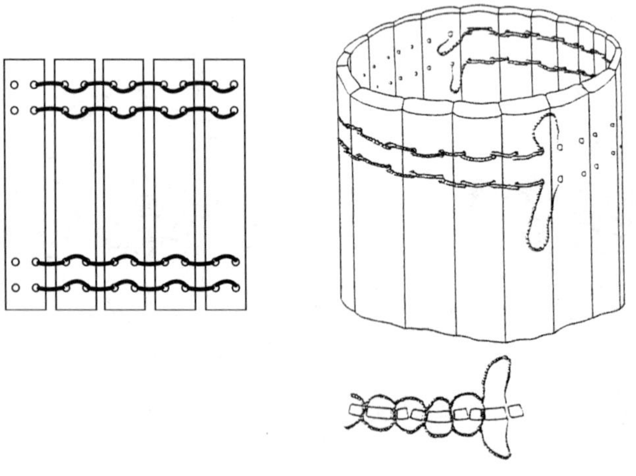

도면 15. 쌍 두 구멍 뚫기 통쪽와통 두 줄 엇걸어 평행 엮기

① 격자문암키와(부소산성)

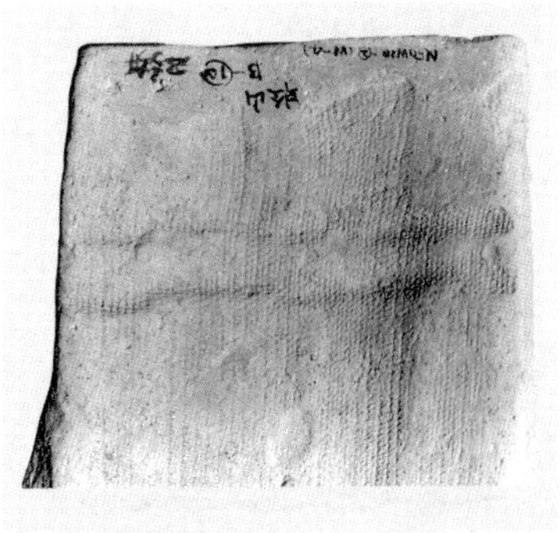

② 〈①〉의 내면
(통쪽 및 두 줄 홈쳐 평행 엮기 흔적)

도판 10. 백제 평기와

연결 끈을 위한 구멍상태는 앞의 한 줄 평행 엮기법이나 한 줄 홈쳐 평행 엮기법과 동일하다.

· 두 줄 홈쳐 평행 엮기법(도면 16, 도판 11)

이 엮기법을 적용한 통쪽의 구멍은, 앞의 두 줄 평행 엮기법과 같은 구조를 가지고 있다. 각 통쪽의 끈 엮기법은 한 구멍에서 한 줄을 사용한다. 엮는 방법은 끈을 통쪽의 좌측 구멍을 통하여 내측으로 꿰어 빼내어 바로 좌측 통쪽의 우측 구멍을 통하여 밖으로 뽑아낸다. 다음에 이 끈은 다시 우측으로 이어가게 된다. 이때 바로 우측 통쪽을 건너뛰어 통쪽의 좌측 구멍을 통하여 통쪽 안쪽으로 빼낸다. 이 공정을 반복하면 위의 엮기법으로 통쪽이 이어지게 되는 것이다. 암키와 내에서 나타난 끈의 흔적은 두 음각선이 평행선을 이루게 된다. 이 상 · 하 두 구멍의 간격은 1.5㎝ 정도이나 모두 암키와 파편만 확인되었다. 따라서 연결 끈은 상 · 하 두 곳에 이었는지, 아니면 상 · 중 · 하 세 곳에 배치했는지 확인되지 않는다.

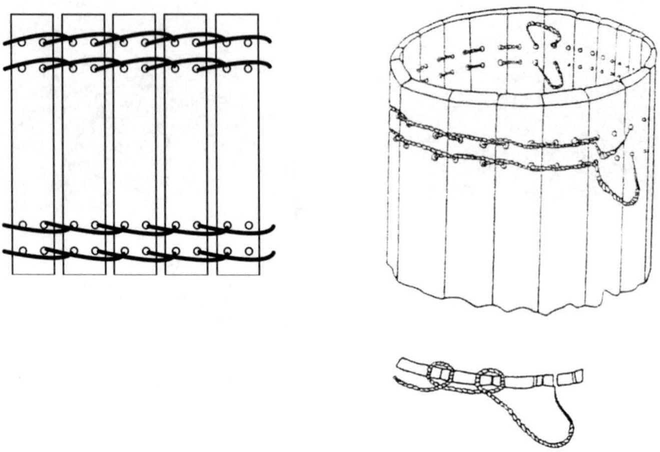

① 두 줄 홈쳐 평행 엮기　　② 〈①〉의 끈 엮기법 모사도

도면 16. 쌍 두 구멍 뚫기 통쪽와통

① 승문암키와　　② 〈①〉의 내면(통쪽 흔적)

도판 11. 백제 평기와

· 네모 홈 평행 엮기법(도면 17-①)

이 방법은 기본적으로 앞에서 서술한 두 구멍 뚫기의 네모 홈 한 줄 엮기법과 동일하다. 네모 홈 평행 엮기법은 네모를 상하로 근접하여 연결끈이 평행으로 이어지는 것이다. 이 방법은 성주사지 출토 암키와에서 확인 · 보고되었다.[23]

· 홈선 평행 엮기법(도면 17-②)

홈선 평행 엮기법은 앞의 홈선 한 줄 엮기법과 기본적으로 일치한다. 다만 홈선 내에 통쪽을 잇는 선을 두 개를 두어 평행으로 연결한 것이다. 역시 보령 성주사지에서 출토된 암키와에서 확인된 것으로 보고되었다.[24]

· 한 줄 끈 고정 평행 엮기법(도면 17-③)

이 방법 역시 기본적으로 앞에서 서술한 한 줄 끈 고정 엮기법과 같은

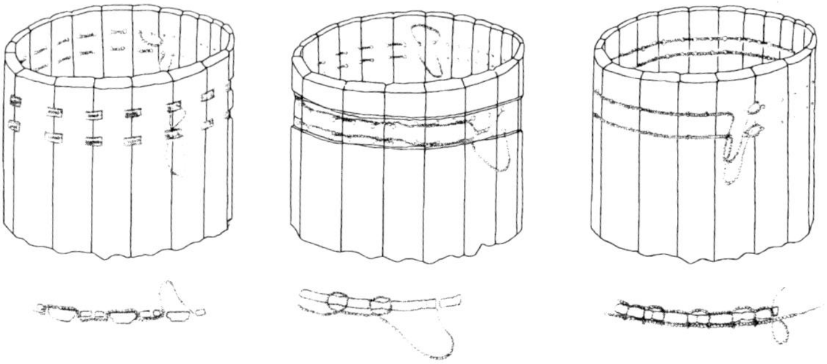

① 네모 홈 평행 엮기 ② 홈선 평행 엮기 ③ 한 줄 고정 평행 엮기

도면 17. 쌍 두 구멍 뚫기 통쪽와통

23. 충남대학교박물관 외, 앞 보고서. p.304 삽도 16의 '기타d'로 분류하고 있다.
24. 충남대학교박물관 외, 앞 보고서. p.304 삽도 16에서 'Cc' 형식으로 분류하고 있다.

방법에 의하여 통쪽을 잇는다. 다른 점은 상하로 두 끈을 횡으로 이어 잇는 끈의 모양이 평행으로 나타난다는 점이다. 보령 성주사지 출토 기와에서 조사되었다.[25]

라. 네 구멍 뚫기(도면 18)

· 한 줄 통쪽 건너 엮기법(도면 18, 도판 12)

한 줄 통쪽 건너 엮기법은 한 가지 기법이 확인되었다. 이 방법은 한 통쪽에서 횡으로 네 개의 구멍을 뚫어야 끈 엮기법이 가능하다.

통쪽을 엮는 끈은 한 줄을 사용한다. 끈은 구멍을 따라 처음 안으로 넣어 뽑은 다음, 바로 우측 통쪽 구멍을 통하여 통쪽 밖으로 빼낸다.

이 엮기법은 각 통쪽 사이의 틈을 건너 뛰어 엮기 때문에 통쪽 간의 틈이 없이 맬 수 있게 된다. 한 통쪽에 네 개의 구멍을 뚫어 끈을 연결하기 때문에 엮었던 구멍 간격은 좁게 나타난다.[26]

위에서 기술한 각 통쪽과 통쪽 사이는 끈으로 엮어 마치 발처럼 만들게 된다. 이때 와통瓦桶의 크기는 각 통쪽의 크기에 따라 달라지고, 그 갯수 역시 와통瓦桶의 크기에 맞추어 숫자를 달리하게 된다. 통쪽와통은 많은 통쪽 중, 두 개는 길이를 길게 하여 양끝에 배치하여 손잡이로 사용한다.[27] 따라서 양손잡이를 잡고서 펴면 마치 발(簾)처럼 펼 수도 있고 둥그렇게 오므릴 수도 있다. 이러한 기능을 가진 통쪽와통은 각 통쪽마다 장방형으로 깎지만, 아래쪽을 조금 넓게 만들었던 것으로 나타났다. 결과적

---

25. 충남대학교박물관 외, 앞 보고서. p.304 삽도 16에서 '기타 c'로 분류하고 있다.
26. 국립부여문화재연구소, 앞 책, pp.210~211, 삽도 70-③.
27. 이러한 내용에 대한 것은 명明나라의 『天工開物』에 삽도 처리된 두 장의 그림에서 정확하게 보여주고 있다.

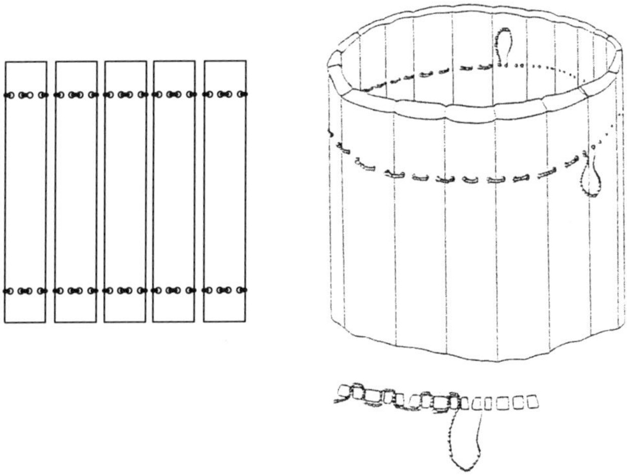

도면 18. 네 구멍 뚫기 통쪽와통 연결 끈 엮기 모사도

네 구멍 뚫기
(한 줄 통쪽 건너 엮기법)

도판 12. 백제 평기와

으로 이러한 형태의 통쪽을 엮은 와통瓦桶을 둥그렇게 말면 아래쪽이 좀 넓은 모양을 갖게 되는 상협하광上狹下廣 형태를 띠게 된다. 이러한 형태는 기와 성형 후, 건조 장소로 이동할 때 소지素地가 미끄러지지 않도록 하기 위한 배려와 함께 기와와 기와를 지붕에 엮었을 때 아래쪽에 놓인 기와가 좀 넓게 받치게 되어 균형과 빗물을 효과적으로 처리될 수 있는 효과를 가져오기 위한 것이다. 이는 원통와통圓筒瓦桶이 상협하광上廣下狹인 것과는 대조적이다.

통쪽와통은 삼국시대부터 사용되었던 것으로 조사되고, 백제의 경우 지금까지 확인된 가장 선행한 유적으로 판단되는 풍납토성 기와에서 그 흔적이 관찰된다.[28]

백제의 평기와는 크게 두 시기로 나누어 설명할 수 있다. 전기는 백제가 지금의 한강 주변에 도읍을 정했던 한성도읍시기와 후기로 설명되는 웅진 · 사비도읍시기이다.[29] 한성도읍기에 평기와가 알려진 시점은 1980년대에 몽촌토성에 대한 발굴이 이루어지면서부터 조금씩 알려지기 시작했고,[30] 석촌동 고분군 조사과정에서 주변에 흩어져 출토되었다.[31] 그렇지

---

28. 국립문화재연구소, 앞 보고서.
29. 『삼국사기』 제23 백제본기1 시조 온조왕조
…溫祖都河南慰禮城以十臣爲輔翼國號十濟…沸流沸流以彌鄒土濕水鹹不得安居歸見慰禮都邑鼎定人民安泰遂慙悔而死其臣民皆歸於慰禮後以來時百姓樂從改號백제…(8年條)二月靺鞨賊三千來圍慰禮城…(13年條)夏五月王謂臣日…必將遷國予昨出巡觀漢水之南土壤膏宜都於彼以圖久安之計秋七月就漢山下立柵移慰禮城民戶八月遣使馬韓告遷都…(14年條)春正月遷都…秋七月築城漢江西北分漢城民…(17年條)春樂浪來侵焚慰禮城…
『삼국사기』 제24 백제본기2 책계왕 원년조
…王徵發丁夫葺慰禮城…(近肖古王 26年條)…王引軍退移都漢山…
『삼국사기』 제26 백제본기4 문주왕 원년조
冬十月移都於熊津…(聖王16年條)春移都於泗沘一名所夫里國號南扶餘
30. 몽촌토성발굴조사단, 『몽촌토성발굴조사보고』, 1985.

만 이 시기에는 평기와에 대한 인식이 미미한 상태였다. 아직 일정한 시기의 기와에 대한 세심한 검토 및 관찰을 거치거나, 이에 대한 일정한 기준이 마련되지 않았던 시기였다. 평기와에 대한 이러한 추세는 대체적인 흐름이었기 때문에 선후 간의 차이점과 공통점 등을 아직 구체적으로 비교·검토할 수 있는 준비가 마련되지 않았던 것으로 보인다.

백제는 한성도읍시기 출토 기와를 관찰하면, 통쪽와통을 보편적으로 사용했던 흔적을 확인할 수 있다. 한성도읍시기의 범주는 몽촌토성과 풍납토성, 석촌동 고분군 등 서울을 중심으로 경기도 화성 등지에 분포되었던 것으로 보고되고 있다.[32]

신라의 경우는 경주를 중심으로 황룡사지를 비롯 물천리유적勿川里遺蹟과 월성해자月城垓字 등 몇몇 유적에서 보고되었다. 신라 고지故地에서의 통쪽와통 기와 흔적에 대한 보고 사례가 적다. 이는 아직 평기와에 대한 현장에서의 세심한 관찰작업이 본격화되지 못했던 것과 실제 조사작업이 이루어지지 못했던 데에 그 원인이 있었던 것으로 분석된다.[33] 그렇지만 경주 외의 지역에서는 아직 보고 사례가 확인되지 않고 있다. 이러한 원

김원룡·임효재·박순발, 『몽촌토성동남지구발굴조사보고』, 서울대학교박물관, 1988.

김원룡·임효재·박순발·최종택, 『몽촌토성서남지구발굴조사보고』, 서울대학교박물관, 1989.

31. 서울특별시 석촌동고분군 발굴조사단, 『석촌동고분군발굴조사보고』, 1987.
32. 국립문화재연구소, 『풍납토성 I -현대연합주택 및 1지구재건축부지-』, 2001.
    권오영, 「백제 전기 기와에 대한 신지견-화성 화산고분군 채집기와를 중심으로-」, 『백제연구』 제33집, 2001.
    권오영, 「풍납토성 경당지구 발굴조사 성과-건물지를 중심으로-」, 『풍납토성의 발굴과 그 성과』, 2001.
33. 예를 들면 2000~2001년도에 발굴을 실시했던 경주 전傳 천관사지天官寺址의 경우, 모든 평기와에 대한 조사결과 적지 않은 통쪽와통 흔적을 확인할 수 있었다.

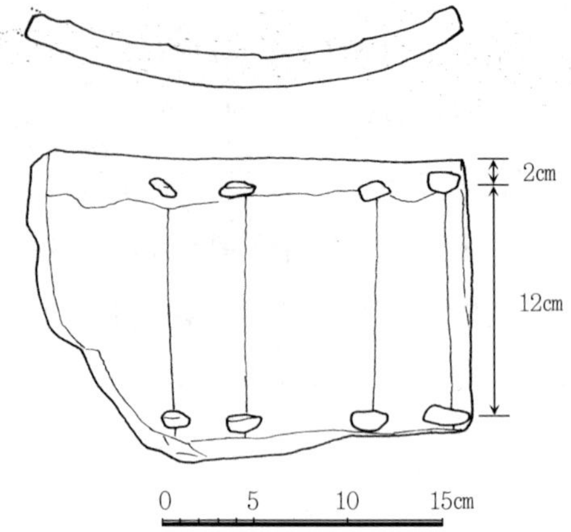

① 황룡사지 회랑 외곽 기와무지 11호 출토 암키와 내면 통쪽 연결 흔적

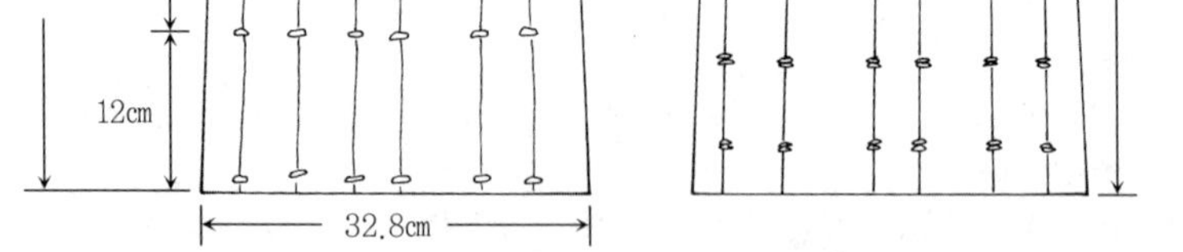

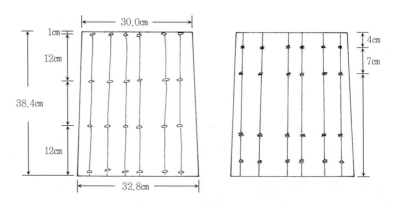

② 황룡사지 출토 암키와 통쪽 연결 끈 배치 복원 모식도

도면 19. 황룡사지 출토 기와 통쪽 흔적

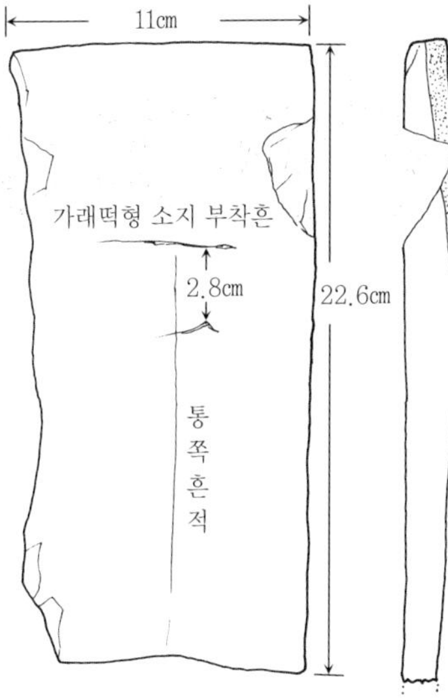

① 황룡사지 외곽 출토 무문암키와 가래떡형 소지 흔적

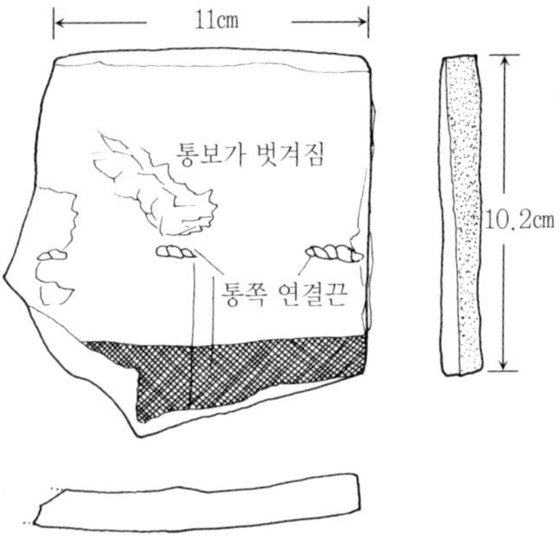

② 황룡사지 외곽 출토 무문암키와 내면 통쪽 연결 끈 흔적
(마포통보가 벗겨진 상태)

도면 20. 황룡사지 출토 기와 가래떡형 소지 및 통쪽 연결 끈 흔적

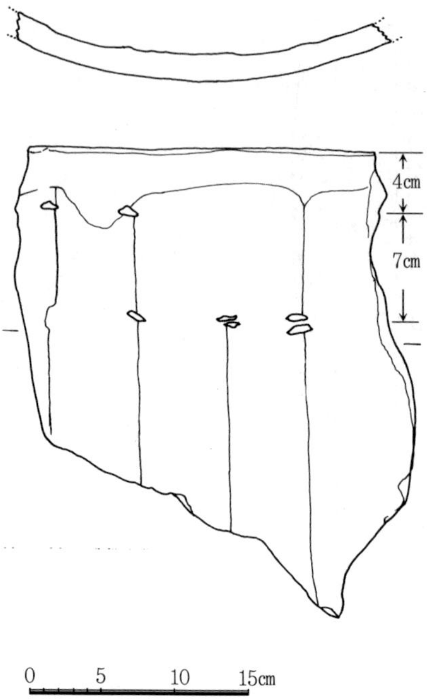

① 황룡사지 회랑 외곽 출토 승문암키와 내면 통쪽 연결 끈 흔적(두 줄 엮기법)

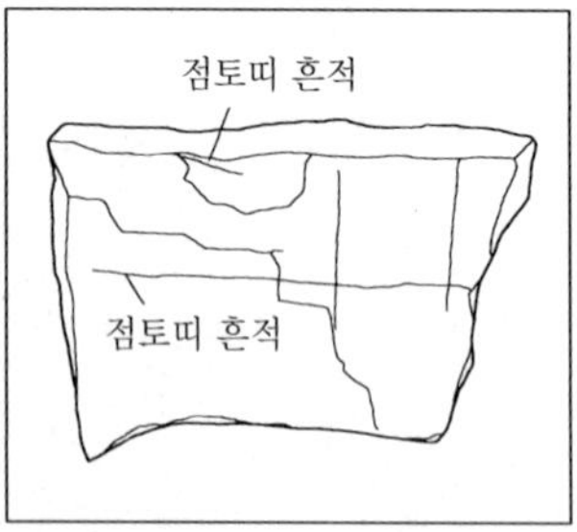

② 중국 시펑[西豊] 성자산성 출토 격자문암키와 통쪽 흔적 및 소지 부착 흔적(고구려)

도면 21. 황룡사지 출토 기와 통쪽 연결 끈 흔적

인은 신라가 통쪽와통을 선호하지 않았던 점도 원인의 하나가 아닌가 추정된다.(도면 19~21)

고구려 평기와에서도 대부분 이러한 통쪽와통의 흔적이 뚜렷하게 관찰되고 있다. 특히 고구려계에 드러난 통쪽흔적은 백제나 신라계에 비하여 좀 더 깊고 명확하다. 고구려계 평기와에 나타난 통쪽흔적은 지금의 중국 랴오닝성[遼寧省] 및 지린성[吉林省]과 한반도 임진강 주변에 집중한 고구려계 산성 출토 평기와에서 확인되는 일반적 현상이다(도면 21-②).[34]

통쪽와통의 사용 하한은 출토 기와에 드러난 것을 근거로 보면, 한반도의 경우 삼국이 신라에 의하여 통합되면서 명맥이 끊어졌던 것으로 판단된다. 그렇지만 실제 백제 고지故地의 유적 중에는 신라가 통일한 극초기極初期인 서기 700년을 전후한 시기까지는 전통이 답습되어 왔던 것으로 추정된다.[35] 반면에 고구려를 계승했던 압록강 북쪽 발해유적 출토 평기

---

34. 심광주 · 김주홍 · 정나리, 『연천 호로고루 정밀 지표조사 보고서』, 한국토지박물관 학술조사총서 제2집, 1999.
 최맹식 · 서길수, 「고구려유적 기와에 대한 조사연구」, 『고구려연구』 제7집, 고구려연구회, 1999
35. 상명대학교박물관 외, 『홍성 석성산성 건물지 발굴조사 보고서』, 상명대학교박물관 학술조사보고서 제3책, 1998.
 이 산성 내 건물지에서 출토된 암키와 내부에 통쪽흔적이 확인되는 사례가 많았다. 여기서 조사된 선문線紋 통쪽너비는 5㎝ 내외이다. 이 기와는 문양을 두드린 후, 물질흔적 상태로 인한 선문의 상태가 좁고 긴 삼각형으로 나타난다. 이러한 물질이나 재타날再打捺 등에서 형성된 문양의 모양은 백제 기와의 선문線紋에서 가장 일반적인 현상이다. 그렇지만 반출된 유물 중, 대부완류臺付盌類에서 보이는 기형器形과 추정 토기호저부土器壺底部에 타날된 승문繩紋 계통 문양은 7세기 후반경으로 볼 수 있는 것으로 판단되었다. 출토된 다른 토기나 유물 중에서 백제로 판단할 수 있는 적극적인 자료가 미비한 상태여서 기와 역시 백제 계통의 통쪽흔적이 관찰되지만, 백제로 단정지을 만한 결정적인 흔적은 관찰할 수 없었다. 이러한 계통의 기와는 아마 백제 장인匠人이나, 그 계통에 의하여 습득된 기법 제작의 마지막 형태가 아닌가 여겨진다.

와는 대부분 통쪽와통에 의한 제작 흔적이 잘 남아 있다. 이것은 통쪽와통의 전통이 발해가 멸망할 때까지 그대로 이어졌던 것을 시사하는 것으로 볼 수 있을 것이다.[36]

(2) 원통와통

원통와통圓筒瓦桶은 입면立面 상태로 보면 상협하광上狹下廣으로서 통쪽와통과는 반대 모양을 하고 있다. 원통와통圓筒瓦桶은 와통 구조에 있어서 통나무를 잘라 속을 파낸 뒤 손잡이를 만들거나, 좁고 긴 직사각형의 나무쪽을 원판의 나무에 대어 고정시키는 것이다. 따라서 와통瓦桶은 통쪽와통과 같이 펴거나 말아 감을 수 있는 것은 아니다. 이러한 구조는 소지素地를 와통瓦桶의 외벽에 붙여 성형 뒤 와통瓦桶으로부터 분리하기 위해서는 밑 쪽이 좁아야 가능하기 때문이다.[37]

---

36. 『러시아 연해주 발해유적』, 大陸硏究所, 1994.
『조선기술발전사 2-삼국시기 · 발해 · 후기신라편-』, 사회과학원력사연구소, 1994.
『六頂山與渤海鎭』, 中國社會科學院考古研究所, 中國田野考古報告集 考古學專刊, 1997.
『러시아 연해주 발해 절터』, 고구려연구회 학술총서 1, 1998.
김종혁, 「우리나라 동해안 일대에서 조사발굴된 발해의 유적과 유물」, 『발해사연구론문집』 2, 과학백과사전종합출판사, 1997.
37. 현재 장흥 안양면 모령리의 한형준 옹의 전통한식 기와 제작에 사용되고 있는 와통은 통쪽와통이나 통나무를 파서 만든 원통와통과 다르다. 즉 와통瓦桶은 좁고 긴 직사각형으로 다듬은 쪽을 원판형 나무에 대어 못으로 고정시켜 만든 것이다. 이 와통瓦桶의 구조에서 긴 쪽을 사용한 것은 통쪽와통의 한 면을 모방한 것이고, 각 쪽을 못으로 고정시켜 상광하협上廣下狹 구조는 원통와통의 구조와 같은 기능을 가지고 있다. 이 와통瓦桶을 필자는 절충식 와통折衷式瓦桶으로 정리한 바 있다(최맹식, 「고구려 기와의 특성」, 『고구려연구』 12집, 2001 및 최맹식, 「통일신라 평기와 연구」, 『호서고고학』, 호서고고학회, 2002). 여기서 절충식으로 부여한 것은, 와통의 기능상 명확한 명칭으로 보기 어렵다. 와통의 형태에서 두 가지의 형태에서 부분적인 모양을 본떠 제작하였지만, 기능면에서는 원통와통으로 분류함이 적절하게 판단된다. 따라서 필자가 절충형으로 분류한 와통은 원통와통의 범주로 포함시키고자 한다.

원통와통圓筒瓦桶은 삼국시대부터 사용되었던 것으로 확인되고 있다. 고구려 및 백제계 기와는 원통와통圓筒瓦桶의 비율이 통쪽와통에 비하여 현저하게 낮은 것으로 조사되는데, 이러한 통계자료는 동시대의 유적에서는 대체로 비슷한 양상을 보이고 있다. 고신라古新羅는 경주를 중심으로 발굴된 유적 일부 이외의 유적에서는 아직 원통와통圓筒瓦桶이 아닌 사례가 확인되지 않았다. 이 점은 앞으로 자료의 축적에 따라 달라질 수도 있겠지만, 그 원통와통圓筒瓦桶의 선호도가 극히 높았던 사실을 인정할 수 있을 것이다.

고신라古新羅는 지금까지 발굴된 여러 유적 출토 기와를 빌려 가장 선행된 유물의 상한을 6세기경으로 보는 듯하다.[38] 이러한 견해는 실제 유적과 함께 출토된 다른 유물과의 연대 차이 및 각 유물 간의 양식 비교를 통한 것이다. 신라가 선호한 원통와통圓筒瓦桶은 통일 뒤 한반도 전역에 퍼져 자리잡았던 것으로 나타났다. 이는 백제 및 고구려에서 크게 유행했던 통쪽와통이 신라의 통일을 기점으로 점차 사라지게 된 직접적 동기가 되었던 것으로 추정된다.

이후 원통와통圓筒瓦桶의 전통은 고려 및 조선을 거쳐 오늘에 이르기까지 전통 한식韓式 기와제작의 주 도구로 자리를 잡게 되었다.

2) 눈테(도면 22~26)

눈테는 와통瓦桶의 외측면에 부착하는 가는 선이나 돌출된 못 등과 같은 도구를 말한다. 이 가는 선과 못은 통기와의 내면 모양에 따른 움푹 패

38. 신창수, 「황룡사지 출토 신라기와의 편년」, 단국대학교대학원 석사학위청구논문, 1986.
조성윤, 「경주 출토 신라 평기와의 편년시안」, 경주대학교대학원 석사학위청구논문, 2000.

인 선이나 또는 홈을 형성하게 된다. 와통을 빼낸 후, 통기와 내면의 패인 선이나 구멍의 홈을 따라 와도瓦刀로 긋게 된다. 결국 눈테의 부착 목적은 기와 분리를 위한 전 단계의 한 과정이라고 말할 수 있다.[39]

통상 암키와는 한 와통에서 4매枚의 기와가 생산되고, 수키와는 2매를 생산할 수 있다. 따라서 암키와 통에는 4매의 기와를 위하여 4조條의 눈테를 등간격으로 부착하고, 수막새 통에는 2조의 눈테를 붙인다.[40]

기와의 내면에는 눈테의 흔적이 남는 경우가 많지만, 잘 드러나 있지 않는 사례 역시 적지 않다. 특히 수키와의 경우는 암키와에 비하여 눈테의 흔적이 관찰되지 않는 비율이 높다. 눈테의 존재는 둥근 와통(통쪽와통 또는 원통와통)을 사용하는 경우에 드러난다. 낱개로 만드는 경우는 눈테의 용도가 필요하지 않다.

조사에 의하면 눈테의 양식은 삼국시대에 가장 다양한 방식을 보여주고 있다. 통일신라시대에는 몇 가지 방법으로 한정되는 추세를 보인다. 또 고려와 조선에 이르면, 한두 가지의 방법만이 전습되었던 것으로 조사되고 있다. 이러한 경향은 기와의 질과 문양, 막새의 제작기술에서 보여준다. 그 이유는 제작기법상 후대에 오면서 점차 고착화해가는 실상에서 그 원인을 찾을 수 있을 것이다.

눈테의 재료나 부착방법은 와장瓦匠이 현지의 여러 여건에 따라 가변성이 높았을 것으로 추정된다. 이는 와장瓦匠이 대대로 전습받은 바에 따라 그 다양성과 재료가 달라질 수 있다는 데서 우선 찾아진다. 그리고 현지의 여건에 따라 대체 가능한 재료를 사용했던 것도 원인으로 짐작된다.

---

39. 눈테는 전통한식韓式 기와제작 현장에서는 짬테라고도 부르고 있으며, 일종의 분리선이다.

40. 宋應星의 『天工開物』에서는 "民房用的瓦是四合分片的先用圓桶作模型桶外劃出四條等分界線"

눈테의 재료는 반듯한 가는 나무를 깎아 사용하거나, 굵기가 비슷한 얇은 대나무계, 철사와 같은 금속선, 꼬아 만든 새끼류를 이용할 수 있었을 것으로 추정된다.[41] 삼국시대에는 나무못이나 쇠못과 같은 좀 뾰쪽한 못을 상 · 하에 박아 눈테로 이용했던 사례도 많다.

삼국 중 백제의 평기와에 드러난 눈테의 종류가 가장 많이 나타나고 있다. 그러나 이는 신라에서도 다양하게 조사되었다. 눈테의 종류는 재료에 따라 형태도 달리 나타나는 사례가 많아 모양에 따라 명칭을 부여하였다.

눈테는 형태에 따라 돌기형 눈테, 끈 이음형 눈테, 젓가락형 눈테 등 크게 세 가지로 나눌 수 있다. 이를 정리해 보면 다음과 같다.

◇ 돌기형 눈테

- 돌기 눈테(도판 13)
- 네모 눈테(도판 14)
- 끈 매듭 눈테(도판 22-① · 23-④)
- 쌍 가로 돌기 눈테(도판 15)
- 쌍 세로 끈 매듭 눈테(도판 16)

◇ 끈 이음 눈테

- 끈 이음 눈테(도판 17-① · ②)
- 끈 이음 매듭 눈테(도판 17-③ · ④)
- 관통 눈테(도판 18)

41. 1996년도 장흥군 안양면 모령리의 한형준 옹이 경영하는 현지에서 사용하고 있었던, 한 암키와 와통瓦桶에는 가는 대와 철사를 함께 부착하여 사용하고 있었다.

◇ 단절눈테

· 허중虛中 눈테

· 삼절三絕 눈테

· 단선短線 눈테

◇ 젓가락 눈테(도판 19)

(1) 돌기형 눈테(도면 22)

돌기형 눈테는 원형과 사각형태가 있다. 재료는 금속이나 나무를 깎아 머리 없는 못과 같이 박아 사용한 것과 꼬아 만든 새끼 등을 사용하여 매듭을 만들어 와통瓦桶에 구멍을 뚫은 뒤 끼워 사용한 것 등이 조사되었다. 돌기형 눈테의 사용시기는 삼국시대에 자주 등장하고, 통일신라시대에도 나타나고 있다. 돌기형 눈테는 종류별로 기술하면 다음과 같다.

· 돌기 눈테(도면 22-① · ③, 도판 13)

돌기 눈테는 겉모양이 원형을 나타낸다. 둥근 끈 매듭 눈테는 돌기눈테에 포함시킬 수 있다.(도면 23-④) 기와에 드러난 흔적의 깊이는 끈 매듭형에 비하여 깊게 패여 있다. 실제 금속 및 나무못 중 어느 것을 사용했는지는 명확하지 않다. 삼국시대의 평기와에서 주로 확인된다. 돌기 눈테는 매듭 눈테와 비교하면, 사용하는 재료로 인하여 못 눈테는 좁고 깊게 드러난다.

돌기 눈테는 기와의 상 · 하단 두 곳에서 눈테 흔적을 확인할 수 있다. 고구려 환도산성丸都山城에서 출토된 거치문鋸齒紋 암키와에 돌기눈테가 상 · 중 · 하단의 세 곳에서 드러났다.[42] 돌기 눈테는 황룡사지 출토기와와

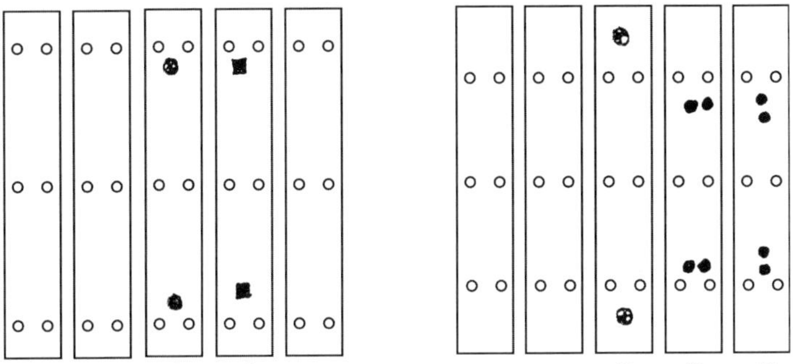

① ② ③ ④ ⑤

- 돌기형 눈테 -

① 끈 매듭 눈테(원형 눈테)(돌기 눈테)
② 네모 눈테
③ 둥근 끈 매듭 눈테
④ 쌍 가로 못 눈테
⑤ 쌍 세로 못 눈테

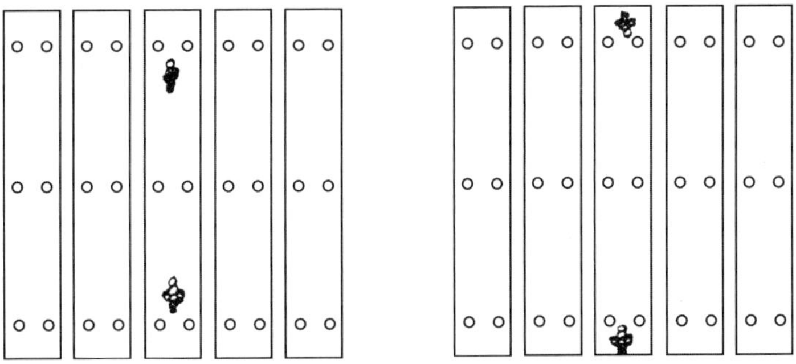

⑥ 끈매듭식 ⑦ 끈매듭식

도면 22. 눈테 부착법 각종

① 승문암키와
(부여 전 천왕사지)

② 〈①〉의 내면
(못 눈테 흔적)

도판 13. 백제 평기와

부여 전傳 천왕사지天王寺址 등 삼국에서 모두 나온 것으로 조사되었다.

· 네모 눈테(도면 22-② 도판 14)

네모 눈테는 기와에 드러난 형태가 네모형을 가지고 있다. 기와에 드러난 모양은 돌기 눈테에 비하여 넓게 나타난다. 황룡사지 회랑 외곽 암키와에서 조사된 바 있다.

· 끈 매듭 눈테(도면 22-⑥ · ⑦)

끈 매듭 눈테는 대부분 상 · 하단 두 곳에 위치하는 경우가 대부분이다. 그러나 드물게 상 · 중 · 하단 등 세 곳에 위치하는 사례도 확인된다. 돌기

42. 최맹식 · 서길수의 앞 논문. 거치문鋸齒紋 암키와에서 드러난 눈테는 그 위치가 기와의 중간 부분이어서 기와의 상 · 중 · 하에 각각 눈테가 부착되었을 것으로 추정된다.

① 격자문암키와
(부소산성)

② 〈①〉의 내면
[못(네모) 눈테 흔적]

도판 14. 백제 평기와

형 눈테에 비하여 흔적은 넓은 편이고, 깊게 패이지 않는다. 삼국시대부터 통일신라에 이르기까지 분포한다.

· 쌍 가로 돌기 눈테(도면 22-④, 도판 15)

쌍 가로 못 눈테는 상 · 하단 두 곳에 눈테를 부착한다. 기와에는 두 개의 눈테가 횡으로 근접하여 나타나 있다. 삼국시대 기와에서 확인된다.

· 쌍 세로 끈 매듭 눈테(도면 22-⑤, 도면 23-① · ②, 도판 16)

쌍 세로 끈 매듭 눈테는 쌍 가로 눈테와 비슷하다. 그러나 두 개의 눈테가 근접하여 세로 방향으로 남아 있다. 삼국시대 기와에서 조사된다.

(2) 끈 이음형 눈테(도면 24)

끈 이음 눈테는 흔적이 깊고 잘 남아 있는 사례를 관찰하면, 새끼끈을 만들어 눈테로 사용한 것으로 조사되었다. 삼국시대부터 널리 이용되었

① 암키와

② 〈①〉의 내면
(쌍 가로 못 눈테)

③ 〈②〉의 세부
(쌍 가로 못 눈테 세부)

도판 15. 황룡사지 출토 수 · 암키와

고, 통일신라 기와에서도 가장 많은 수량을 보이는 양식이다. 이 방법으로 만든 눈테는 끈 이음 눈테와 끈 이음 매듭 눈테, 끈 관통 눈테 등 세 종류가 조사되었다.

· 끈 이음 눈테(도면 24-②, 도판 17-① · ②)

가장 널리 사용되었던 눈테 중 하나로 조사되었다. 끈 이음 눈테의 양 끝 지점은 기와의 상 · 하단에서 중심 쪽으로 각각 수 센티미터 내외 지점에 위치해 있다. 따라서 기와의 상 · 하단 쪽 수 센티미터 내외는 눈테의

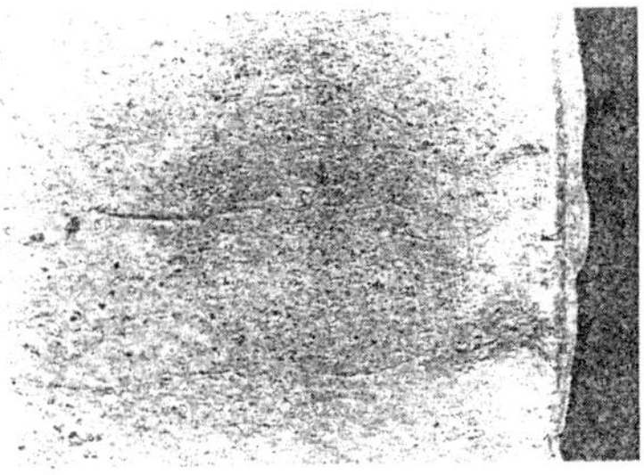

① 소지 부착흔적 세부

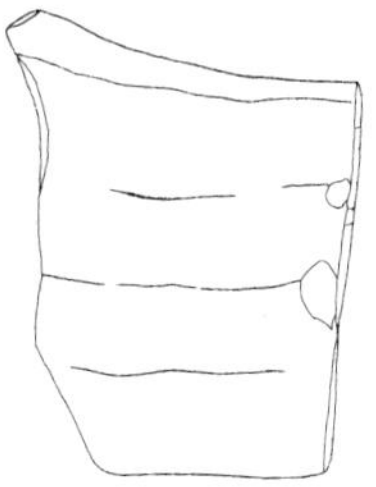

② 부소산성 출토 승문암키와
내면 소지 부착 흔적 및
쌍 세로 못 눈테(①의 그림)

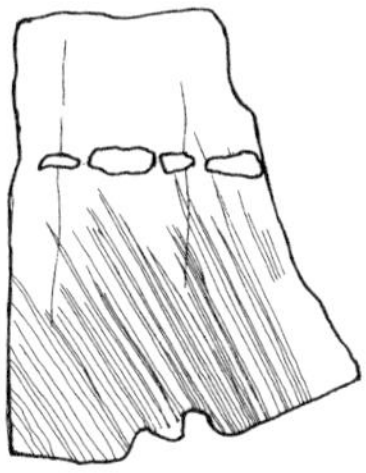

③ 기와 내면의 통쪽 연결
및 빗질 흔적

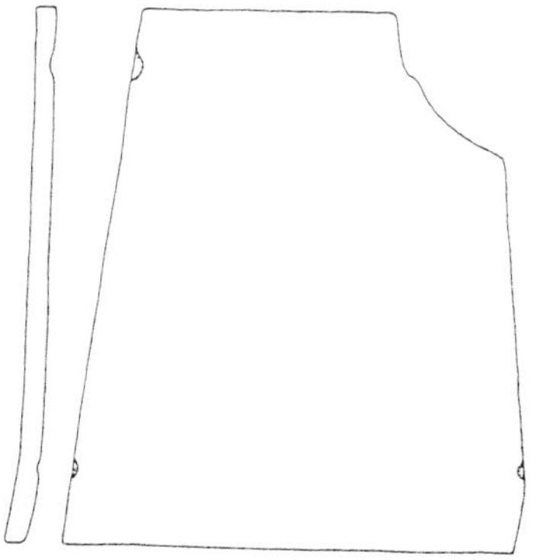

④ 기와 측면에 나타난 분리 눈테 흔적
(끈 매듭식)

도면 23. 백제 평기와 가래떡 소지 · 통쪽 연결 · 내면 빗질 · 눈테 흔적

① 암키와

② 〈①〉의 내면
(쌍 세로 못 눈테 흔적)

도판 16. 백제 평기와

흔적이 관찰되지 않는다. 끈 이음 눈테는 삼국시대부터 통일신라, 고려, 조선, 및 현재 전통 한식韓式 재래기와에서도 적용될 수 있는 것이다.

끈 이음 눈테는 기와에 드러난 흔적이 젓가락형에 비하여 낮고 좁게 패인 상태를 보인다. 그리고 일직선보다는 조금씩 구부러진 흔적이 뚜렷하다. 이 눈테 중 잘 남아 있는 것 중에는 꼬아 만든 새끼흔적이 뚜렷하게 드러나는 것도 관찰되었다.

· 끈 이음 매듭 눈테(도면 24-①, 도판 17-③ · ④)

끈 이음 눈테와 기본적으로 같은 방법이다. 눈테의 양끝은 끈을 매듭지어 마무리한 것이다. 따라서 기와에 나타난 눈테의 양끝은 둥글고 좀 깊게 패인 흔적이 뚜렷하게 남아 있다. 백제 및 고신라古新羅에서 관찰된다.

· 끈 관통 눈테(도면 24-③, 도판 18)

기본적인 양식은 끈 이음 눈테와 차이가 없으나, 눈테 흔적이 기와의

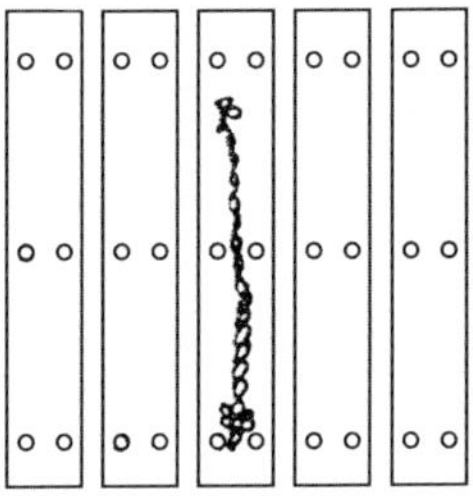

① 끈 이음 매듭 눈테

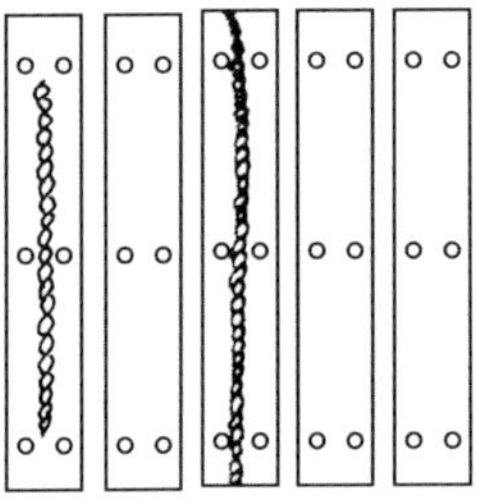

② ③

② 끈 이음 눈테
③ 끈 관통 눈테

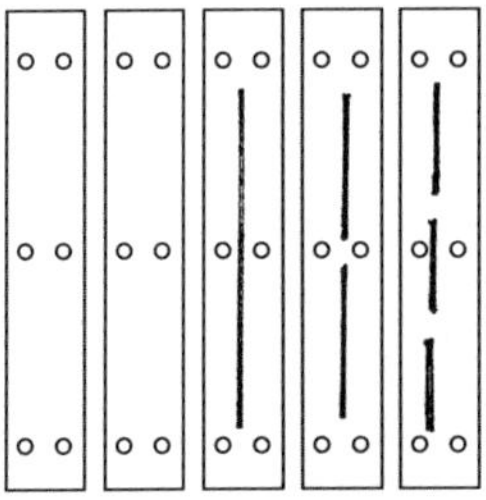

④ 젓가락식(一連 눈테)
⑤ 虛中 눈테
⑥ 三絕 눈테

④ ⑤ ⑥

〈젓가락식 눈테 부착〉

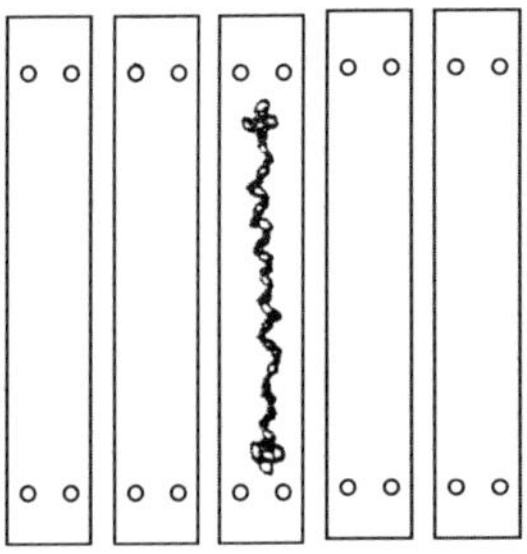

⑦ 지그재그식 눈테 부착

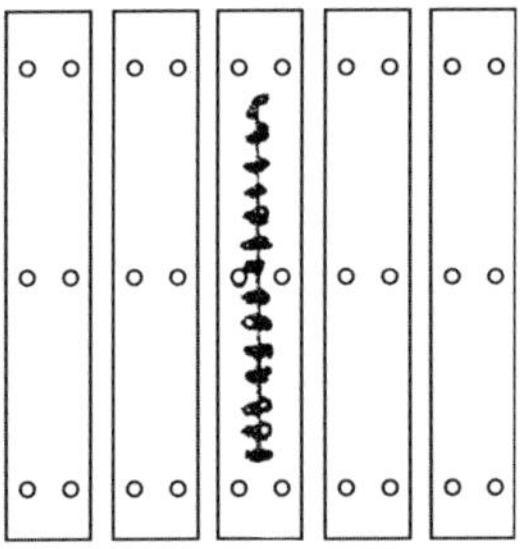

⑧ 절충식 눈테 부착

도면 24. 눈테 부착법 각종

① 암키와

② 〈①〉의 내면
(통보 이음 및 끈 이음 눈테 흔적

③ 암키와

④ 〈③〉의 내면
(끈 이음 눈테 흔적)

도판 17. 백제 평기와

상 · 하단을 각각 관통한 상태를 보인다. 이러한 방법에 의한 눈테는 드물며, 부여 용정리의 백제사지寺址에서 출토된 바 있다.

(3) 단절 눈테

단절 눈테는 젓가락식이나 끈 이음 눈테와 같은 재료를 사용하나, 중간의 한 곳, 또는 두 곳이 끊어진 것이 있으며, 상하에 각각 짧은 선을 둔 단

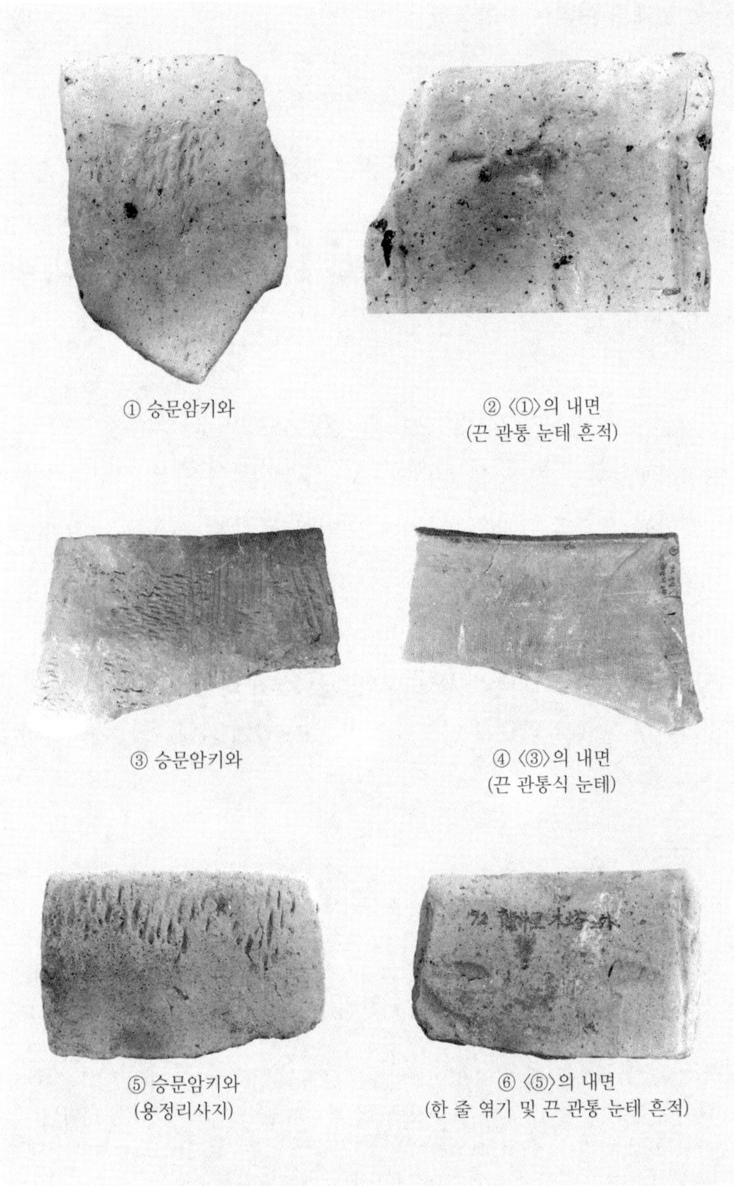

① 승문암키와

② 〈①〉의 내면
(끈 관통 눈테 흔적)

③ 승문암키와

④ 〈③〉의 내면
(끈 관통식 눈테)

⑤ 승문암키와
(용정리사지)

⑥ 〈⑤〉의 내면
(한 줄 엮기 및 끈 관통 눈테 흔적)

도판 18. 백제 평기와

선短線 눈테를 여기에 포함하였다.

· 허중 눈테[43](도면 24-②)

허중虛中은 마치 끈 이음 눈테의 중간 부분이 끊어진 형상이다. 끊어진 지점은 기와에 따라 다소 차이가 나지만, 2㎝ 내외의 간격을 보이고 있다. 경주 방내리 고신라 고분方內里古新羅古墳 내에서 출토된 암키와에서 조사되었다.

· 삼절 눈테[44](도면 24-③, 25-① · ②, 26-② · ④)

삼절三絕 눈테는 끈 이음 눈테의 중간 두 곳을 끊어 놓은 형태를 말한다. 끊어진 흔적의 간격은 0.7~1㎝ 내외이다. 출토 사례는 고신라古新羅 시대의 경주 방내리고분에서 출토된 바 있다.

(4) 젓가락형 눈테(도면 24-④, 도면 25-③, 도판 19)

젓가락형 눈테는 비교적 일직선을 이루고, 깊게 나타난다. 젓가락형 눈

---

43. 허중虛中은 주역周易의 팔괘八卦 중 네 번째인 "離리"의 괘卦 모양은 "☲"형상으로, 상 · 중 · 하 세 효爻 중 상 · 하의 것은 하나로 이어졌으나, 중간의 한 효爻는 가운데가 끊어져 음陰을 나타낸다. 따라서 이 이괘離卦는 "離虛中이허중"으로 불리는데, 이는 가운데 괘가 끊어졌기 때문이다. 따라서 이 눈테는 마치 긴 끈 이음식 눈테의 가운데 한 부분이 끊어진 모양이어서 이괘離卦 중, 중간의 한 효爻의 형상을 비유하여 이름한 것이다.

44. 주역周易의 팔괘八卦 중 마지막 여덟번째는 곤괘坤卦이다. 이 곤괘坤卦는 "☷" 형상이다. 이 형상은, 상 · 중 · 하 세 효爻 모두, 중간이 끊어져 모두 음陰을 나타낸다. 따라서 곤괘坤卦의 모양을 "坤三絕곤삼절"로 칭하는 것은 세 괘卦 모두 끊어진 데에서 유래한다. 여기서 삼절三絕 눈테는 이 곤괘坤卦에서 응용한 것이다. 따라서 이 삼절三絕 눈테의 모양은 중간에 두 곳이 끊어져, 마치 짧은 젓가락 세 개가 일정한 간격으로 수직으로 부착된 형상을 나타내고 있다.

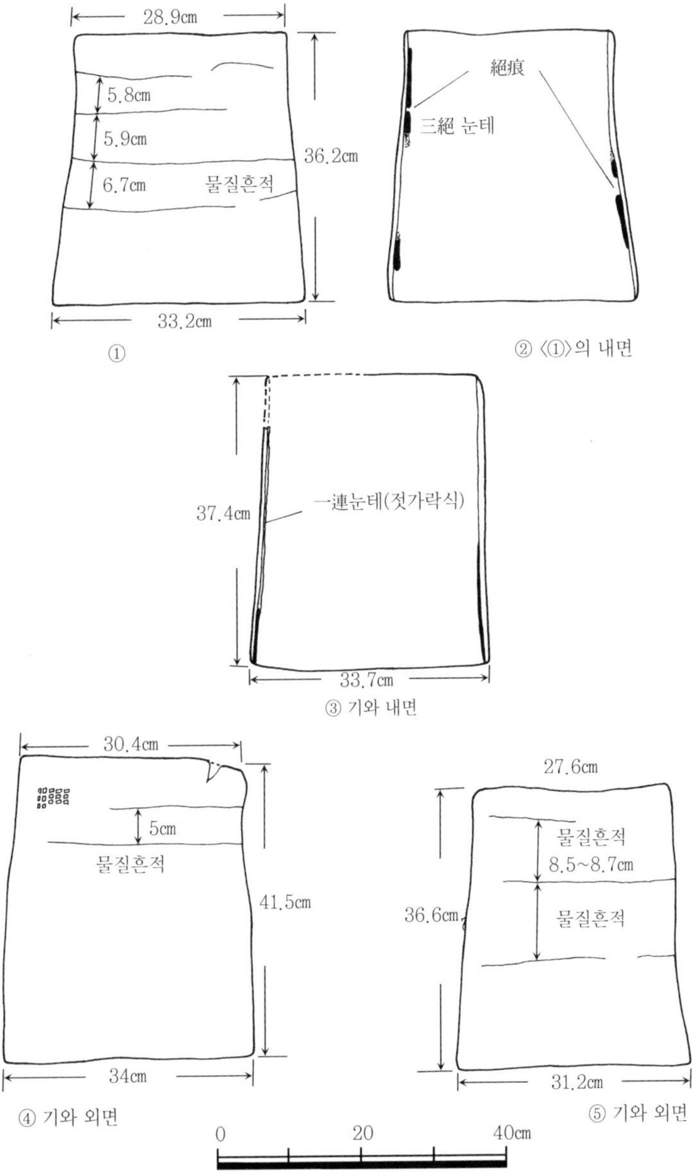

도면 25. 경주 방내리고분 암키와 규격(물질도구흔, 눈테)

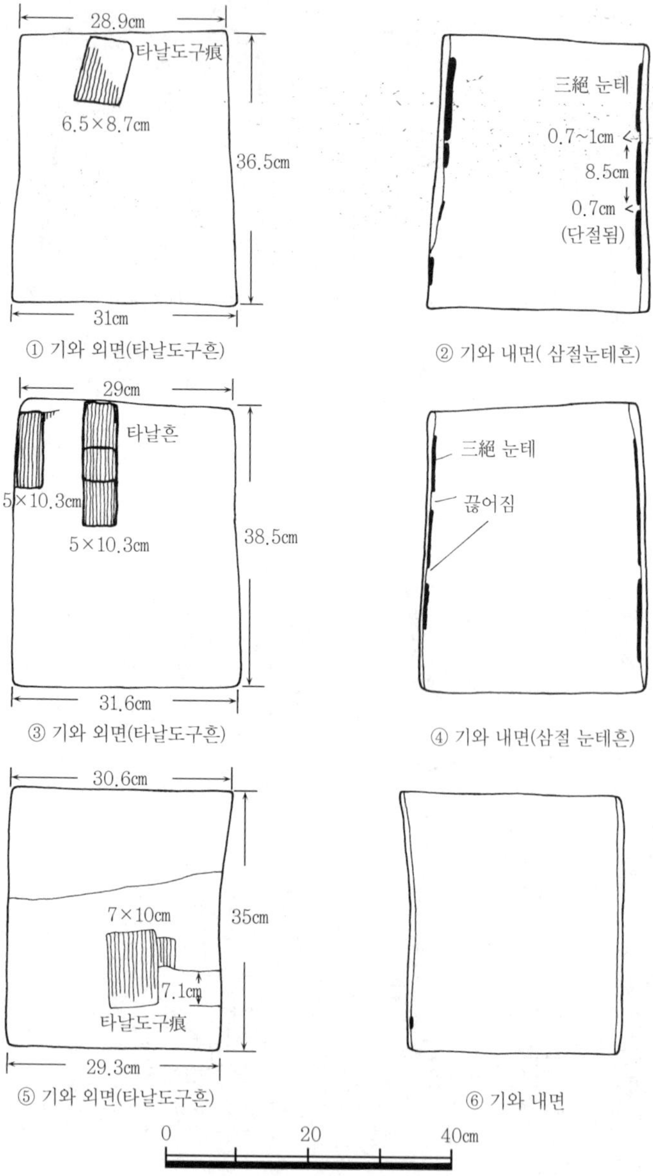

도면 26. 고신라 암키와 타날 규격 및 눈테흔(경주 방내리 고분 내 출토)

① 선문암키와
(타날도구 흔적 관찰)

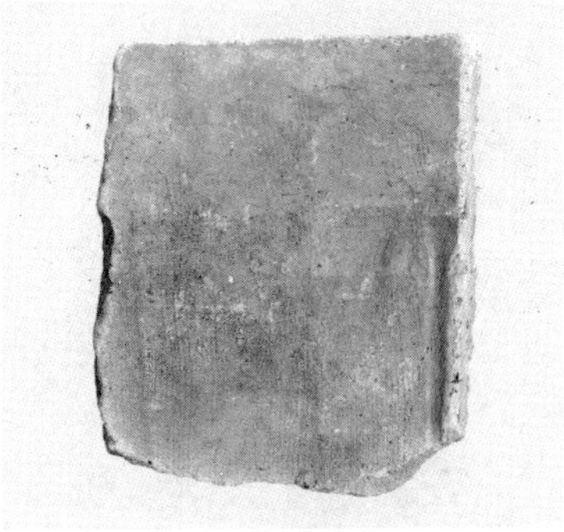

② 〈①〉의 내면
(젓가락식 눈테 흔적)

③ 암키와

④ 〈③〉의 내면
(젓가락식 눈테 흔적)

도판 19. 백제 평기와

테의 재료는 나무 및 철사 등을 사용했던 것으로 보인다. 기와에 드러난 이 눈테의 흔적은 깊고 직선에 가깝다. 일직선의 젓가락형 눈테는 삼국시대부터 통일신라, 고려, 조선을 거쳐 오늘에 이르기까지 가장 널리 이용되었던 것으로 조사되었다. 이는 재료를 가장 쉽게 구할 수 있고, 만들기 쉬운 장점이 있기 때문이 아닌가 판단된다.

① 선문암키와

② 〈①〉의 내면

③ 〈②〉의 세부
(마포 및 눈테 흔적)

④ 선문암키와
(물질자국)

⑤ 〈④〉의 내면
(마포통보)

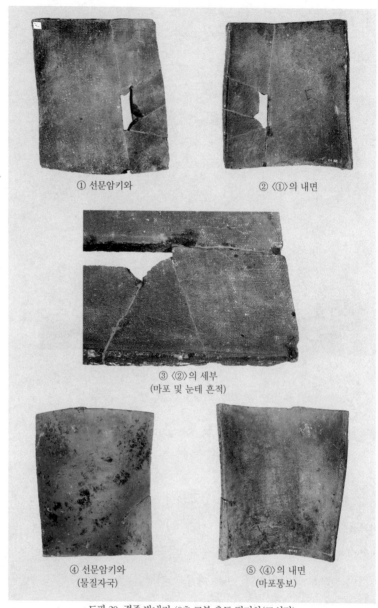

도판 20. 경주 방내리 40호 고분 출토 평기와(고신라)

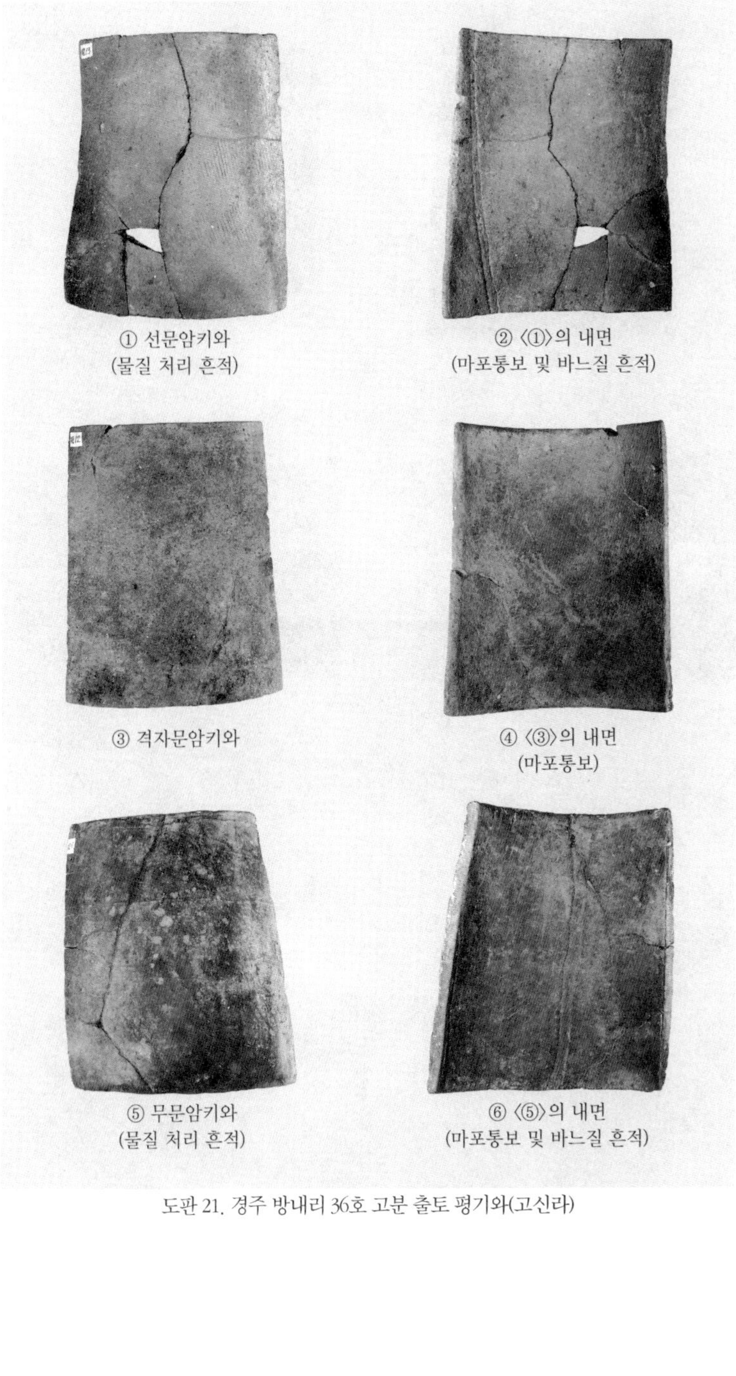

① 선문암키와
(물질 처리 흔적)

② 〈①〉의 내면
(마포통보 및 바느질 흔적)

③ 격자문암키와

④ 〈③〉의 내면
(마포통보)

⑤ 무문암키와
(물질 처리 흔적)

⑥ 〈⑤〉의 내면
(마포통보 및 바느질 흔적)

도판 21. 경주 방내리 36호 고분 출토 평기와(고신라)

① 선문암키와

② 〈①〉의 내면

③ 〈②〉의 세부
(눈테 및 마포 흔적)

④ 〈②〉의 세부
(소지 부착 및 빗질 흔적)

⑤ 암키와 외면

⑥ 〈⑤〉의 내면
(통쪽 흔적)

도판 22. 경주 방내리 40호 고분 출토 평기와(①~④), 황룡사지(⑤ · ⑥ ; 두 줄 엮기)

3) 와도(도면 27~32, 도판 23 · 25 · 26)

와도瓦刀는 기와를 제작할 때 사용하는 칼이다. 자르거나 긋는 작업 또는 다듬는 작업 등 다용도를 가지고 있다. 또 적당하게 맞추어 제작하거나, 대나무를 다듬어 만든 대칼 등 두 가지가 많이 사용되고 있다.[45] 그밖에 현지에서는 쨀줄이라는 다른 와도瓦刀 기능을 하는 도구도 있다. 쨀줄은 가는 철사를 이용하며 양쪽 끝에는 새끼줄을 묶어 손잡이로 만들어 사용했다.

이제 각 와도瓦刀의 기능에 대하여 알아보기로 한다. 쨀줄은 기와 제작 공정 중 3단계 및 4단계시에 흙을 숙성시키는 과정에서 재료를 베어낼 때와 4단계인 다무락 작업 중 기와 두께에 맞추어 한 켜씩 횡으로 떼어낼 때 주로 사용한다.[46]

금속으로 제작한 와도瓦刀는 주로 기와 등분작업과 다듬을 때 사용되었다. 와통瓦桶에서 갓 빼낸 통기와의 경우 암키와는 4등분, 수키와는 2등분을 하여 낱 기와로 만든다. 이 공정 중에 통기와를 등분하기 위하여 눈테자국을 따라 와도瓦刀를 대어 긋게 되는데, 이 작업에 사용되는 와도瓦刀는 현지에서 실사용에 맞게 금속으로 제작하는 것이 일반적이다. 이 금속으로 만든 와도瓦刀는 나무 손잡이를 만들어 칼에 끼우고, 위와 같이 통기

45. 인간문화재 제91호 제와장製瓦匠인 한형준 옹이 현지에서 사용하고 있는 방법.

46. 중국의 경우, 수막새를 제작할 때 드림새의 뒷면에 등기와(먼저 통기와를 드림새의 뒷면에 올림)를 부착하게 되는데, 원통형의 통기와 중 필요하지 않은 1/2 정도 베어낸다. 이 때 베어내는 작업에서 쨀줄 형태의 와도를 이용했던 것으로 조사되고 있다. 이러한 경향은 중국의 주周, 한漢, 낙랑樂浪에 이르기까지 일반적으로 사용했다. 이 쨀줄을 사용하여 베어낸 자리는 1~3mm 내외의 좁은 간격마다 물결모양의 베어낸 흔적이 뚜렷하게 남아 있게 된다.
중국 서한西漢시기의 평기와 중에는 수키와를 2분법으로 분할할 때 쨀줄을 사용하여 자른 사례도 관찰된다.

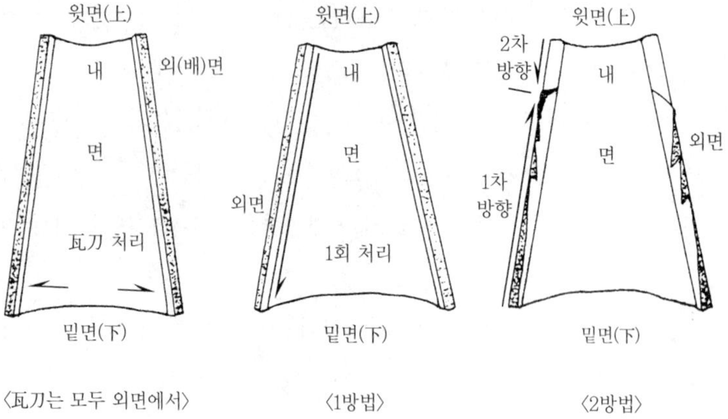

수키와 분할 瓦刀 처리 방향

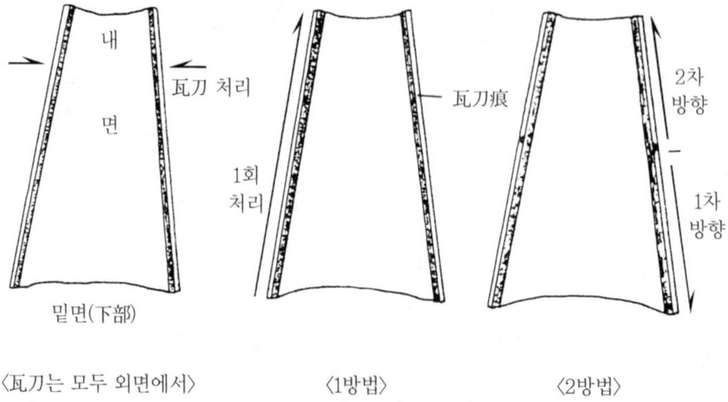

수키와 분할 瓦刀 처리 방향

도면 27. 백제 수키와 분리 방법

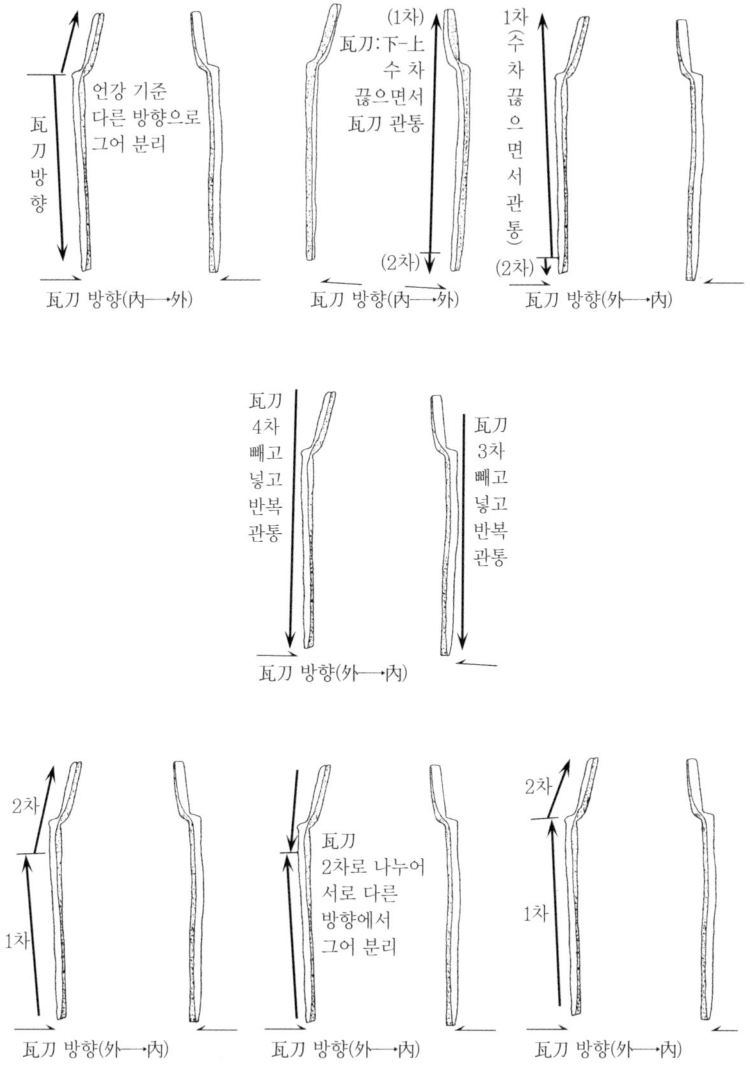

도면 28. 고신라 수키와 2분법 분리 와도 방향 각종

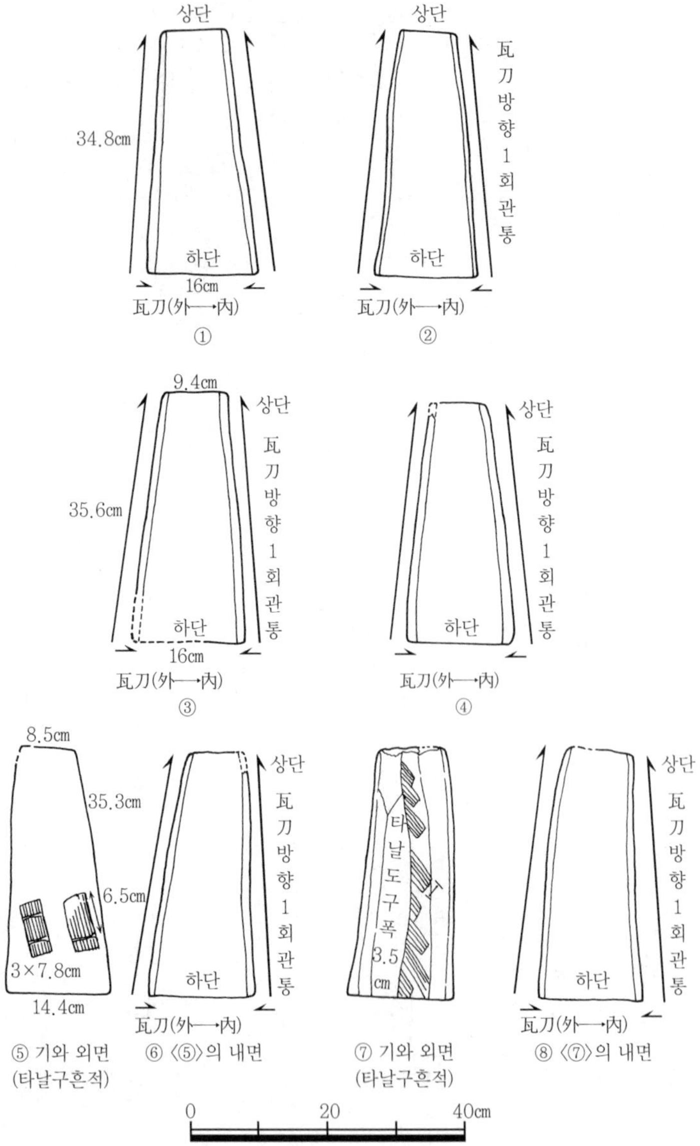

도면 29. 고신라 수키와분리법 및 타날구 규격

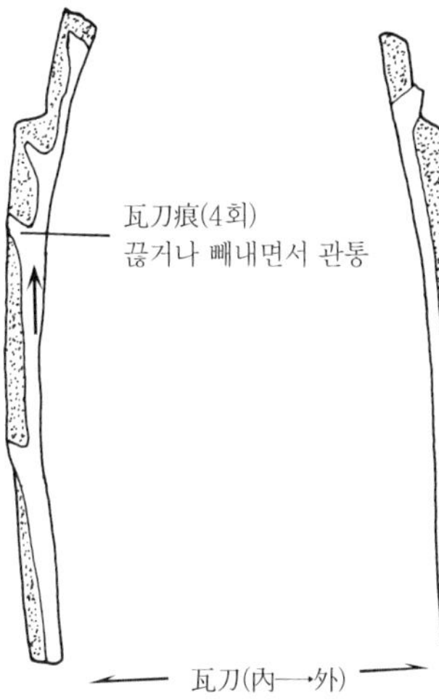

〈수키와〉

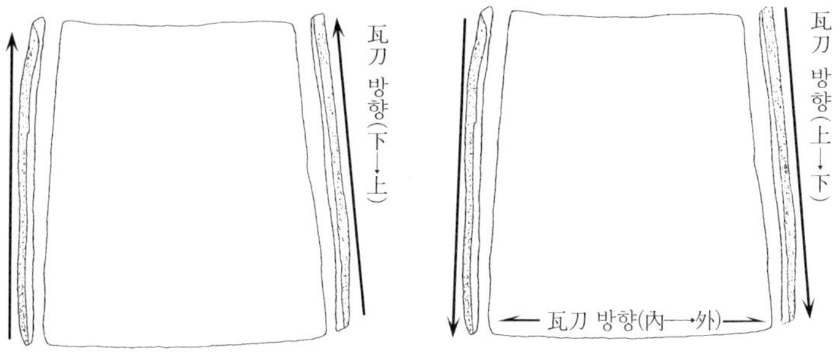

〈암키와〉

도면 30. 고신라 평기와 분리 와도

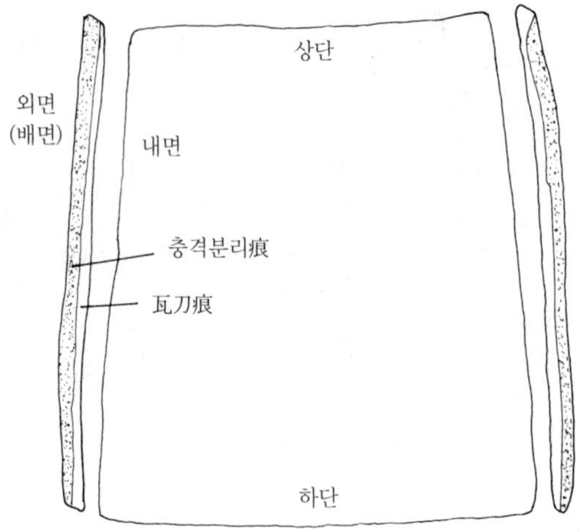

〈암키와〉

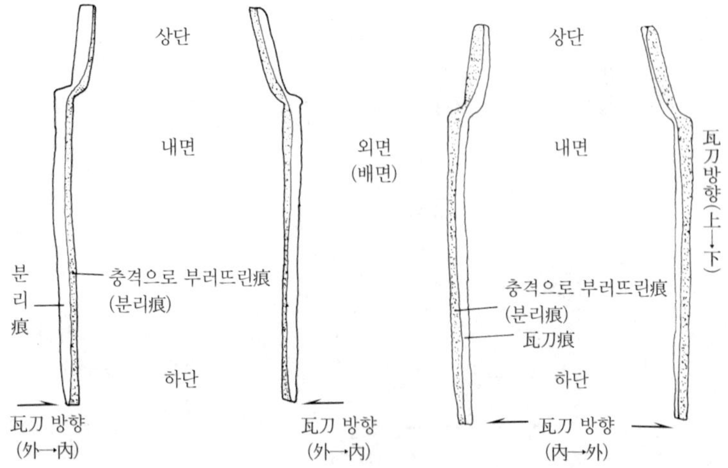

〈수키와〉

도면 31. 고신라 평기와 분리 와도

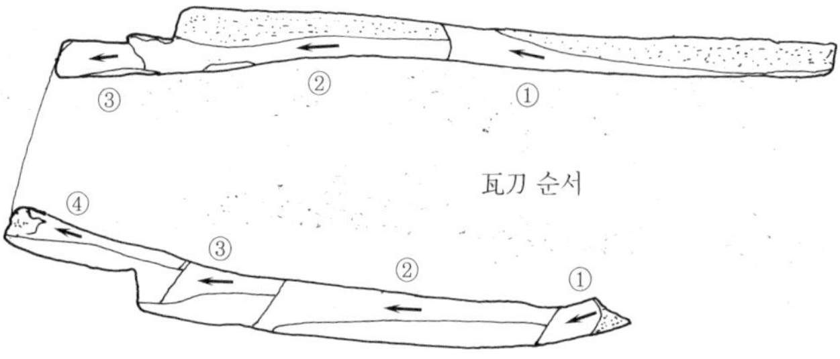

경주 황룡사지 수키와 瓦刀痕

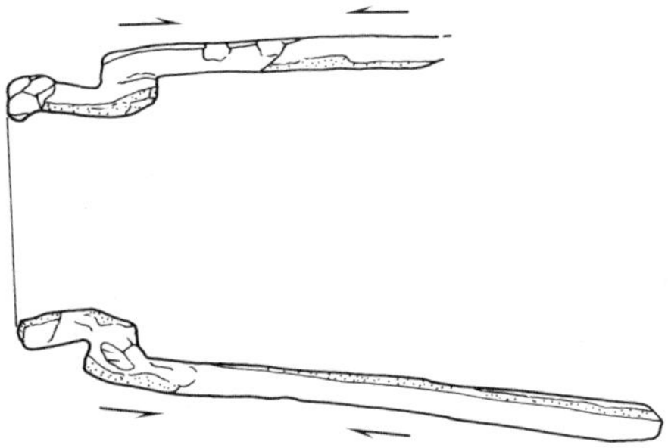

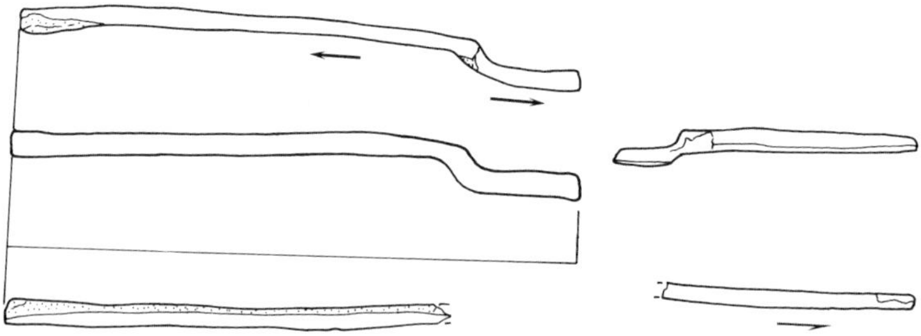

도면 32. 고신라 수키와 2분법 분리 瓦刀 방향 각종 세부 그림

① 선문미구기와

② 〈①〉의 내면
(미구 부착 및 와도 흔적)

③ 미구기와

④ 〈③〉의 내면
(와도 및 마포 흔적)

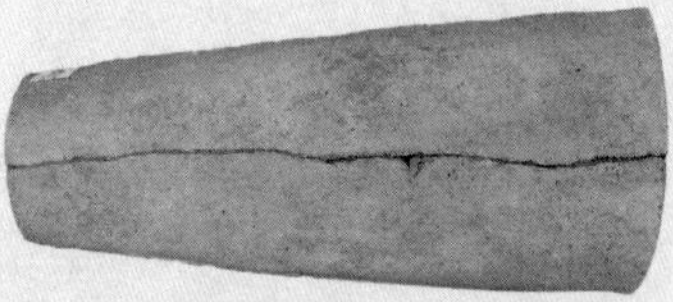

⑤ 선문토수기와

⑥ 〈⑤〉의 내면

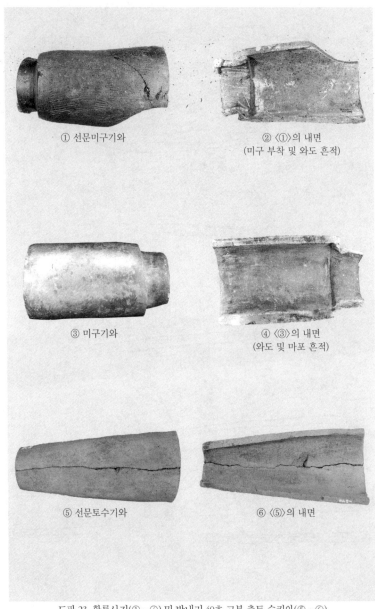

도판 23. 황룡사지(①~④) 및 방내리 40호 고분 출토 수키와(⑤ · ⑥)

① 선문미구기와

② 〈①〉의 내면

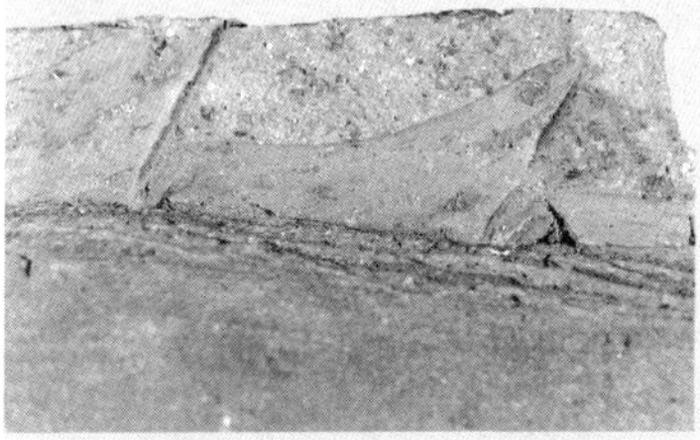

③ 〈②〉의 세부
(와도 분리 흔적)

④ 〈②〉의 세부
(와도 분리 흔적)

⑤ 〈②〉의 세부
(와도 흔적)

도판 24. 황룡사지 수키와 와도 분리 흔적(③~⑤는 ②의 세부)

① 선문미구기와

② 〈①〉의 세부
(와도 및 미구 부착 흔적)

③ 격자문암키와

④ 〈③〉의 측면
(분리 흔적)

⑤ 수키와 분리 흔적
(부여 구아리 백제유적)

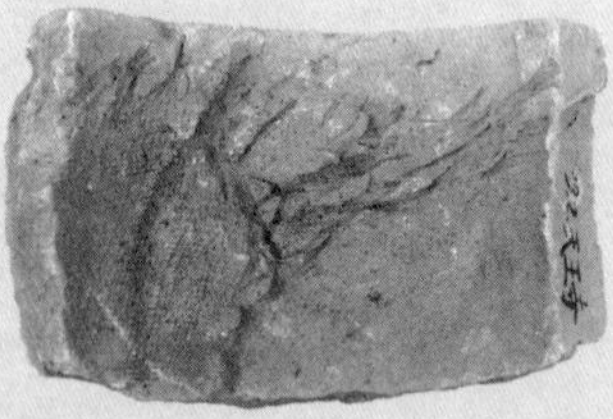

⑥ 수키와 분리 흔적
(구아리 백제유적 ; 전 천왕사지)

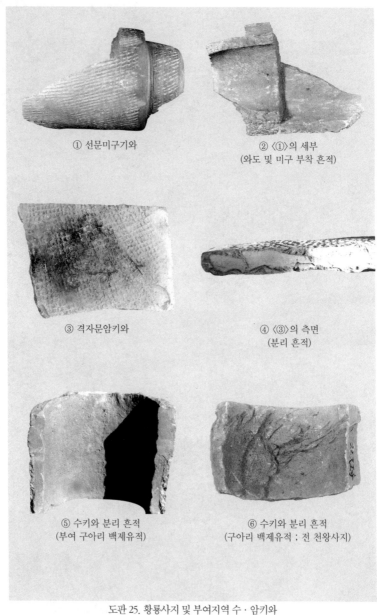

도판 25. 황룡사지 및 부여지역 수 · 암키와

① 수키와 분리 흔적
(부여 구아리 백제유적)

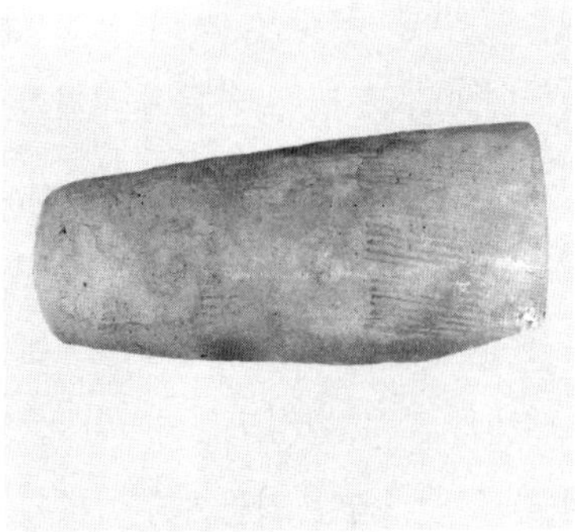

② 선문수키와

도판 26. 백제 평기와

와를 등분하는 작업 이외에 날 기와를 정밀하게 다듬거나 하는 작업에 주로 이용되고 있다.

죽도竹刀는 물을 묻혀 사용하는 경우가 많다. 주로 점성粘性이 강한 숙성된 흙에 사용한다. 이 경우 흙과 쉽게 분리되어 작업에 편리한 이점이 있다. 예를 들면 기와제작 4단계인 다무락 작업에서는 소지素地를 한 켜씩 뜨게 되는데, 이때 기와의 너비에 맞추어 자를 대고 자를 때 사용하는 것이다.

4) 통보[47](도면 34~38)

통보는 와통瓦桶을 사용하여 기와제작을 하는 데에 통용되는 것이다.

---

47. 통보는 필자의 경우, 그 동안 마포(문)麻布(紋)로 기술하여 왔다. 여기서 마포麻布는 와통瓦桶에 씌우거나 덮는 천을 포괄적 의미로 사용해온 용어였다. 마포麻布의 주목적은 와통瓦桶에 씌워 점성이 강한 통기와와 와통 사이의 매개체로 작용하게 하는 것이다. 이로써 얻는 효과는 통기와를 와통瓦桶으로부터 쉽게 분리될 수 있게 하는

와통에 바탕 흙(소지素地)을 씌워 성형을 하게 되는데, 바탕 흙은 점성이 강하여 나무로 만든 와통에 부착할 경우 쉽게 분리되지 않는다. 또 분리된다 하더라도 그 과정에서 형태가 찌그러지거나, 나타내고자 했던 본 기와의 모습을 잃게 되기 쉽다. 이러한 제반 불편함을 제거하고자 와장瓦匠들은 통보와 같은 중간 매개물을 사용하기 시작했을 것으로 추정된다.

백제의 경우 한성도읍시기의 주성主城으로 주목받고 있는 풍납토성에서 출토된 기와는 지금까지 발굴된 백제 기와 중 가장 연대를 올려볼 수 있는 자료의 하나로 꼽힌다. 이 풍납토성 내 출토 기와 중 대부분에는 통보흔적이 뚜렷하게 남아 있다.[48] 여기서 출토된 유물들은 토기와 수막새, 평기와, 중국 자기瓷器 등 기타 출토 유물의 편년은 유적마다 다소 차이를 두고 있으나, 중심은 2~4세기대로 보고 있고, 가장 늦은 시기의 주거지의 경우는 4~5세기를 하한으로 잡았다.[49]

통보는 위에서 기술한 바와 같이 와통瓦桶과 바탕 흙 사이의 매개물로서 사용되어 왔지만, 삼국 중 백제에서는 와장瓦匠의 선호도나 주변 여건 및 필요성에 따라 그 재료나 모양을 달리하여 기능을 발휘하는데 효과를

것이 주 기능이다. 이를 재래식 기와를 제작하고 있는 현지에서는 통보로 불리고 있다. 여기서 통은 와통瓦桶으로 풀이되고, 보는 덮거나 씌우는데 사용하는 것으로서, 이 두 단어가 합성되어 통보로 불리고 있는 것으로 해석되는 것이다. 따라서 필자는 본래의 기능에 따른 명칭은 통보로 기술하고, 통보를 이루고 있는 실의 한 올(씨줄과 날줄)을 표현하기 위해서는 마포문麻布紋이나 올로 고쳐 부르기로 하겠다. 일본에서는 통보를 주로 포목布目으로 부르고 있으며, 이는 마포麻布의 의미와 비슷한 듯하다.

48. 국립문화재연구소 앞 책.
최맹식, 「풍납토성 출토유물의 성격-기와를 중심으로-」, 『풍납토성의 발굴과 그 성과』, 2001.

49. 국립문화재연구소 앞 보고서.
윤근일, 「풍납토성 발굴과 그 의의」, 『풍납토성(백제왕성)연구논문집』, 동양고고연구소, 2000.

내었다. 예를 들면, ① 가장 오랜 세월동안 널리 사용했던 것으로 날줄과 씨줄로 짠 베를 사용하는 방법(마포麻布통보), ② 가는 끈으로 새끼를 엮어 이를 다시 동일한 새끼줄을 사용하여 발(簾)처럼 엮어 사용하는 사례(승문繩紋통보), ③ 갈대와 같은 가는 줄기를 끈으로 발처럼 엮어 사용하는 사례(갈대형 통보), ④ 일본 고대 기와처럼 가는 대나무를 발처럼 엮어 사용하는 사례(竹狀模骨[50]) 등이 그것이다.[51] 위의 재료에 따른 통보들을 차례로 설명하면 아래와 같이 정리할 수 있다.

(1) 마포통보(도면 33)

통보의 흔적은 기와 내면 쪽에 마포문麻布紋이 그대로 반영되는 것이 일반적인 사례이다. 마포(문)麻布(紋)통보는 '麻布'라는 단어로서 통보를 포함하는 포괄적인 의미로 사용되어 왔다. 그렇지만 당시 현지의 조건 등에 따른 것으로 추정되는 여러 재료에 따른 몇 가지의 통보가 확인되고 있다. 따라서 지금까지 사용되어온 '麻布'라는 단어로는 여러 재료에 따라 다르게 만들어진 통보라는 개념을 모두 수용하기에는 한계가 있는 듯이 느껴진다. 물론 이전에도 기와 제작을 중심으로 정리한 글에서는 현지에서 사용하는 개념인 통보로 서술된 사례가 있기는 하다.[52]

---

50. 竹狀模骨은 일본의 고대 수키와 내면에 마포麻布(승목繩目)대신 사용했던 것이다. 竹狀模骨은 얇은 대나무 같은 재료를 수 센티미터 간격마다 새끼 끈을 사용하여 엮은 것으로서, 이러한 재료만을 사용해서는 기와성형을 할 수 있을 만한 힘을 받을 수 없을 것으로 판단된다. 따라서 竹狀模骨은 순수한 와통瓦桶으로 사용하기에는 무리가 따를 것으로 보인다. 아마 중심부에 힘을 실을 수 있는 또 다른 와통瓦桶이 존재하지 않았나 여겨진다.
51. 竹狀模骨은 한반도에서는 보고사례가 없다. 백제의 갈대형 통보기와 중에는 마포麻布흔적이 있는 사례가 있는데, 이는 竹狀模骨과 상통하여 기능상 유사한 것으로 판단된다.
52. 조성모, 앞 논문.

재래식 한식 기와 제작에 사용한 통보는 암키와와 수키와의 모양이 다르다. 암키와는 암키와 와통瓦桶을 한 바퀴 돌렸을 때 수 센티미터 내외의 여유가 생기는 직사각형의 천을 사용하고 있다. 반면 수키와에 사용되는 통보는 와통瓦桶에 뒤집어씌우거나 뺄 수 있을 정도의 크기로 하여 원추형에 가깝게 꿰매어 사용하고 있다. 그 통보의 꼭대기에는 손잡이를 고정시킨다. 이 통보의 손잡이는 소지素地를 통보 위에 뒤집어씌운 뒤 성형하여 건조장으로 옮길 때 사용한다. 즉 통보의 손잡이를 잡고 빼면 성형된 통기와가 통보에 부착된 채 빠지기 때문이다. 따라서 기와의 내면을 관찰하면, 거의 대부분 마포문麻布紋의 흔적은 그대로 남기는 것이다.[53]

기와 내면에 찍힌 마포문麻布紋의 존재는 기와의 대표적인 마크나 다름없이 일반적으로 드러난다. 이 마포문麻布紋에는 마포麻布를 꿰매거나 이었던 바느질 흔적이 남는 사례가 적지 않다. 마포문麻布紋을 나타내는 형태나 크기가 시대에 따라 일정하게 달라지거나 변화하는 통계는 확인되지 않는다. 그렇지만 몇몇 자료는 올 자체의 크기와 올간의 너비에서 차이점이 있음도 확인되고 있다. 이러한 사례는 삼국시대에 주로 나타나는데, 예를 들면 동시대의 기와에 드러난 마포문麻布紋은 한 올간의 너비가 1~2㎜ 내외인 것이 대부분을 차지하고 있다. 그런데 각 올간의 너비가 3㎜ 정도의 크기나 좀 더 넓은 사례도 발견되었다.이 경우는 통보를 오랫동안 사용하거나 다른 이유로 인하여 각 올간의 간격이 늘어지거나 전체가 성긴 상태로 짜진 것이다. 통일신라에 들어와서는 이러한 성긴 상태의

국립문화재연구소에서 발간한 제와장에서는 암 · 수키와에 관한 제작공정을 설명하는 과정에서 통보에 대한 내용을 사진과 함께 자세하게 제시하고 있다.

53. 북한의 대성산 고구려유적 설명에서는, 기와 내면에 나타난 마포麻布통보의 문양을 "베천무늬"로 표기하고 있다(『대성산의 고구려유적』, 김일성종합대학출판사, 1973, p.84).

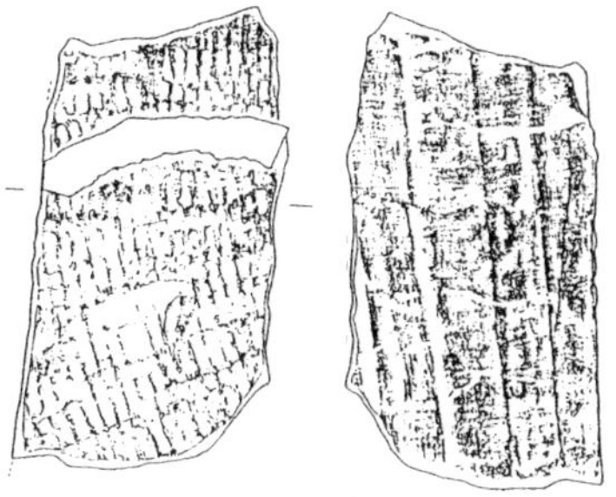

② 내면 통쪽와통 및 테쌓기(윤적법)식 소지 및 마포통보 흔적

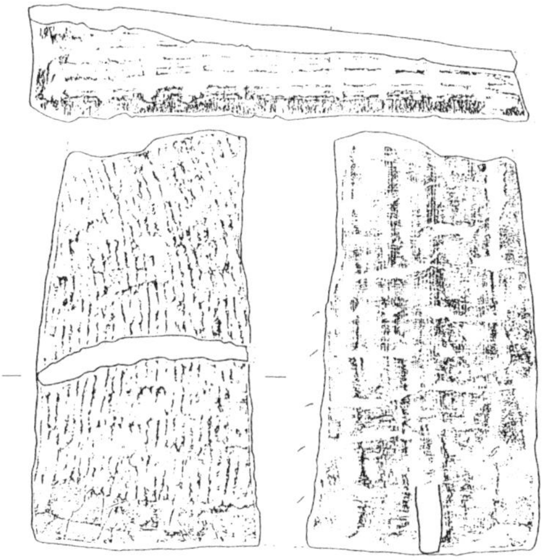

② 선문암키와 및 내면의 통쪽와통 및 테쌓기식 소지 및 마포통보 흔적

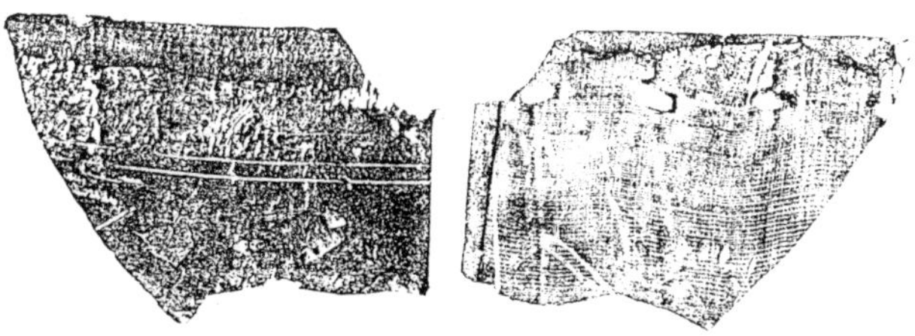

③ 보령 성주사지 출토 승문 암키와 내면 통쪽연결끈 및 마포통보 흔적

도면 33. 백제 기와

통보 확인 사례가 거의 드물다. 특히 통일신라 중기 이후로는 찾아보기 어렵다. 이러한 경향은 조선시대까지 그대로 이어지고 있는 양상을 보인다.

기와 내면 마포문麻布紋의 각 올 간 크기는 몇 가지 방법을 적용하여 표현하는 방식을 취하고 있다. 이러한 방식은 연구자의 취향에 따라 좀 더 큰 단위를 사용하거나 작은 단위를 범주로 사용하여 올의 개수를 세는 것이다. 예를 들면 다음과 같은 사례로 마포 올의 크기나 개수를 표현한다.

· 한 올과 한 올 사이의 길이를 재어 밀리미터 단위 등으로 나타내는 방법[54)]

· 1×1㎝ 크기의 정방형인 1㎠ 내에 가로 올과 세로 올이 각각 몇 올씩 들어 있는지를 세어 숫자로 나타내는 방법[55)]

· 5×5㎝ 범위 내에 나타난 포문布紋의 올 수를 세어 숫자로 나타내는 방법 등이다[56)]

위와 같은 한 올과 한 올간의 길이로서 포문布紋의 크기를 나타낸다는 점에서는 위의 어떤 방법이든 차이가 없고, 연구자의 취하는 방법에 따라 얼마든지 신축성 있게 다른 방법을 사용할 수 있다. 결과적으로 포문布紋의 크기가 시기에 따른 차이는 삼국시대에서 통일신라 중기에 이르는 시기를 제외하고는 별다른 변화를 보이지 않는 듯하다.

---

54. 장경호 · 최맹식 앞 논문 ; 서봉수, 「포천 반월산성 기와의 속성분석과 제작시기」, 단국대학교대학원 석사학위청구논문, 1998, p.28.
55. 국립부여문화재연구소, 『부소산성발굴중간보고Ⅲ』 학술연구총서 제23집, 1999.
56. 심광주 외, 앞 보고서 및 백종오, 앞 논문.

(2) 승문 통보[57](도면 34, 도판 27)

이러한 새끼 끈을 엮어 사용한 통보는 백제 고지故地에서는 비교적 넓게 분포하고 있다.[58] 고구려유적 중에는 경기도 임진강유역 주변에서 확인되고 있다.[59] 백제 고지故地에서 출토된 기와 중 승문繩紋통보가 확인된 곳은 다음과 같이 조사되었다. 백제 고토에서는 승문繩紋통보 기와가 지속적으로 확인되는 추세이다.

· 공주 정지산 백제 건물지유적

· 부여 부소산성

· 대전 월평동산성

· 대전 계족산성

· 익산 금마 마용지 동편

· 익산 왕궁리유적

· 순천 검단산성

57. 여기서 통보의 개념은 와통과 바탕 흙 사이에 매개물로 넣어 성형된 통기와를 와통으로부터 쉽게 분리하기 위한 목적으로 사용한 것이어서 기능적인 측면에서 부여한 의미임.

58. 심정보 · 공석구, 『계족산성 정밀지표조사 보고서』, 대전공업대학교 향토문화연구소, 1992.
심정보 · 공석구, 『계족산성 서문지 발굴개보』, 대전공업대학교 향토문화연소, 1994.
충남대학교박물관 외, 『계족산성 발굴조사 약보고』, 1998.
국립공주박물관 · 충남대학교박물관, 『대전 월평동유적』, 국립공주박물관 학술조사총서 제8책, 1999.
국립부여문화재연구소, 『왕궁리유적 발굴 중간보고』, 국립부여문화재연구소 학술연구총서 제4집, 1992.

59. 심광주 · 김주홍 · 정나리, 『연천 호로고루 정밀지표조사 보고서』, 한국토지박물관 학술조사총서 제2집, 1999.

· 광양 마로산성

· 광양 불암산성

· 여수 척산산성

· 여수 고락산성

· 여수 고락산성(부속성)

· 하동 고소성

· 금산 백령산성[60)]

고구려유적 중기와 내면에 승문繩紋통보가 확인된 곳은 아래와 같다.[61)]

· 연천군 무등리 1보루

· 연천군 당포성

· 연천군 아미성

위에서 본 것처럼 내면 승문繩紋통보를 사용한 평기와의 경우는 백제 고지故地 중 웅진 · 사비도읍시기를 전후한 유적에서는 넓게 분포하고 있음을 알 수 있다. 위에서 확인된 유적은 아직 백제유적 전체에 대한 세밀한 기와 관찰을 하지 않았기 때문에 좀 더 많은 분포가능성을 내포한 것으로 볼 수 있을 것이다. 이 승문繩紋통보 흔적을 가진 기와의 분포는 지금의 충청남도 및 전라남 · 북도 전체를 아우르는 지역이다. 이것은 적어도 6세기 중 · 후반을 전후한 이후에는 승문繩紋통보의 사용 분포가 백제 전 지역에 넓게 퍼져 있음을 짐작케 하는 것이다.

60. 충청남도 · 금산군, 『금산 백령산성』, p.79 도면 26-① · ②, p.137 도판 55-①~④.
61. 심광주 외, 앞 보고서.

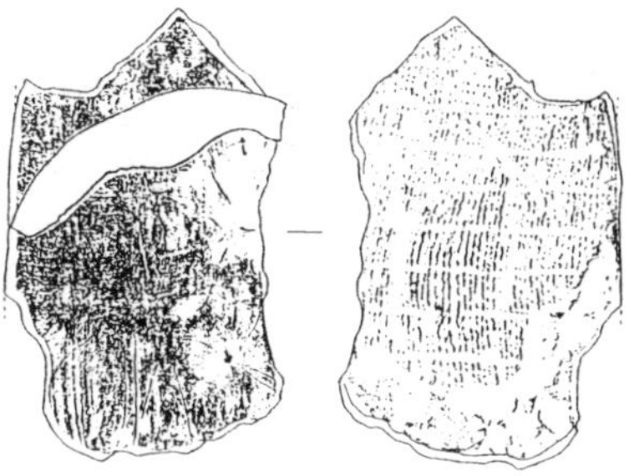

① 내면 승문통보 흔적

② 계족산성 서문지 출토 승문 암키와 내면의 승문통보 흔적

도면 34. 승문통보 흔적

① 승문암키와(왕궁리유적)

② 〈①〉의 내면(승문통보)

도판 27. 백제 평기와

고구려는 임진강유적을 중심으로 제한된 지역에서 확인되고 있을 뿐이다. 앞으로 한반도 내의 고구려 고지故地인 평양을 중심으로 한 주변 지역과 한반도 북편의 고구려 고지故地에 대한 조사가 이루어지면, 보다 넓은 분포 및 사용 상한 등에 대한 정확한 자료를 확보할 수 있을 것으로 기대된다. 고구려유적에서 출토된 승문繩紋통보를 보면, 승문繩紋통보 이전에 마포麻布통보를 써서 기와제작이 이미 이루어졌을 가능성이 크다. 이는 기와 내면에 드러난 승문繩紋 밑에서 승문繩紋이 형성되기 이전에 이미 마포麻布통보를 써서 제작한 자국이 관찰되기 때문이다. 이는 기와 내면의 승문繩紋은 기와 제작 뒤에 분할하여 건조하기 이전에 재성형하는 과정에서 형성되었음을 의미한다.

고신라古新羅유적에서는 기와 내면 승문繩紋통보의 존재가 아직 보고된 사례가 없다. 이 점은 고신라古新羅 건물지유적 출토 기와에 대한 정밀조사가 많이 이루어지지 않았기 때문에 그 유무를 아직 단정할 처지는 아니다. 다만 고신라古新羅의 대표적 유적으로 꼽을 수 있는 월성해자 및 황룡사지와 분황사지芬皇寺址 등지에서도 확인되지 않아 흐름의 경향은 얼마만큼 짐작할 수 있다. 또 이러한 유형의 기와는 통일신라시대의 유적에서도 출토사례가 보고된 적이 아직 없다. 이는 신라가 당나라와 연합하여 백제와 고구려를 멸망케 한 뒤 한반도를 차지하고, 신라 재래식의 포문布紋통보가 유행하면서 그 존재가 점차 멸실되지 않았나 판단된다.

(3) 갈대형 통보(도면 35)

갈대형 통보는 갈대와 같은 줄기를 새끼 끈으로 발처럼 엮어 통보로 사

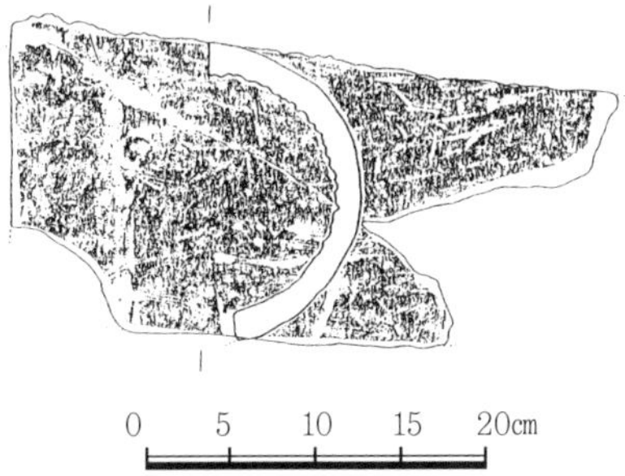

① 갈대형 통보(내면은 갈대 형태 흔적)

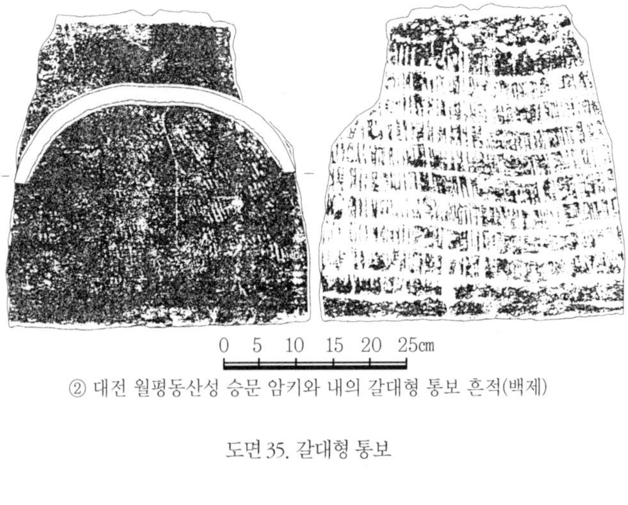

② 대전 월평동산성 승문 암키와 내의 갈대형 통보 흔적(백제)

도면 35. 갈대형 통보

① 외면 ② 내면

도판 28. 대전 월평동산성 출토 기와 갈대형 통보 흔적

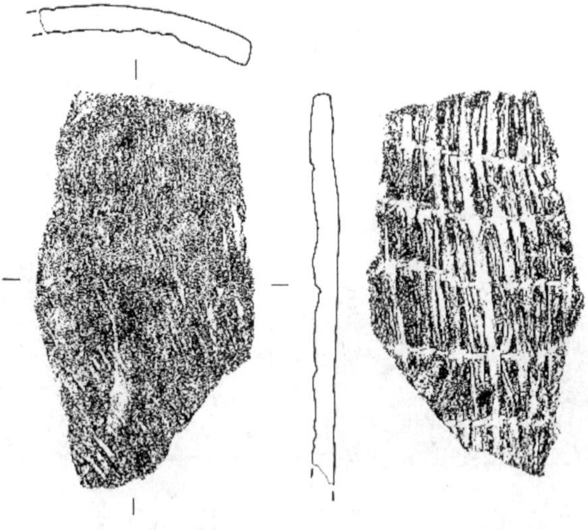

도면 36. 대전 월평동산성 출토 기와 갈대형 통보 흔적

① 외면　　　　② 내면

도판 29. 대전 월평동산성 출토 기와 갈대형 통보 흔적

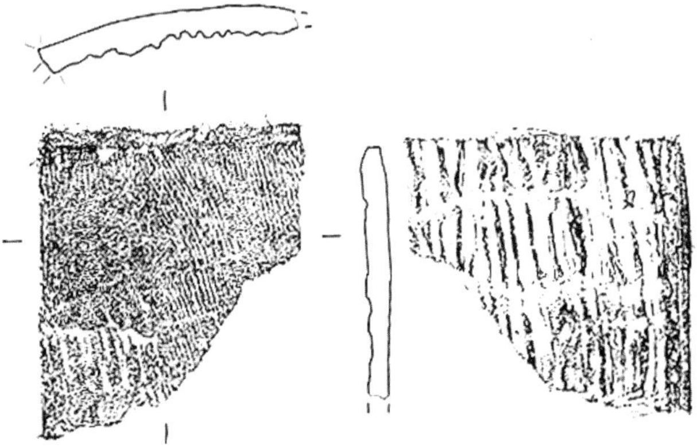

도면 37. 대전 월평동산성 출토 기와 갈대형 통보 흔적

용한 것이다. 재료는 갈대의 줄기와 같은 것과 잎을 함께 섞어 사용한 것, 초류草類이기는 하지만, 반드시 갈대라고 단정할 수 없는 것 등 세밀하게 관찰하면 여러 형태를 보인다. 이러한 사례는 대단히 이례적인 것으로 대전 월평동 백제산성에서 확인되었다. 같은 유적에서 기와의 출토량은 적지 않지만, 그 유적 이외의 타 보고 사례가 아직 없어 비교할 수 있는 자료가 없다. 당시 기와를 제작하면서 갈대와 같은 재료를 사용할 수밖에 없는 여건인지는 확실하지 않다.[62]

(4) 竹狀模骨[63](도면 38)

竹狀模骨은 일본의 고대 사찰寺刹에서 나온다. 한반도 내에서는 아직 보고 사례가 없다. 竹狀模骨에 드러난 기와의 내면에는 포문布紋흔적을 그대로 남기고 있다. 이러한 흔적은 기와 제작시 竹狀模骨의 표면에 다시 포문布紋통보를 뒤집어씌운 뒤에 소지素地를 부착하여 조성했음을 의미하는 것이다. 그렇지만 竹狀模骨은 가는 대나무같은 재료를 발처럼 끈으로 엮

62. 대전 월평동산성 조사에 참여한 이호형 교수에 의하면, 많은 갈대형 통보 기와 중 1점에는 갈대형 흔적 내측에 마포문麻布紋 흔적이 관찰되었다고 한다. 그렇다면 마포통보를 구하기 힘들어 이러한 재료를 사용했던 것은 아닌 듯하다. 아마 와통의 특수성이나 다른 효용성을 고려하여 이러한 특수 통보를 이용했을 수도 있을 것이다.

63. 竹管狀模骨이라고도 한다. 竹狀模骨은 가는 대나무를 끈으로 엮은 것으로 대를 재료로 한 일종의 와통瓦桶으로 인식한 명칭인 듯하다.
新吉富村教育委員會, 『垂水廢寺發掘調査報告』, 新吉富村文化財調査報告書 第2集 1976 ; 行橋市教育委員會, 『椿市廢寺』, 行橋市文化財調査報告書, 1980.
九州歷史資料館, 『大宰府史跡』, 平成6年度發掘調査概報, 平成8年3月.
九州歷史資料館, 『般若寺跡Ⅱ』, 宰府史跡, 昭和62年度發掘調査概報別冊, 昭和63.
九州歷史資料館, 『收藏資料目錄4』, 1987.
田川市教育委員會, 『天台寺跡(上伊田廢寺)』 田川市文化財調査報告書, 1990.

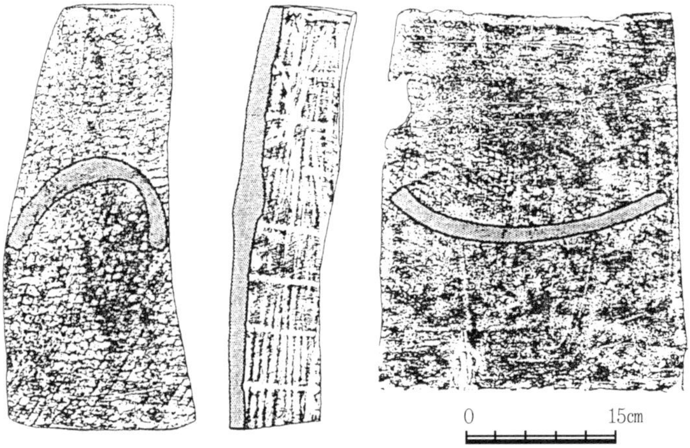

일본 椿市 廢寺址 출토 기와 내면 竹狀模骨 흔적

도면 38. 백제 후기 갈대형 통보 및 일본 竹狀模骨

어 사용한 것이어서 그 자체만을 와통瓦桶으로 받아들이기에는 무리가 따른다.

기와 내면에 드러난 竹狀模骨 근저에서 관찰되는 포문布紋의 흔적은 竹狀模骨과 포문布紋통보를 함께 사용했다는 의미이다. 이는 곧 위의 갈대통보의 근처에서 관찰되는 포문布紋 흔적과 통하는 것이어서 주목된다. 아마 이들 간의 상관 관계는 서로 동일한 목적으로 사용되었을 가능성도 있다고 판단된다. 이점은 앞으로 검토되어야 할 것이다.

5) 소지

소지素地는 바탕 흙으로서 기와를 성형하기 위하여 점질성粘質性이 뒤따르도록 충분하게 숙성시킨 흙을 말한다. 아직 기와 성형을 하지 않은 전 단계의 상태이다. 요즘까지 전해진 전통 한식韓式 기와의 제작과정을 빌려 설명하면, 제작공정 중 2단계부터 3단계까지를 마친 뒤 4단계에서 소지素地의 형태가 결정된다. 이 4단계에서는 제작하려고 마음먹은 크기로 자를 수가 있다. 이때 와장瓦匠은 소지素地를 가로 및 세로로 자른 다음 한 켜씩 횡으로 널판형 모양으로 흙을 떼게 되는데, 이때의 흙을 지칭하는 말이기도 하다.[64] 이 널판형 흙은 통상 직사각형을 이루는 것이 한식韓式 전통재래식으로 전래된 일반적 모양이다.

그러나 삼국시대~통일신라시대에 걸친 평기와에 관한 조사에 따르면, 가래떡형으로 길게 말은 소지素地를 사용한 경우가 많았던 것으로 조사되었다. 관찰결과에 따르면, 이 가래떡형 소지素地의 연원이 좀 더 오래된 초기 방식이었음을 알 수 있다.[65] 따라서 소지素地의 모양은 가래떡형과 널판형의 두 가지로 나눌 수 있다.

(1) 가래떡형 소지

가래떡형 소지素地는 백제의 경우 한성도읍시기 가장 대표적인 성곽 중의 하나로 알려진 풍납토성의 안정된 층에서 출토되었다. 이들 평기와 중 확인이 가능한 모든 출토품에서 이 소지素地로 제작한 흔적이 보인다.[66] 역시 한성도읍시기의 백제 평기와로 볼 수 있는 풍납토성 경당지구 출토

64. 일반적으로 토기 제작기법에서 사용되는 명칭인 점토판을 지칭한다. 형태에서는 기와제작과 비슷하지만 기와 제작은 일반 토기제작에서 사용되는 점토판과는 다르다. 토기제작은 숙성된 흙을 손으로 필요한 만큼 길이나 너비를 맞게 바닥판에 대고 임의로 만든다. 이에 비하여 기와는 공정 4단계인 다무락쌓기에서 자와 쨀줄을 가지고 마치 널판처럼 넓고 계획된 크기로 한 켜씩 떼어 낸다. 이러한 점에서 필자는 우리말인 널판형 소지素地로 부여하게 되었다.

65. 가래떡형 소지素地는 주로 토기 제작기법에서 숙성된 흙을 길게 말아 사용하게 되는데, 이러한 형태를 점토대라고 부른다. 숙성된 흙을 말아 감아 마치 가래떡처럼 만들어 사용하기 때문에 필자는 가래떡형 소지素地로 고쳐 부르게 되었다.

66. 국립문화재연구소, 앞 보고서.

기와를 비롯 용인 수지 풍덕천리 주거지 출토 기와, 화성 마하리유적 출토 기와, 화성 당하리유적 출토 기와, 화산유적 출토 기와 등에서는 모두 가래떡형 소지素地가 포함되었다. 위의 유적 출토 평기와는 소지素地 확인이 가능한 경우 가래떡형 소지素地 흔적을 보인다.[67]

가래떡형 소지素地는 백제, 고구려, 고신라古新羅에서 모두 확인되고 있다. 고구려는 한반도 북편의 옛 고구려 고지故地의 산성에서 조사된 기와 및 임진강臨津江유역 주변의 여러 고구려유적에서 출토된 많은 기와에서도 관찰된다. 고신라古新羅 역시 경주유적에서 이러한 사례가 확인되었다. 가래떡형 소지素地의 존재는 삼국시대부터 통일신라시대 말경까지 지속적으로 이어졌던 것으로 나타났다.[68] 이는 가래떡형 소지素地의 기원이 널판형 소지素地에 비하여 더 올라갈 가능성이 보인다. 실제 백제 전기 유적 조사에서 출토된 기와는 그 실상을 보여주는 유물이라 할 수 있을 것이다.

고신라古新羅의 경우는 황룡사지와 같은 연원이 좀 오랜 유적 출토 기와에서 일부 가래떡형 소지素地가 확인된다. 그 외에도 통일신라시기로 판단되는 유적 등지에서도 고식古式에 속하는 평기와의 일부에서 가래떡형 소지素地흔적이 관찰되었다. 이러한 가래떡형 소지素地를 사용한 신라계 평기와 출토 유적은 기와 확인 유적 중에서 비교적 상한을 올려볼 수 있

필자는 국립문화재연구소에서 조사한 풍납토성 출토 평기와를 모두 검토한 바 있다.

67. 이선복 · 김성남, 『화성 당하리 I 유적』, 숭실대학교박물관 · 서울대학교박물관, 2000 ; 권오영, 「백제 전기 기와에 대한 신지견-화성 화산고분군 채집기와를 중심으로-」, 『백제연구』 제33집, 충남대학교 백제연구소, 2001.

68. 허미형, 「통일신라기 평와 연구-이성산성 출토와 중심-」, 한양대학교대학원 석사학위논문, 1989, p.33. 또 필자가 이성산성 현지 답사에서 많은 격자문 기와(통일신라 후기)에서 가래떡형 소지를 확인하였다.

는 사례의 경우가 많다. 상한을 통일신라시대로 보는 유적에서는 고식古式 평기와나 막새가 반출되는 사례가 있지만, 출토된 전 수량에 비하면 일부분에 불과하다. 따라서 이러한 경우는 고신라古新羅의 유풍이 아직 남아 있는 유적으로 해석된다. 또한 유물 역시 이러한 점에서 전대前代 양식의 흔적이 아직 남아 있다고 보아야 할 것이다. 그렇지만 이러한 견해는 경주라는 신라 고도古都 및 지방의 몇몇 유적을 중심으로 본 견해에 불과하다. 왜냐하면 통일신라에 들어와서도 경주를 중심으로 보아 지방에 불과했던 경기도의 이성산성이나 부여의 부소산성 등 통일신라시대 후기경 기와에서 보이기 때문이다. 그러니까 가래떡형 소지素地를 적용했던 유적은 보고 사례가 한정되었다 할 것이다.[69]

가래떡형 소지素地에 의한 제작법은 테쌓기식(윤적법輪積法)과 말아감기식(권상법捲上法)이 있다. 이는 성형된 기와 관찰 결과를 토대로 한 것이어서, 앞으로 많은 관찰사례가 나와야 좀 더 정확한 자료를 기대할 수 있을 것이다. 테쌓기식과 말아감기식은 토기제작에서 고대부터 사용되어왔던 형식이지만, 기와에서도 그 기원은 멀리 거슬러 올라갈 수 있는 흔적이 나타나고 있다. 중국의 자료에 의하면, 적어도 서주西周시대부터 이미 기와에서도 이러한 기법이 적용되어왔음을 알 수 있다.[70]

한 기와에서도 가래떡형 소지素地를 테쌓기식으로 부착했는지, 또는 말아감기식을 적용했는지는 소지素地의 부착흔적의 각도로 판단한다. 그렇지만 동일한 기와에서도 소지素地가 수평에 가깝게 부착된 부분과 경사지게 부착된 부분을 공유한 경우가 있다. 이는 성형시 타날과정에서 힘의 강약에 따른 결과나, 혹은 와장瓦匠이 소지素地를 연결하여 쌓아 가면서

69. 이러한 판단은 좀 더 많은 지역의 유적에서 평기와에 대한 세밀한 관찰을 실시하면, 더 폭넓게 가래떡형 소지素地의 사용이 지속되었을 가능성도 있다.

두 가지 현상 모두 상황에 따라 달라질 수 있는 가능성을 제기할 수 있다. 가래떡형 소지素地의 길이는 적어도 암키와 와통瓦桶의 횡 길이에 맞추어 약간 길게 제작했을 가능성이 높다. 이러한 가정에서 추론하면, 이 가래떡형 소지素地를 수막새 와통瓦桶에 사용했을 경우 와통瓦桶을 한바퀴 돌린 다음에도 상당 부분이 남는다. 이 부분을 번거롭게 자르지 않고 이어 나아가면, 자연히 말아감기식의 제작방법으로 나타나게 될 것이다. 따라서 실제 기와에서도 이러한 테쌓기식이나 말아감기식의 뚜렷한 구별 없이 기와에 따라 여러 양상이 나타나고 있다. 이러한 점은 당시 상황에 따라 탄력성 있는 제작기법이 적용되었을 가능성을 높게 한다.

① 고구려(도면 39-①)

고구려 평기와는 쉽게 접근할 수 있는 기회가 어려웠기 때문에 조사가 거의 이루어지지 못했다. 1990년대 초를 전후하여 중국 동북지방과 임진강유역의 고구려유적에 대한 답사 및 지표조사 등을 통하여 조금씩 그 실체가 드러나게 되었다. 그렇지만 고구려 초기부터 후기까지 아우를 수 있는 많은 유적은 한반도를 포함한 중국 동북지방까지 넓게 퍼져 있다. 또 확인 가능한 몇몇 유적 출토 기와만으로 그 전모를 파악한다는 것은 한계성을 지닐 수밖에 없었다.

이러한 불리한 조건 하에서 가능한 고구려유적에 대한 정밀조사와 접근을 빌려 자료가 조금씩 확보됨에 따라 약간의 흐름을 읽을 수 있게 되었다. 여기서 소개하는 자료는 중국 동북지방에 산재한 고구려 성곽 내의

---

70. 尹盛平, 「扶風召陳西周建築群基址發掘簡報」, 『文物』, 1981-3.
楊鴻勛, 「西周岐邑建築遺址初步考察」, 『文物』, 1981-3. 필자가 중국 陝西省 주원 유적에서 實見함.

평기와 및 임진강유역 주변에 위치한 고구려유적 출토 기와를 대상으로 한 것이다. 이러한 자료들은 고구려유적 및 유물에 관심을 가진 연구자와 관련 연구기관 등에서 직접 조사를 통하여 얻은 결과물이다.

고구려 평기와에 드러난 소지素地의 종류는 가래떡형 소지素地와 널판형 소지素地가 존재한다. 백제나 고신라古新羅와 같은 추세임을 알 수 있었다. 따라서 고구려는 어느 시기에 편년을 두어야 할 것인가를 따지는 문제는 숙제로 남길 수밖에 없다. 다만 조사과정에서 확보한 연구자의 설명에 의거하면, 그 정황으로 보아 시기를 소급하더라도 고구려 후반경에 제작되었을 가능성이 높은 것으로 추정된다. 최근에 한반도 내의 임진강유역 주변에서 조사한 기와는 시기를 올려 잡는다 해도 장수왕長壽王 15년(427)에 국도國都를 평양으로 옮긴 해보다 앞서지는 못할 것으로 판단되기 때문이다.[71]

이러한 고구려 평기와에 대한 연구는 여러 가지 불리한 조건에도 불구하고, 유적에 따라서는 적지 않은 양의 기와를 확보하게 되어 조사작업에 활력을 주었음은 주지하는 사실이다.[72] 고구려유적별 출토 기와를 예시하기로 한다.

첫 번째 사례는 환도산성의 무문無紋 수키와이다. 이는 타날 후 거친 면을 조정하기 위하여 문양 없는 도구를 사용하여 재타날再打捺하거나, 문지르는 작업과정에서 무문無紋으로 나타났을 가능성이 있다. 이 기와는 통쪽흔적은 관찰되지 않는다.

---

71. 『삼국사기』 고구려본기 제6 장수왕 15년조
    移都平壤
72. 崔玉寬, 「鳳凰山山城調查簡報」, 『遼海文物學刊』, 1994-2 ; 楊永芳 · 楊光, 「岫岩境內五座高句麗山城調查簡報」, 『遼海文物學刊』, 1994-2 ; 『遼海文物學刊』, 遼寧省考古博物館會, 1994-2 ; 심광주 외, 앞 보고서 ; 최맹식 · 서길수, 앞 논문 ; 백종오, 앞 논문.

기와의 내면에는 가래떡형 소지素地 흔적 2조가 확인되었다. 두 조의 소지素地 부착흔적은 거리가 7.7㎝에 이른다. 이는 충분한 타날과정에서 중간 부분의 소지素地 부착면은 흔적 없이 완전히 소멸되었을 가능성도 있다. 기와 외면에는 소지素地 부착흔적을 볼 수 없다. 기와의 분리면은 와도瓦刀를 외측에서 그어 분리한 것으로 나타났다. 태토는 정선되어 곱고, 소성도燒成度는 높아 단단하다. 색조는 황갈색을 띠고 있다.

중국 동북지방의 테링[鐵嶺] 청룡산성靑龍山城 기와의 한 사례를 보기로 한다. 기와의 내면에서는 통쪽흔적 2조가 확인되었다. 통쪽 간 너비는 3.4㎝ 내외이다. 가래떡형 소지素地는 기와의 안팎에서 각각 1조씩 관찰되는데, 밀도있는 타격력에 의하여 소지素地 부착흔적은 짧고 깊지 않은 흔적만 겨우 관찰할 수 있는 정도이다. 기와의 태토는 경질硬質에 속한다. 태토의 질은 정선되어 대단히 곱다. 기와의 겉면은 잔모래를 뿌려 부착되었다. 이는 아마 성형 뒤에 와통瓦桶으로부터 쉽게 분리하기 위한 배려로 해석된다.

중국 신빈[新賓] 오룡산성五龍山城 출토 격자문格子紋 암키와의 태토胎土는 대단히 고운 경질이다. 색조는 밝은 적색계를 띠고 있다. 기와 내면에는 통쪽흔적이 잘 남았는데, 통쪽너비는 각 4.5㎝, 3.5㎝ 내외이다. 4조가 횡으로 드러난 가래떡형 소지素地의 너비는 각 4.4㎝, 4.1㎝, 4.6㎝ 내외이다.(도면 39-③)

중국 시펑[西豊] 성자산성城子山城 출토 격자문格子紋 암키와 태토 또한 정선되어 대단히 곱다. 소성도는 약한 경질에 속한다. 기와의 색은 황갈색을 띠고 있다. 기와 내측에 드러난 통쪽흔적은 너비가 각 2.6㎝, 2.9㎝ 정도이다. 가래떡형 소지素地 흔적은 외면外面에서 관찰이 가능하다. 이 소지素地 부착면의 부착흔적이 수평상태로 드러난 점으로 보아 테쌓기식에 의한 제작방법이 적용되었을 것으로 추정된다.

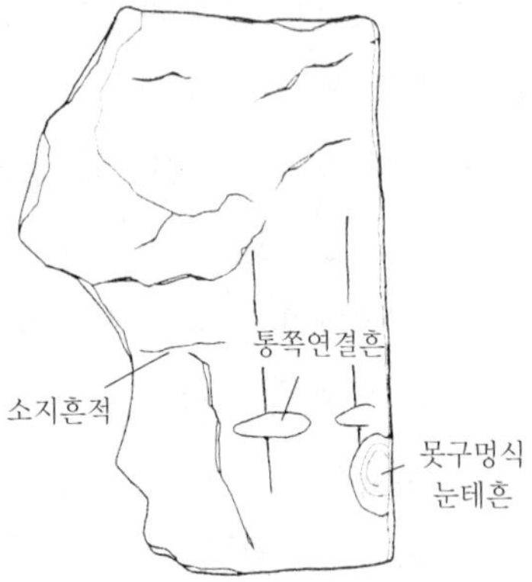

① 환도산성 출토
격자문암키와(내면)

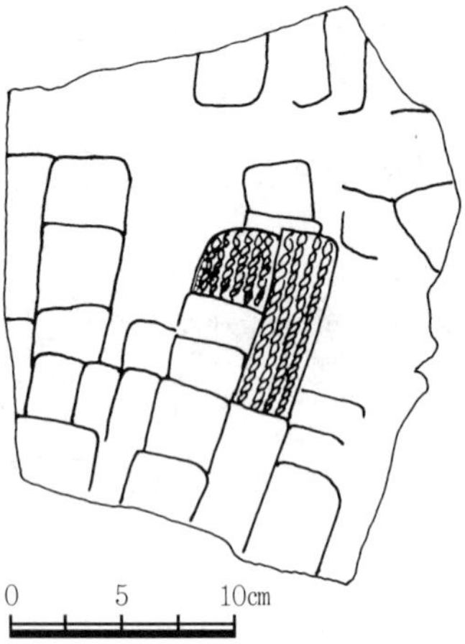

② 아차산성 승문 타날흔(외면)

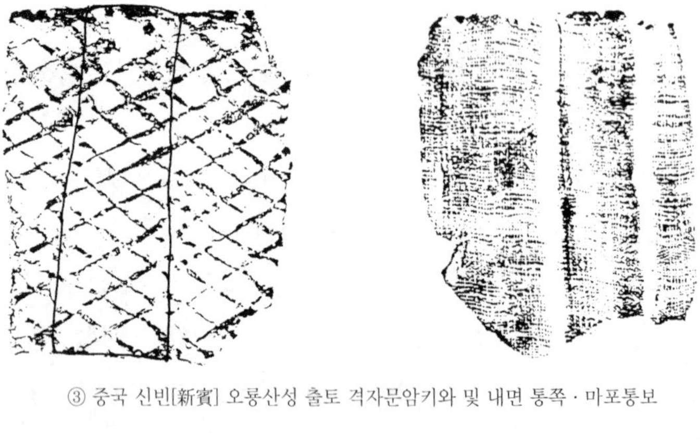

③ 중국 신빈[新賓] 오룡산성 출토 격자문암키와 및 내면 통쪽 · 마포통보

도면 39. 고구려 통쪽와통 연결흔 · 타날구 · 통쪽 흔적

중국 푸순[撫順] 고이산성高爾山城 출토 무문無紋 암키와 태토는 짙은 회색계로서 전체적으로 잔모래를 혼입한 것이다. 기와의 상단면 외면에는 3.5㎝ 간격마다 지두문指頭紋을 남기고 있다. 기와의 내면에는 통쪽흔적이 엳게 드러나고, 가래떡형 소지素地 부착흔적이 경사진 것으로 확인된다. 이 부착흔적의 경사도는 11° 내외이다. 기와는 무문無紋이지만, 심한 타날 뒤 겉면에 대한 물질처리 등을 재조정하는 과정에서 문양이 지워졌을 것이다.

중국 지안[集安] 태왕릉太王陵 출토 무문無紋 암키와의 상면이나 측면은 모두 와도瓦刀를 사용하여 깔끔하게 처리한 것이다. 기와의 상단부의 선단 외면에는 각목角木에 빗살문을 내어 압날押捏한 문양이 일정한 간격으로 나있다. 이 각목빗살문의 간격은 2㎝이며, 약간 사각으로 눌러낸 문양이다. 기와의 안쪽에는 통쪽흔적이 3조가 확인되고, 가래떡 소지素地 부착흔적 2조가 관찰되었다. 소지素地의 너비는 3.3㎝ 정도이다. 이러한 각목에 빗살무늬처럼 나타낸 것은 지두문指頭紋의 한 유형으로 구분이 가능하지 않을까 한다. 이러한 문양을 시문한 기와는 근본적으로 단순한 문양와紋樣瓦가 아니고, 구체적인 목적성을 지닌 것으로 판단된다. 태토는 작은 모래를 혼입하였다.

중국 신빈[新賓] 목기성木奇城 출토 격자문格子紋 암키와는 문양을 이룬 선 자체가 대단히 넓다. 이러한 문양의 선이 넓은 사례는 고구려 기와문양에서 주로 보이는 특징 중의 하나이다. 기와 내면에는 너비 6㎝ 내외의 통쪽흔적이 드러나 있다. 태토는 경질계이지만, 다른 기와에 비하여 좀 약한 듯하다. 색조는 적색계를 띠고 있다.[73)]

기와 내면에는 세로 방향의 소지素地 부착흔적이 잘 드러나 있다. 이는

73. 최맹식 · 서길수, 앞 논문.

널판형 소지素地의 근거가 되는 것이다.

신라의 평기와는 출토되는 양에 비하여 현장에서 실제 정밀조사된 사례는 많지 않다. 그렇지만 경주를 중심으로 그동안 적지 않은 건물지 유적에 대한 발굴조사가 이루어졌기 때문에 대단히 많은 수량의 기와를 확보한 상태이다. 현장에서 출토된 기와에 대한 관찰에서 신라의 평기와는 가래떡형 소지素地와 널판형 소지素地 모두 존재함을 확인할 수 있게 되었다.[74] 이러한 경향은 고구려 및 백제와 같은 흐름을 보여주고 있는 것이다.

널판형 소지素地는 고구려유적인 중국 동북지방의 산성 및 임진강유역 주변의 산성 출토 기와에서 확인됨으로 고구려에서 이미 널리 사용했음을 알 수 있다.[75] 백제는 웅진 · 사비도읍기에 도입되었을 것으로 추정된다. 이는 백제 전기 한성도읍시기의 기와에서 확인되는 사례는 가래떡형 소지素地만 조사되기 때문이다.(도판 30) 가래떡형 소지素地로 조성된 기와 중에는 가래떡형 소지素地의 부착흔적을 쉽게 관찰할 수 없는 경우가 많다.[76] 반면 널판형 소지素地는 가래떡형 소지素地에 비하여 소지素地 부착

74. 최맹식, 「평기와 연구의 최근 동향」, 『백제연구』 제34집, 충남대학교 백제연구소, 2001. 여기서 필자는 황룡사지 출토 기와 중에서 이를 실견하였다 ; 김기민, 「신라기와 제작법에 관한 연구–경주 물천리 출토 기와를 중심으로–」, 동아대학교대학원 석사학위논문, 2001, p.12.

75. 최맹식 · 서길수, 「고구려유적 기와에 관한 조사연구」, 『고구려연구』 제7집, 고구려연구회, 1999 ; 심광주 외, 앞 보고서 ; 백종오, 앞 논문.

76. 필자는 가래떡형 소지素地에 대하여 1980년대부터 그 존재를 알고 있었다. 실제로 그 실체를 인지하기까지는 많은 시일이 소요되었다. 결과론이지만 미륵사지 발굴조사에서 출토된 수많은 기와를 조사하면서 횡으로 된 소지素地 부착흔적을 종종 관찰할 수 있는 기회를 가졌다. 그렇지만 그 흔적의 미미함과 숫자의 절대적 열세 등에 의하여, 이것이 가래떡형 소지素地의 부착흔적으로 단정할만한 뚜렷한 근거라고 믿기 어려웠다. 결국 1998년도에 부여 천왕사지 및 부소산성 출토 기와들을 재검토하는

흔적을 쉽게 관찰할 수 있다는 것이 지금까지 조사했던 소견이다.

① 승문암키와

② 〈①〉의 내면 가래떡형 소지 부착 흔적

③ 승문암키와
(전 천왕사지)

④ 〈③〉의 내면
(통쪽 및 가래떡형 소지 부착 흔적)

도판 30. 백제 평기와

과정에서 가래떡형 소지素地의 존재를 확신하게 되었다.

② 백제(도면 40~44)

가. 용정리사지

용정리사지龍井里寺址는 부여읍 내 동편에 자리한 청마산성靑馬山城 북편에 위치하고 있다. 용정리사지에 대한 발굴조사는 1991~1992년도에 걸쳐 이루어졌다. 발굴 전 추정 목탑지는 지상 150㎝ 내외의 높이로 솟아 있었다. 나머지는 대부분 전지田地로 경작되거나, 남문지南門址로 추정되는 주변은 민가民家가 들어서 있는 상태였다. 이러한 현지 여건 때문에 용정리사지의 전체 조사는 이루어지지 않았지만, 목탑지와 금당지가 자오선 방향으로 배치되어 있었음을 발굴결과에서 확인할 수 있었다.

조사결과에 의하면, 용정리사지는 웅진도읍시기 말경에서 사비도읍시기 초경에 처음 건립되었을 가능성이 높은 것으로 나타났다. 발굴과정에서 드러난 유적 중 층위와 출토유물의 비교에서 선후관계가 두 시기로 명확하게 구분되었다. 즉 유적은 서로 겹치거나 백제 이후의 것은 확인되지 않았다. 다만 금당지의 경우 잔존한 금당지 기단 외부의 구舊지표층 출토유물과 목탑지 기단 외부의 출토유물은 수막새와 평기와의 종류 및 양식이 동일한 것이었다. 이들 두 지역에서 출토된 유적 중 선행시기의 유적은 금당지 내부의 하층유적이다.

금당지 하층유적은 상층을 조사하면서 확인되었다. 이 조사에서 금당지의 기단 적심석은 초창기와 변함 없이 그대로 사용되었던 것으로 조사되었다. 다만 중수과정에서 내부의 기단토를 다시 다졌던 것으로 나타났는데, 이 과정에서 초창기에 사용되었던 두 종류의 수막새와 동일시기의 많은 평기와를 함께 묻힌 채 다졌던 것으로 판단된다. 금당지 기단 내부 다짐층에서 출토된 두 종류의 수막새 가운데 1종은 고구려계 연화문蓮花紋 수막새로서 볼륨이 높다. 그리고 연화문蓮花紋의 가장자리 및 중심을

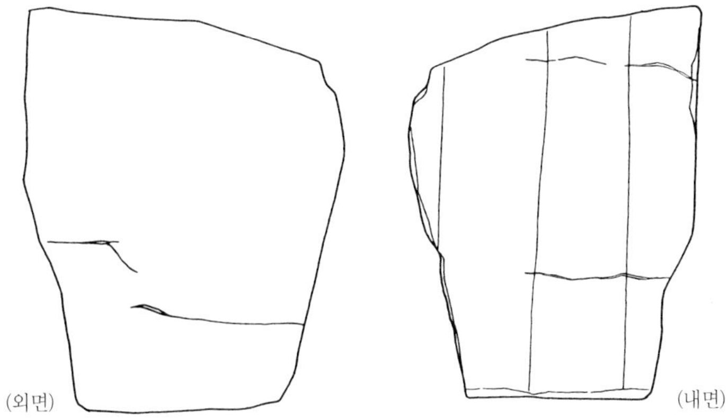

① 천왕사지 출토 승문암키와 내 · 외면 소지 부착 흔적

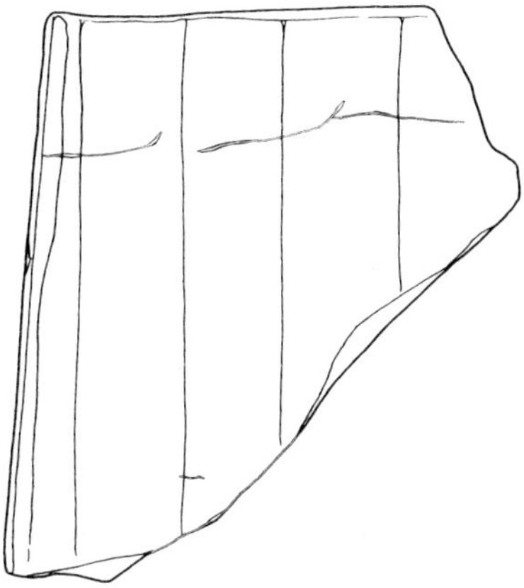

② 천왕사지 출토
승문암키와 내면 소지 부착 흔적

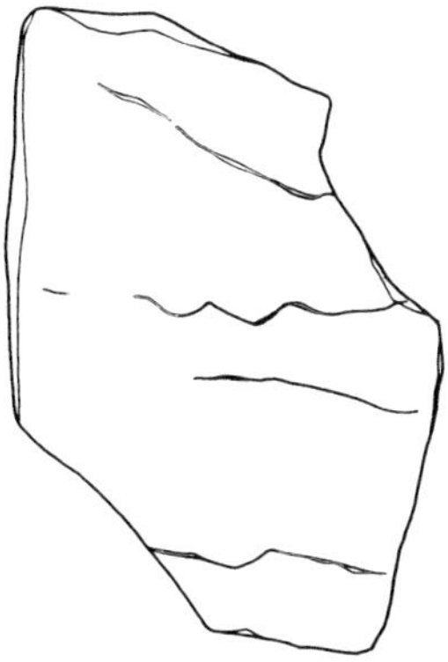

③ 하동 고소성 수습
무문수키와 내면 소지 부착 흔적

도면 40. 백제 기와 가래떡형 소지 흔적

길게 관통하는 얇은 양각선을 두었다. 또 연화문蓮花紋 사이는 평행의 복선은 두고, 이 복선의 양쪽에는 뾰쪽한 삼각 형태의 간엽間葉을 배치한 것이다.(삽도 5-①) 다른 양식은 8엽의 단엽단판문單葉單瓣紋 수막새로서 볼륨이 크고 연화문蓮花紋 잎의 끝 부분이 날카롭게 표현되었다.(삽도 5-②) 이러한 연화문蓮花紋 처리는 백제의 다른 수막새에서는 거의 찾아보기 어려운 양식에 포함된다. 이들 중 전자인 고구려계 수막새가 웅진 · 사비기 유적에서 출토된 사례는 용정리사지와 부소산성 바로 앞 쌍북리사지雙北里寺址로 보고된 백제유적에 불과하다.[77]

용정리사지의 후행시기의 유적은 금당지 기단토 직상층 및 기단 외부의 구舊지표층과 목탑지 기단 외부의 구舊지표층에서 출토된 유물들이다. 구舊지표층에서 출토된 후행시기의 수막새는 백제 후기경의 단엽단판문單葉單瓣紋 수막새이다.(삽도 5-③) 이들은 세분하면 3종 내외로 볼 수 있지만, 문양紋樣 등의 기본 뉘앙스를 관찰하면 거의 같은 유형이라고 할 수 있다. 선행시기와 후기시기 층에서 출토된 평기와는 수천 점 넘게 조사되었고, 문양은 승문繩紋과 선문線紋 두 종류에 불과하다. 많은 평기와에 비하여 문양은 두 종류에 한정되었으나, 선행시기 출토층과 후행시기 층에서 출토된 평기와는 얇은 정도와 뉘앙스에서 쉽게 구별할 수 있을 정도로 뚜렷한 차이를 보여주었다.

여기에 소개한 선문線紋 암키와는 선행시기 출토 기와인데, 내면에서는 통쪽흔적이 확인되었다. 그 너비는 각 1.8㎝, 1.8㎝, 2.5㎝, 1.7㎝, 3㎝ 내외이다. 가래떡형 소지素地 흔적의 너비는 4㎝, 3.5㎝, 5㎝, 3.5㎝ 내외로 일정하지는 않다. 이 소지素地의 부착흔적에 드러난 경사도는 상단의 2개

77. 국립부여재문화재연구소 외, 『용정리사지』 국립부여문화재연구소 학술연구총서 제5집, 1993.

① 고구려계 복선연화문 수막새
(금당지 하부)

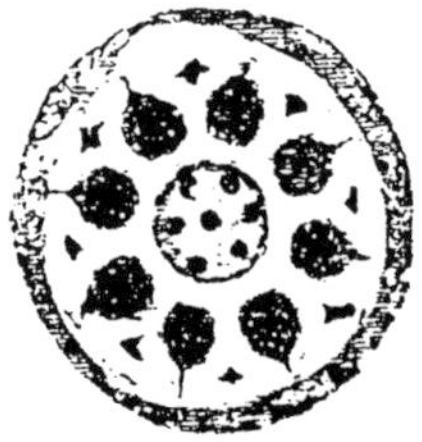

② 연화문 수막새
(금당지 하부)

③ 연화문 수막새
[목탑지 기단 외부 구(舊)지표]

삽도 5. 부여 용정리사지 출토 수막새 탁본

와 가장 하단의 1개는 거의 수평에 가깝고, 상단에서 세 번째 및 네 번째 소지素地 부착흔적은 18° 정도의 경사각을 보인다. 기와의 잔존 크기는 15.1×20㎝ 정도이다.

결론적으로 용정리사지 출토유물과 유적은 백제 6세기 초경을 전후하여 창건되었던 것으로 조사되었다. 또한 유적 중 금당지는 축기부築基部에 성토盛土한 층위에서는 고구려계 연화문蓮花紋 수막새와 함께 6세기 말경을 전후한 이전의 유물만이 출토되었다. 특히 목탑지 동편의 구舊지표층과 금당지 주변의 구舊지표층에서도 교란된 흔적이 확인되지 않았고, 백제의 유물이 출토되었다. 이는 백제가 멸망하면서 사찰의 경영이 끊어졌음을 의미한다. 출토된 평기와의 문양은 무문無紋, 승문繩紋, 선문線紋만이 조사되었다. 금당지 및 목탑지 출토 평기와에 대한 문양별, 건물지별 기와의 두께는 〈표 3〉과 같다.

〈표 3〉 용정리사지 건물지별 평기와 출토 현황

建物 / 文樣	기와	木塔址 (舊地表)	金堂址		備考
			1次建物址 (築基部)	2次建物 (基壇, 舊地表上層)	
無紋	암키와	152	–	42	
	수키와	71	–	28	
繩紋	암키와	273	12	–	
	수키와	110	3	–	
線紋	암키와	307	26	98	
	수키와	109	17	41	
합계		1,022	58	209	
평균 두께		1.2~1.7cm	0.7~1cm 1.3~1.5cm	1.5cm	

나. 대전 월평동유적

대전 월평동산성月坪洞山城은 백제 웅진 · 사비기에 구축되었던 성으로 조사되었다. 주변에서는 백제시대의 여러 시설물이 드러났다. 목고木庫형의 시설물과 상광하협上狹下廣형의 많은 지하 저장고, 길게 조성한 환호형 유적 등이 발굴되었다. 이들은 모두 풍화암반을 굴광한 뒤 조성된 것이었다. 목고형 유적은 바닥과 네 벽면에는 회청색계의 두터운 찰흙을 옮겨다진 뒤 이 찰흙의 내측에는 목고형의 나무를 깎아 틀을 조성하였다. 그 안에는 필요한 것을 저장하기 위한 용도로 사용되었던 것으로 조사되었다. 특히 이 목고형 유적 내에서는 토기와 기와, 사다리가 출토되어 주목

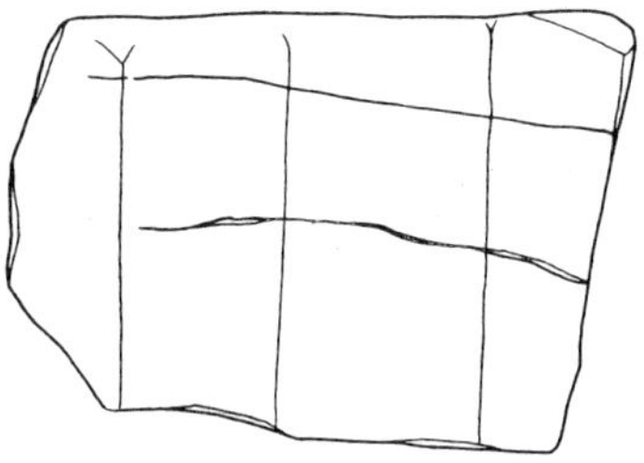

① 천왕사지 출토 승문암키와
내면 소지 부착 흔적

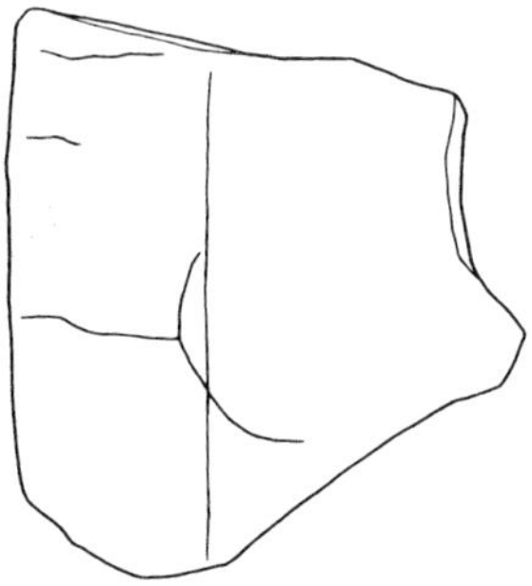

② 용정리 출토 승문암키와
내면 소지 부착 흔적

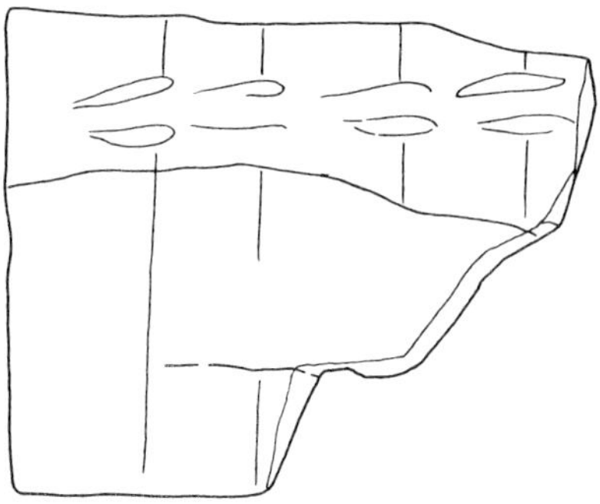

③ 성주사지 출토 승문암키와
내면 소지 부착 흔적

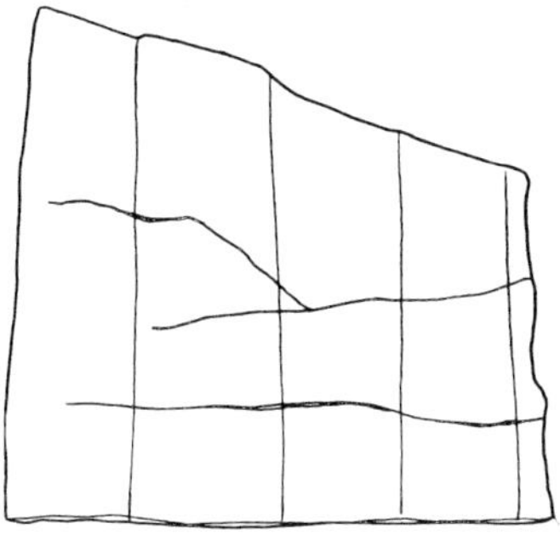

④ 대전 월평동 출토 선문암키와
내면 소지 부착 흔적

도면 41. 백제 기와 가래떡형 소지 흔적

을 끌었다.

산성 주변에서 출토된 평기와는 내부에 통쪽흔적과 가래떡형 소지素地 흔적이 그대로 남아 있는 사례가 많았다. 이들 통쪽 흔적은 각 통쪽 간을 연결했던 새끼 끈 흔적이 드러나지 않은 것이 일반적인 경향이었다. 이러한 사례는 백제 평기와에서 특이한 측면이기도 하다. 이렇듯 백제 평기와에서 통쪽흔적이 뚜렷하게 잘 나타나 있으면서 연결 끈 흔적을 관찰하기 어려운 경우는 이 월평동산성과 순천 · 여수 · 광양을 중심으로 조사된 백제 말경의 산성 출토 기와가 대표적인 사례에 속한다.[78]

월평동산성 출토 평기와의 가래떡형 소지素地 흔적은 많은 기와에서 소지素地 부착흔적을 보여준다. 이러한 경우는 흔하지 않다. 특히 각 소지素地의 끝 부분을 서로 잇는 부착지점을 잘 보여주고 있다. 이러한 기와 중에는 소지素地의 부착흔적이 기와의 안팎에 모두 그대로 남은 경우가 많았다. 월평동산성 출토 백제 평기와는 대부분 선문線紋으로 확인되었다.

다. 부여 전 천왕사지

부여 구아리舊衙里 백제유적에서는 1944년도 건물을 짓기 위한 기초공사 도중 백제시대의 많은 기와와 막새가 출토되었다. 이 백제 수키와 중에는 "天王寺"라는 명문銘文 수막새가 출토되기도 하였다. 백제 수막새 중 명문銘文이 확인되는 사례는 극히 이례적인 것이다.

1992년도에 이 유적에 대한 본격적인 발굴을 실시하였으나, 건물 기단 상층을 형성했던 상면은 모두 삭평削平되어 있음이 확인되었다. 그렇지만 백제 시대에 인공적으로 조성한 큰 수로와 수로 조성 뒤에 일정한 기간이

78. 국립공주박물관 외, 앞 보고서. 심정보 · 공석구, 앞 보고서. 조원래 · 최인선 · 이동희, 앞 보고서.

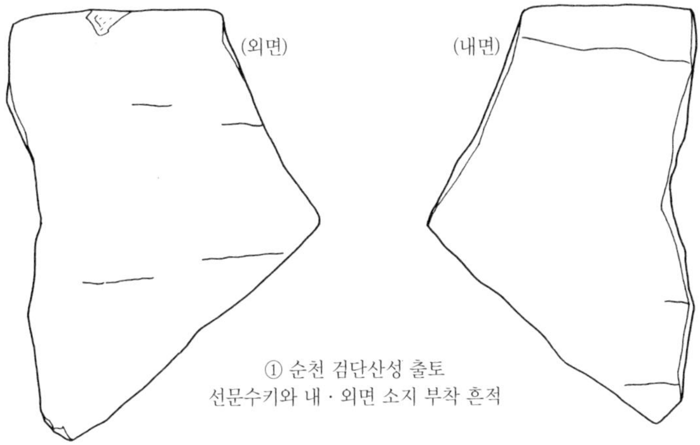

① 순천 검단산성 출토
선문수키와 내 · 외면 소지 부착 흔적

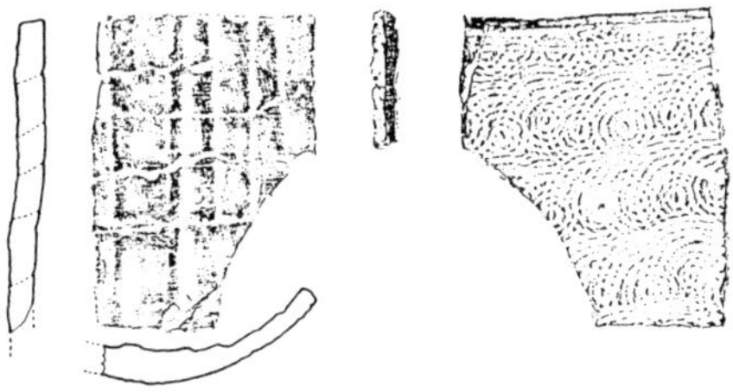

② 일본 豊前地城 初期瓦 中桑野遺蹟 출토
기와 가래떡형 소지 및 통쪽흔적

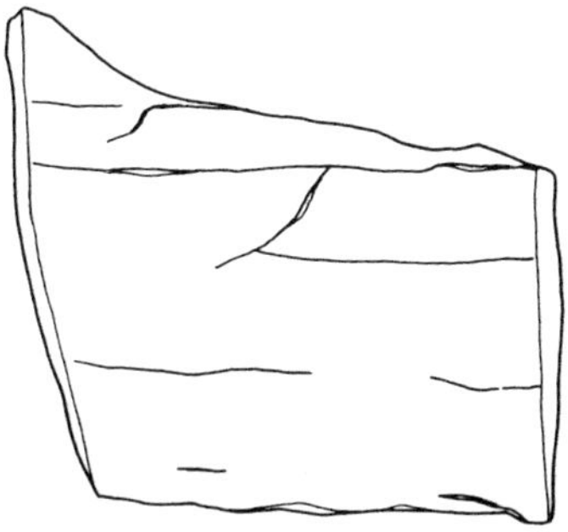

③ 순천 검단산성 출토
정격자문수키와 내면 소지 부착 흔적

도면 42. 백제 및 일본 기와 가래떡형 소지 흔적

경과한 다음 다시 이 수로를 메웠음을 알게 되었다. 우물은 메운 지역에 되파기를 하여 조성했던 것으로 역시 백제시대에 만든 것이었다. 조성된 두 우물은 5m 내외의 간격을 두고 나무홈통을 만들어 서로 연결하였다. 홈통은 북편 우물 쪽을 약간 높게 물매를 두어 북편 우물물이 어느 정도 차게 되면, 이 홈통을 통하여 남측 우물로 흘러갈 수 있게 한 것이다. 이러한 시설은 아마 물의 1차 정화시설 기능을 염두에 두었던 것으로 해석되었다. 우물시설은 2기 모두 거의 완전한 모습으로 남아 있었다. 우물 내부에서는 많은 백제시대의 유물들이 쏟아져 나왔다. 이 중에는 수막새와 평기와가 대부분을 차지하였고, 여러 토기와 "1斤"의 명문銘文이 새겨진 납석제蠟石製 용범鎔范이 출토되어 주목을 끌었다.

전傳 천왕사지天王寺址 출토 평기와는 1만여 점이 출토되었다. 이 기와 중 암키와는 거의 예외 없이 통쪽흔적을 그대로 남겼다. 또 이들 중에는 적지 않은 기와에서 가래떡형 소지素地 흔적을 관찰할 수 있었다. 그렇지만 가래떡형 소지素地 부착은 대부분 짧게 나타났거나, 부분적으로 남아 전모를 확인하기에는 어려움이 뒤따랐다. 이러한 이유는 기와를 조성하면서 기와의 성형을 잘하기 위하여 충분한 타날과정을 거쳤다는 사실이 정밀한 관찰로 알 수 있게 되었다. 기와 관찰 결과 모두 기형이 바르고, 얇은 편이었다. 이러한 기와의 성형 양상과 측면 처리의 정교함이나 통쪽 와통 흔적의 뚜렷함 등 모든 면을 고려하면, 이 시기 기와 중 가장 고급스럽게 제작한 기와에 속한 것으로 보아 손색이 없는 것들이었다.

이곳에서 출토된 기와는 위에서 기술한 통쪽흔적의 뚜렷함에 비례하여 각 통쪽을 엮는 끈 흔적도 명확하다. 이는 통쪽 간을 엮었던 방법의 새로운 양식을 파악하게 하는 결정적인 자료가 되었다.

라. 성주사지

성주사지는 백제시대에 오합사烏合寺로 불렸던 절터로 알려졌다. 1991~1996년도에 이르기까지 모두 6차에 걸친 발굴조사가 이루어졌다.[79] 이 유적은 백제시대에서 통일신라, 고려, 조선시대에 이르기까지 수많은 중창을 거듭하면서 명맥을 이었던 것으로 조사되었다. 초창기 가람배치는 남쪽부터 문지, 탑지, 금당지, 강당지를 차례로 두었으며 남문지와 강당지의 좌·우측으로는 회랑지를 연결하고 있다. 단일 평지 사찰로는 작은 규모의 것이다. 조사보고에 따르면, 좌우의 회랑지는 북편으로 이어지다가 강당지 남측 기단선에 맞추어 마무리되었다. 이러한 구조는 회랑과 강당이 서로 연접되지 않는 구조를 보여주는 것이다. 또 양측 회랑지가 북편에서 마무리되는 대신 강당의 정正동·서 외측에는 방형의 건물터가 대칭으로 자리잡았던 것으로 보고하고 있다. 백제시대 사찰터 중에는 이러한 배치구조가 거의 확인되지 않아 주목된다. 이러한 강당지 좌·우측에 배치된 방형 건물은 경루經樓 및 종루鐘樓로 보는 것이 일반적인 견해이나, 앞으로 검토되어야할 과제이다.

백제기와는 승문繩紋과 선문線紋이 가장 많은 출토량을 보이고 있다. 통쪽흔적은 승문繩紋기와가 선문線紋기와에 비하여 우세하게 드러난다. 즉 승문繩紋 암키와에는 통쪽흔적을 그대로 남긴 사례가 대단히 많이 확인되었고, 이들 중에는 각 통쪽을 잇는 연결 끈 흔적이 관찰된다. 통쪽을 연결하는 끈 흔적은 유적에 따라 조사자들이 정밀하게 조사했는가의 여부에 따라 양상의 흐름을 파악할 수밖에 없다.

성주사지는 부여 부소산성과 전傳 천왕사지 등을 포함한 백제 고도古都를 제외한 백제유적 중 통쪽을 잇는 연결 끈 흔적이 가장 다양하게 나타

79. 보령시 · 충남대학교박물관, 앞 보고서.

난 유적이기도 하다.

기와의 내면에는 통쪽흔적과 함께 각 통쪽을 엮었던 연결 끈 흔적이 잘 남아 있다. 엮는 방법은 두 줄 홈쳐 엮기법을 적용한 것이다. 통쪽흔적의 너비는 3㎝, 3.7㎝, 2.7㎝, 3㎝ 정도로 나타났다. 이 통쪽 엮는 끈 흔적의 바로 아래쪽에는 1조의 소지素地 부착흔적이 횡으로 관통된 사례도 있다. 또 이 소지素地 부착흔적 아래쪽에 또 다른 소지素地 부착흔적이 1조가 관찰되고, 잔존한 기와의 가장 상단의 결실된 잔흔에는 소지素地가 부착된 부분을 따라 기와가 결실되었음을 알 수 있었다. 따라서 잔존한 기와의 소지素地는 3단이 남아 있는 상태이다. 이 3조의 잔존 소지素地 너비는 위쪽부터 각 3.7㎝, 4㎝, 4.3㎝ 내외로 확인되었다. 소지素地의 부착 잔흔의 각도는 6° 내외로서 권상법보다는 윤적법에 의하여 제작되었을 가능성이 높다.[80)]

마. 하동 고소성

고소성은 해발 288~353m 지점에 축조한 이른바 포곡식包谷式 석성이다. 석재는 장방형으로 치석治石했고, 문지는 두 곳으로 확인되었다. 성벽의 기초부는 생토층 위에 석재를 바로 놓아 쌓은 것이어서 일반적인 백제식 석성축조법과 일치하고 있다. 성벽의 윗면 쪽은 협축夾築한 상태이다. 성벽의 외측단면은 배를 오목한 형태로 축성한 것이다. 성내에는 거칠게 다듬은 장방형 석재나 할석을 사용하여 계단식으로 축조한 연못지가 드러났다. 연못지의 평면은 직사각형 모양을 갖추었다. 연못지 내부 바닥에는 기와를 깔아 놓은 상태였다. 그밖에 초창기에 건립되었던 것으로 추정

---

80. 최맹식, 「백제 평기와 한 유형에 관한 소고」, 『사학연구』 제58 · 59합집호, 1999, pp.313~314.

되는 건물지 1기가 조사되었다. 성벽의 북편 우부隅部 외측면에는 좀 크게 축성한 석축을 마치 치성雉城처럼 축조한 유구가 확인되었다.

성벽을 중심으로 성벽 주변과 내부에서는 많은 백제계 기와가 출토되었다. 백제계 기와는 승문繩紋과 선문線紋을 가진 평기와가 많이 출토되었는데, 승문繩紋계 기와가 우세하였다. 승문繩紋 평기와의 내면에는 예외없이 통쪽흔적을 보이고 있다. 기와 내부는 마포麻布통보 대신 승문繩紋통보로 확인되어 주목되었다. 이러한 백제유적 중 승문繩紋통보가 확인되는 분포를 보면 북쪽 한계선은 공주 및 부여로부터 남쪽으로는 순천 · 여수 · 광양에 이르기까지 웅진천도 이후 수도권 이남 전역에 펴져 있음을 알 수 있다. 그렇지만 남쪽에 분포한 백제 후기경의 산성유적을 제외하면, 출토 기와의 수량이 극히 한정되어 있다. 다만 이러한 기와 내면에 승문繩紋통보를 사용한 기와의 경우 통쪽흔적은 적극적으로 확인되는 반면 각 통쪽을 잇는 연결 끈 흔적을 찾기는 어렵다. 이점은 요철면凹凸面이 큰 승문繩紋통보가 연결 끈의 요철을 흡수하여 그 흔적을 발견하기 어려운 데에 그 원인이 있는 것으로 보인다.

고소성 출토 백제계 기와는 격자문格子紋, 선문線紋, 무문無紋기와가 주류를 이룬다. 그 중에서도 격자문格子紋이 차지하는 비중이 크다. 이들 기와는 가래떡형 소지素地가 많이 관찰되고 있다. 이는 소지素地가 부착된 횡선으로 보아 대부분은 윤적법에 의한 제작기법이 적용되었던 것으로 보인다. 그렇지만 일부는 경사도의 각도에서 말아 감기식에 의한 이른바 권상법을 써서 만들었음직한 기와도 확인되고 있다. 하동 고소성 출토 기와는 회색의 경질로서 석영질이 많이 혼입되었다. 고소성 출토 백제계 기와는 대부분 측면이나 상 · 하 단면을 와도瓦刀로 베어내어 요철면을 제거 정리한 것들이다. 이 기와의 내면에 드러난 가래떡형 소지素地는 그 부착면이 뚜렷하고, 경사도가 심하게 나타난다. 소지素地를 말아 감아 올라가

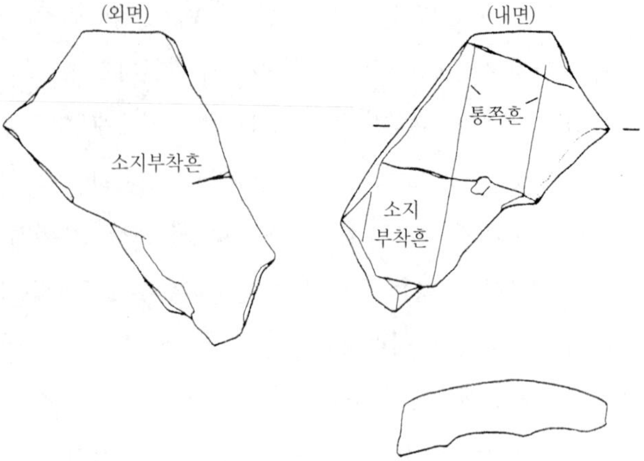

① 하동 고소성 수습 선문수키와 내 · 외면 소지 부착 흔적

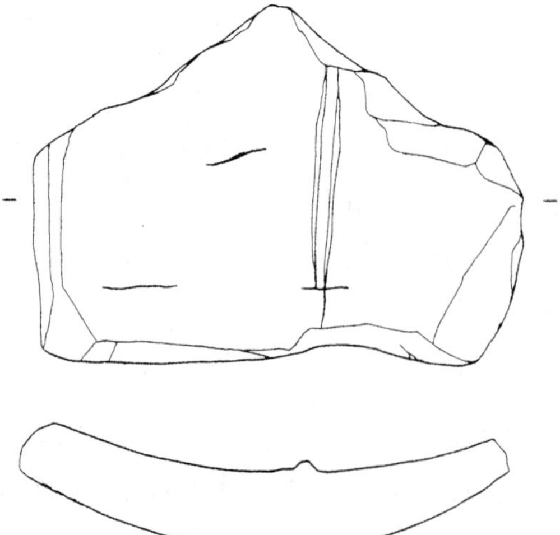

② 순천 검단산성 출토 격자문수키와 내면 소지 부착 흔적

도면 43. 백제 수키와 통쪽 흔적

는 부착면은 3조가 관찰되는데, 경사도는 위쪽은 28°, 밑 쪽이 10° 내외이다. 또 기와의 가래떡형 소지素地를 감아 올라가다가 기와의 맨 상단에서 마무리되는 부분이 남아 있다. 기와의 외면에서도 한 곳에 가래떡형 소지素地가 부착된 선이 확인되었다. 기와 내면에는 통쪽흔적과 마포麻布통보 흔적이 잘 남아 있다.[81]

기와의 외면은 무문無紋이고, 내면에는 마포麻布통보 대신 승문繩紋통보의 흔적이 깊게 나타난다. 기와는 회색을 띤 경질이다. 태토는 잔 사질沙質을 혼입 하였지만, 처음에는 고운 흙을 사용했을 것이다. 기와의 잔존한 측면은 3면을 모두 와도瓦刀로서 정면整面 처리하고 있는데, 이곳 고소성의 백제계 기와의 전체적인 양상이라고 할 수 있다.

기와의 내외면에는 모두 가래떡형 소지素地 흔적이 잘 드러난다. 이 흔적의 경사도는 17~20° 내외여서 감아 올리기식에 의한 제작공정이 이루어졌던 것으로 판단된다.[82]

바. 순천 검단산성

검단산성은 비봉산 혹은 검단산으로 불리는 해발 138m의 정상부를 중심으로 축성한 테뫼식산성에 속한다.[83] 산성은 돌을 부정형으로 치석하거나, 할석을 함께 사용하여 구축한 것이다. 성 내부는 동측부가 정상을 이

81. 심봉근 앞 논문 및 최맹식 앞 논문.
82. 최맹식, 「백제 평기와 제작기법일고-가래떡형(점토대)소지를 중심으로-」, 『문화사학』 제11 · 12 · 13합집호, 한국문화사학회, 1999.
최맹식, 「백제 평기와 한 유형에 관한 소고-기와내면 승석문에 관하여」, 『사학연구』 제58 · 59합집호, 한국사학회, 1999.
심봉근, 「하동 고소성에 대하여」, 『섬진강 주변의 백제산성』, 제23회 한국상고사학회학술발표대회, 2000.
83. 순천시 · 순천대학교박물관, 「순천 검단산성 발굴조사 현장설명회 자료」, 1998.

루고, 서편으로 가면서 점차 낮아지는 지형을 이루고 있다.

문지는 북문지와 서문지, 남문지(남서우南西隅) 등 세 곳에 자리잡고 있다. 동측의 정상부에는 성내에서 가장 넓은 평지를 이루고 있는데, 저장공이 두 곳에서 조사되었다. 이 두 저장공은 동서로 270cm 내외의 거리를 두고 조성되었다. 서편 저장공은 풍화암반층을 깊게 판 뒤에 바닥은 암반층을 그대로 이용했던 부분과 판석을 깔았던 부분이 확인되었다. 동편 저장공은 성토층을 되파기하여 조성한 것으로, 규모가 서편 저장공에 비하여 작다. 이 저장공들은 식수나 기타 물품을 저장했을 것으로 조사자는 보고 있다.[84)]

건물지는 3기가 조사되었으며, 기단부가 완연하게 남아 있는 유구는 없었다. 건물지 중에는 연도煙道시설 일부가 남은 것이 있고, 어느 건물지나 백제시대 기와가 다량 출토되는 공통점을 드러냈다.

성내 서편 끝자락에는 장방형의 대형 석축시설이 구축되었는데, 발굴자는 우물시설로 보고 있다. 이 시설물의 규모는 길이 810~890cm, 너비 400~480cm, 깊이 350~500cm 내외이다. 우물 시설은 굴광 이후, 점성이 강한 진흙을 네 벽에 다져 올린 후 다시 석축을 지표면까지 구축하였다. 이 석축의 외벽과 바닥에는 목조틀이 남아 있는데, 석축의 가장자리를 따라 원목圓木을 이어 돌리고 일정한 간격마다 바닥 원목에 구멍을 뚫어 기둥 형태의 목재를 석축에 붙여 수직으로 세웠다. 또 바닥에는 3등분 하여 횡 방향의 목재를 끼워 가장자리의 목재가 안으로 밀리지 않도록 배려하고 있다. 바닥에는 바닥에 깔거나 측벽에 판벽板壁용으로 사용했을 것으

---

84. 순천대학교박물관 외, 『순천 검단산성과 왜성』, 순천대학교박물관 지방문화총서 제9, 1997 ; 순천시 · 순천대학교박물관, 『순천 검단산성 발굴조사 현장설명회자료』, 1998-11.

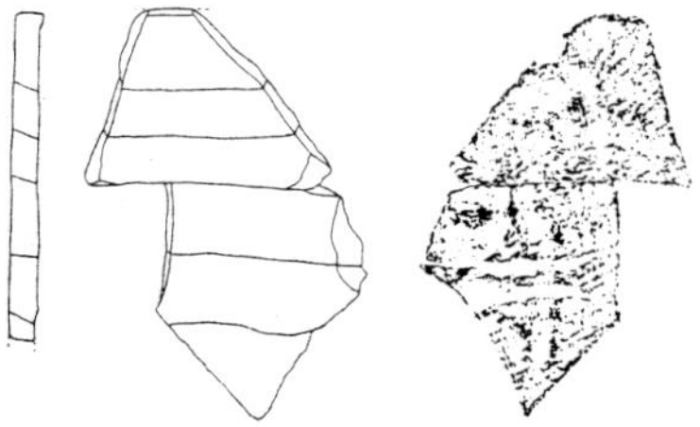

① 경기도 화산유적 출토 암키와에 드러난
가래떡형 소지 흔적(우단은 외면 탁본)

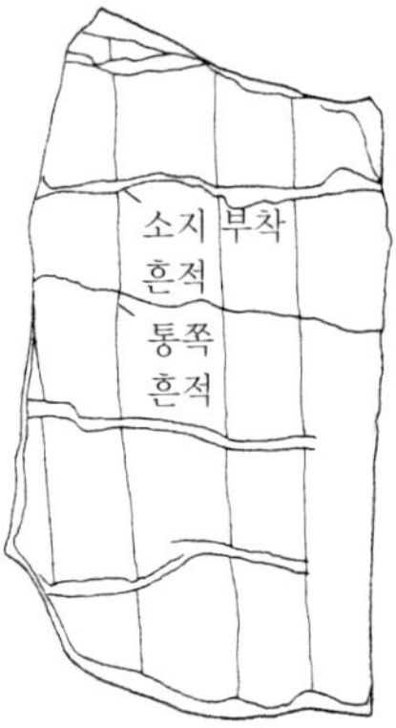

② 대전 월평산성 선문암키와 내면 소지 흔적

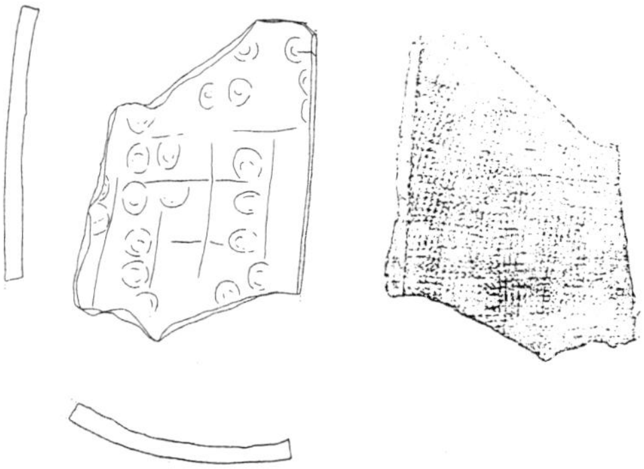

③ 화산유적 채집 암키와
(백제 한성 도읍기 : 내부 마포흔 없이 타날 흔적 있음)

도면 44. 백제 전기 · 후기 가래떡형 소지 및 무와통와(無瓦桶瓦) 흔적로 추정되는 판자형의 목재가 출토되었다.

대형 우물터 내부에서는 백제 토기, 목재삽, 백제 평기와 등 중요한 유물이 출토되었다. 특히 이 우물터의 가장 낮은 레벨을 보이는 서측으로 물을 유도하여 밖으로 빠질 수 있게 만들어 놓았다. 이곳에서 유도되는 물은 수로를 따라 이어져 바로 앞 서성벽에 마련한 3기의 수구와 연결되었다.

출토 기와는 백제 평기와가 주류를 이룬다. 기와의 문양은 격자문格子紋과 선문線紋 두 종류가 우세하게 나타났다. 이 두 문양기와의 내면에는 마포麻布통보 대신 승문繩紋통보를 사용했던 사례가 많이 조사되었다. 이러한 사례는 주변 백제 산성에서 보이는 경향과 일치하고 있다. 승문繩紋통보는 통쪽흔적이 잘 관찰되지 않는 경향이 강하게 드러나는데, 이는 문양의 심한 요철면이 통쪽흔적을 흡수해버리는 결과로 해석된다. 그렇지만 일부 평기와는 통쪽흔적을 그대로 드러내는 기와도 확인된다.

사. 부여 부소산성

부소산성은 백제의 마지막 도성인 사비시기의 중심 성으로 알려져 있다. 성벽은 토성土城으로서 동문지 및 남문지가 발굴되었고, 성벽의 총 연장 길이는 2,496m이다. 성의 구축 위치는 산의 7~8부 능선稜線인 75m를 따라 축성되었다. 북쪽으로는 부소산성 내에 자리한 가장 큰 계곡을 아우른 이른바 포곡식산성이다. 통일신라시대에 들어와서는 동편에 군창軍倉터를 중심으로 남측 성벽을 일부 이용하여 테뫼형산성을 초축 또는 보축하였다. 그리고 서편에도 정상인 사비루泗沘樓를 중심으로 역시 일부 구간은 백제 성벽을 이용한 좀 작은 규모의 테뫼형 산성을 축조하였다.

성의 동문지에서 북편으로 좀 떨어진 지점에서는 백제 치성이 조사되었다. 남문지에서 서편으로 40m 떨어진 지점에서도 동시대의 치성이 확인되었다. 성벽의 내측에는 성벽과 접하거나 120㎝ 정도 떨어진 지점에는 성벽을 따라 부석敷石 또는 배수로가 연결되어 있었다.

성내에는 여러 기의 백제 건물터와 원형 석축 수조水槽를 구축하였다. 이 원형의 석축 수조는 풍화암반을 판 다음 바닥과 벽면에는 60㎝ 내외의 점질성이 강한 진흙을 다지고, 그 위에 원형의 석축 수조를 구축한 것이다.

성내의 건물지와 문지 주변에서는 수많은 백제시대의 토기, 평기와, 수막새, 중국 자기 등 생활용품이나 건축자재에 관련된 유물이 출토되었다. 또 철촉鐵鏃, 양지창兩支槍, 갈고리, 철제도鐵製刀 등 무기류도 많이 출토되어 백제 마지막 왕성王城으로서의 면모를 보여준다.

기와는 백제시대의 많은 수막새와 평기와류가 출토되었다. 수막새는 여러 종류의 연화문蓮花紋 막새와 소문素紋 수막새가 주류를 이루었다. 기와 중에는 성벽에서 출토된 "大通"명銘 인장와印章瓦가 출토되어 주목된다.[85] 백제의 평기와는 무문無紋과 선문線紋, 격자문格子紋, 승문繩紋 등 백제 평기와 문양에서 보이는 종류는 모두 확인되었다. 이들 평기와 중에는 인장와가 차지하는 비중이 크다. 인장와에는 행정 지명으로 추정되는 "前部乙瓦" 및 "後部甲瓦"와 같은 명문이 새겨진 기와가 출토되었다.[86]

---

85. 『삼국유사』 권3 興法3 原宗興法厭髑滅身條
……又於大通元年丁未爲梁帝創於熊川州名大通寺(熊川卽公州也時屬新羅故也然恐非丁未也乃中大通元年己酉歲所創也始創興輪之丁未未暇及於他郡立寺也)

86. 『삼국사기』 권37 잡지 6 백제조
……北史云百濟其都曰居拔城又云固麻城其外更有五方城…按古典記…舊有五部分統三十七郡二百城七十六萬戶
『주서』 이역전 백제조
治固麻城其外更有五方中方曰古沙城東方曰得安城南方曰久知下城西方曰刀先城北方曰熊津城都下有萬家分爲五部曰上部前部中部下部後部統五百人五方各有方領一人
『수당』 동이전 백제조

이 승문繩紋암키와는 부소산성 사비루泗沘樓에서 동편으로 약 160m 정도 떨어진 대지臺地의 백제 성벽 내측에서 출토되었다. 이 지역은 백제시대에 성벽 내측에 성벽과 접하여 구축한 장대지將臺址와 암반층에 원형혈圓形穴을 파서 기둥을 건립한 건물터가 드러났다. 이 주변에서는 많은 백제 평기와가 출토되었다. 또 이 대지의 중심부에는 암반층위에 흙을 좀 다진 후에 조성한 통일신라 건물지가 1기 노출되었는데, 이 건물지와 기단 내외부에서 동시기의 수막새 및 암막새와 함께 "會昌七年丁卯年末印"(847)명銘 기와가 여러 점 출토되었다.[87]

이곳 대지 주변에서는 백제유물이 출토되는 층과 백제유물과 통일신라 유물이 반출되는 층으로 나누어진다. 이 승문繩紋암키와는 백제 기와로서 승문繩紋이 기와 전면에 고르고 깊게 타날되었고, 잔존한 상단은 가장자리를 따라 3면을 모두 와도瓦刀로서 정면 처리한 것이다. 기와 내면은 마포麻布통보 흔적이 선명하게 나타나 있다. 또 암키와의 한 사례 중 내면에는 통쪽흔적이 뚜렷하게 남았는데, 그 너비는 3㎝ 내외로 고른 편이다.

또 다른 기와 사례 중에는 내면에 가래떡형 소지素地 흔적의 부착면이 선명하게 나타나기도 했고, 횡으로는 2조가 남아 있다. 가래떡형 소지素地의 너비는 3.7㎝이다. 부착흔적의 각도는 15° 에 가깝지만, 강한 타날 힘에 의하여 밀려나 심한 각도가 형성된 듯하다. 따라서 이 소지는 테쌓기식을 써서 제작한 기법이 적용되었을 가능성이 높다.

다음에 소개하는 몇 점의 승문 및 무문無紋기와는 통일신라시대에 제작된 것이다. 그러나 이 시기의 가래떡형 소지素地에 의한 제작된 사례가 거

畿內爲五部部有五巷士人居焉五方各有方領一人方佐貳之方有十郡郡有將

87. 국립부여문화재연구소, 『부소산성발굴중간보고Ⅲ』, 학술연구총서 제23집, 1999 ; 국립부여문화재연구소, 『부소산성발굴조사보고서Ⅳ』, 학술연구총서 제26집, 2000.

의 알려져 있지 않다는 점과, 소지素地의 부착흔적이 선명하여 백제시대의 기와 문양 및 기와의 내측 통쪽흔적 유무 등에서 좋은 대조를 이룬다. 이러한 점에서 몇 점을 선정하여 소개하기로 한다.[88]

건물지에서는 통일시기의 승문繩紋 평기와가 대량 출토되었다. 이 승문繩紋기와의 특징은 ① 두텁고 대부분 경질계이면서 회색을 띠고 있다는 점, ② 적어도 기와의 내 · 외 측면의 한 쪽에는 대부분 가래떡형 소지素地흔적 부착면을 뚜렷하게 지니고 있다는 점, ③ 기와 외면의 승문繩紋은 타날 후 문양없는 도구 등으로 재타날하거나 문질러 승문繩紋이 부분적으로만 남아 있거나, 그렇지 않으면 무문無紋기와로 보인다는 점, ④ 백제계 승문繩紋과는 달리 기와 내면에 통쪽흔적이 전혀 관찰되지 않는 점 등이다. 내면은 마포麻布통보를 사용하였다. 기와 외면에 타날된 승문繩紋은 타날 이후에 다시 타날하거나 문질러 문양의 대부분이 지워졌는데, 이점은 백제계 승문繩紋과 다른 점이다. 이 기와는 통일신라 중 · 후기에 제작되었던 것으로 판단된다.

이 통일신라 승문繩紋기와는 안 쪽에 드러난 가래떡형 소지素地 부착면에 테쌓기식으로 올렸던 흔적과 말아 감기식으로 제작했을 것으로 추정되는 흔적이 관찰된다. 이는 모두 부착흔적의 경사도를 고려한 해석이다.

---

88. 통일신라시대에 제작된 기와 중 가래떡형 소지素地의 존재는, 현지의 조사 사례가 드물다. 또한 고려시대 기와에서는 아직 보고된 사례가 없는데, 신라가 한반도를 차지하면서 널판형 소지素地를 선호했던 신라식 기와 제작기법이 넓게 유포되었던 것이 아닌가 한다. 그렇지만 여기에 소개한 바와 같이 부소산성과 경기도 이성산성 출토 평기와(당초문唐草紋 평기와에 주로 관찰됨. 허미형, 「통일신라기 평와에 대한 연구-이성산성 출토와를 중심으로-」, 한양대학교대학원 석사학위논문, 1989)에는 아직까지 가래떡형 소지素地에 의한 제작기법이 그대로 전승되고 있다는 점에서 주목된다. 앞으로 현장에서 정밀한 조사작업이 진행되면 좀 더 많은 유적에서도 이러한 가래떡형 소지素地의 존재가 알려질 수도 있을 것이다.
국립부여문화재연구소, 『부소산성발굴중간보고Ⅲ』 학술연구총서 제23집, 1999.

이 기와는 그 중 부착면이 수평으로 관찰되어 테쌓기식에 의한 제작이 이루어졌을 것으로 판단된다. 각 소지素地의 너비는 3.4㎝, 4㎝, 4.1㎝ 내외이다. 잔존한 기와의 상·하 단면은 모두 소지素地가 부착되었던 면이 그대로 떨어져 나간 흔적으로 확인되었다. 또 다른 통일신라 승문繩紋기와와 반출된 사례를 보기로 한다. 기와의 내면에는 4조의 가래떡형 소지素地 부착흔적이 관찰된다. 성형작업 중 심한 타날작업 과정에서 돌출면이 심하게 형성되었던 듯하다. 따라서 이 돌출면을 제거하기 위하여 타날 후, 다시 문질러 문양이 대부분 제거되었다. 기와 내면은 마포麻布통보를 사용하였으며, 태토는 거칠다. 소지의 부착면은 수평을 이루고 있어 테쌓기식에 의한 제작법이 적용되었던 듯하다. 가래떡형 소지素地의 너비는 각 3.8㎝, 4.1㎝, 5㎝, 3.3㎝, 3.1㎝ 내외이다.

이 무문無紋 암키와는 사비루泗沘樓 바로 남측의 통일신라 성벽과 동시기 건물지에서 출토된 것이다. 역시 경질이면서도 좀 거칠고 회색을 띠고 있다는 점과 강한 타날 후 문질러 무문無紋으로 관찰된다는 점에서 위의 통일신라 가래떡형 소지素地에 의하여 제작된 기와와 동일하다. 기와의 하단부는 3면을 와도瓦刀로서 깔끔하게 정리한 것이다. 기와 내면에 나타난 마포麻布통보는 문양이 촘촘하다. 기와 측면의 분리면에 접하여 눈테흔적이 선명하게 관찰되는데, 쌍 세로 못 끈 이음식 눈테를 적용하고 있어 주목된다. 기와 내면에 드러난 가래떡형 소지素地의 너비는 각 2.4㎝, 4.1㎝ 내외로 나타났다.

③ 고신라(도면 45 · 46)

고신라古新羅의 평기와는 출토되는 양에 비하여 현장에서 실제 정밀조사된 사례는 많지 않다. 그렇지만 경주를 중심으로 그동안 적지 않은 건물지 유적에 대한 발굴조사가 이루어졌기 때문에 대단히 많은 수량의 기와를 확보하고 있는 상태이다. 현장에서 출토된 기와에 대한 관찰에서 신라의 평기와는 가래떡형 소지素地와 널판형 소지素地 모두 존재함을 확인할 수 있게 되었다.[89)] 이러한 경향은 고구려 및 백제와 같은 흐름을 보여주고 있는 것이다.

황룡사지에서 출토된 무문無紋 암키와는 기와무지에서 출토된 고식古式 기와로서 통쪽흔적은 관찰되지 않는다. 그러나 기와 내면에 가래떡형 소지素地 흔적 2조가 확인되었다. 이 소지素地의 춤은 3㎝ 내외이다. 기와의 상태는 연질이어서 심한 마모磨耗현상이 보인다. 잔존 상태는 길이 22.7㎝, 너비 11㎝, 두께는 1.4~2㎝ 내외이다.

종합해 보면, 널판형 소지素地는 고구려유적인 중국 동북지방의 산성 및 임진강유역 주변의 산성 출토 기와에서 확인되었다. 따라서 고구려에서 이미 널리 사용했음을 알 수 있다.[90)] 백제는 웅진 · 사비도읍기에 도입되었을 것으로 추정된다. 이는 백제 전기 한성도읍시기의 기와에서 가래떡형 소지素地만 조사되었기 때문이다. 가래떡형 소지素地로 조성된 기와 중에는 가래떡형 소지素地의 부착흔적을 쉽게 관찰할 수 없는 경우가 많다.[91)] 반면에 널판형 소지素地는 가래떡형 소지素地에 비하여 소지素地 부착

89. 최맹식, 「평기와 연구의 최근 동향」, 『백제연구』 제34집, 충남대학교 백제연구소, 2001. 여기서 필자는 황룡사지 출토 기와 중에서 이를 실견하였다 ; 김기민, 「신라 기와 제작법에 관한 연구-경주 물천리 출토 기와를 중심으로-」, 동아대학교대학원 석사학위논문, 2001, p.12.

90. 최맹식 · 서길수, 「고구려유적 기와에 관한 조사연구」, 『고구려연구』 제7집, 고구려연구회, 1999 ; 심광주 외 앞 보고서 ; 백종오 앞 논문.

91. 필자는 가래떡형 소지素地에 대하여 1980년대부터 그 존재를 알고 있었다. 실제로 그 실체를 인지하기까지는 많은 시일이 소요되었다. 결과론이지만 미륵사지 발굴조사에서 출토된 수많은 기와를 조사하면서 횡으로 된 소지素地 부착흔적을 종종 관찰할 수 있는 기회를 가졌다. 그렇지만 그 흔적의 미미함과 숫자의 절대적 열세 등에 의하여, 이것이 가래떡형 소지素地의 부착흔적으로 단정할만한 뚜렷한 근거라고 믿기

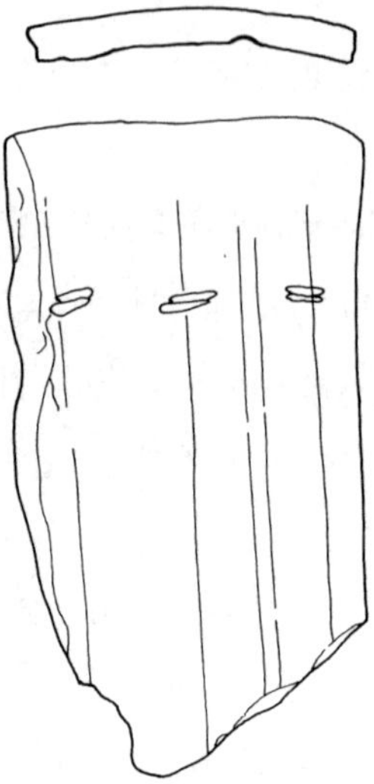

① 황룡사지 출토 암키와 통쪽 및
연결끈 흔적(두 줄 엮기)

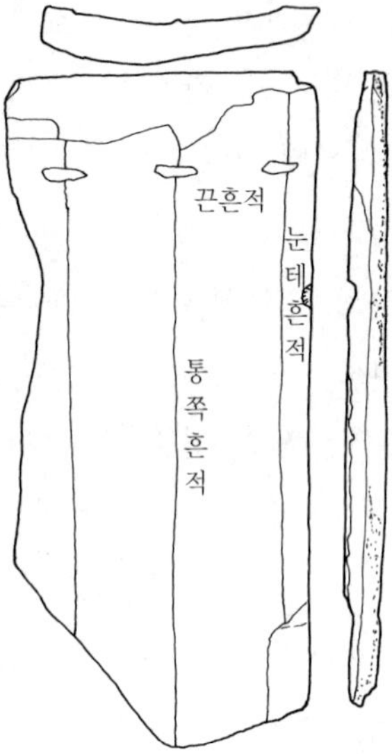

② 황룡사지 출토 암키와 내면 통쪽흔적
(한 줄 엮기, 못 눈테)

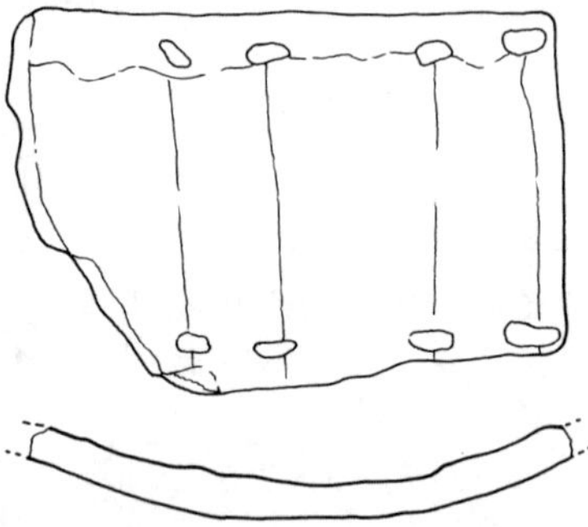

③ 황룡사지 출토 암키와 한 줄 엮기 흔적

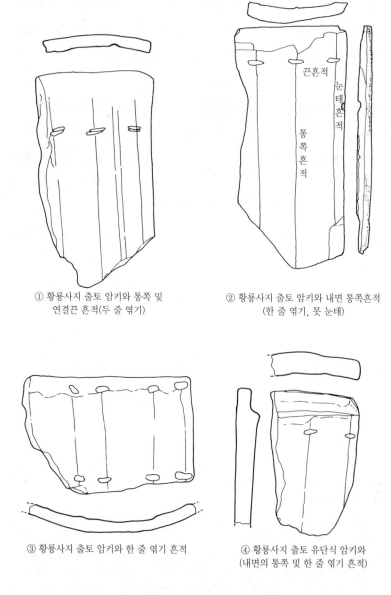

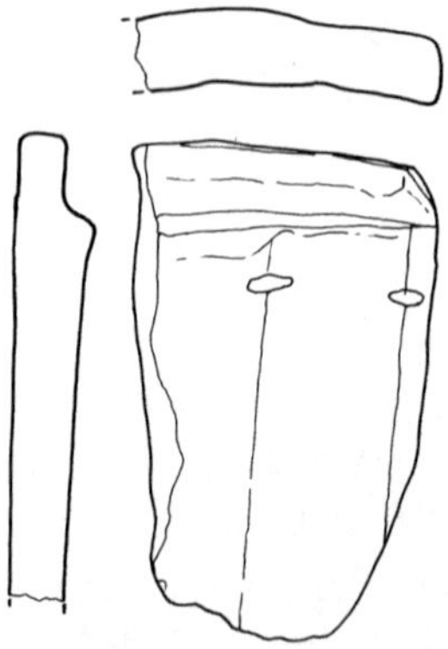

④ 황룡사지 출토 유단식 암키와
(내면의 통쪽 및 한 줄 엮기 흔적)

도면 45. 고신라 암키와 내면 통쪽 · 연결끈 · 눈테 흔적(황룡사지)

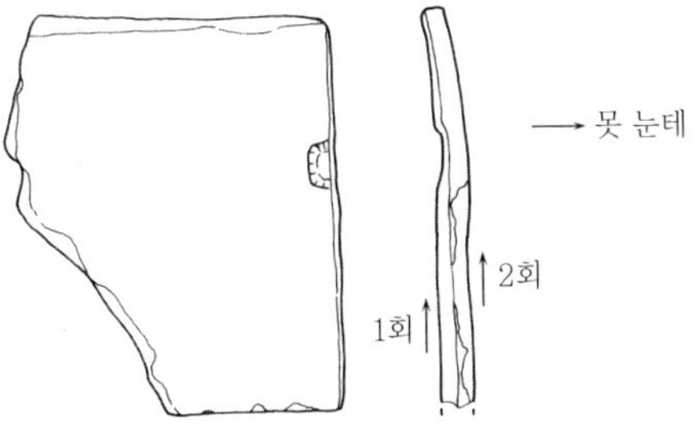

① 네모 눈테(못 눈테) 흔적

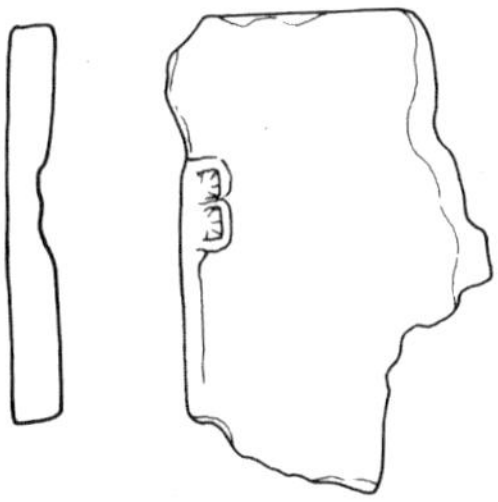

② 쌍 세로 못 눈테

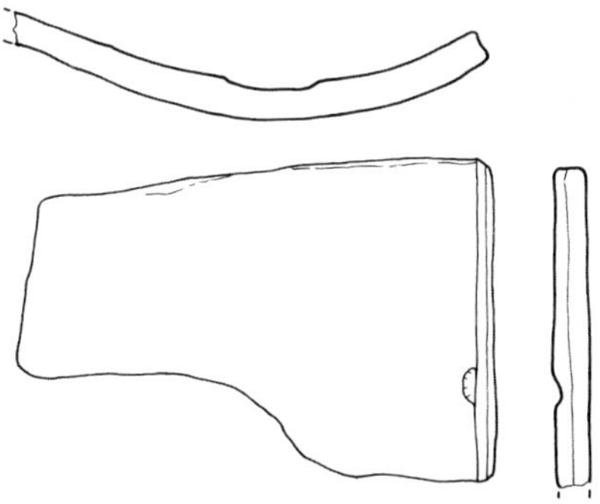

③ 끈 매듭 눈테

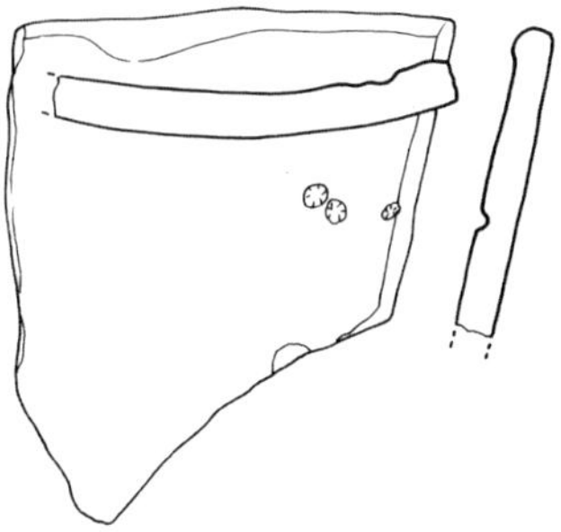

④ 쌍 가로 못 눈테

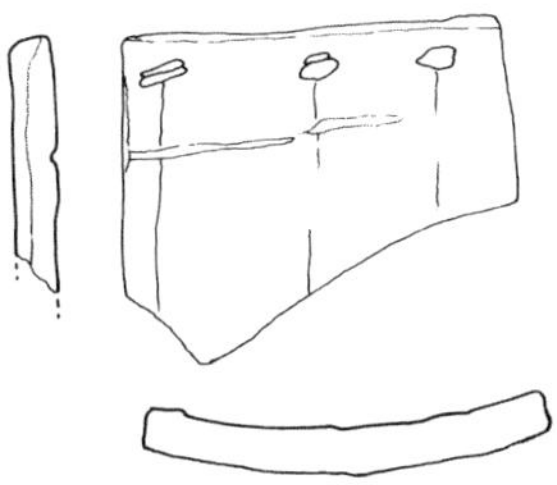

⑤ 암키와 내면 통쪽 및 두 줄 엮기 흔적

도면 46. 고신라 황룡사지 암키와 내면 눈테 · 통쪽연결 흔적

흔적이 쉽게 관찰되었다. 이는 지금까지 조사에서 얻은 소견이기도 하다.

웅진 · 사비도읍기 유적에서 출토된 기와는 가래떡형 소지素地와 널판형 소지素地가 공존하고 있음은 이미 알려진 사실이다. 이 두 종류의 소지素地 중에는 널판형 소지素地를 사용하여 제작한 숫자가 우세하게 나타나고 있다. 다만 실제 두 소지素地 중 어느 양식을 많이 사용하여 제작했는가를 정확한 비율로 따져 설정하기는 어렵다. 이점은 위에서 설명한 그대로이다. 또 유적에 따라 출토되는 기와 중 어떤 양식의 소지素地를 사용했는지는 상당한 차이가 나는 것으로 조사되었다. 이점은 제작하는 와장瓦匠의 습관이나 전습과정, 선호도에 따라 그 여건이 달라질 수 있기 때문으로 해석된다.

6) 타날기법(도면 47~49)

기와 제작은 5단계에서 와통瓦桶에 통보를 입히고 난 다음 그 위에 기와를 만드는 바탕 흙인 소지素地를 씌우게 된다. 이어 타날도구를 사용하여 두드리는 과정에서 기와에 타날도구의 흔적을 문양으로 남긴다. 이때 타날도구에는 기와 성형 과정에서 밀도를 충분히 높이기 위하여 요철이 있는 여러 가지 문양을 새긴다.

삼국시대에는 격자문格子紋이나 승문繩紋 및 선문線紋계의 문양을 가장 널리 사용했던 것으로 조사되었다. 격자문格子紋과 선문線紋은 나무도구에 문양을 직접 새겨 넣지만, 승문繩紋은 도구에 새기는 것이 아니라 꼬아 만든 새끼를 도구에 감거나하여 만들었던 것으로 드러났다. 따라서 격자문格子紋이나 선문線紋에 비하여 승문繩紋의 도구는 좀 길게 확인되는 경우가

어려웠다. 결국 1998년도에 부여 천왕사지 및 부소산성 출토 기와들을 재검토하는 과정에서 가래떡형 소지素地의 존재를 확신하게 되었다.

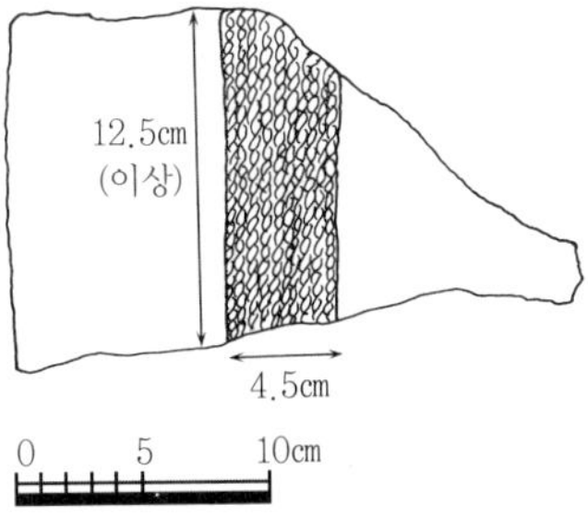

① 고구려 호로고루 승문암키와
장판형(長板形) 타날흔

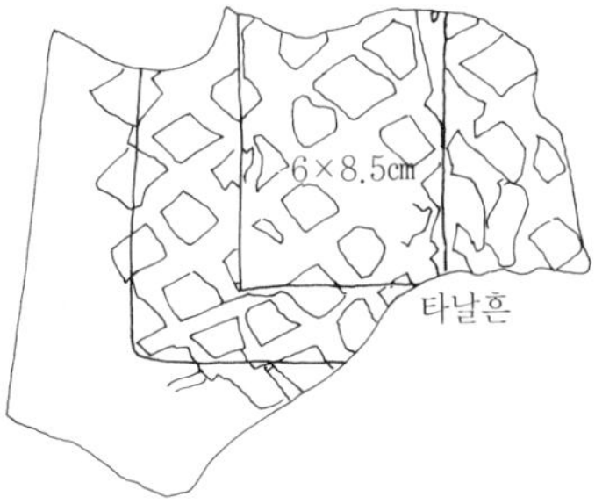

② 중국 신빈[新賓] 목기성 격자문암키와

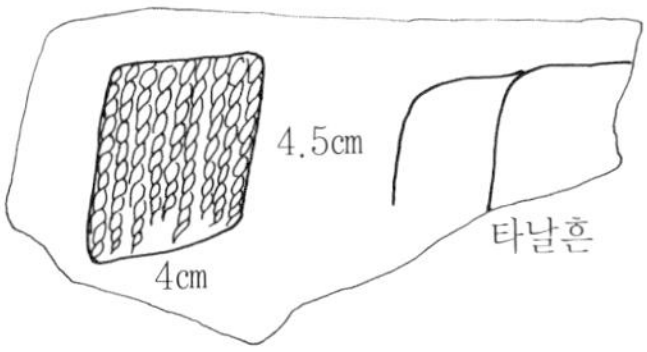

③ 고구려 승문암키와 타날구 흔적

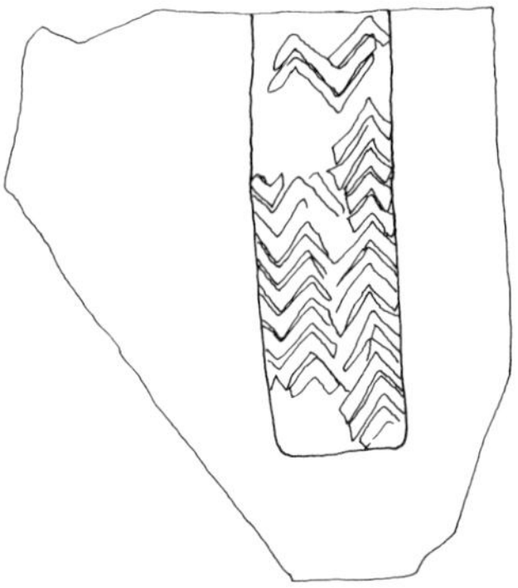

④호로고루 거치문암키와
장판형(長板形) 타날흔

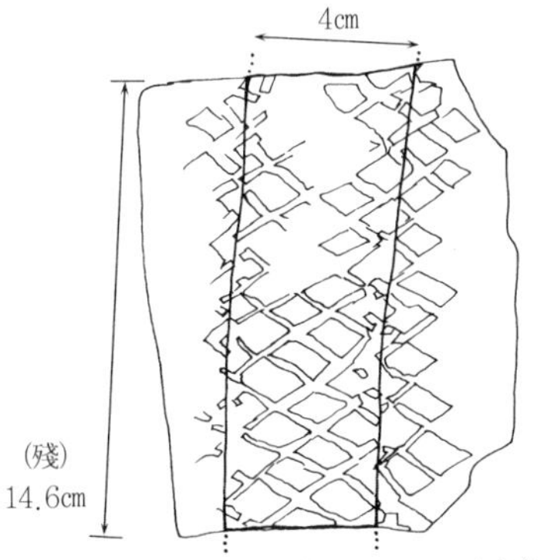

타날구 크기 : 4×14.6cm(이상)

⑤ 중국 신빈[新賓] 오룡산성
장판형(長板形) 타날흔

도면 47. 고구려 기와 타날구 규격표

많다. 그렇지만 승문繩紋의 도구 크기를 파악할 만한 자료는 다른 두 문양에 비하여 더욱 얻기 힘든 편이다. 이는 승문繩紋 타날도구의 측면이나 상 · 하단의 경계면을 잘 관찰할 수 없기 때문이다.

기와에 형성된 문양을 세밀히 관찰하면, 문양 중에는 나무 같은 도구에 새긴 문양흔적을 그대로 보여주는 사례도 적지 않다. 그렇지만 드물게는 와통瓦桶 위에 덮어씌운 소지素地를 타날도구로 직접 두드리지 않고, 직물류와 같은 것을 대고 간접타법을 적용한 사례가 확인되고 있다. 이러한 기법은 토기에서도 그 흔적을 관찰할 수 있는 것이다.

타날기법에서 파악할 수 있는 내용 범위는 타날도구의 크기, 타날의 방법, 타날의 목적을 보다 선명하게 확인할 수 있는 수단이기도 하다.

(1) 타법에 관하여

타법打法에는 직접타법과 간접타법이 있다. 직접타법은 소지素地에 타날도구를 사용하여 직접 두드리는 방법으로 기와가 도입되면서부터 사용되었을 것으로 추정된다. 대부분의 기와 성형은 그 잔흔 상태를 볼 때 직접타법을 적용했던 것으로 나타나고 있다. 그 사용시기는 통일신라, 고려, 조선시대를 거쳐 현재 전통 한식韓式 재래기와 제작 역시 이러한 방법을 계승하고 있는 것으로 나타난다.

삼국시대는 기와에 나타난 문양의 종류 및 실제 기와에 드러난 여러 가지 흔적을 검토한 바에 의하면, 순수하게 문양을 내기 위한 목적은 거의 없어 보인다. 그 목적은 소지素地를 충분하게 두드려줌으로써 기와의 밀도를 높이기 위함이 우선시 되는 목표였을 것으로 확인되기 때문이다. 특히 가래떡형 소지素地와 같이 그 재료의 모양을 고려해 볼 때 충분한 타날을 가하지 않으면, 기와 성형이 어렵다. 또 성형된다 하더라도 구운 뒤에 약간의 충격만 가하여도 쉽게 깨질 수 있는 가능성이 충분히 고려되지 않

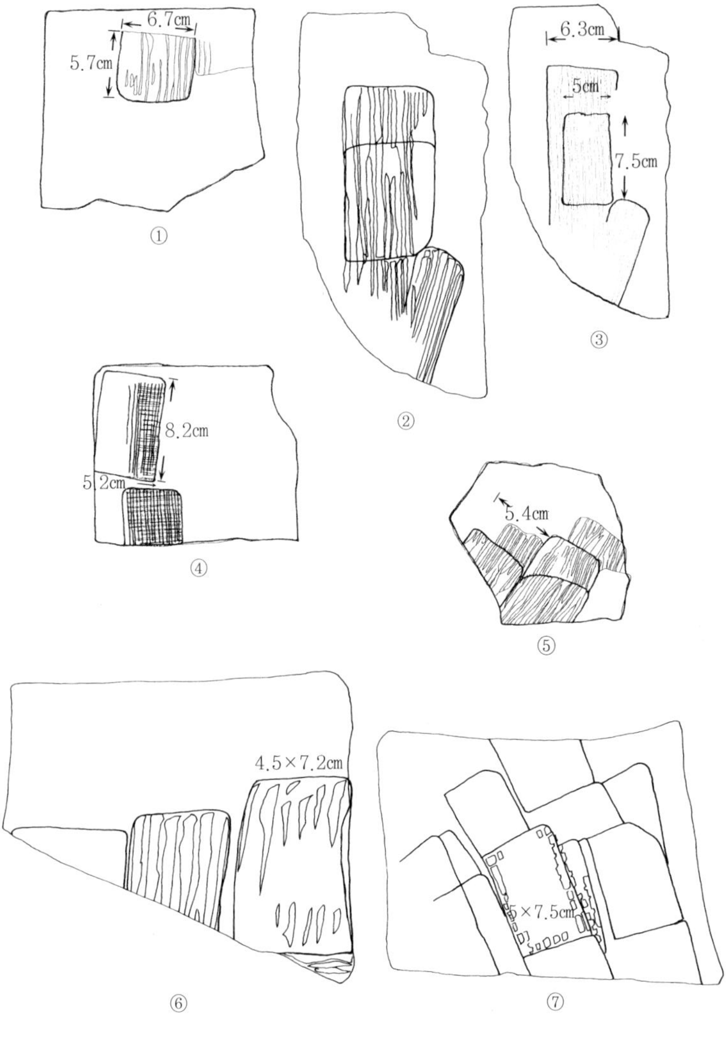

도면 48. 백제 평기와 문양 타날 규격표

① 용정리사지 출토 승문 탁본

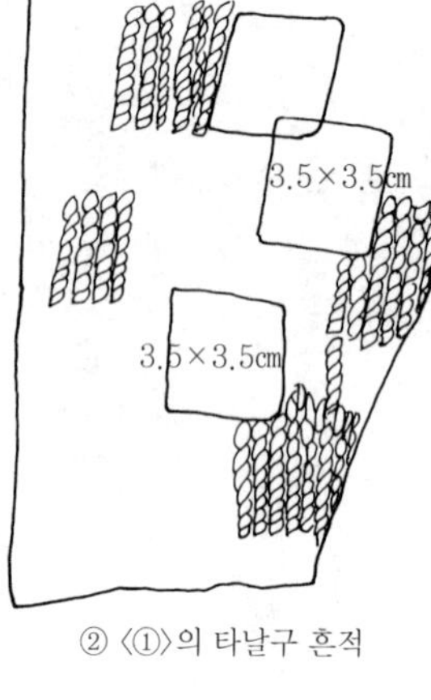

② 〈①〉의 타날구 흔적

③ 용정리사지 출토 승문 탁본
(내면에서 확인된 가래떡형 소지)

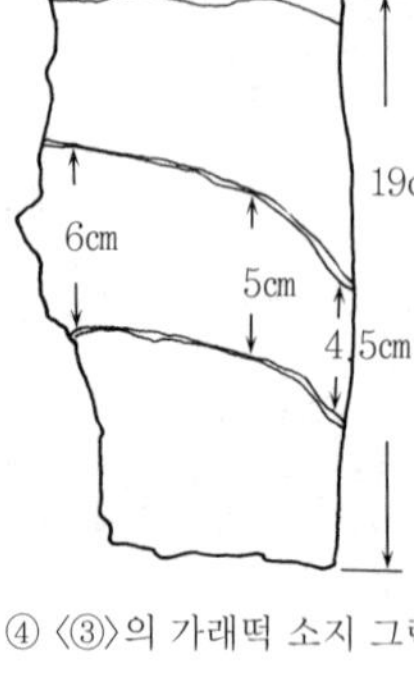

④ 〈③〉의 가래떡 소지 그림

도면 49. 백제 용정리사지 출토 기와의 타날흔 및 가래떡형 소지

으면 안 될 것이다.

타날도구에 문양을 넣어 타날하게 되면, 소지素地가 보다 세밀하게 짓이겨지듯이 밀도가 높게되는 장점을 지니게된다. 반면에 타날 이후 기와 외면에 드러난 흔적은 요철이 심하여 퍽이나 거칠게 성형되기 쉽다. 이러한 거친 면에 대한 처리수단으로 다음과 같은 방법으로 재처리한 흔적을 확인할 수 있다.

· 물질처리(도구로 문질러 기와 외면을 고르게 처리함)

· 무문無紋 타날도구를 사용 재타날

· 좁고 옅게 새긴 다른 문양 타날도구로 재타날

간접타법은 와통瓦桶에 씌운 소지素地 위에 직물류와 같은 것을 덮은 후에 도구로서 두드리는 방법이다. 간접타법은 직접타법에 비하여 그 수량이 현저하게 적은 소량이 조사된다. 간접타법은 작업과정이 다소 번거러웠을 것으로 추정된다. 아마 이러한 점에서 직접타법에 의한 제작법에 비하여 널리 유포되지 않은 것이 아닌가 한다.

(2) 타날도구

타날도구의 흔적은 문양을 새긴 것과 문양을 새기지 아니한 것이 있었던 것으로 조사된다. 타날도구의 크기는 기와의 등이 완만한 곡선을 나타내기 때문에 타날 당시 4면에 그 흔적을 완전하게 남기는 사례는 확인하기 어렵다. 더러 남겼다고 하더라도 횡으로 또는 상하로 수없이 반복하여 두드리기 때문에 적어도 선흔先痕은 일부분이라도 나중의 타날구에 의하여 지워질 수밖에 없는 속성을 가졌다고 할 수 있다.

삼국의 기와 타도구의 크기와 속성은 비슷했던 것으로 조사되었다. 일반적인 타날구의 크기범위는 5~6㎝ 내지 7~8㎝ 내외가 많은 것으로 확인된다.[92] 작은 것은 3~3.5㎝ 내외의 너비와 길이를 가졌고, 어떤 것은 위의 작은 너비에 길이는 그 배에 이르는 것이 있다. 일반적으로 타날구의 평면 모양은 타날구 형태는 정사각형보다는 약간 직사각형에 가깝다. 특히 이러한 범주에 들어가는 타날구의 문양은 격자문格子紋과 선문線紋, 무문無紋이 우세하다. 승문繩紋의 타날구는 너비는 위의 것과 비슷하지만, 길이는 15㎝ 이상 되는 사례도 확인된다. 선문線紋 중에는 좀 더 좁고 긴 장방형의 모양을 가진 타날구 사례도 적지 않다.

(3) 타날방법

타날방법은 출토된 기와 수량을 비교해 볼 때 관찰할 수 있는 사례는 상당한 한계성을 가지고 있다. 이는 물질처리, 기와의 곡면, 반복타날 등 타날구의 흔적을 고스란히 남겨 둘 수 있는 요소가 희박하기 때문인 것으로 해석된다. 이러한 극히 제한적인 관찰 요건임에도 불구하고, 타날흔적을 관찰할 수 있는 사례가 종종 확인된다. 더구나 한 기와에서 타날순서, 즉 상하나 좌우의 방향을 파악하기 위해서는 타날구 흔적이 순차적으로 흔적을 남기고 있어야 가능하다. 한 기와에서 많은 타날구 흔적을 남기고 있는 것 중에는 일정한 방향 없이 상하 · 좌우로 두드려 타날구의 방향을 관찰할 수 없는 경우도 확인된다.

그동안 조사된 바에 의하면, 타날구의 방향은 좌에서 우로, 하에서 상으로 향하여 두드리는 사례가 일반적인 경향임을 알 수 있다.[93]

92. 최태선, 앞 논문 및 백종오, 앞 논문.
93. 최맹식, 앞 논문.

7) 문양

평기와의 문양은 삼국이 공통적으로 시문한 것과 그렇지 않은 것이 있다. 삼국이 공통적으로 시문했던 것은 선문線紋, 격자문格子紋, 승문繩紋 등 3종이 알려져 있다. 무문無紋 역시 삼국에서 모두 공유하였다. 고구려는 백제와 신라에서 확인되지 않는 몇 가지의 문양이 더 확인된다.

(1) 고구려(도면 50~54)

고구려계 기와 중에는 백제나 고신라古新羅에서 출토되지 않은 문양이 있다. 거치문鋸齒紋, 석문蓆紋, 능형문菱形紋, 수목문樹木紋, 엽문葉紋+반호문半弧紋, 선문線紋+격자문格子紋 등이 그것이다.[94] 이들 중 석문蓆紋은 중국 동북지방에 산재한 고구려 산성유적과 임진강유역의 고구려유적 등에서 모두 출토되는 것으로 검증된 것들이다.[95] 거치문鋸齒紋 역시 한반도의 임진강유역의 고구려 산성유적 등지에서 조사보고 된 바가 있다.[96] 임진강유역의 고구려유적에서 출토된 문양별 및 색조별 내용을 인용해보기로 한다.[97]

우선 고구려와 신라의 기와 색조의 분포를 비교하면, 먼저 고구려 암키와는 적갈색 92%(수키와 92%) · 회색 6%(수키와 6%) · 회청색 1%(수키와 1%)이다. 신라의 암키와는 적갈색 17%(수키와 16%), 회색 26%(수키와

94. 김일성종합대학 고고학 및 민속학강좌, 『대성산의 고구려유적』, 김일성종합대학출판사, 1973, pp.93~96.
95. 석문蓆紋은 섶문이나 자리문 등으로 풀이한 명칭부여가 가능할 것으로 판단된다. 고구려계 석문蓆紋은 중국 동북지방의 고구려 산성에 널리 유포되어 있음을 실제로 확인할 수 있었다. 평양의 대성산성大聖山城에서도 출토되었던 것으로 보고되어 있다.
96. 심광주 외, 앞 보고서.
97. 심광주 외, 앞 보고서 전재(p.220). 내용 중, 순서와 문양에서 모골은 통쪽와통, 삿자리문은 석문蓆紋으로 고침.

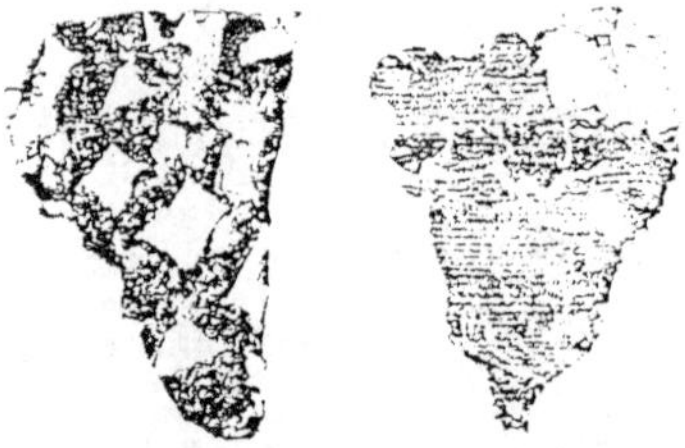

① 중국 신빈[新賓] 목기성 출토 격자문

② 환도산성 출토 거치문

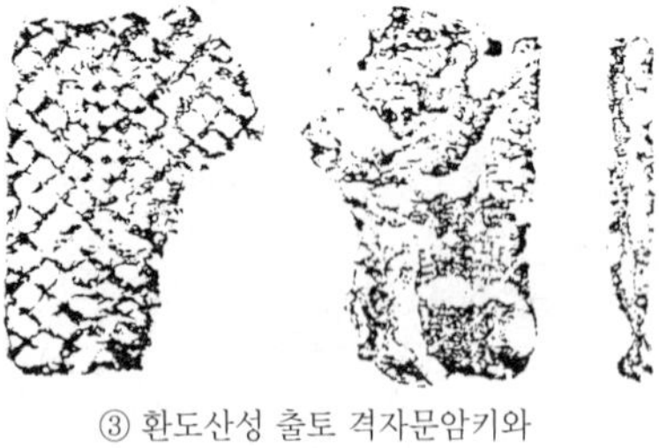

③ 환도산성 출토 격자문암키와

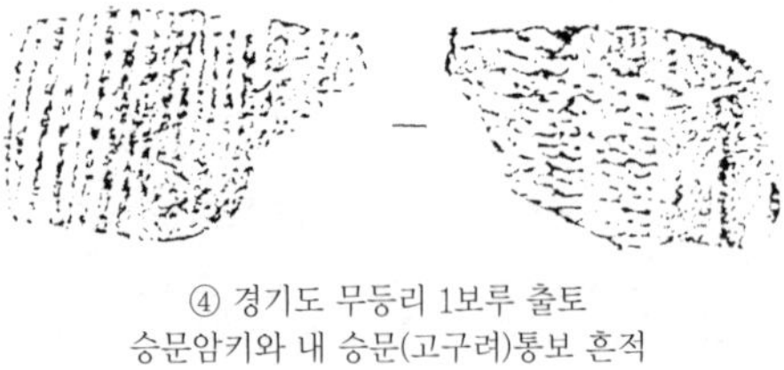

④ 경기도 무등리 1보루 출토
승문암키와 내 승문(고구려)통보 흔적

도면 50. 고구려 평기와 문양 탁본

13%), 회청색 57%(수키와71%)의 비율로 분포되었다. 이러한 통계 수치는 고구려 평기와의 경우 적갈색의 비율이 대단히 높은 분포도를 보이고 있음을 알 수 있다. 이러한 경향은 암·수키와 모두 비슷하다. 반면에 신라는 반대의 현상을 보이는데, 회색이나 회청색의 비율이 높은 반면 적갈색의 분포는 대단히 낮은 상태를 보인다.

〈표 4〉에서 고구려 평기와만을 옮겨 다시 정리하면 다음과 같다.

〈표 4〉 고구려 호로고루 출토 평기와 속성표

區分 / 國別	文樣	암키와				수키와			合計	構成比(%)	備考
		통쪽瓦桶	赤褐	灰色	灰青	赤褐	灰色	灰青			
高句麗	無 紋	–	–	–	2	55	5	–	62	18	
	格子紋	23	20	3	–	–	–	–	23	7	
	斜格子紋	23	18	5	–	–	–	–	23	7	
	鋸齒紋	26	26	–	–	–	–	–	26	8	
	繩 紋	88	88	2	–	–	–	–	90	26	
	橫線紋	3	3	–	–	–	–	–	3	1	
	構成比(%)		93	6	1	92	8		227	67	
新羅·統一新羅	席 紋	–	5	5	5	4	2	11	32	9	
	魚骨紋	–	–	–	11	–	–	1	12	4	
	線 紋	–	3	6	5	–	4	37	55	16	
	格子紋	–	–	1	5	7	3	–	16	4	
新羅·統一新羅		數量	8	12	26	11	9	49	115	–	
構成比(%)		構成比	17	26	57	16	13	71	100	33	
總合計			163	22	28	66	13	49	342	100	

(심광주 외, 『연천 호로고루 보고서』 전재)

위의 〈표 4〉에서 알 수 있는 것처럼 임진강유역의 고구려 평기와에서 보이는 문양은 무문無紋, 격자문格子紋, 사격자문斜格子紋, 거치문鋸齒紋, 승문繩紋, 횡선문橫線紋으로 조사되었다. 이는 암·수키와 모두 동일하다. 위의 문양 중에 사격자문斜格子紋은 크게 보아 격자문格子紋에 포함할 수 있

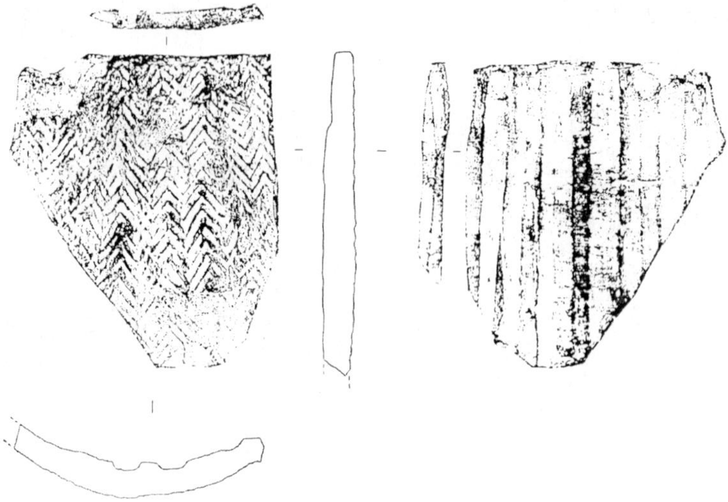

① 호로고루 출토 거치문암키와

외면 내면

② 무등리 보루 승문기와

도면 51. 고구려 평기와 문양 탁본

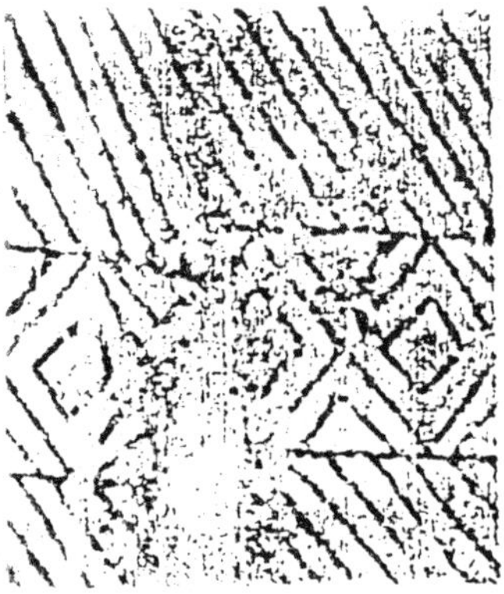

① 단선문 + 능형문

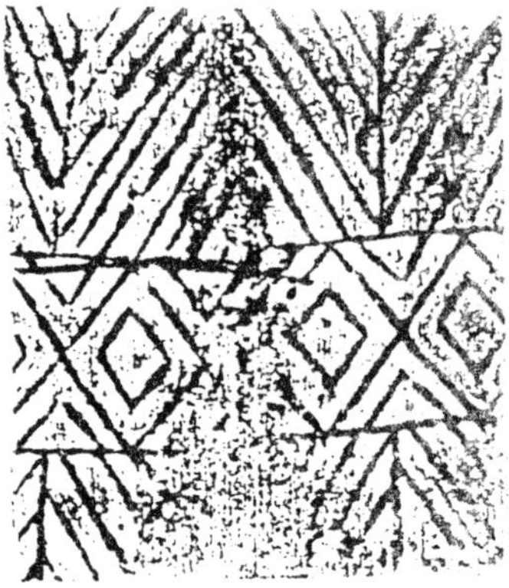

② 수목문 + 능형문

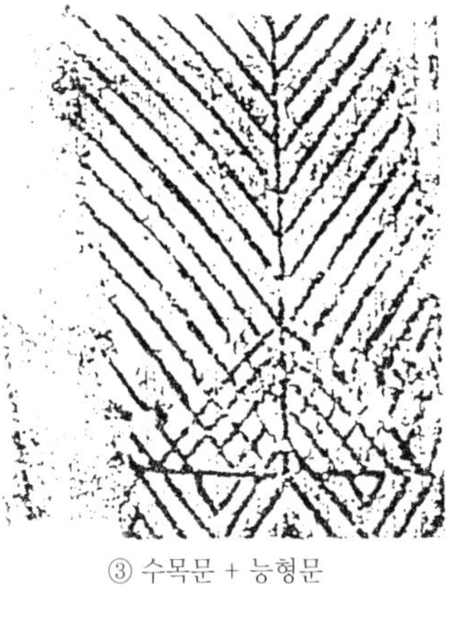

③ 수목문 + 능형문

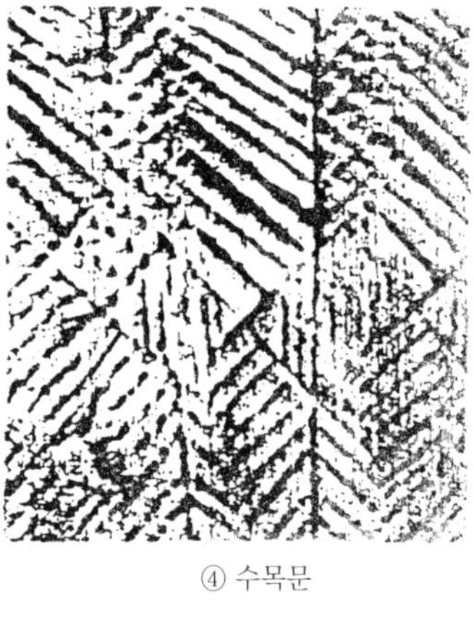

④ 수목문

도면 52. 고구려 안학궁 출토 수키와 탁본

는 것이고, 횡선문橫線紋은 선문線紋으로 분류되는 것이다. 따라서 위의 문양을 무문無紋을 제외한 상태로 정리하면, 네 종류가 확인된 셈이다. 문양별 출토량을 보면, 승선문繩紋(40%)이 가장 많은 수량을 보인다. 다음으로 격자문格子紋(20%)과 거치문鋸齒紋(12%), 선문線紋(1%)순으로 분포되었다.

조사된 고구려 평기와 227 중에는 암키와와 수키와의 비율은 암키와가 167점으로 74%, 수키와가 107점으로 26% 내외이다. 이 비율은 암키와와 수키와의 크기와 파편 등을 고려하면, 사용 비율에서 거의 동등한 것으로 나타난다.

〈표 5〉 고구려 평기와 속성표

<table>
<tr><th rowspan="2">區分
國別</th><th rowspan="2">文樣</th><th colspan="4">암키와</th><th colspan="3">수키와</th><th rowspan="2">合計</th><th rowspan="2">構成比
(%)</th><th rowspan="2">備考</th></tr>
<tr><th>통쪽瓦桶</th><th>赤褐</th><th>灰色</th><th>灰青</th><th>赤褐</th><th>灰色</th><th>灰青</th></tr>
<tr><td rowspan="6">高句麗</td><td>無紋</td><td>-</td><td>-</td><td>-</td><td>2</td><td>55</td><td>5</td><td>-</td><td>62</td><td>27</td><td></td></tr>
<tr><td>格子紋</td><td>23</td><td>20</td><td>3</td><td>-</td><td>-</td><td>-</td><td>-</td><td>23</td><td>10</td><td></td></tr>
<tr><td>斜格子紋</td><td>23</td><td>18</td><td>5</td><td>-</td><td>-</td><td>-</td><td>-</td><td>23</td><td>10</td><td></td></tr>
<tr><td>鋸齒紋</td><td>26</td><td>26</td><td>-</td><td>-</td><td>-</td><td>-</td><td>-</td><td>26</td><td>12</td><td></td></tr>
<tr><td>繩紋</td><td>88</td><td>88</td><td>2</td><td>-</td><td>-</td><td>-</td><td>-</td><td>90</td><td>40</td><td></td></tr>
<tr><td>橫線紋</td><td>3</td><td>3</td><td>-</td><td>-</td><td>-</td><td>-</td><td>-</td><td>3</td><td>1</td><td></td></tr>
<tr><td rowspan="3">合計</td><td>數量</td><td>-</td><td>155</td><td>10</td><td>2</td><td>55</td><td>5</td><td>-</td><td>227</td><td>100</td><td></td></tr>
<tr><td rowspan="2">構成比(%)</td><td rowspan="2">-</td><td>93</td><td>6</td><td>1</td><td>92</td><td>8</td><td>-</td><td>-</td><td>100</td><td rowspan="2"></td></tr>
<tr><td colspan="3">74</td><td colspan="3">26</td><td>-</td><td>100</td></tr>
</table>

위의 〈표 5〉에 드러난 고구려 기와의 색조 비율을 보면, 암키와는 적갈색이 93% · 회색 6% · 회청색 1% 내외이다. 수키와의 색조 비율은 적갈색이 92%이고, 회색은 5% 내외로 거의 비슷한 상태를 보이고 있다.

중국 동북지방 고구려성 출토 기와의 문양을 보기로 한다.(도판 31 · 32)

다음의 〈표 6〉에서 본 중국 동북지방 고구려 성곽 출토 평기와 문양은

〈표 6〉 중국 동북지방 고구려 산성 출토 평기와 문양별 통계표

區分 / 紋樣	數量	比率(%)	備考
格子紋	16	44.5	도판 31-③~⑥, 32-①~②
繩　紋	7	19.5	
鋸齒紋	4	11	도판 31-①~②
線　紋	1	3	
無　紋	8	22	
合　計	36	100	

격자문格子紋, 승문繩紋, 거치문鋸齒紋, 선문線紋, 무문無紋이 확인된다. 여기서 조사된 문양의 비율은 격자문格子紋이 가장 많은 비율을 보이고, 선문線紋이 가장 낮은 분포도를 보여준다. 이 자료는 수량이 작아 전체 경향을 파악할 수는 없지만 단편적 경향을 판단할 수 있겠다.

고구려가 427년에 평양으로 천도하여 도성으로 자리잡았던 곳은 대성산성이다. 이곳 대성산성 내에서는 많은 평기와가 출토되었던 것으로 보고된다.[98] 대성산성 유적은 남문터 및 여러 집터에서 많은 평기와가 출토되었다. 특히 남문터에서는 가장 많은 출토 분포를 보였는데, 대성산유적 출토 기와의 가장 큰 특징은 거의 대부분이 적색계 기와라는 점이다.[99]

이곳 유적 출토 기와문양은, 선문線紋, 격자문格子紋, 거치문鋸齒紋, 석문席紋, 승문繩紋 등 5종으로 보고하였다.[100] 위의 기와 중에는 극히 일부가

98. 김일성종합대학 고고학 및 민속학강좌, 『대성산의 고구려유적』, 김일성종합대학출판사, 1973, pp.83~84 및 pp.95~96.
99. 『대성산의 고구려유적』에서는 적색을 붉은 색으로 표기하였다.
100. 『대성산의 고구려유적』 보고서에서는 5종의 문양에 대한 표기를 각각 ① 직선무늬(선문線紋) 및 사선무늬(선문線紋), ②격자무늬(격자문格子紋), ③불꽃무늬(거치문鋸齒紋), ④자리무늬(석문席紋), ⑤노끈무늬(승문繩紋)로 구분하였다.

① 중국 카이위안[開原] 용담산성(龍潭山城)
거치문암키와

② 〈①〉의 내면

③ 중국 잉청즈[英城子] 해성(海城)
격자문암키와

④ 〈③〉의 내면
(통쪽 흔적 및 마포통보)

⑤ 중국 시펑[西豊] 성자산성(城子山城)
격자문암키와

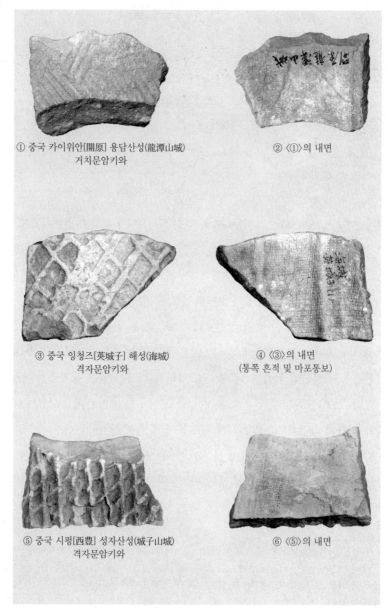

⑥ 〈⑤〉의 내면

도판 31. 고구려산성 평기와

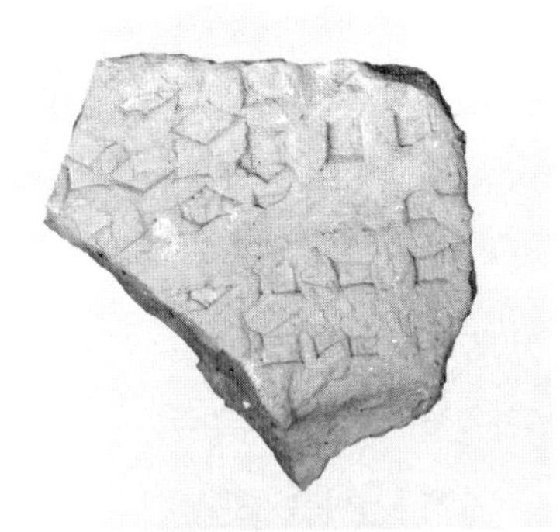

① 환도산성 격자문암키와

② 〈①〉의 내면

③ 중국 옌지[延吉] 흥안성(興安城) 격자문암키와

④ 〈③〉의 내면

도판 32. 고구려산성 평기와

회색이 포함되었음을 적시하고 있다.[101] 그러나 탁본으로 제시된 문양은, 승문繩紋, 선문線紋(선문線紋+격자문格子紋), 석문席紋, 능형문菱形紋, 거미줄문이 확인된다. 다만 거미줄문은 잔 파편이어서 앞으로 검증이 필요하다. 대성산성에서 출토된 기와는 수키와 및 암키와, 수막새[102]가 출토되어

101. 『대성산의 고구려유적』, p.93.

일반 삼국 유적과 비슷한 경향을 보인다.

대성산성 남문터에서 출토된 대표적인 수키와를 소개하고 있는데, 토수기와이다. 그 문양은 승문繩紋, 내면은 마포麻布통보로서 색조는 적색을 띠었다. 그 길이는 47㎝, 밑폭 17.5㎝(윗폭 13.5㎝)이다. 두께는 밑 쪽이 2㎝, 위쪽은 조금씩 얇아져 1.7㎝ 내외이다. 이 기와는 실측도를 보면, 일정한 간격마다 가래떡형 소지素地의 부착흔적이 횡으로 7조가 관찰된다. 암키와 역시 남문터에서 출토된 가장 큰 기와 1점만을 소개하고 있다. 이 기와는 적색으로서 길이 50㎝, 너비 32.5㎝로 두께는 1.8㎝이다. 각 기와는 크기를 달리하고 있었는데, 쓰임새에 따라 달라진 것으로 해석하였다. 건물의 크기가 크지 않고 간단한 건물에서 적색기와를 사용했을 것으로 추정하고 있다.[103)]

안학궁安鶴宮에서 출토된 고구려 기와는 암키와, 수기와, 암막새[104)]가 출토된 것으로 보고되고 있다.[105)] 기와의 색조는 대부분 회색 또는 회청색이 주류를 이루었고, 적색은 극히 일부분을 차지하고 있어 대성산성 유적과 정반대의 현상을 보인다. 보고자는 안학궁과 같은 웅장한 건물에서 회색이나 회청색 기와를 사용하였을 것으로 보고, 건물의 중요도에 따라 기와의 색깔을 달리하는 것으로 해석하고 있다.[106)]

안학궁에서 출토된 암키와는 크기에 따라 크게 3종으로 나누어 크기와 두께를 기록하였다. 여기에서 기록된 대형, 중형, 소형 등 3종 암키와를

102. 『대성산성의 고구려유적』 보고서에서는 수막새를 "수기와막새"로 표기하고 있다 (p.83).
103. 『대성산의 고구려유적』 보고서, p.94.
104. 암막새는 마루기와로 표기하고 있다.
105. 『대성산의 고구려유적』 앞 보고서, pp.210~243.
106. 『대성산의 고구려유적』 앞 보고서, p.94.

① 석문

② 거치문

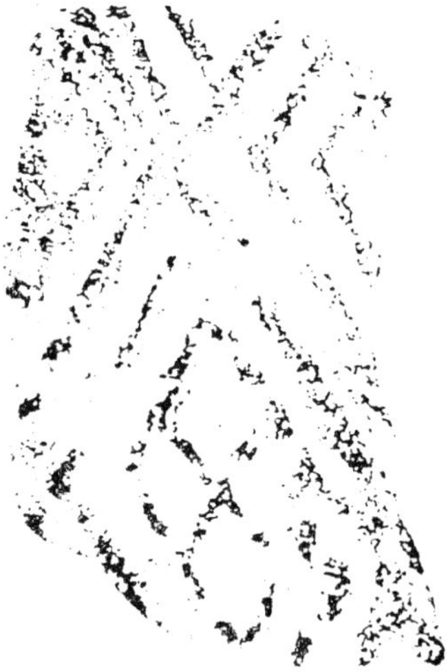

③ 능형문

④ 거미줄문

도면 53. 고구려 대성산성 암키와 탁본

보기로 한다. 대형은 길이 65~70㎝, 너비 37~56㎝, 두께 2.5~3㎝이다. 중형은 길이 61㎝, 너비 32~34㎝, 두께 2.5~3.4㎝, 소형은 길이 34~37.5㎝, 너비 30~32㎝, 두께 1.8~2㎝이다. 안학궁 출토 기와는 여러 문양이 보이는 사례가 많다고 보고하였으나, 문양은 구체적으로 적기하지 않았다. 탁본에 의거하자면, 동일한 암키와의 중앙에는 5엽의 문양을 한 중심에서 방사선 방향으로 벌려 배치한 것으로 짐작된다. 이 5엽의 상단과 하단에는 각각 수파문水波紋 또는 반호문半弧紋을 혼용하여 배치한 것이다. 그 반대방향에는 중심선 없는 수지문樹枝紋[水木紋] 6조 내외를 서로 다른 방향으로 배치하고 있다. 이러한 문양은 일견 장판형長板形 타날도구를 사용하였음을 알 수 있다.[107] 기와내면은 모두 마포麻布통보임을 언급하고 있다.

앞 보고서에서는 안학궁 출토 수키와를 소개하고 있다. 수키와의 크기는 역시 암키와와 비례가 맞는데, 이는 위의 암키와와 한 세트로 사용했음을 적기하고 있다.

소개된 수키와 중 토수기와의 한 사례는 무문無紋으로서 북궁北宮에서 출토되었다. 그 크기는 길이 70㎝, 밑폭 20㎝, 윗폭 16㎝, 두께 2.5㎝ 내외였다.[108] 수키와는 토수기와와 미구기와 모두 출토되었다.[109] 수키와 문양은 4종을 소개하고 있는데, ① 능형문菱形紋(+짧은 단선문短線紋), ② 능형문菱形紋(+수목문樹木紋) 등 2종과 나머지 2점은 능형문菱形紋과 수지문樹枝紋이 겹쳐 타날되었다. 이러한 겹친 문양은 마치 이형異形문양과 같이

---

107. 『대성산의 고구려유적』 앞 보고서, pp.210~211.

108. 수키와의 밑쪽(하단)을 "앞"이라는 용어를 사용하고, 위쪽(상단)은 "뒤"라고 명명하고 있다.

109. 보고자는 토수기와는 "몸채에 연결부가 없는 것"으로 표기하고, 미구기와는 "연결부가 있는 것"으로 기록하고 있다(『대성산의 고구려유적』, pp.221~223).

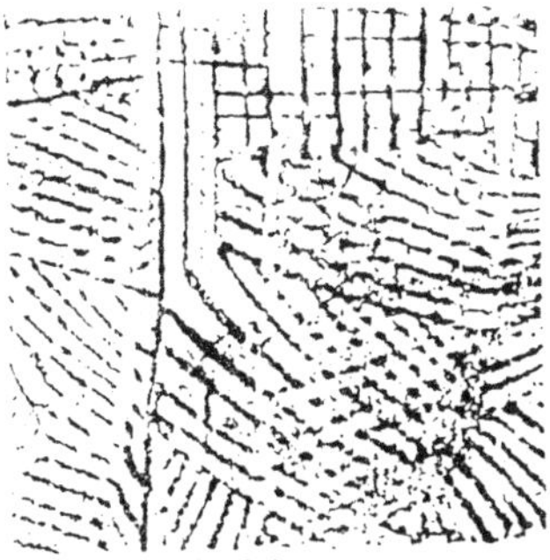

① 격자문

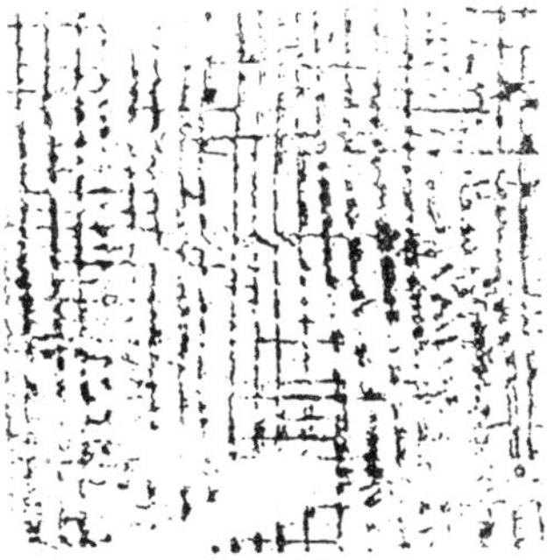

② 격자문

③ 격자문

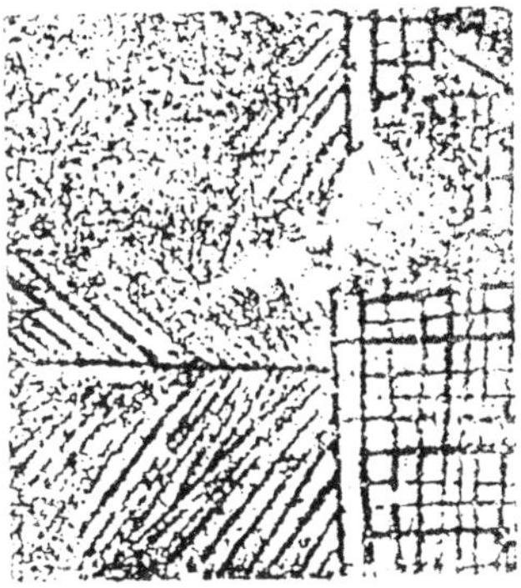

④ 수목문 + 격자문

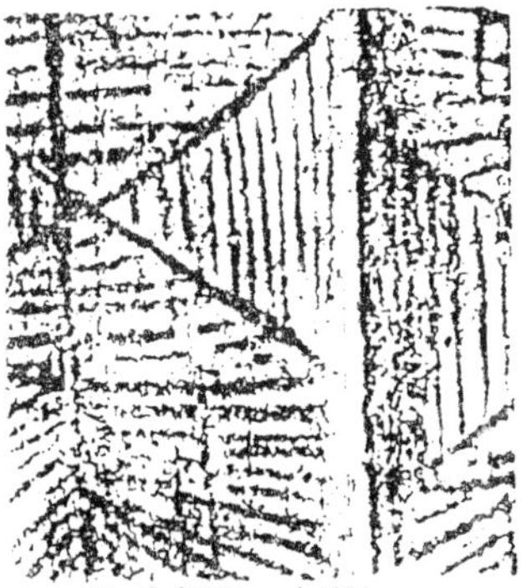

⑤ 거미줄문 + 수목문

⑥ 엽문 + 반호문

도면 54. 고구려 안학궁 출토 기와 탁본

보이거나, 부분적으로 확인이 어려운 것이 있다. 또 다른 토수기와 중 무문無紋기와의 크기는 전체 길이 40.2㎝, 밑폭 18㎝, 윗폭 9.5㎝, 두께 2㎝이다. 또 다른 문양기와(사선문斜線紋 및 능형문菱形紋류)는 전체 길이 34㎝, 밑폭 15.8㎝, 위폭 9㎝, 두께 1.5㎝ 내외였다.

미구기와는 대형과 소형 두 가지로 나누어 소개하고 있다. 대형은 전체 길이 41.5~44.5㎝(미구 길이 7.5㎝ ; 두께 2㎝), 두께 1.6㎝, 소형은 전체 길이 32.5~31.8㎝(미구 길이 6.5㎝), 두께 2~2.2㎝ 내외이다.

능형문菱形紋과 수목문樹木紋의 등장은 중국의 경우 한나라 이전부터 막새에 나타난다. 평양의 낙랑 및 대방유적에서 출토된 기와의 드림새에서도 부분적으로 배치되어 있음을 알 수 있다.[110] 고구려 평기와에서 보이는 석문蓆紋은 짧은 단선문短線紋들을 직각 방향으로 마주보지 않고, 사각射角으로 배치한 것이 일반적 경향이다. 즉 고구려의 수 조의 집단사선集短斜線들을 서로 비켜 배치한 것이어서, 일견 정형성이 없는 듯하다. 이는 마치 집단사선문集短斜線紋이 서로 다른 방향으로 시문되어 정형성 없는 거치문鋸齒紋으로 오인될 수도 있다. 그렇지만 일정한 방향으로 반복 시문된 거치문鋸齒紋과 비교하면, 뚜렷하게 비교된다.

통일신라 극초기경에 경기도 지방에서 주로 보고되는 석문蓆紋은 몇 조의 집단사선문集短斜線紋 들을 직각으로 마주보게 시문하여 정교한 모습을 보여주고 있는데, 이는 고구려계의 석문蓆紋이 도식화된 한 형식이 아닌가 한다.[111] 또 고구려의 석문蓆紋을 가진 평기와의 내면은 통쪽흔적이 관찰되는 것이 통례이지만, 신라계 석문蓆紋을 시문한 기와 중에는 아직 통쪽흔적을 가진 보고 사례가 없다.[112]

110. 朝鮮總督府, 『樂浪郡時代遺蹟』, 古蹟調查特別報告 第8冊.
111. 최맹식, 앞 논문 및 백종오, 앞 논문.

(2) 백제(도면 55~59)

백제는 전 시기를 통하여 3종의 기와 문양이 확인된다. 이를 나누어 설명하면 격자문格子紋, 승문繩紋, 선문線紋이다. 격자문格子紋은 정격자문正格子紋과 사격자문斜格子紋으로 나눌 수 있고, 크기에 따라 대·소 두 가지로 구분할 수도 있다. 격자문格子紋은 백제 전기에는 예외 없이 모두 소격자문小格子紋으로 확인되고 있다.[113)]

〈표 7〉에서 보는 것처럼 백제는 전기 및 후기 모두 3종의 문양이 확인된다. 백제 후기의 격자문格子紋의 경우 백제 전기부터 계승되어온 소격자문小格子紋 역시 많은 수량이 출토되었다. 그리고 후기에 대격자문大格子紋이 출현하였으나, 소격자문小格子紋에 비하여 수량은 적은 편이다.

〈표 7〉 풍납토성 출토 백제 전기 평기와 문양 분포도

區分 / 文様		수키와		암키와		備考
		數量	構成比(%)	數量	構成比(%)	
正格子紋		–	–	16	6.4	小格子紋
斜格子紋		–	–	4	51.6	小格子紋
繩紋		–	–	4	13	
線紋		–	–	5	13	
無紋		9	100	2	16	
合計	數量	9	–	31	–	無紋기와는 모두 再處理에 의하여 文様이 지워진 것.
	構成比(%)		100	–	100	

---

112. 朝鮮總督府, 『高句麗時代之遺蹟』 圖版 上册, 古蹟調査特別報告 第5册, 昭和 四年三月 ; 심광주 외, 앞 보고서 ; 최맹식 · 서길수, 앞 논문.

113. 국립문화재연구소, 『풍납동』 앞 보고서 ; 권오영, 「백제 전기 기와에 대한 신지견」, 『백제연구』 제33집, 충남대학교 백제연구소, 2001, pp.80~82 및 89~98.

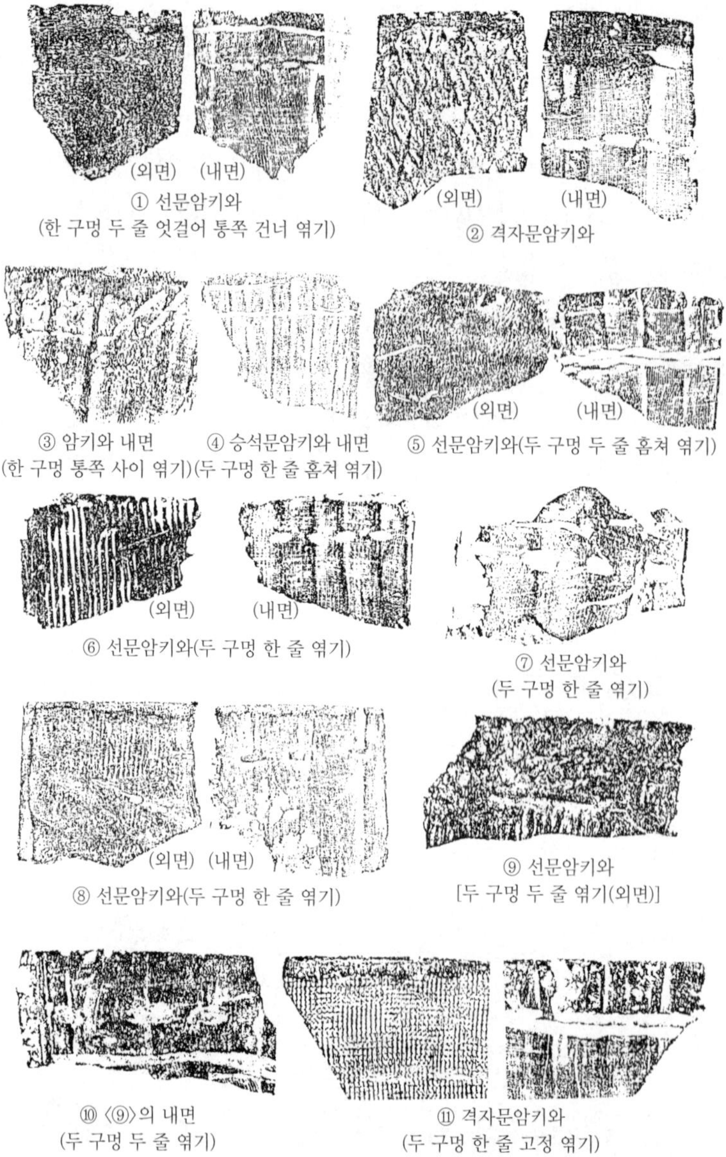
(외면) (내면)
① 선문암키와
(한 구멍 두 줄 엇걸어 통쪽 건너 엮기)
(외면) (내면)
② 격자문암키와
③ 암키와 내면
(한 구멍 통쪽 사이 엮기)
④ 승석문암키와 내면
(두 구멍 한 줄 홈쳐 엮기)
(외면) (내면)
⑤ 선문암키와(두 구멍 두 줄 홈쳐 엮기)
(외면) (내면)
⑥ 선문암키와(두 구멍 한 줄 엮기)
⑦ 선문암키와
(두 구멍 한 줄 엮기)
(외면) (내면)
⑧ 선문암키와(두 구멍 한 줄 엮기)
⑨ 선문암키와
[두 구멍 두 줄 엮기(외면)]
⑩ 〈⑨〉의 내면
(두 구멍 두 줄 엮기)
⑪ 격자문암키와
(두 구멍 한 줄 고정 엮기)

도면 55. 백제 각종 문양 및 통쪽연결흔 탁본

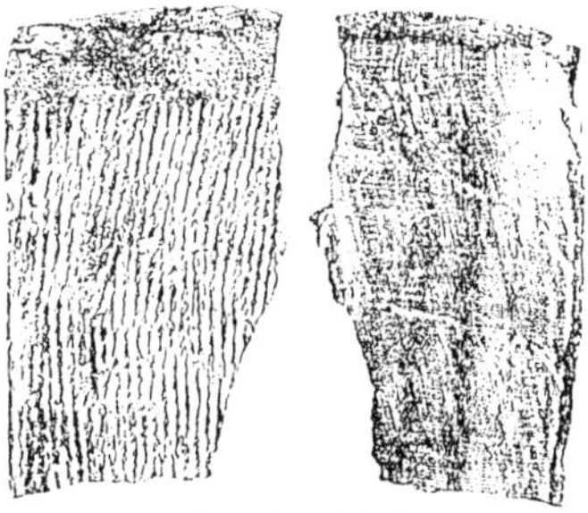

① 승석문암키와
(점토띠 흔적)

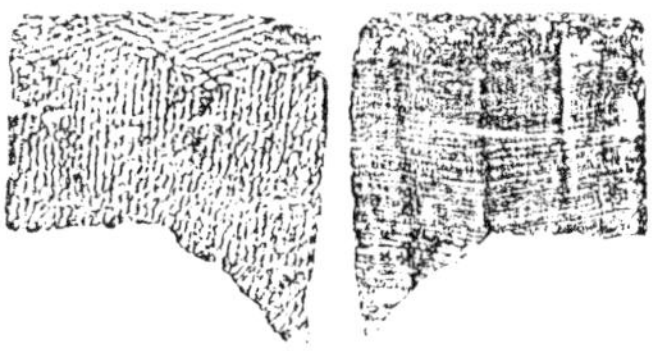

② 승석문암키와
(점토띠 흔적)

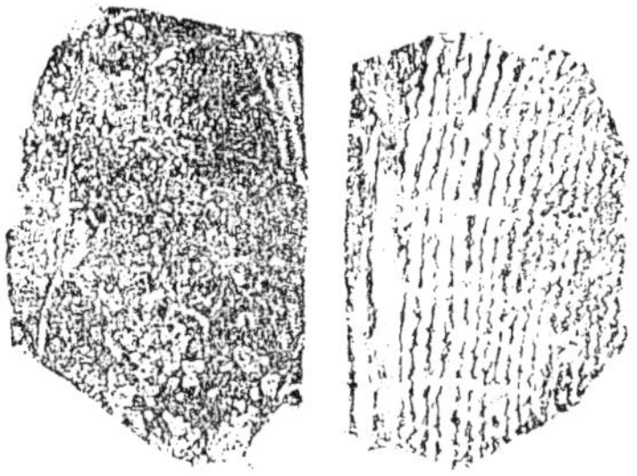

③ 무문암키와
(내면 승문통보)

④ 선문암키와
(복합식 눈테)

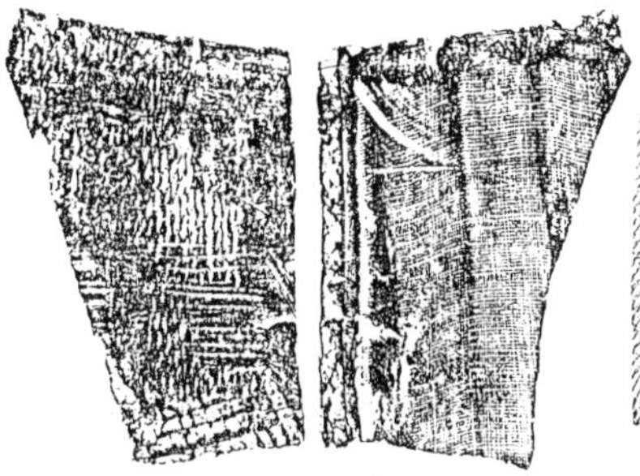

⑤ 승문암키와
(끈 관통식 눈테)

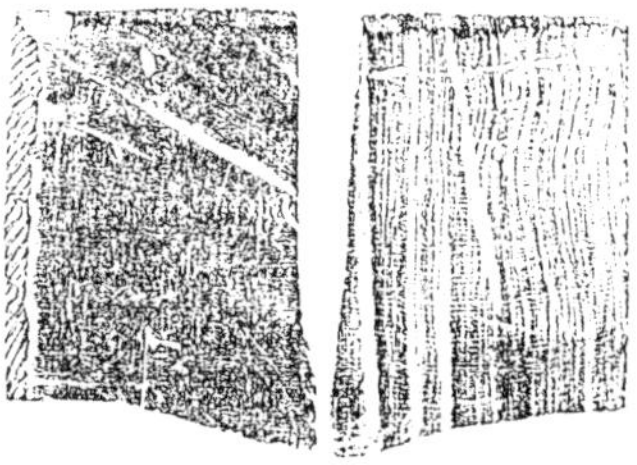

⑥ 승문암키와
(점토띠 흔적)

도면 56. 백제 평기와 가래떡형 소지 · 눈테흔 탁본

(외면) (내면)

① 격자문암키와
(통쪽 사이 엮기)

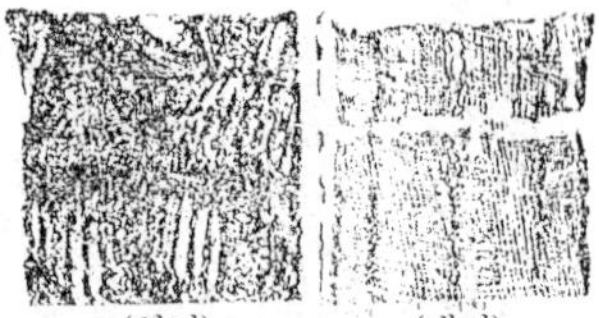

(외면) (내면)

② 선문암키와
(두 구멍 두 줄 엇걸어 엮기, 통쪽 건너 엮기)

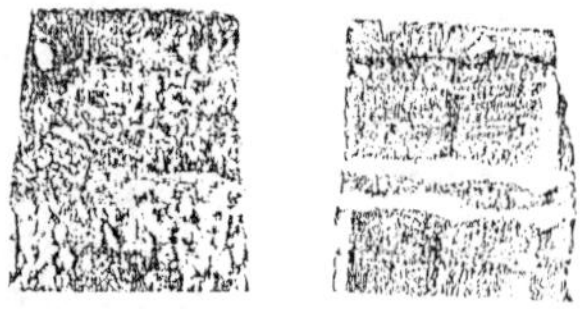

(외면) (내면)

③ 격자문암키와
(쌍 두 구멍 한 줄 훔쳐 평행 엮기)

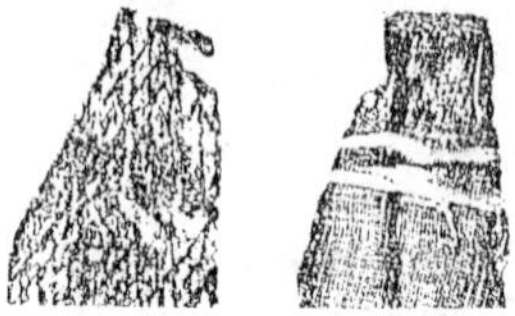

(외면) (내면)

④ 격자문암키와
(쌍 두 구멍 한 줄 훔쳐 평행 엮기)

(외면) (내면)

⑤ 승문암키와
(쌍 두 구멍 한 줄 평행 엮기)

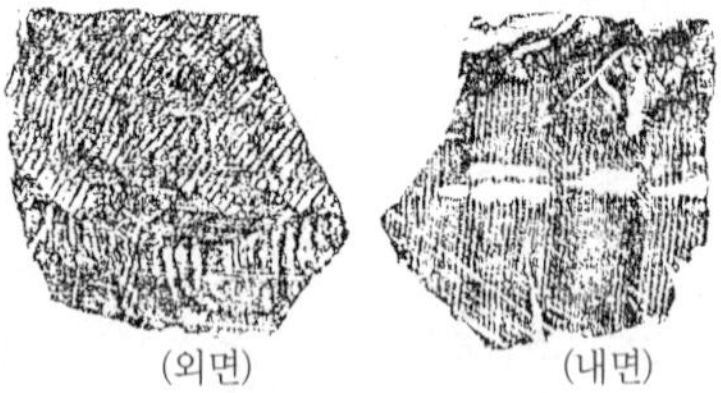

(외면) (내면)

⑥ 선문암키와
(쌍 두 구멍 두 줄 엇걸어 평행 엮기)

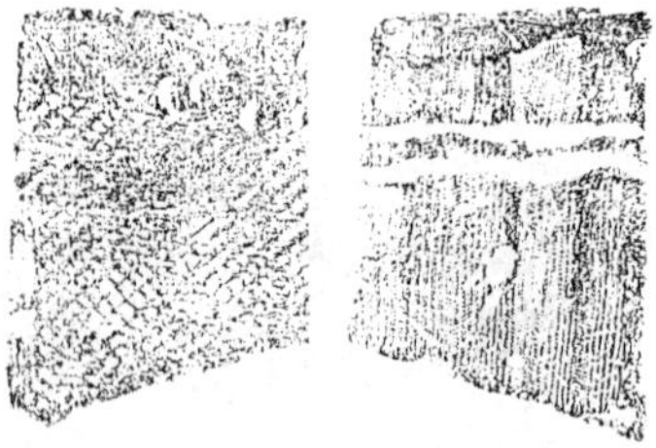

(외면) (내면)

⑦ 격자문암키와

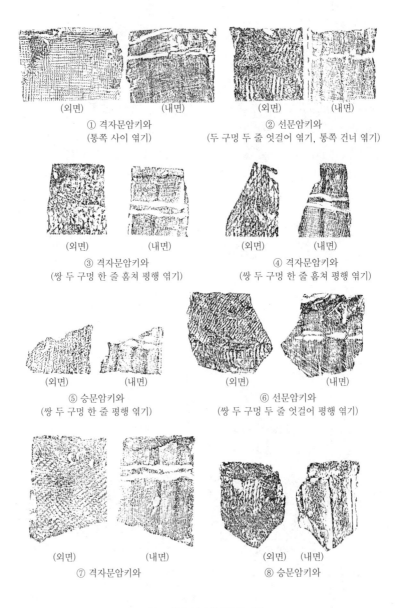

(외면) (내면)

⑧ 승문암키와

도면 57. 백제 평기와 통쪽엮기법

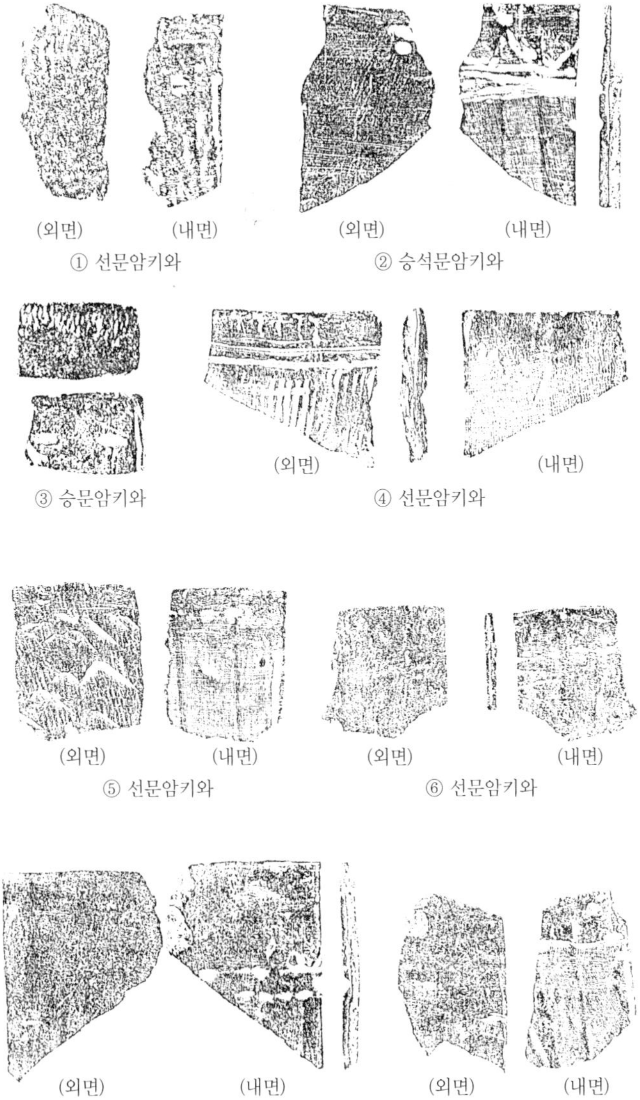

도면 58. 백제 평기와 각종 눈테 흔적

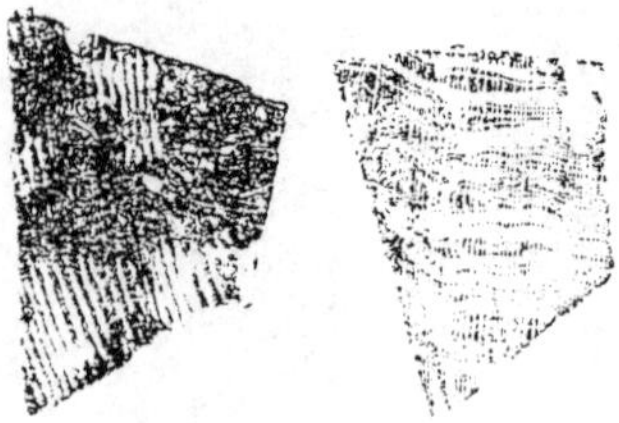

① 선문암키와 내부의 성긴 마포통보 흔적

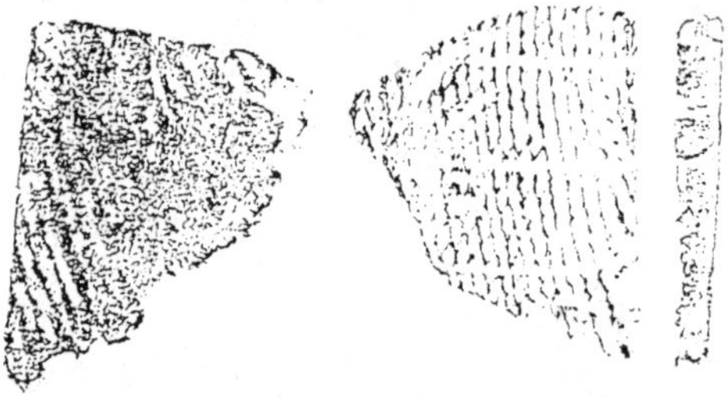

② 부소산성 출토 선문암키와 내부의 승문통보 흔적

③ 보령 성주사지 출토 승문암키와 내부의 마포통보 흔적

도면 59. 백제 평기와 내면 통보 흔적

용정리사지는 사비로 천도한 이후 가장 이른 시기의 사찰로 조사되는데, 여기서 백제시대 기와가 출토되었다. 이 유적은 백제가 멸망하면서, 소진되었다. 이 터에는 어떤 후대 유적이 들어서지 않았던 것으로 밝혀졌다. 특히 목탑지의 동편과 북편의 기단 외부에서는 구舊지표가 검붉게 성토층이 형성된 상태였고, 이 층위에서는 다량의 백제 후기 평기와와 수막새가 출토되었다.

수막새는 목탑터 기단에서 동으로 100㎝가 조금 더 떨어진 위치에서 처

〈표 8〉 용정리사지 목탑지 기단 밖 구지표층 평기와 문양 분포도

區分 / 文樣		總數量	수키와		암키와		암·수키와 構成比(%)		기와 總比 (%)	備考
			數量	構成比 (%)	數量	構成比 (%)	수키와	암키와		
繩 紋		383	89	33	294	39	23	77	100	
線 紋		417	110	41	307	41	26	74	100	
無 紋		223	71	26	152	20	32	68	100	
合計	數 量	1,023	270	–	753	–	26	74	100	
	構成比 (%)	–	–	100	–	100	–	–	–	

〈표 9〉 용정리사지 금당지 내부 출토 평기와 문양 분포도

區分 / 文樣		總數量	수키와		암키와		암·수키와 構成比(%)		기와 總比 (%)	備考
			數量	構成比 (%)	數量	構成比 (%)	수키와	암키와		
繩 紋		2	–	0	2	1.6	0	100	100	
線 紋		141	41	87	100	81	29	71	100	
無 紋		27	6	13	21	17.4	22	78	100	
合計	數 量	170	47	–	123	–	–	–	100	
	構成比 (%)	–	–	100	–	100	28	72	–	

마 선을 따라 10여 점 이상이 그대로 노출되었다. 당시 목탑이 소진되면서 주저 않은 상태로 보인다. 이곳에서 출토된 평기와 역시 위에서 본 바와 같이 모두 백제기와이다. 문양은 승문繩紋과 선문線紋이 출토되었고, 격자문格子紋은 출토되지 않은 점이 특이하다. 위의 표에서 알 수 있듯이 수키와는 26%, 암키와는 74% 내외이다. 이 수키와와 암키와의 출토 비례는 크기에 비교해보아 동등한 수량이 사용되었던 것으로 조사되었다.

용정리사지 금당지 내부는 축기부築基部층으로서 사찰 초창기 기와만 출토되는 곳이었다. 이곳에서는 고구려계 연화문蓮花紋 수막새 등 6세기 전기로 편년되는 막새와 평기와가 분포된 층으로 확인된다. 이곳 출토 기와는 승문繩紋은 2%가 채 되지 않은 비율을 보이고, 선문線紋이 81%를 차지하고 있다. 이는 당시 문양 선택 선호도를 알 수 있는 자료이다.

결과적으로 백제 기와의 문양은 유적에 따라 문양이 같은 비율은 아니고, 특정 문양은 거의 출토되지 않거나 극히 적은 분포도를 보인다.

(3) 고신라(도면 60 · 61)

고신라古新羅 평기와 문양은 고구려 및 백제시대의 문양과 공유한 선문線紋, 격자문格子紋, 승문繩紋이 주류를 이루고 있다. 그러나 고신라古新羅의 평기와는 고구려나 백제에 비하여 승문繩紋의 출토량이 극히 제한적이라는 점이다. 이러한 경향을 띠는 이유는 아직 알 수 없다.

고신라古新羅의 기와는 선문線紋 기와가 주류를 이루고 있다. 또 격자문格子紋의 경우에는 문양 크기가 작은 소격자문小格子紋이 대부분이다. 이러한 경향 역시 백제와 비슷하다. 문양의 분포상황과 암 · 수키와의 분포도를 파악하기 위하여 황룡사지[114] 및 경주 방내리고분 출토[115] 평기와 내용을 〈표 10〉에 정리하여 이를 도표로 나타내 보기로 한다.

〈표 10〉의 기와 문양 분포도에서 보이는 황룡사지 출토 기와는 선문線

〈표 10〉 황룡사지 외곽(구지표층 및 기와무지) 출토 기와 문양 분포도

區分 / 文様	總數量	수키와		암키와		암 · 수키와 構成比(%)		기와 總比(%)	備考
		數量	構成比(%)	數量	構成比(%)	수키와	암키와		
線　紋	13	4	44	9	21	31	69	100	
小格子紋	2	–	–	2	4.5	0	100	100	
繩　紋	2	–	–	2	4.5	0	100	100	
無　紋	35	5	56	30	70	14	86	100	
合計 數 量	52	9	–	43	–	17	83	100	
合計 構成比(%)	–		17		83	–	–	100	

紋, 소격자문小格子紋, 승문繩紋이 확인된다. 고신라古新羅 평기와는 이른 시기의 기와무지 및 중문지와 목탑지, 금당지 등 하층 출토유물은 통일신라를 하한으로 하는 양상을 보인다. 여기서는 극히 적은 수량으로서 통계자료화 했지만, 출토지역은 모두 구舊지표층이나 고신라古新羅의 기와무지만을 대상으로 했기 때문에 통일신라 기와와는 뚜렷한 구분이 되는 것이다. 실제 황룡사지 출토 기와는 위에서 암키와에 승문繩紋이 2점 확인되었

114. 최맹식, 「황룡사지 회랑 외곽 출토 평기와 조사연구」, 『문화사학』, 한국문화사학회, 2002.
115. 강인구, 『경주방내리고분군』, 국립경주문화재연구소 학술총서 제20, 1997, 본문편 p.95, 출토유물편 p.80 및 pp.184~185.
방내리고분군 중 36호분 및 40호분에서 평기와 및 수막새가 출토되었다. 특히 평기와는 두 고분 모두 2열의 시상대屍床臺용으로 사용하였다. 따라서 여기에 사용된 기와의 편년은 출토유물과 관련하여 6세기 전기로 편년하고 있다. 필자는 출토 수막새와 평기와를 검토한 결과, 황룡사지 및 월성해자 출토 기와의 선행양식에 비하여 좀 늦는다는 판단을 하였다. 즉 방내리고분군(횡혈식 석실분) 출토 평기와는 올려보아도 6세기 말경보다 올라갈 가능성은 낮아 보인다. 이곳 출토유물은 필자가 실견 과정에서 수막새와 평기와에 대하여 세밀하게 검토한 바 있다.

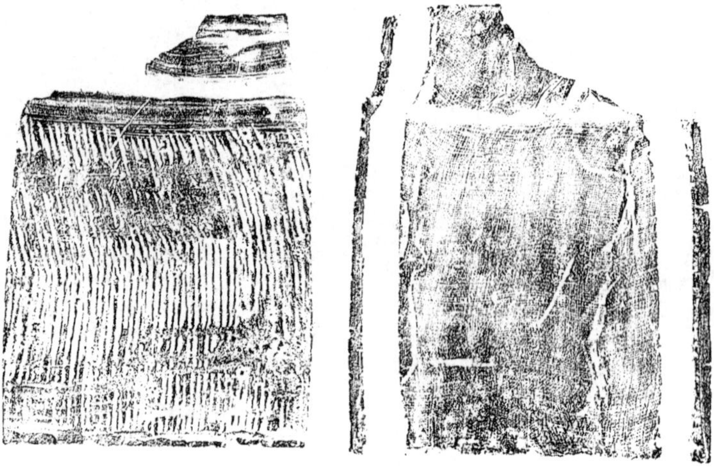

① 선문수키와

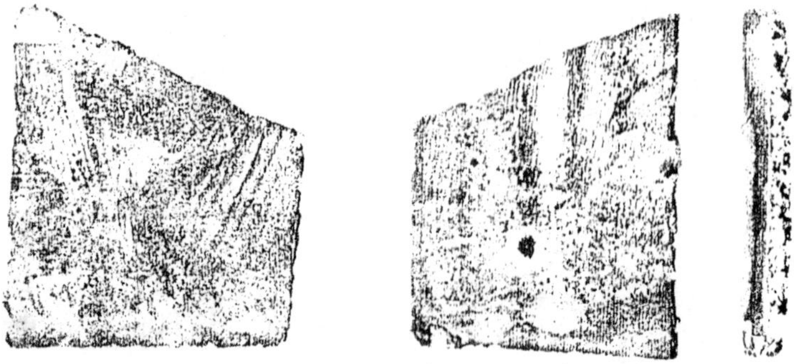

② 승문암키와

도면 60. 경주 황룡사지 출토 기와 문양(고신라)

① 격자문암키와

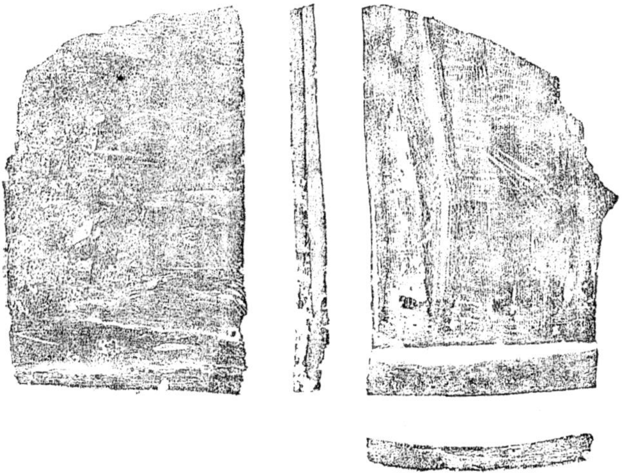

② 무문암키와

도면 61. 경주 황룡사지 출토 암키와 문양 및 내면 마포통보 및 통쪽 흔적(고신라)

으나, 유적 중에서는 승문繩紋이 전혀 확인되지 않는 경우도 있다. 황룡사지 내에서 출토된 승문繩紋은 세 종의 문양 중에 가장 낮은 비율을 보인다.

황룡사지 출토 기와의 수키와와 암키와의 비율을 보면, 각각 17% 및 83%내외로 나타난다. 또 문양별로 보면, 선문線紋이 가장 많은 21% 내외인 반면 소격자문小格子紋과 승문繩紋은 각각 4.5% 내외의 분포도를 보인다. 무문無紋은 전체 수량의 반이 넘은 56%에 달한다. 그러나 자세하게 관찰하면, 처음부터 무문無紋 도구로 타날하는 사례는 거의 없었던 것으로 나타났다.

다음으로는 방내리고분군 중 36호분 및 40호분 출토 평기와의 문양을 검토하기로 한다. 우선 기와의 문양 분포도를 표로 나타내 정리해 보았다.

〈표 11〉에서 알 수 있듯이 방내리고분군 내에서는 선문線紋, 소격자문小格子紋과 무문無紋이 출토되었다. 무문無紋은 모두 처음부터 무문無紋은 없었던 듯하다. 모두 물질처리에 의하여 문양을 지워 정면처리한 것이다. 출토된 평기와 중 수키와의 분포도는 18%, 암키와는 82%로 암키와가 상

〈표 11〉 방내리고분군(36호 · 40호분) 출토 평기와 문양 분포도

區分 / 文樣		總數量	수키와		암키와		암 · 수키와 構成比(%)		기와 總比 (%)	備考
			數量	構成比 (%)	數量	構成比 (%)	수키와	암키와		
線紋		25	2	29	23	74	8	92	100	
小格子紋		7	-	0	7	23	0	100	100	
無紋		6	5	71	1	3	83	17	100	
合計	數量	38	7	-	31	-	18	82	100	
	構成比 (%)	-	-	100	-	100	-	-		

당히 높다. 물론 여기서 사용된 기와는 기능상에서만 고분의 시상대로 사용했을 뿐이다.

방내리고분 수키와는 선문線紋이 29%, 무문無紋이 71%를 차지한다. 문양와紋樣瓦는 단지 한 종류가 조사되었다. 암키와는 선문線紋이 74%, 소격자문 小格子紋이 23% 분포도를 보이고 나머지는 무문無紋기와이다. 방내리 고분군은 출토유물을 6세기 전반으로 편년했는데,[116] 반출된 수막새와 평기와의 제작기법 등을 보아 6세기 말경이나 7세기 초경으로 판단된다.

116. 강인구, 위 보고서 본문편, p.95.

2. 와요의 구조 및 특징

1) 와요지의 사례

(1) 청양 청남면 왕진리 와요지

① 실태

왕진리유적은 부여에서 금강을 거슬러 6.5㎞쯤 따라 올라가면, 금강 서편 언덕에 자리잡고 있다. 이 일대는 수십 기 이상의 백제 와요지瓦窯址가 있었던 것으로 알려졌으나, 강가에 접해 있어 대부분은 유실되었다고 한다. 지금은 약 10여 기만 잔존한 상태이다. 이곳 와요지瓦窯址 조사는 1971년 5월 중순~6월 초에 걸쳐 6기를 대상으로 이루어졌다. 와요지瓦窯址가 위치한 지점은 낮은 야산의 풍화암반을 파 들어가 지하에 조성한 굴 가마 2기와, 강가에 바짝 접한 4기이다. 이들 모두 지하를 파서 굴 형태로 조성한 점은 지금까지 조사된 백제의 다른 지역의 기와가마와 같은 구조임을 말해준다. 야산에 위치한 2기의 기와가마는 1호 및 2호로 명명하였다. 이들은 모두 등요登窯로서 소성실燒成室 바닥은 계단식으로 조성되었다. 이들 2기에 대한 내용은 보고서가 아직 나오지 않고, 간단한 내용만 약식으로 서술되어 자세한 것은 알 수 없다.[117]

---

117. 최몽룡 · 최병현 편, 「백제시대의 와요 연구」, 1988.

② 구조(표 12)

강가에 접한 4기는 전체적으로 심하게 파괴되어 전체 구조를 파악할 수 없었다고 한다. 3호만은 화구火丘에서 굴뚝 부분까지 남아 얼마만큼 조사가 이루어졌다는 것이다. 이 가마는 연장 길이 670㎝, 최대너비 180㎝, 최고 높이 126㎝, 굴뚝 높이 200㎝로 기록되어 있다. 화구부火口部에서 연소실燃燒室까지의 길이를 195㎝로 보고한 이 가마의 소성실에는 8개의 층단이 마련되어 위에서 설명한 야산에 위치한 가마 구조와 비슷함을 알 수 있다. 또 소성실 후미에 자리한 배연구排煙口 입구의 지름은 30㎝ 내외였다고 한다.

강가에 위치한 4기의 와요지瓦窯址 중 4호만 지하식 평요平窯로 보고하였다. 그리고 소성실에는 층단이 마련되었던 것으로 기술했지만, 내용은 확실하지 않다.[118] 따라서 4호를 제외한 나머지 1호 · 2호 · 3호 · 5호 및 6호는 모두 지하식 등요登窯였다고 보고하고 있다. 특히 보고자는 이들 지하식 등요登窯 모두 소성실 바닥은 계단식의 층단이 마련되어 있음을 상기시켜 계단식 등요登窯로 명기하고 있다.

왕진리 4호 와요지瓦窯址는 소성실 후미에서 굴뚝으로 연결되는 배연구가 세 개의 통로로 이어져 있음을 소개하고 있다. 이러한 양식은 1980년대에 발굴된 정암리 와요지瓦窯址 중 평요平窯의 한 양식으로 확인되었다.[119]

왕진리 백제 와요지瓦窯址에 대한 내용을 정리하면 다음과 같다.

118. 소성실 바닥의 구조가 층단이 마련된 계단식일 경우, 평요平窯로 볼 것인지는 단정할 수 없다. 이러한 내용에 대해서는 연구자에 따라 주관적인 견해로 표현될 수 있는 여지가 있을 수 있다는 점과, 평요平窯와 등요登窯를 구분짓는 정확한 공식은 마련되어 있지 않기 때문이다.

119. 김성구 · 신광섭 · 김종만 · 강희천, 『부여 정암리가마터(1)』, 국립부여박물관, 1988.

〈표 12〉 왕진리 와요지의 구조

區分 / 窯址	時代	構造	全長	最大幅	燃燒室 최고높이	燒成室	굴뚝 높이	備考
1號	百濟	地下式 登窯	–	–	–	階段式 登窯	–	
2號	百濟	地下式 登窯	–	–	–	階段式 登窯	–	
3號	百濟	地下式 登窯	670	180	126	階段式 登窯 (8段)	200	火口부터 燃燒室 : 195㎝. 排煙口는 지름 30㎝.
4號	百濟	地下式 平窯	–	–	–	階段式 平窯	–	燒成室 뒷면에는 排煙口가 3기. 燒成室 바닥 補修層에서 百濟 土器 收拾됨. 土器 및 기와겸용 가마 추정.
5號	百濟	地下式 登窯	–	–	–	階段式 登窯	–	4호는 5호의 착오인 듯함.
6號	百濟	地下式 登窯	–	–	–	階段式 登窯	–	

(2) 부여 정암리 와요지(도면 50~56)

① 실태

정암리 백제 와요지瓦窯址는 1987년도 큰 홍수 때 토사가 흘러 내리면서 와요지瓦窯址의 천장에 구멍이 뚫리는 것을 계기로 발견되었다. 이러한 동기에 따라 1988년에 1차 조사가 실시되었고, 1990~1991년도에는 2차 및 3차 조사가 이루어졌다. 1차 조사에서는 백제 와요지瓦窯址와 함께 주변에 동일시기의 와요지瓦窯址가 밀집 분포되어 있음을 확인할 수 있었다. 이어

2차 조사가 이루어져 백제 와요지瓦窯址에 대한 사실상 본격적 학술발굴 조사의 효시가 되었다. 1차 조사에서는 백제 와요지瓦窯址 2기를 조사하였고, 2차 조사에서는 백제 와요지瓦窯址 9기와 함께 조선시대 와요지瓦窯址 1기도 조사되었다.[120)]

② 구조

정암리 와요지瓦窯址는 지하식 평요平窯 및 지하식 등요登窯의 두 양식으로 크게 나눌 수 있다. 기본 구조는 앞에서부터 화구, 연소실, 소성실, 배연구, 굴뚝을 차례로 두었다. 이러한 양식은 이후 통일신라에서 조선에 이르기까지 와요지의 기본적인 구조로서 자리를 잡기에 이른다. 이들 각 와요지瓦窯址의 구조는 양식적인 면에서 기본적으로 일치하지만, 세부적으로는 동시대라 하더라도 몇 가지 차이점을 가지고 있다. 이러한 구조적 차이점은 특히 소성실과 배연구에서 특이성이 관찰되었다. 즉 ① 소성실의 바닥 평면상태, ② 소성실에서 굴뚝으로 이어지는 배연구에서 두드러진 차이점을 보여준다.

백제 와요지瓦窯址의 선단부는 연소실로 이어지는 지점에 단段을 마련한 것이 일반적이다. 소성실의 뒷부분은 배연구로 이어진다. 그런데 배연구로 이어지는 형태가 중앙 한 곳에 큰 배연구가 마련되어 있으면 주형舟形을 이루는 것이 상례이다. 반면에 소성실의 뒷면이 방형의 각을 이루었으면, 배연구가 양 단에 각 한 개씩이 마련된다. 그렇지 않으면 양 단에 각 1개소와 중앙에 1개소 모두 세 곳에 배연구가 배치된다.

소성실의 바닥은 굴을 판 상태 그대로 이용하는 경우와 층단을 마치 계

120. 김성구 · 신광섭 · 김종만 · 강희천, 앞 1차 보고서 및 신광섭 · 김종만, 앞 2차 보고서.

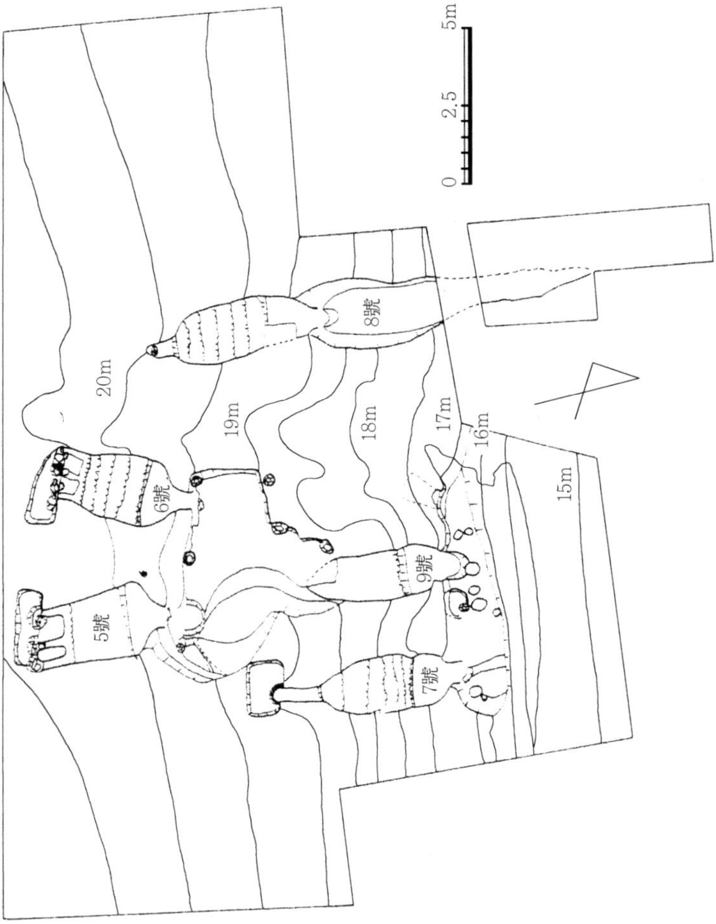

도면 62. 부여 정암리 와요지(백제)

단식으로 만들어 사용하는 두 가지 형태가 조사되었다. 바닥에 층단을 조성하지 않는 것은 무계단식, 층단을 조성하는 것은 계단식으로 구분하기로 하였다. 그런데 이러한 층단의 유무는 평요平窯와 등요登窯를 막론하고, 모두 확인되는 것이어서 반드시 일정한 규범이 존재한 것은 아닌 듯하다. 층단의 존재는 가마에 기와를 재어 이들을 굽는 과정을 검토해보면, 아마 다음과 같은 두 측면에서 유리한 이점 때문에 조성했던 것이 아닌가 판단된다.

첫째, 기와를 재는데 소성실의 경사도가 심하면 상당한 불편을 겪었을 것으로 추정된다. 이러한 단점을 보완하고자 층단을 만들어 사용했던 것으로 보인다.

둘째, 평요平窯의 경우는 경사도가 없거나, 미미하여 기와를 재는데 지장을 거의 받지 않았을 것으로 추정되는 데도 계단식 층단을 마련한 것이다. 이러한 경우는 소성실 바닥은 풍화암반층이어서 반복 사용하는 경우 바닥 면이 쉽게 박락剝落될 수 있는 여지가 있다. 이러한 바닥의 박락현상은 기와를 바르게 재어 놓기에는 한계가 있었을 것이다. 이러한 바닥 박락현상을 보완하기 위하여 기와를 깔아 층단 형태의 구조로 개선했을 가능성이다.

셋째, 소성실의 원 바닥 면이 거의 수평에 가까운 경우는, 바닥에 시설한 기와의 모양이 계단식 층단보다는 마치 단면 └─┌─└─┌─└─ 모습에 가깝다. 이러한 소성실 바닥은 기와를 볼록한 부분에 걸쳐 재어 놓음으로써 불길이 안쪽까지 쉽게 고루 퍼지는 효과를 거두는 한 방편으로 작용할 장점을 갖추고 있다.

가. 정암리 백제 와요지 사례 조사(표 13)

소성실 바닥은 기와를 깔아 놓거나, 깔지 않은 두 가지 양식이 있다. 이

〈표 13〉 정암리 백제 와요지별 규모 및 특징*

(단위 : cm)

區分 / 瓦窯址別	時代	形式	규모																	비고
			全長	최대폭	火口			燃燒室				燒成室					煙道			
					길이	폭	높이	길이	폭	높이	경사도	段높이	길이	폭	높이	경사도	立面지름	平面지름	잔존높이	
扶餘亭岩里窯址 (A지구 1호)	百濟	地下式 平窯	485	172 (소성실)		78	98	75	170	160		90	216	172	98	10°	26~29	29~33	南:130 北:72	長유E24° W 火口 벽두께 47. 연도 2개소.
扶餘亭岩里窯址 (A지구 2호)	〃					50	60													未調査
扶餘亭岩里窯址 (B-1號窯)	〃	地下式 平窯 (推定)	510		85	40	80	190			49									연소실은 중앙이 약간 낮게 조성. 소성실, 연도부분, 천정은 파괴됨.
扶餘亭岩里窯址 (B-2號窯)	〃		527	202 (소성실)		80	100	90	191 (평면 타원형)	160		70	220	전면 202 후면 160	100	9.5°	(소성실쪽) 지름 30 높이 28	굴뚝상면 方形 19×19		연도 3개소. 소성실은 瓦段을 조성함(5條). 火口 벽두께 44cm. 연소실 중심부는 주변보다 조금 낮게 형성됨.
扶餘亭岩里窯址 (B-3號窯)	〃		587			66		100	194			64	200	전면 193 후면 159	復原高 130	10°	(소성실쪽) 지름 30 높이 26	굴뚝상면 方形 19×18		연소실은 중앙이 주변보다 약간 낮게 조성. 소성실에는 瓦段 칸이 형성(각 48cm, 38cm, 41cm, 59cm). 연도 3개소. B-2號 및 B-3號 變用灰丘部(동서 720cm, 남북 320cm로 동서로 긴 長方形). 회구부에는 木造 架構用 기둥구멍 자리가 남북 1칸 (300cm), 동서 2칸 (각 360cm)
扶餘亭岩里窯址 (B-4號窯)	〃	地下式 登窯	472			50		100 (동서)	183 (남북)			20	300	전면 70 후면 70	22			지상잔존 50		
扶餘亭岩里窯址	〃	地下式	490			1차	1차	110	235			60	215	전면 227	천정110	9°	소성실	굴뚝상면		연도 3개소. 5, 6號 겸용 회구부는

(B-5號窯)		平窯				(82) 2차 (54)	(46) 2차 (44)	(남북)	(동서)					후면 170	양모서리 92		후반부 26×27	方形 25×23		동서 650cm, 남북 255cm(장방형). 회구부 가구시설 기둥구멍은 정면 2칸(동서 각 265, 300cm), 측면 1칸(남북 260cm).
扶餘亭岩里窯址 (B-6號窯)	〃	地下式 平窯	452					100	217			61	216	전면 225 후면 165	천정복원 95 양모서리 75	7°	소성실 후반부 23×26	굴뚝상면 方形 20×17		소성실에 5條의 瓦段(각각 50cm, 47cm, 47cm, 41cm의 폭임 ; 각 와단 높이는 기와 1~2장으로 5cm 정도). 연도 3개소. 연도를 위한 굴광 268×97×99cm.
扶餘亭岩里窯址 (B-7號窯)	〃	地下式 登窯				68	52	110	167			55	330	전면 160 후면 55	100	21°	소성실 후반부 폭 53 높이 47	굴뚝상면 50		소성실에 7(보수 후 8조)條 의 瓦段 형성. 연도의 굴뚝을 위한 굴광은 170×125×25cm.
扶餘亭岩里窯址 (B-8號窯)	〃	地下式 登窯	580			59	74	140	155			74	300	전면 170 후면 60		24.5°	평면길이 105 (폭 60)	굴뚝잔존 지름 30		소성실에 7조의 瓦段 조성. 회구부 남북 650cm, 폭 89cm. 와단 높이 : 각 15cm, 20cm, 15cm, 25cm, 11cm, 12cm, 5cm. 와단칸폭 : 각 56cm, 51cm, 46cm, 47cm, 43cm, 32cm. 7號窯 겸용 회구부는 동서 880cm, 목조가구용 기둥구멍은 동서 2칸만 확인 (각 245cm, 285cm).
扶餘亭岩里窯址 (B-9號窯)	〃	地下式 登窯						110	170			50	300	전면 153		22.5				소성실 내 白磁片 收拾. 회구부에서는 백자편, 옹기편 수습
扶餘亭岩里窯址 (B-10號窯)		朝鮮半 地下式		273					58	129		段 없이 밋밋하게 처리		전면 85 최대 125						

* 신광섭 · 김종만, 앞 보고서.

러한 양상은 조선시대까지도 어느 정도 전통을 이어갔다. 그 까닭은 처음부터 기와를 깔았을 가능성과 함께 여러 번 사용하는 과정에서 보수 및 기와를 재는 편의성에서 그 원인을 찾을 수 있을 것이다. 소성실 바닥은 계단식으로 바닥을 만들어 기와를 까는 사례를 적지 않게 확인할 수 있었다. 이러한 계단식 구조를 갖춘 소성실은 정암리의 경우 확인된 백제 가마 12기 중 5기에 이른다. 이 중 조사를 실시하지 못했거나, 소성실이 파괴로 인하여 확인할 수 없는 것이 4기나 된다. 이러한 측면을 고려하면, 실제 비율은 30%를 웃돌게 될 가능성이 높다.

소성실의 경사도를 기준한 평요平窯와 등요登窯의 비율은 확인된 가마 중 각 5기 및 4기로 조사되었다. 이는 두 형태의 가마 비율이 서로 비슷한 숫자로 조성되었음을 의미한다. 그렇지만 B지구에서 조사한 가마의 분포 상태를 보면, 방형 소성실 구조를 갖춘 가마가 주형舟形 가마에 비하여 윗쪽 부분에 조성되었음을 읽을 수 있다. 여기에 분포된 가마는 대부분 상당히 가까운 거리에 있기 때문에 모두 동일시기에 조성되어 함께 경영되지는 않았던 것으로 나타났다. 이러한 근거는 실제 방형의 평요平窯 구조를 갖춘 1호 가마가 바로 위의 동일 구조인 2호가 끼어들어 파괴된 상태를 보이고 있다. 물론 이 두 가지로 미루어 위의 것이 나중에 조성된 것으로 보이지만, 형식상 같은 양식으로 분류할 수 있는 것이다. 나머지는 이 일대에서 가장 위쪽에 위치한 2 · 3 · 4호 가마 중 가장 좌측이 주형舟形 가마 양식을 보일 뿐, 나머지 2기는 방형 소성실을 갖춘 것이다. 나머지 5~9호는 모두 가까운 거리에 조성되었다. 그런데 가장 위쪽에 5 · 6호가 나란히 배치되고, 그 아래로는 4m 내외의 거리에 7 · 9호 가마가 옆으로 나란히 구축되었던 것이다. 8호 가마는 5 · 6호의 바로 서편에 자리잡았으나, 지형 높이로 보면 5 · 6호와 7 · 9호의 중간 정도에 위치하고 있다. 가장 위쪽에 자리한 5 · 6호는 방형 소성실 구조이고, 나머지는 모두 주형

舟形 소성실 구조를 가지고 있다. 이러한 배치상태를 보면, 양식적으로 방형 소성실 구조가 주형舟形에 비하여 발달된 형식임을 알 수 있게 한다. 시기적으로 빠른 백제 토기가마는 모두 지하식이지만, 주형舟形으로 볼 수 있는 것들이다. 따라서 방형 소성실과 평요平窯는 기와를 잴 때 보다 편의성을 반영하는 것으로 판단되는 것이다.

· A-1호 와요지

이 요지窯址는 지하식 평요平窯로서 총연장 길이가 485㎝에 이른다. 가장 너른 곳은 소성실 최대 172㎝ 내외이다. 요지窯址의 기본 형태는 직사각형으로 소성실의 바닥 경사도는 10° 정도이다. 구조는 평요平窯이면서 방형 소성실 형태를 하고 있다. 그래서 연도 역시 주형舟形과 같이 1개소가 아닌 다연도식多煙道式인 2개가 마련되었다. 연도의 위치는 소성실 뒷쪽의 양 끝에 한 개씩을 배치하였다. 다른 특징은 다른 요지와 다를 바가 없다. 굴뚝은 연도와 실제 연장선상에 두었지만, 여기서는 소성실에서 횡으로 뚫어 풍화암반층을 그대로 이용된 곳을 연도로 정의하였다. 굴뚝은 위에서 굴광하여 돌이나 기와 등을 써서 수직으로 쌓아 올린 부분을 지칭하기로 한다. 이곳의 굴뚝 특징은 풍화암반을 굴광하여 밑부분부터 화강암 할석과 평기와를 함께 써서 쌓아 올린 것인데 평면상 방형이다. 요지窯址에 따라 기와를 좀 많이 사용한 것과 석재만을 거의 사용한 것 등이 있다. 두 개의 연도는 맨 상단 쪽이 삭평되어 그 실상은 파악할 수 없다. 그러나 위쪽으로 올라오면서 점차 두 개가 중앙 쪽으로 기울어지면서 구축되었다.

· B-3호 와요지

이곳에서 조사된 와요지 중 가장 큰 규모의 것이다. 총 연장 길이는 587

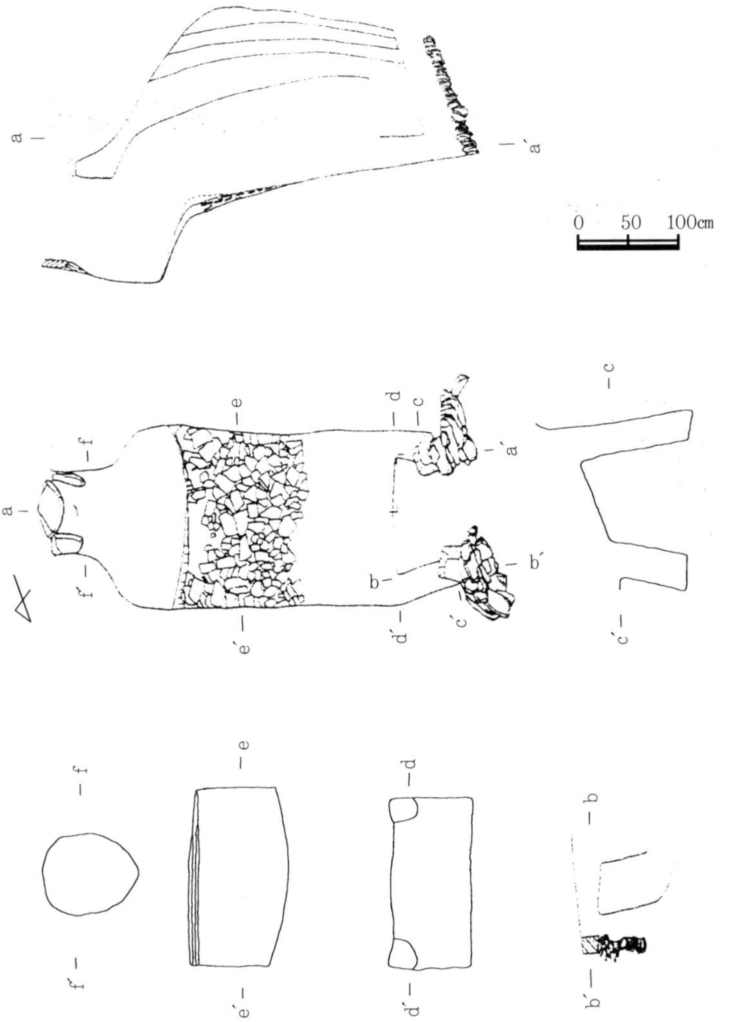

도면 63. 부여 정암리 1호 와요지

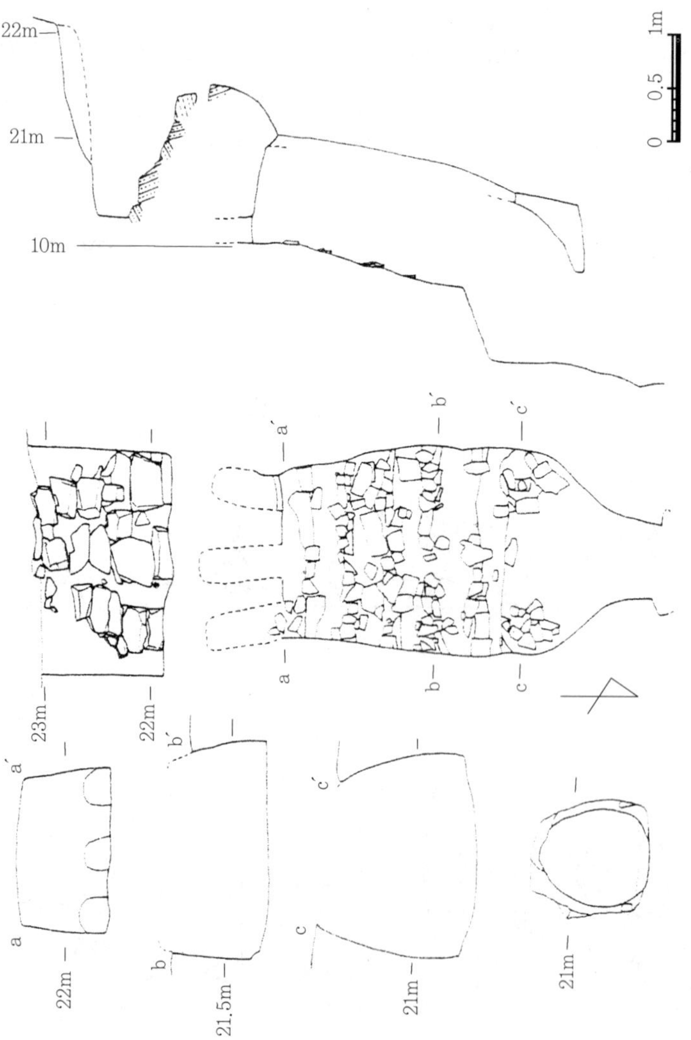

도면 64. 부여 정암리 2호 와요지 평 · 단면도

㎝ 내외이고, 최대폭은 연소실에서 194㎝에 이른다. 이곳에서 조사된 와요지瓦窯址 중에 전체 길이가 가장 작은 사례는 B-6호로서 452㎝ 정도이다. 따라서 가장 긴 와요지瓦窯址와의 길이 차이는 135㎝에 이른다. 소성실의 바닥에는 5단의 계단식 와단瓦段이 형성되어 있다. 바닥 경사도는 10° 내외로서 다른 평요平窯와 비슷하다. 소성실의 평면 상태는 직사각형을 이루었다. 연도는 소성실의 양끝과 중앙의 3개소에 마련되었고, 굴뚝 상단은 방형을 갖추었다.

· B-5호 와요지

B지구에서 조사된 평요平窯 중 유일하게 계단식 와단瓦段을 조성하지 않은 구조를 보인다. 역시 지하식 평요平窯로서 총 연장 길이는 490㎝이고, 최대폭은 연소실에서 235㎝ 정도이다. 소성실의 바닥 경사도는 9°로서 다른 평요平窯 와요지瓦窯址와 거의 차이가 없다. 소성실 뒷쪽으로 연결하는 연도 3개를 구축한 것이다. 연도에서 이어지는 굴뚝의 상단은 방형으로 조성되어 주변의 다른 것과 형식상 차이를 보이지 않는다. 소성실 바닥은 계단식의 와단瓦段이 조성되지 않은 것이다.

· B-8호 와요지

정암리 백제 와요지에서 조사한 등요登窯는 예외 없이 소성실 바닥의 경사도가 21°를 넘는 것으로 확인되었다. 경사도가 가장 작은 것은 7호로서 21°이고, 가장 큰 것은 8호 와요지瓦窯址로서 24.5°에 이른다. 등요登窯는 어느 것이나 소성실이 방형이 아닌 주형舟形을 이루어 구조에서 주형舟形과 방형의 기본적인 구조는 근본적으로 다르게 구축하였다고 할 수 있다.

8호 요지는 지하식 등요登窯로서 소성실을 7단의 계단식 와단瓦段으로 조성한 것이다. 8호 와요지瓦窯址는 등요登窯 중 가장 큰 것으로 총 연장길이는 580㎝에 이르고, 최대폭을 이룬 부분은 소성실 앞쪽 단벽段壁 주변으로 170㎝ 내외이다.

(3) 보령 천방유적 와요지(표 14)

보령 천방유적千房遺蹟에서 조사한 와요지瓦窯址는 백제 말부터 조선시대에 이르기까지 시기별로 집단군의 분포를 보이고 있다. 산 기슭에 자리잡은 유적 중턱에는 좀 넓은 대지가 형성되었다. 아래쪽으로는 큰 냇물이 흐르고 있다. 와요지瓦窯址는 대지臺地를 중심에 두고, 중심부에 거의 접한 곳에 처음 구축되었다가 시기별로 시계방향으로 돌아가면서 위치를 바꾸

〈표 14〉 천방유적 백제 와요지 구조[121]

區分 / 窯址	時代	形式	크기										備考
			火口		燃燒室			燒成室					
			幅	高	長	幅	高	傾斜度	長	幅	段壁高	形態	
千房Ⅰ-1號窯	百濟(645)	半地下式	70	46(殘)	45(殘)	120		10°	270(殘)	100	10	舟形	線紋기와만 出土
千房Ⅰ-2號窯	百濟	半地下式	–	–	60(殘)	60(最小)	26(殘)	–	–	–	–	舟形	燃燒室과 燒成室은 生土面 대부분 파괴
千房Ⅰ-3號窯	百濟(620)	半地下式	–	–	–	–	–	–	–	–	–	–	痕迹만 殘存

121. 이남석 · 이훈, 『천방유적-보령댐 수몰지역 발굴조사 보고-』, 공주대학교박물관 외, 1996.

어 조성된 것이다.

백제 와요지瓦窯址는 3기가 확인되었다. 그리고 주변에서는 4기의 건물이 조사되었다. 이곳의 와요지瓦窯址의 특징은 지형적으로는 기와 제작작업을 수행하는데 좋은 조건을 갖추었다. 그렇지만 지질은 풍화암반층이나 좋은 황토층이 아니어서 와요지瓦窯址 구축방법은 다른 백제의 것에 비하여 좀 다르게 구축되었음이 관찰된다. 백제의 와요지瓦窯址는 풍화암반층을 주로 이용하여 완전 지하화하는 것이 지금까지의 조성법이었다. 그러나 이곳 백제 와요지瓦窯址는 반지하식이어서 연소실이나 소성실 등 가장 낮은 곳에 위치한 부분을 제외하면 대부분 파괴되거나 유실된 상태이다. 요지窯址의 측면까지도 인위적으로 흙을 채워 다져 조성한 흔적이 확인된다. 이러한 요지窯址를 구성하고 있는 측벽까지 대부분 다른 흙을 사용하여 다져 올리거나 채우면서 구축했던 것은 이 지역 지질이 약하여 그대로 이용할 경우 요지窯址로서의 제 기능을 발휘할 수 없는 약점을 보완하기 위한 처방이었을 것이다.

· Ⅰ-1호 와요지

이곳 백제 와요지瓦窯址는 3기 모두 심한 파손상태로 조사되어 완전한 모습은 확인할 수 없었다. 이 중 1호 와요지瓦窯址의 상태가 가장 잘 남아 있었다. 이 1호 와요지는 화구, 연소실, 소성실이 조금씩 잔존한 상태로 발굴되었다. 주변의 지형과 잔존한 부위별 바닥은 생토를 바닥으로 사용한 흔적이 드러났다. 이들 요지는 모두 반지하식 구조를 갖추었다. 소성실의 양 벽선 형태로 보아 뒷쪽은 주형舟形으로 조성되었음을 알 수 있다. 또 소성실의 단벽 높이는 10㎝에 불과하다. 이러한 낮은 단벽은 미륵사지 통일신라 와요지瓦窯址 중 서편에 위치한 것과 비슷한 양상을 보이는 것이다. 또 소성실의 바닥 경사도가 10° 내외로 드러나 이 와요지瓦窯址가 주형舟形의 평요平窯계로 짐작되었다. 3기의 백제 와요지瓦窯址 중 1호 및 3호 와요지는 고지자기 측정결과 각 645년과 620년의 연대를 보여주었다.[122)]

천방 백제 와요지瓦窯址는 잔존 구조로 본 양식은 ① 반지하식이라는 점, ② 소성실 단벽 높이가 10㎝ 내외로 낮게 구축된 점으로 보아 지금까지 조사된 통일신라시대의 와요지瓦窯址의 특징을 모두 가지고 있다는 점에서 주목된다. 이러한 점들은 백제 최말기에 이미 통일신라 전형적인 와요지瓦窯址 형식이 이미 발생 · 출현했다는 점에서 시사하는 바가 있다.

2) 와요지 구조 분석

와요지瓦窯址는 기능에 따라 조성되었다. 이 때문에 기본적인 구조와 특징은 거의 동일하다고 할 수 있다. 이러한 구조적인 특징은 원칙적으로 삼국시대부터 조선시대에 이르기까지 그대로 계승된다. 그렇지만 왕조의 변화에 따른 세부적인 모양과 크기는 좀 다르게 변모하고 있음을 알 수 있다. 왕조별간 구조와 특징을 논한다면, 백제 와요지瓦窯址는 가장 다양하게 발달된 형태임을 알 수 있다. 이는 실제 와요지瓦窯址에서 구운 기와의 질과 기술적인 제작과정에서도 그 실상이 드러났다. 예를 들면, 기와 가마의 구조는 앞쪽부터 화구, 연소실, 소성실, 연도, 굴뚝이 차례로 구축되었다. 이러한 구조는 조선시대까지 변함없이 이어진다. 그렇지만 통일신라 이후 가마의 구조는 전체 및 각 부위별 크기의 변화가 있을 뿐 다른 변화양상은 거의 읽을 수 없다. 통일신라 이후 가마가 이처럼 단조로운 구조와 특징을 갖추고 있음은 지금까지 조사한 가마에서 그 실정을 알 수 있는 것이다.

백제 기와 가마는 우선 소성실의 구조상 방형과 주형舟形으로 크게 나

122. 이남석 외, 앞 보고.

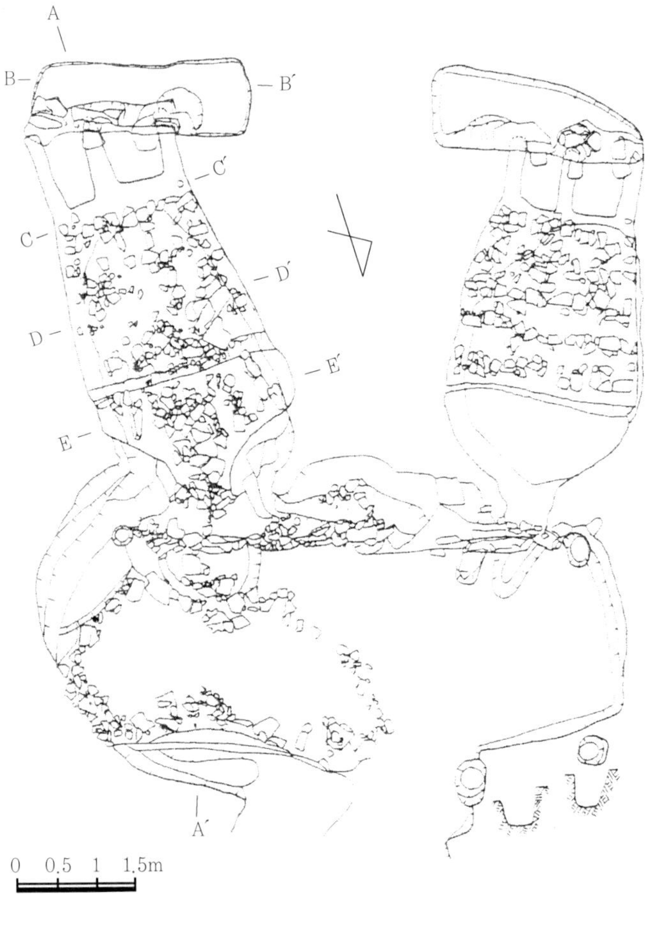

도면 65. 부여 정암리 5 · 6호 와요지 평면도

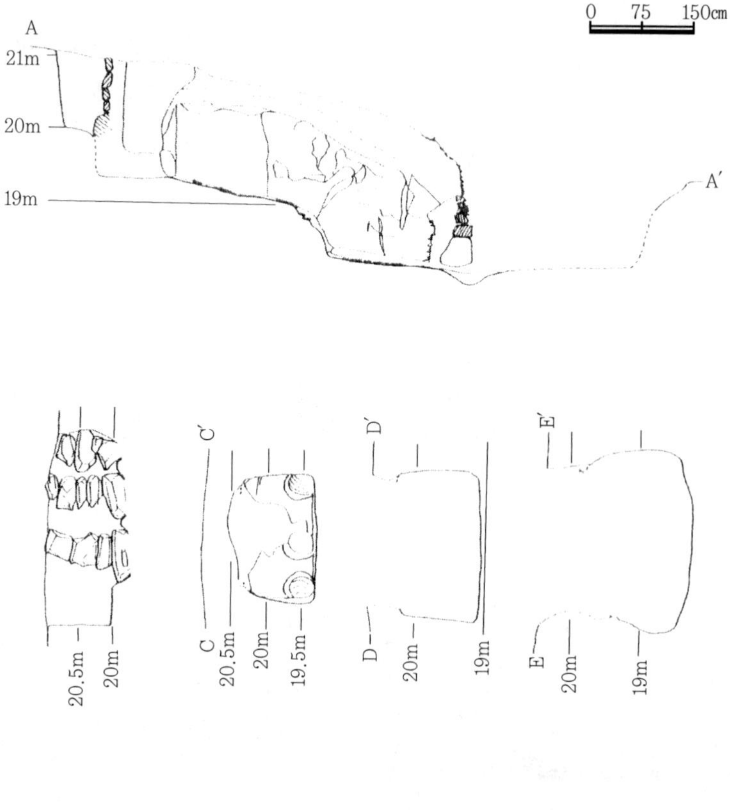

도면 66. 부여 정암리 5호 와요지 입면 및 단면도

눈다. 소성실의 평면상태가 방형구조를 갖춘 사례는 백제 멸망 이후에는 발견되지 않았다는 점에서 백제만의 특징으로 볼 수 있는 것이다. 또 소성실에서 굴뚝으로 이어지는 연소실은 주형舟形의 경우 그 모양처럼 뒷쪽으로 가면서 점차 좁아지면서 하나의 연도가 마련되어 굴뚝으로 이어진다. 반면 방형의 소성실 구조를 가진 백제 가마는 소성실의 뒷쪽 양단에 각 하나씩의 연도가 있거나, 중앙에 하나가 더 추가되어 모두 세 개의 연도를 갖춘 두 가지 양식으로 구분된다. 방형 소성실을 갖추고 있는 기와가마는 소성실의 경사도가 10° 이하로 확인되고 있다. 이러한 현상은 방형 소성실을 갖춘 구조는 모두 평요平窯로 분류할 수 있는 특징을 가지고 있다.

기와 가마는 기와를 굽는 굴을 지칭한다. 기와를 굽기 위해서 필요한 요소는 와장瓦匠, 흙, 물, 땔감이 필수적이다. 그러니까 가마는 와장瓦匠의 기와 제작기술을 매개체로 하여 이루어진 공간이다. 그리고 와장瓦匠이 기와에 대한 전대前代로부터 이어져 온 모든 제작기법을 전수받은 공간이기도 하다. 또 자신이 배우고 습득한 기술을 다음 세대에게 전승시켜주는 작업이 이루어지기도 하였다.

삼국시대의 기와 가마에 대한 자료는 상당히 제한된 범위 내에서 살펴볼 수밖에 없다. 고구려의 경우는 특히 이러한 범주에 적용되는 것이 오늘의 현실이다. 이러한 상황은 지정학적인 문제에서 비롯되었다. 실제 고구려의 경우 거의 접할 수 있는 기회가 매우 적다는 현실에 놓여있다. 고신라古新羅는 몇몇 자료가 알려졌으나, 구체적이고도 실제적인 자료보고가 흔하다고 말할 수는 없다. 실체 접근에는 상당한 어려움을 내재한 것이다.[123] 다만 백제 기와가마는 부여 정암리, 청양 왕진리 요지窯址, 부여

123. 고신라古新羅 기와 가마는 주로 지표조사를 통하여 알려져 있거나, 발굴된 요지의

장평면 요지窯址, 보령 천방유적 와요지瓦窯址 등에서 그 실체를 어느 정도 파악할 수 있다.

와요지瓦窯址의 구조는 앞쪽부터 화구, 연소실, 소성실, 배연구, 굴뚝이 차례대로 배치된다. 기와 요지는 지상과 지하의 어느 정도 부위에 위치하는가에 따라 지하식, 반지하식으로 나눈다. 이러한 구분은 요지窯址에 따라 약간 불분명하지만, 시대에 따라 비교적 뚜렷한 위치구분이 변화하는 것으로 조사된다. 따라서 이러한 구분법은 실제 편리하게 적용되기도 한다. 예를 들면, 백제의 경우 지하식으로 보고되었다. 이와는 달리 통일신라 및 고려는 반지하식 구조가 일반적이다. 조선시대에는 다시 지하식 구조를 보이는 것이다.

백제 와요지瓦窯址의 소성실 바닥은 평면의 형태와 장축방향의 기울기(각도)에 따라 특징을 구분한다. 전자인 평면 형태로 본 구분은 사각형과 주형舟形으로 구분되고, 후자인 장축방향의 기울기의 정도에 따라 평요平窯 혹은 등요登窯로 구분하고 있다. 다만 이렇듯 구분을 하는 이유는 와요지瓦窯址의 특징特徵을 내세우는데 편리하고, 또 삼국 이후의 와요지瓦窯址와 비교하여 공통점과 차이점을 찾아내는데 이점이 있기 때문이다. 이를 다시 도표화 해보면 〈표 15〉와 같이 나타낼 수 있다.

평요平窯와 등요登窯의 구분은 소성실燒成室의 기울기에 따라 구분하지만, 이들을 분류하는 뚜렷한 각도는 제시하기 어렵다. 연구자의 주관에 따라 얼마든지 서로 다른 부류에 포함시킬 수 있기 때문이다. 여기서는 소성실 바닥의 기울기가 7~10° 내외를 기준으로 잡는다. 그 이상은 더 심

경우에도 구체적인 도면과 사진자료 등을 통한 세밀히 설명된 정식보고서 간행물을 접하기 어렵기 때문이다.

하면 등요登窯로 하고, 그 이하는 평요平窯로 이름을 부여하였다.[124]

위의 백제 와요지瓦窯址에 대한 특징을 정리해 보면 〈표 15〉로 정리할 수 있다.

〈표 15〉 백제 와요지 구조에 따른 형식 분류표

· 소성실 평면 모양에 따라	사각형 소성실 (方形)	2개식 배연구
		3개식 배연구
	주형舟形 소성실	1개식 배연구
· 소성실 기울기에 따라	평요平窯	(무계단식)
		(계단식)
	등요登窯	(무계단식)
		(계단식)
· 소성실 바닥면에 따라	무계단식	
	계단식	

고신라古新羅 와요지瓦窯址는 실제 구체적인 발굴을 통한 구조 및 규모에 따른 특징을 파악할 만한 자료가 거의 없는 것이 현실이다. 다만 지표조사를 통하여 6~7세기에 걸쳐 경영되었을 것으로 믿어지는 와요지瓦窯址가 경주를 중심으로 몇 군데에 알려져 있을 뿐이다.[125] 따라서 아직 고신

124. 소성실 바닥은 연소실과 배연구 또는 중간 부분이 다소 차이가 있는 사례가 적지 않다. 따라서 평요平窯 및 등요登窯의 기준에 대한 견해는, 연구자의 주관적인 의견이 반영될 수 있는 여지를 충분히 가지고 있다.

125. 김성구, 「다경와요지 출토 신라와전 소고」, 『미술자료』 제33호, 국립중앙박물관, 1983.

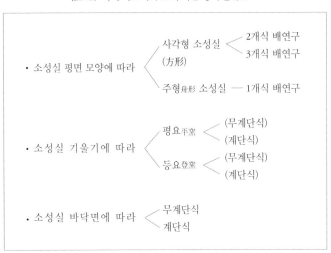

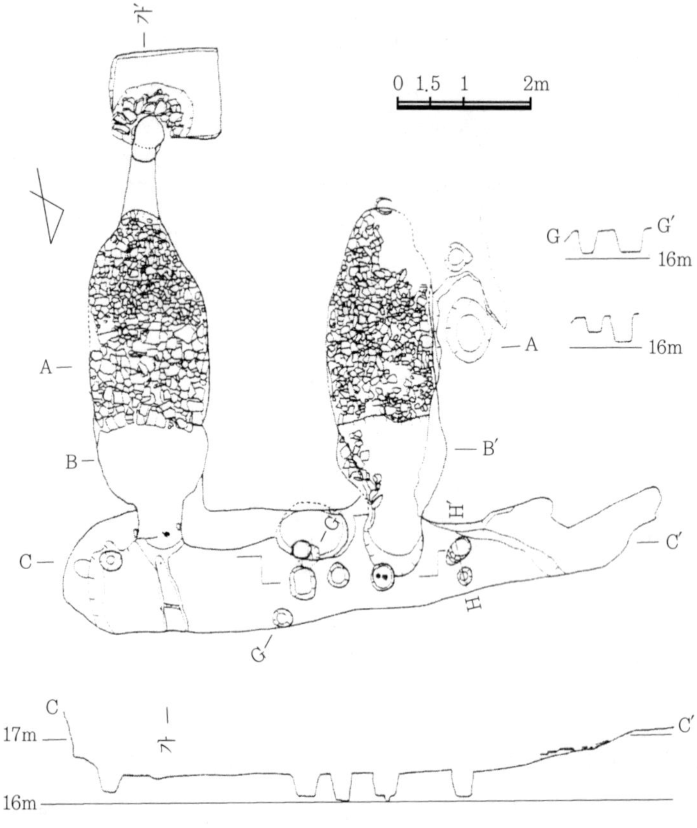

도면 67. 부여 정암리 7 · 9호 와요지 입면 및 단면도

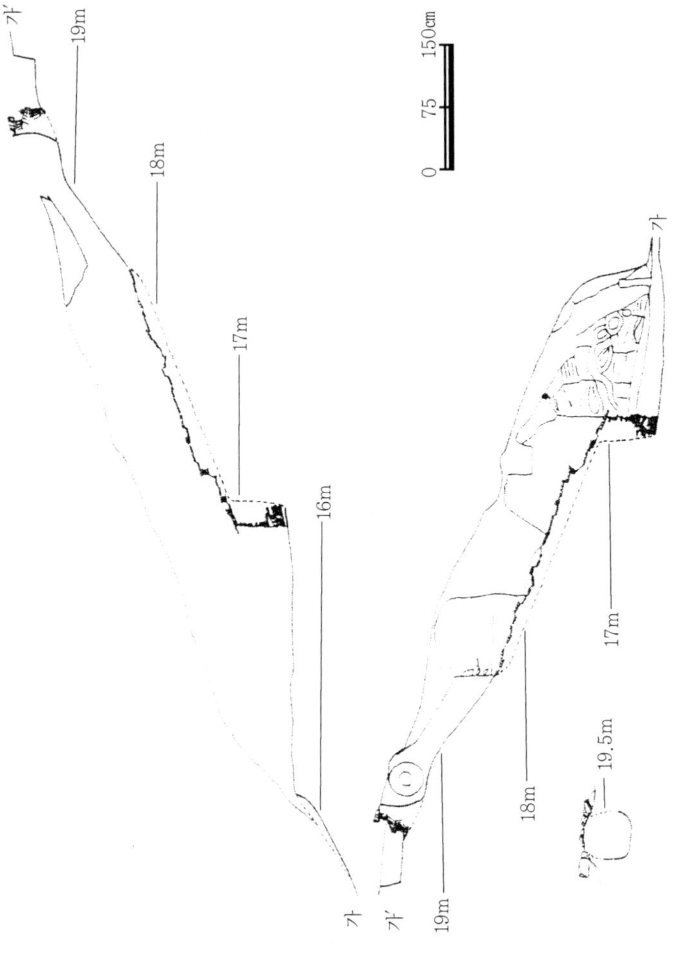

도면 68. 부여 정암리 7호 와요지 입면 및 단면도

라古新羅의 구체적인 와요지瓦窯址의 구조는 도면화된 사례가 없어 속단은 할 수가 없다. 기존의 지표조사 자료 등을 토대로 하여 평요平窯 및 등요登窯로 추정하면서 이를 구분 정리한 사례는 있다.[126]

와요지瓦窯址에서 생산한 기와를 공급했던 문제는 현지 와요지瓦窯址 출토 기와 유적발굴을 통한 출토 기와를 비교함으로써 추정이 가능하다. 이러한 작업은 1970년대 이후 경주 중심부에 소재한 각 유적에서 발굴조사가 이루어져 조금씩 그 실체가 드러났기 때문에 가능하였다. 그러나 정확한 구조와 규모는 앞으로 학술발굴을 기대할 수밖에 없는 실정이다.[127]

기존의 발표된 사례를 참고로 하여 신라 와요지瓦窯址의 사례를 간단하게 살펴보고자 한다. 경주 내남면 망성리 와요지望星里瓦窯址는 지상식 등요登窯로 추정되고 있으나, 대부분 파괴되었던 것으로 알려졌다.[128] 요지窯址의 상태는 좌측 벽면만 일부 남았을 뿐 모두 파괴되었다. 잔존한 소성실의 바닥은 이미 깎여 나간 상태와 주변의 지형을 비교하여 필자는 지상식 평요平窯로 추정하였다. 그렇지만 벽체의 잔존부분이 원형임과 주변의 현 경사도를 고려하여 평요平窯로 추정하고 있을 뿐이다. 이점은 앞으로 정확한 발굴조사를 거친 후에 판단할 수 있는 과제로 남길 수 밖에 없다. 이곳에서 출토된 기와는 단판연화문單瓣蓮花紋 수막새, 중판연화문重瓣蓮花紋 수막새, "儀鳳四年皆土의봉사년개토" 명문와銘文瓦 등이 출토되어 6~7세기경에 경영되었던 요지窯址로 추정하고 있다.[129]

박홍국 앞 논문 및 김유식 앞 논문.

126. 박홍국 앞 논문.
127. 김성구 앞 논문 ; 박홍국 앞 논문 ; 김유식 앞 논문 ; 차순철 앞 논문.
128. 박홍국, 「월성군 내남면 망성리 와요지와 출토와전에 대한 고찰」, 『영남고고학』 5, 영남고고학회, 1988.
129. 김성구, 「다경와요지 출토 신라와전 소고」, 『미술자료』 제33집, 국립중앙박물관, 1983 ; 박홍국 앞 논문 ; 김유식 앞 논문.

III
삼국 평기와 사례에 따른 검토 분석

1. 조사 사례

1) 고구려

임진강유역 주변은 고구려가 평양으로 천도한 이후의 유적이 가장 많이 남아 있는 지역이다. 이 주변의 유적은 산성이 많이 분포되고 있다. 대표적인 유적은 호로고루瓠蘆古壘와 무등리無等里, 당포리堂浦里 산성 등이다. 이들 유적에서는 많은 고구려 평기와가 출토되었다. 특히 호로고루 유적의 성벽 주변은 상·하층으로 구분되었다. 하층에서는 고구려의 전형적인 기와로 판단되는 적갈색계의 암·수키와가 집중적으로 나왔다. 호로고루에서 출토되는 기와는 상층과 하층에서 나온 기와의 문양과 제작기법에서 뚜렷한 차이를 보인다.

임진강유적의 고구려유적 중 연천 호로고루와 무등리 1보루, 당포성과 아미성阿未城에서 출토된 기와는 승문繩紋, 격자문格子紋, 거치문鋸齒紋과 무문無紋이 확인되었다. 이들의 암·수키와의 비율은 수키와 17%, 암키와 37% 내외이다. 이러한 통계는 유적과 통계자료의 선별에 따라 다소 차이가 날 수 있지만, 위의 자료는 아래의 표에서 선별 조사한 것을 통계치로 나타낸 것이다. 이곳 출토 기와 두께는 대부분 1.5~2㎝ 범위에 속한다. 기와 소지素地는 가래떡형 소지素地와 널판형 소지素地가 모두 확인되고 있다. 가래떡형 소지素地의 춤은 확인되는 경우 2.8㎝ 내외이다. 그렇지만 충분한 밀착 타날작업으로 인하여 소지素地의 부착흔적을 확인할 수 있는 사례는 많지 않다.

와통瓦桶을 보면 암키와는 〈표 16〉에서 볼 수 있는 것처럼 100% 통쪽와통에 의한 제작이 이루어졌음을 알 수 있다. 반면에 수키와는 뚜렷한 통쪽흔적을 확인할 수 있는 사례는 한 점도 관찰되지 않았다. 임진강유역의 각 산성 출토 평기와에 대한 표를 제시하면 〈표 16〉와 같다.

(1) 문양과 색조

〈표 16〉에서 보이는 호로고루 출토 기와는 하층 출토 유물로서(구지표층) 상층 유물과는 뚜렷하게 구분된다. 즉 상층에서는 통일신라 초기의 선문線紋, 격자문格子紋, 어골문魚骨紋 등이 출토되었다. 통일신라統一新羅 초기의 석문蓆紋은, 7조 내외의 짧은 단집선문短集線紋을 한 세트로 하여 서로 직교 방향(90° 각도)으로 배치한 것이다. 이들은 원칙적으로 회색이나 백색계를 띠고 있다. 특히 내면에 통쪽와통의 흔적이 확인되는 사례가 없다. 반면에 고구려계 석문蓆紋은 적갈색계이면서 내측에서는 통쪽흔적이 일반적으로 나타난다. 위의 표에서 예시한 것은 반출된 유물로서 통일신라시대의 기와가 전혀 포함되지 않았다. 이는 토층에 따른 출토유물에서 보여주는 현황이기도 한 것이다.

여기서 조사된 선문線紋은 기와의 방향과 비교하면, 완전한 직교 방향으로 타날한 것이어서 보고서에서는 횡선문橫線紋으로 적기하고 있다. 위에서 소개한 평기와 중 승문繩紋은 호로고루, 무등리 1보루, 당포성, 아미성 모두 승문繩紋이 우세한 수량을 보인다. 보고서에서는 평균 90% 이상 적갈색 기와임을 적기하고 있다.[1] 이들 색조의 특징은 짙어 고신라古新羅나 백제의 적갈색계 기와와는 구분이 된다.

1. 심광주 외, 앞 보고서 p.220. 이들 기와는 필자 역시 여러 조사자들의 협조로 많은 기와를 실견한 바 있다.

〈표 16〉 임진강유역 고구려산성 출토 평기와 속성표

遺蹟		區分 / 文樣	數量	瓦桶		素地		色調			통보			기와두께 (cm)	紋樣線 (폭:mm)	備考
				통쪽 (폭:cm)	圓筒	가래떡 (춤:cm)	널판형	赤褐	黃褐	灰色	麻布 (올간:mm)	繩紋	갈대			
連川瓠蘆古壘	암키와	鋸齒紋	1	1.9, 2.7	–	–	–	○	–	–	○	–	–	2.1	–	
		繩紋	2	–	–	–	–	○	–	–	○	–	–	1.8	–	
		繩紋	3	1.5	–	–	–	–	○	–	2	–	–	1.5	–	打捺道具 幅 10cm (긴 長板形)
		繩紋	4	1.7, 2.5	–	–	–	○	–	–	○	–	–	2	–	打捺道具 幅 10cm (긴 長板形)
		繩紋	5	5	–	–	–	○	–	–	1.8×1.4	–	–	2	–	打捺道具 幅 10cm (긴 長板形)
		繩紋	6	1.6, 2	–	–	–	○	–	–	○	–	–	2.4	–	
		繩紋	7	1.7	–	–	–	○	–	–	0.9×1.2	–	–	2	–	
		繩紋	8	2, 2.3	–	–	–	○	–	–	1	–	–	2.5	–	
		繩紋	9	1.7, 2.5	–	–	–	○	–	–	1	–	–	1.7	–	
		繩紋	10	2.2	–	2.8	–	○	–	–	1	–	–	2.1	–	
		繩紋	11	1.5, 2	–	–	–	○	–	–	1	–	–	2.4	–	
		繩紋	12	1.2, 1.5	–	–	–	○	–	–	1.2	–	–	2.7	–	
		繩紋	13	1.2, 1.5	–	–	–	–	○	–	○	–	–	1.9	–	
		繩紋	14	1.9	–	–	○	○	–	–	○	–	–	2.1	–	
		繩紋	15	1.9	–	–	○	○	–	–	○	–	–	1.9	–	
		繩紋	16	1.7, 2	–	–	–	○	–	–	○	–	–	1.8	–	
		繩紋	17	1.7	–	–	–	○	–	–	○	–	–	1.7	–	
		繩紋	18	2.1	–	–	–	○	–	–	2	–	–	2.3	–	
		繩紋	19	1.2, 1.5	–	–	–	○	–	–	○	–	–	2	–	
		繩紋	20	1.9	–	–	–	○	–	–	○	–	–	1.7	–	
		繩紋	21	1.9	–	–	–	○	–	–	5	–	–	2.3	–	
		繩紋	22	1.5, 2	–	–	○	○	–	–	○	–	–	2.4	–	
		繩紋	23	○	–	–	–	○	–	–	○	–	–	1.6		

遺蹟		區分 / 文樣	數量	瓦桶 통쪽 (폭:cm)	瓦桶 圓筒	素地 가래떡 (춤:cm)	素地 널판형	色調 赤褐	色調 黃褐	色調 灰色	통보 麻布 (올간:mm)	통보 繩紋	통보 갈대	기와두께 (cm)	紋樣線 (폭:mm)	備考
連川瓠蘆古壘	암키와	繩紋	24	1.8	–	–	–	○	–	–	○	–	–	1.1~1.9		
		橫線紋	25	1.9	–	–	–	–	○	–	○	–	–	2.6	–	
		橫線紋	26	1.6	–	–	–	–	○	–	○	–	–	2.1	–	打捺道具 幅 10cm (長板形)
		橫線紋	27	2	–	–	–	–	○	–	○	–	–	2.2	–	
		橫線紋	28	1.9	–	–	–	–	○	–	2~3	–	–	2.3	–	
		橫線紋	29	2	–	–	–	○	–	–	○	–	–	2.5	–	打捺道具 (長板形)
		格子紋	30	1.9	–	–	–	○	–	–	○	–	–	2.1	–	打捺道具 (長板形)
		格子紋	31	2	–	–	–	○	–	–	2.3~2.7	–	–	2.3	–	
		格子紋	32	1.5, 1.9	–	–	–	○	–	–	○	–	–	1.5	–	
		格子紋	33	1.4	–	–	–	○	–	–	○	–	–	2	–	
		格子紋	34	1.8	–	–	–	○	–	–	○	–	–	2.1	–	
		格子紋	35	1.3	–	–	–	○	–	–	1	–	–	2.2	–	
		斜格子紋	36	2.1	–	–	–	–	○	–	○	–	–	2.2	–	
		斜格子紋	37	1.9, 2.4	–	–	–	○	–	–	○	–	–	2.8	–	
		斜格子紋	38	1.9	–	–	–	○	–	–	○	–	–	2.2	–	打捺道具 幅 4.8cm (長板形)
		斜格子紋	39	1.9, 2.2	–	2.8	–	○		–	○	–	–	2	–	
		斜格子紋	40	1.4	–	–	–	○	–	–	○	–	–	1.9	–	打捺道具 幅 4.8cm (長板形)
		斜格子紋	41	1.9	–	–	–	–	○	–	○	–	–	2.1	–	
		斜格子紋	42	2.1	–	–	–	○	–	–	○	–	–	2.9	–	打捺道具 幅 4.8cm (長板形)

遺蹟		區分 / 文様	數量	瓦桶		素地		色調			통보			기와두께 (cm)	紋樣線 (폭:mm)	備考
				통쪽 (폭:cm)	圓筒	가래떡 (춤:cm)	널판형	赤褐	黃褐	灰色	麻布 (올간:mm)	繩紋	갈대			
連川瓠蘆古壘	암키와	斜格子紋	43	1.8	–	–	–	○	–	–	○	–	–	2.1	–	
		斜格子紋	44	1.5, 2.1	–	–	–	○	–	–	○	–	–	2.1	–	
		斜格子紋	45	1.6	–	–	–	○	–	–	○	–	–	2.6	–	打捺道具 幅 3.16cm 3.1cm×14cm (殘存)
		斜格子紋	46	1.2, 2.8	–	–	–	○	–	–	1	–	–	2.2	–	
		斜格子紋	47	○	–	–	–	○	–	–	2	–	–	2.1	–	
		斜格子紋	48	○	–	–	–	–	○	–	○	–	–	2.1	–	
		斜格子紋	49	1.9	–	–	–	○	–	–	1.1~0.8	–	–	2.2	–	
		斜格子紋	50	1.9	–	–	–	○	–	–	○	–	–	2.3		
		鋸齒紋	51	1.3, 2.1 (下端2.4)	–	–	–	○	–	–	○	–	–	2	–	
		鋸齒紋	52	2.5	–	–	–	○	–	–	○	–	–	1.8	–	
		鋸齒紋	53	1.9	–	–	–	○	–	–	0.6×–1	–	–	1.9	–	
		鋸齒紋	54	1.7~2	–	–	–	○	–	–	0.6×–1	–	–	1.3	–	
		鋸齒紋	55	1.9	–	–	–	○	–	–	○	–	–	1.8	–	
		鋸齒紋	56	2	–	–	–	○	–	–	○	–	–	1.9	–	
		鋸齒紋	57	○	–	–	–	○	–	–	4×8	–	–	1.6	–	
		鋸齒紋	58	2, 2.3	–	–	–	○	–	–	○	–	–	2.5	–	
		鋸齒紋	59	2	–	–	–	○	–	–	○	–	–	2	–	
	수키와	繩紋	60	–	○	–	–	○	–	–	○	–	–	1.4	–	
		繩紋	61	–	○	–	–	○	–	–	○	–	–	1.7	–	
		無紋	62	–	○	–	–	○	–	–	2.7	–	–	1.4	–	토수기와 (完形) 길이 36cm×15.2cm 미구11cm
		繩紋 (無紋打捺)	63	–	○	–	–	○	–	–	○	–	–	1.5	–	

遺蹟	區分	文様	數量	瓦桶 통쪽 (폭:cm)	瓦桶 圓筒	素地 가래떡 (춤:cm)	素地 널판형	色調 赤褐	色調 黃褐	色調 灰色	통보 麻布 (올간:mm)	통보 繩紋	통보 갈대	기와두께 (cm)	紋樣線 (폭:mm)	備考
連川瓠蘆古壘	수키와	繩紋(再打捺)	64	–	–	–	○	–	–	2	–	–	–	1.6	–	
		無紋	65	–	○	–	–	–	○	–	○	–	–	1.6	–	
		繩紋	66	–	○	–	–	○	–	–	○	–	–	1.5	–	
		無紋	67	–	○	–	–	○	–	–	2.7×1	–	–	1.6	–	
		無紋	68	–	○	–	–	–	○	–	○	–	–	1.6	–	
		繩紋	69	–	○	–	–	○	–	–	○	–	–	1.5	–	
		繩紋	70	–	○	–	–	○	–	–	○	–	–	1.8	–	
		繩紋	71	–	○	–	–	○	–	–	○	–	–	1.6	–	
		繩紋	72	–	–	–	–	–	–	○	–	–	–	1.5	–	
		繩紋	73	1.6	–	–	–	○	–	○	–	–	–	1.3	–	
		繩紋	74	1.7	–	○	–	○	–	–	–	○	–	1.7	–	
		繩紋	75	1.7	–	–	–		–	–	1~1.7	–	–	1.6	–	
連川無等1里1堡壘	암키와	繩紋	76	1.3	–	–	–	○	–	–	1	–	–	1.1	–	
		繩紋	77	1.9, 2.1 2.3	–	–	–	○	–	–	1.8	–	–	1.4	–	
		繩紋	78	1.9	–	–	–	○	–	–	○	–	–	1.8	–	
		繩紋	79	2.3	–	–	–	○	–	–	○	–	–	1.3	–	
		繩紋	80	1.9	–	–	–	○	–	–	○	○	–	1.5	–	繩紋+麻布 통보 결합
	수키와	繩紋	81	–	○	–	–	○	–	–	○	–	–	1.7	–	
		繩紋	82	–	○	–	–	○	–	–	–	–	–	1.7	–	
		繩紋	83	–	○	–	–	○	–	–	○	–	–	1.5	–	
連川堂浦里	암키와	繩紋	84	1.3	–	–	–	○	–	–	○	–	–	1.8	–	
		繩紋	85	1.6	–	–	–	○	–	–	○	○	–	1.5	–	繩紋+麻布 통보
		繩紋	86	1.5, 2.4	–	–	–	–	○	–	○	○	–	1.8	–	繩紋+麻布 통보
		繩紋	87	2.3	–	–	–	○	–	–	○	○	–	1.7	–	繩紋+麻布 통보

遺蹟	區分	文樣	數量	瓦桶		素地		色調			통보			기와두께 (cm)	紋樣線 (폭:mm)	備考
				통쪽 (폭:cm)	圓筒	가래떡 (춤:cm)	널판형	赤褐	黃褐	灰色	麻布 (올간:mm)	繩紋	갈대			
連川阿未城	암키와	繩紋	88	2.4	–	–	–	○	–	–	○	○	–	1.9	–	
	암키와	繩紋	89	2.1	–	–	–	○	–	–	3	–	–	1.6	–	
	수키와	無紋	90	–	–	–	–	○	–	–	○	○	–	2	–	繩紋+麻布 통보
	수키와	繩紋	91	–	–	–	–	○	–	–	○	○	–	1.9	–	繩紋+麻布 통보

(2) 와통 및 타날도구

위의 암키와의 제작와통은 통쪽와통을 써서 제작한 사례가 100%임은 위에서 기술한 바와 같다. 특히 고구려계의 기와 내면에 드러난 통쪽흔적은 볼륨(통쪽 하나 하나의 요철이 심하게 드러남)이 큰 것이어서, 백제나 고신라古新羅의 기와와는 다른 양상으로 보이게 마련이다. 그렇지만 위의 조사에서 고구려 기와에서 보이는 통쪽와통 흔적에는 통쪽을 엮는 끈 흔적을 관찰할 수 없다는 점이 앞으로 풀어야 할 과제 중 하나이다.

통쪽흔적의 너비는 1.5~2.5cm 내의 범위가 90% 이상이나 된다. 이는 통쪽의 너비를 대단히 얇게 깎아 사용했음을 의미한다. 한편 통보는 위의 속성표에서 제시한 바와 같이 마포麻布통보가 100%에 달한다. 그러나 무등리 1보루와 당포성, 아미성 출토 기와 중에는 마포麻布통보에 승문繩紋 흔적이 뚜렷하게 드러나는 사례가 조사되었다. 보고서에 의하면 승문繩紋 통보 위에 다시 승문繩紋이 압인 혹은 타날되었던 것으로 나타났다. 그런데 승문繩紋은 순수한 통보였는지는 좀더 확인이 필요하다. 낙랑과 대방 출토 기와에서는 전용 승문繩紋통보가 확인된다.[2)]

수키와는 통쪽와통을 관찰할 수 있는 사례는 확인되지 않았다. 이는 와통瓦桶의 크기가 작기 때문에 거의 나타나지 않았을 가능성도 있음을 유념해야 한다.

고구려의 기와 문양 타날도구는 작은 것은 백제나 고신라古新羅와 비슷한 크기이다. 그러나 긴 장판형長板形 타날구打捺具는 고구려에서만 조사되고 있다. 위의 표에서 알 수 있는 것처럼 연천 호로고루에서 9점의 장판형 타날도구가 확인된 것이다. 이러한 장판형 도구는 그 길이가 기와의 길이와 비슷하다고 판단하면 된다. 이러한 사례는 고구려 안학궁터에서 조사된 암키와가 실증하고 있다.[3)]

(3) 중국 동북지방 고구려유적

① 문양 및 색조의 특징

중국 동북지방 고구려 평기와의 문양은 격자문格子紋, 석문席紋, 선문線紋, 승문繩紋, 무문無紋 등으로 임진강유적과 고구려유적에서 확인된 것들과 비슷하다. 이들 기와의 수량은 조사한 유적 수량에 비하면, 극히 적은 수이다. 그렇지만 출토된 수량을 계량화함으로써 이들의 문양과 색조 분포의 흐름은 파악할 수 있다. 이들 기와의 문양은 적갈색, 황갈색, 회색의 세 종류로 크게 나눈다. 이 중 적갈색이 차지하는 기와의 분포도는 80%, 황갈색은 14.3%, 회색은 5.7%이다. 따라서 고구려 기와는 중국 동북지방에 분포한 것과 한반도에 분포한 것이 모두 적갈색이 크게 우세한 비율로

2. 내면 통보에 관해서는 최맹식, 「백제 평기와 한 유형에 관한 소고-기와 내면 승석문에 관하여-」, 『사학연구』, 한국사학회 제58 · 59합집호, 1999 ; 朝鮮總督府, 『高句麗時代之遺蹟』, 昭和4年 古蹟調查特別報告.

3. 『대성산의 고구려유적』, 앞 보고서, p.211.

제작되었음을 알 수 있다. 다만 지역에 따라서 크게 편차가 날 가능성도 있는데, 예를 들면 태왕릉 주변에서 조사된 기와는 평기와 및 수막새 모두 회색계임은 널리 알려져 있을 정도이다. 이는 주변의 토질이나, 이 지역만이 지닌 다른 사유가 있었는지는 확실하지 않다.

② 제작기법

〈표 17〉에서 볼 수 있는 바와 같이 수키와를 제외한 31점의 기와 중 통쪽와통에 의한 제작 기와는 27점, 원통와통圓筒瓦桶 제작기와는 4점으로 나타났다. 따라서 이들 기와에 대한 와통瓦桶별 제작비율製作比率을 보면, 통쪽와통 제작기와가 87%인 반면 원통와통圓筒瓦桶 제작기와는 13%를 보인다.

통쪽의 경우 그 너비를 보면, 가장 넓은 사례는 5㎝ 및 6㎝에 이르는 것이 각 1점이고, 나머지는 모두 1.8㎝에서 4.6㎝의 범위에 속한다. 따라서 중국 동북지방에 분포한 고구려 통쪽와통에 사용된 통쪽의 너비는 일반적으로 2~3.5㎝ 범위가 대부분이다.

③ 타날도구

타날도구의 흔적은 기와를 성형할 때 두드려서 생긴 자국이다. 고구려 평기와에 드러난 타날도구 흔적의 너비는 3.5㎝, 4㎝, 6㎝, 5~5.5㎝, 6㎝, 7~8㎝로 다양하다. 이들 중 가로 및 세로의 크기가 알려져 있는 경우는 극히 드물다. 이는 반복하여 타날하고 타날된 흔적을 지우거나 보이지 않게 잘 만든 상태를 의미하기 때문이다. 그렇지만 확인된 몇몇 사례에서는 주로 4~6㎝ 크기의 것으로 보고되고 있다. 한편 고구려의 타날도구에는 너비는 앞의 표와 같이 다양하지만, 길이는 장판형으로 길게 조사된 사례가 많다.

〈표 17〉 중국 동북지방 고구려산성 출토 평기와 속성표

遺蹟	區分	文様	數量	瓦桶		素地		눈테	色調			통보(mm)		기와두께(cm)	紋樣線(폭:mm)	備考
				통쪽(폭:cm)	圓筒	가래떡(춤:cm)	널판형	돌기형	赤褐	黃褐	灰色	麻布	갈대형			
丸都山城	암키와	格子紋	1	3.8	–	–	–	–	○	–	–	1.2	–	2~2.2	8	한 줄 엮기법
丸都山城	암키와	格子紋	2	○	–	–	–	○	○	–	–	1.2	–	1.7	6	打捺道具 幅 4cm
丸都山城	암키와	格子紋	3	–	○	–	–	–	○	–	–	1	–	1.7	2	
丸都山城	암키와	蓆 紋	4		○	–	–	○	○	–	–	1	–	2	2	
丸都山城	암키와	蓆 紋	5	2.7, 3.3	–	–	–	–	○	–	–	0.8×1	–	1.7	2	瓦刀 : 外→內
丸都山城	암키와	無 紋	6	5	–	○	–	–	–	○	–	1	–	2	–	테쌓기식 성형 (7.7)
新賓木奇城	암키와	格子紋	7	6	–	–	○	–	○	–	–	1.2×1.6	–	2~2.4	18	打捺道具 幅 7cm
新賓木奇城	암키와	格子紋	8	3.8, 4.6	–	–	–	–	○	–	–	1.1×1.2	–	2.2	5~9	打捺道具 幅 6cm
新賓木奇城	암키와	格子紋	9	3, 3.2	–	–	–	–	–	○	–	1.2×1.4	–	2.2~2.5	2~4	打捺道具 幅 3.5cm
新賓木奇城	암키와	格子紋	10	3.3, 3.8	–	–	–	–	–	○	–	1.2	–	1.9	2~3	打捺道具 幅 5.5cm
鐵嶺青龍山城	암키와	線 紋	11	3.4	–	○	–	–	○	–	–	1.4×1.6	–	1.6	2~4	
鐵嶺青龍山城	암키와	格子紋	12	2.4	–	–	–	–	○	–	–	1.4	–	1.3	2~3	
鐵嶺青龍山城	암키와	格子紋	13	○	–	–	–	–	○	–	–	0.9×1.4	–	1.8	2	
新賓五龍山城	암키와	格子紋	14	3.5, 4.5	–	○	–	–	○	–	–	1	–	1.9	2	
新賓五龍山城	암키와	無 紋	15	–	○	–	–	–	○	–	–	1	–	1.3	–	
新賓五龍山城	암키와	無 紋	16	–	○	–	–	–	○	–	–	1	–	1.4	–	
西豊城子山城	암키와	繩 紋	17	1.8, 2.4, 3	–	–	–	–	–	○	–	1.4	–	–	1.8	
西豊城子山城	암키와	格子紋	18	○	–	–	–	–	○	–	–	1.2	–	–	2.6	2~3

遺蹟	區分	文様	數量	瓦桶 통쪽 (폭:cm)	瓦桶 圓筒	素地 가래떡 (춤:cm)	素地 널판형	눈테 돌기형	色調 赤褐	色調 黃褐	色調 灰色	통보(mm) 麻布	통보(mm) 갈대형	기와두께 (cm)	紋樣線 (폭:mm)	備考
西豊城子山城	암키와	格子紋	19	2.6, 2.9	–	–	–	–	–	○	–	2×3	–	–	1.8	2~3
延吉興安城	암키와	格子紋	20	3~3.3	–	–	–	–	○	–	–	1.6	–	1.9	3~4	
		格子紋	21	○	–	–	–	–	○	–	–	1.2	–	1.5	2~3	기와 내면 쓸음
海城英城子山城	암키와	格子紋	22	4	–	–	–	–	○	–	–	2	–	2.2	2~4	
		格子紋	23	3.5	–	○	–	–	○	–	–	1.2	–	2.4	8	테쌓기식 成形
		繩 紋	24	3.5	–	–	–	–	○	–	–	1.1	–	2.5	3	
撫順高爾山城	암키와	繩 紋	25	○	–	–	–	–	○	–	–	5~20	–	1.9~3.1	–	
		無 紋	26	○	–	○	–	–	○	–	–	1.2	–	1.7	–	指頭紋 테쌓기식 成形
撫順玄菟城	수키와	繩 紋	27	3~3.5	–	–	–	–	○	–	–	1.2	–	2.4	–	
吉林龍潭山城	암키와	無 紋	28	?	?	–	–	–	○	–	–	○	–	1.7	–	
開原龍潭山城	암키와	蓆 紋	29	3.6	–	–	–	–	○	–	–	1.1	–	2	–	
新賓太子城	암키와	繩 紋	30	2.8	–	–	–	–	○	–	–	1.1	–	2.1	–	
		繩 紋	31	3.1	–	–	–	–	○	–	–	1	–	2	–	
	수키와	無 紋	32		○	–	–	–	○	–	–	1.4	–	1.5	–	
莊河城山山城	암키와	繩 紋	33	不明	–	–	–	–	○	–	–	1.2	–	2	–	
集安太王陵	암키와	無 紋	34	2.5~2.9	–	춤 3.3	–	–	○	–	–	1.2	–	2.5	–	指頭紋 테쌓기식 성형

〈표 17〉에서 알 수 있는 바와 같이 중국 신빈[新賓] 오룡산성에서 조사된 격자문格子紋 기와의 경우는 너비 4㎝, 길이 14.6㎝ 이상에 이르는 사례가 확인되었다. 이 정도의 길이는 사실상 기와의 세로 길이(춤)에 맞추어 만들었을 가능성이 높다. 이러한 장판형 타날도구는 통일신라 이후 기와에서 흔히 나타나는 것이다.

2) 백제

백제는 전기인 한성도읍시기와 후기인 웅진 · 사비도읍시기에 사용되었던 기와 제작기법에서 차이점이 있다. 1997년도에 발굴한 풍납토성 출토 평기와는 출토 유적과 토층에 따른 반출유물이 확실하고, 많은 토기 등을 빌려 충분한 검증이 되었다.

(1) 풍납토성 출토 평기와 조사[4](도면 69~71)

풍납토성 내부에 대한 본격적인 조사는 1997년도 아파트부지에 대한 사전 발굴조사가 이루어지면서부터 시작되었다. 그 동안 단편적인 조사와 내부 관련 유적과 연계되지 않은 상태로 간간이 출토 · 조사된 것이어서 그 실체가 잘 알려지지 않았다.

〈표 18〉에서 정리된 47점의 암키와는 모두 백제 전기의 주거지 및 안정된 조사층에서 출토되었다. 우선 와통瓦桶부터 살펴보면, 27점인 57%가 통쪽와통에 의한 제작법에 의한 것이다. 나머지는 원통와통圓筒瓦桶이거나 통쪽와통 흔적이 나타나지 않은 일부가 포함되었을 가능성이 있다. 통쪽흔적은 가장 좁은 2.9㎝와 3.5㎝ 짜리가 1점씩 확인되었고, 가장 넓은 것은 7.5㎝에 이른다. 대부분의 통쪽 너비는 4~6㎝ 범위 내에 들어 있다.

4. 이 조사표는 국립문화재연구소 앞 보고서 내용을 정리한 것이다.

〈표 18〉 풍납토성내 건물지 출토 암키와 속성표

區分 / 기와	文樣	連番	瓦桶		素地			色調			麻布통보 (mm)	기와두께 (cm)	備考
			통쪽 (폭:cm)	圓筒	가래떡 (춤:cm)	널판형	눈테	(黑)灰色	赤褐色	褐色系			
암키와	格子紋	1	4.3	−	−	−	−	○	−	−	1	1.2	가-1號住居址
	格子紋	2	4.5	−	−	−	−	○	−	−	1~2	1.1	가-2號住居址
	格子紋	3	6.5	−	5	−	−		○	−	1	1.5	가-2號住居址
	繩紋	4	○	−	2	−	−	○	−	−	1	1.2	가-3號住居址
	格子紋	5	−	−	−	−	−	○	−	−	1~2	1.3	가-3號住居址
	格子紋	6	3.5~4	−	2.2	−	−	○	−	−	1	1.2	가-5號住居址, 草花紋수막새
	繩紋	7	4.2	−	2	−	−	−	○	−	1	1~1.5	가-7號住居址
	無紋	8	5	−	−	−	−	−	−	○	1	1.3~1.6	나-2號住居址
	無紋	9	5~6	−	−	−	−	−	−	○	1	0.7~1.4	나-2號住居址
	格子紋	10	7	−	3.5~4	−	−	−	○	−	1	1.3~1.5	나-7號住居址
	格子紋	11	6~7	−	3	−	−	−	○	−	1	1.3	나-7號住居址
	格子紋	12	−	−	−	−	−	−	○	−	−	1.3	나-7號住居址
	格子紋	13	6	−	−	−	−	−	○	−	1	1.4	나-7號住居址
	線紋	14	−	−	○	−	−	○	○	−	1	1.3~2	1號竪穴, 色調混用
	格子紋	15	○	−	−	−	−	−	○	−	12	1.2	가-21號竪穴
	格子紋	16	6	−	−	−	−	○	−	−	12	0.9~1.5	나-2號竪穴, 한 줄 엮기법, 打捺道具 4×4.5cm
	線紋	17	−	−	2.8~3	−	−	○	−	−	1	1.2	가-서쪽 탐색, 打捺道具 4cm
	無紋	18	−	−	−	−	−	○	−	−	1	1.3	가-동쪽탐색
	格子紋	19	2.9, 4.5	−	2.2	−	−	○	−	−	1	1.3~1.5	가-N2W2
	無紋	20	−	−	1.3~3	−	−	−	○	−	1	1.3~1.5	가-N2W2
	格子紋	21	4.5	−	−	−	−	−	○	−	1, 15	1.7	가-S1W2
	格子紋	22	6	−	3	−	−	−		○	1	1.3	가-S1W2

區分 / 기와	文樣	連番	瓦桶 통쪽 (폭:cm)	瓦桶 圓筒	素地 가래떡 (춤:cm)	素地 널판형	눈테	色調 (黑)灰色	色調 赤褐色	色調 褐色系	麻布통보 (mm)	기와두께 (cm)	備考
암키와	繩　紋	23	–	–	–	–	–	○	○		1	1.3	가-S2E1
	格子紋	24	–	–	3.5	–	–	–		○	1	1.8	가-S2E1
	無　紋	25	–	–	–	–	–	○		–	1	1.3	가-S4W2
	無　紋	26	–	–	–	–	–	○		–	1	1.2~1.5	가-S4W2
	格子紋	27	4.8	–	–	–	–	–	–	–	1	1.1~1.3	가-S4E0
	格子紋	28	○	–	2~3	–	–	○	–	–	1	1.5	가-S5W1 (上層)
	格子紋	29	6.8	–	3.5	–	–	○	–	–	1	1.5	가-S5W1 (中層) 打捺道具 4cm 한 줄 엮기법
	繩　紋	30	7~7.5	–	3~4	–	–	○	–	–	1	1.2~1.5	가-S5W1 (中層)
	格子紋	31	5.8	–	–	–	–	○	–	–	1	1.5	가-S5W1 (中層), 두 줄 평행 엮기법
	格子紋	32	4.5	–	–	–		○	○	–	1	1.4	가-S5W1 (中層)
	無　紋	33	–	–	–	–	–	○	–	–	1	1.1	가-S5W1 (中層)
	無　紋	34	–	–	–	–	–	○	–	–	1	1.3~1.5	가-S5W1 (中層)
	格子紋	35	–	–	–	–	–	○	–	–	–	0.8	가-S5W1 (中層)
	無　紋	36	–	–	–	–		○	–	–	1	1.4	가-S5E0 (中層)
	無　紋	37	–	–	–	–	–	○	–	–	–	1.7	가-S5E0 (中層)

區分 / 기와	文様	連番	瓦桶 통쪽 (폭:cm)	瓦桶 圓筒	素地 가래떡 (춤:cm)	素地 널판형	눈테	色調 (黑)灰色	色調 赤褐色	色調 褐色系	麻布통보 (mm)	기와두께 (cm)	備考
암키와	格子紋	38	6~7	–	○	–	–	○	–	–	1	1.8	가-S5E0 (中層)
	無紋	39	–	–		–	–	–	–	○	–	0.9	나-N2E2
	格子紋	40	6.4	–	3.5	–		○	–	–	1	1.5	나-N2E2
	無紋	41	4	–	–	–	–	○	–	○	–	1.5	나-N2E2
	格子紋	42	–	–	–	–	–	–	○	○	1	1.1	가-遺物包含層 (中下層)
	無紋	43	–	–	–	–	–	○	–	–	1	1.1	가-遺物包含層 (中下層)
	無紋	44	–	–	–	–	–	–	–	○	1	1.2	가-遺物包含層 (中下層)
	格子紋	45	–	–	–	–	–	○	–	–	1	1.3~1.5	가-遺物包含層 (下層), 麻布紋 지움
	格子紋	46	6.2	–	3.8	–	–	○	–	○	1	1.1	收拾遺物
	格子紋	47	–	–	–	–	–	–	○	○	1	1.6	收拾遺物

또 통쪽을 엮는 방법이 기와 내면을 통하여 관찰된다. 각 통쪽을 엮는 방법으로는 한 줄 엮기와 두 줄 엮기법 등이 확인된다.

소지素地는 가래떡형 소지素地가 관찰된 사례가 40%이다. 그러나 널판형 소지素地가 확인되는 사례는 전혀 없다. 이러한 가래떡형 소지素地가 높게 나타나는 추세는 1차 타날과 재타날 작업 등의 작업공정을 반복하는 과정에서 드러난 것이다. 상기한 바와 같이 널판형 소지素地가 확인되지 않는 것은 백제 전기에는 가래떡형 소지素地가 처음 단일방법으로 등장하여 사용되었다는 것을 의미한다. 따라서 널판형 소지는 아직 출현하

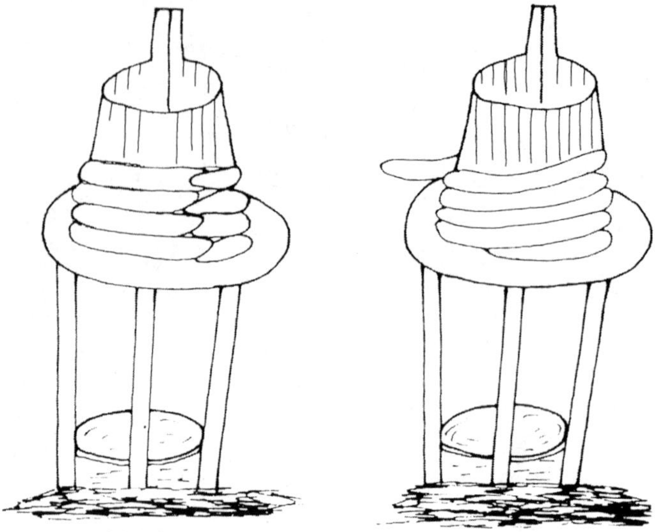

테쌓기형 제작　　　　말아감기형 제작

① 가래떡형 소지에 의한 평기와 제작 모사도

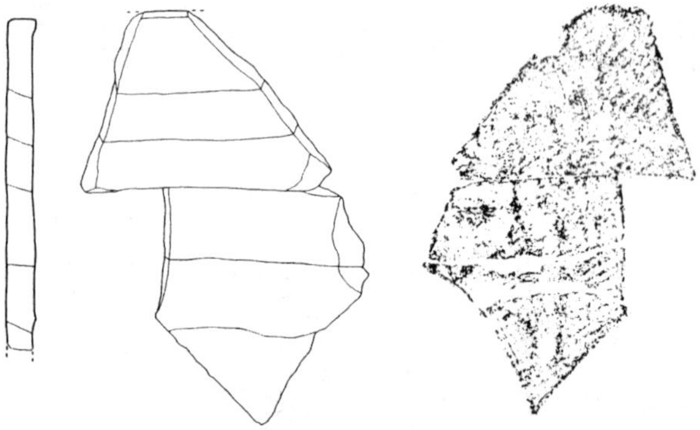

② 풍납토성 출토 기와 가래떡형 소지 흔적

도면 69. 백제 한성시기 평기와 제작기법(가래떡형 소지만을 사용 적용)

지 않았다는 방증으로 해석된다. 가래떡형 소지素地의 춤은 낮은 것은 1.3㎝이고, 가장 높은 것은 5㎝에 이른다. 대부분의 춤은 2~3.5㎝ 내에 포함된다.

암키와의 색조는 회색과 적색, 갈색이 확인되었다. 이 중 회색이 68%, 적색계는 21%, 회색계는 11% 내외이다. 이는 백제 전기 평기와의 대부분은 회색계임을 말해준다. 다만 색조는 태토의 외측면과 내측면 또는 태심胎心이 서로 다른 색조를 이루는 것과 외측면이나 내면에서도 부분적으로 다른 색조를 나타내는 사례가 있다. 이는 태토胎土의 색조는 원칙적으로 원 태토와 소성에 따른 조화에서 생성된 것이지만, 부분적인 차이는 소성도와 불기운(직접 닿는가, 닿지 않는가 등)이 직접적인 원인을 제공하는 것으로 판단된다.

통보는 마포麻布통보 이외에는 확인되지 않고 있다. 내면 마포문麻布紋은 올과 올간의 너비가 4점은 1~2㎜, 나머지 43점은 모두 1㎜ 내외의 너비를 가지고 있다. 마포麻布의 한 올간의 너비는 1㎜ 내외가 보통 굵기에 속한다. 이곳 출토 암키와의 한 올간 굵기는 가장 성긴 것이 2㎜를 넘지 않는다.

암키와의 두께는 백제 후기에 비하여 얇게 나타나는 현상이 뚜렷하다. 이 시기의 기와 두께는 1㎝ 내외이고, 이보다 얇게 조성된 사례가 많다. 타날도구의 크기는, ① 4×4.5㎝, ② 4㎝ 등의 크기 흔적이 관찰되었다.

풍납토성내 건물지에서 출토된 수키와의 출토 수량은 암막새와 대비하여 39%에 이른다. 이 비율은 다른 유적에서 출토된 수키와의 비율이 20~30% 내외임에 비하면 다소 높은 편에 속한다.

수키와를 만드는 와통은 원통와통圓筒瓦桶으로 조사되었다. 그러나 앞에서 언급한 바와 같이 그 흔적이 거의 드러나지 않는다는 점에서 앞으로 꾸준한 관찰이 필요하다. 이 중 무문無紋 수키와 1점은 통쪽와통에 의한

〈표 19〉 풍납토성내 건물지 출토 수키와 속성표

區分 / 기와	文様	連番	瓦桶 無瓦桶	瓦桶 통쪽	瓦桶 圓筒	素地 가래떡 (cm)	色調 灰(青)色	色調 灰(黑)色	色調 褐色系	麻布통보 (mm)	기와두께 (cm)	備考
수키와	無紋	1	–	–	○	○	○	–	–	1	0.8~1	가-1號住居址. 準미구기와
	無紋	2	–	–	○	–	○	–	–	1	1	가-2號 住居址
	無紋	3	–	–	○	–	○	–	–	1~2	1	가-2號住居址. 미구기와
	無紋	4	–	–	–	2	○	–	–	1	0.8~1.2	가-7號住居址. 準미구기와 瓦釘口, 無布痕
	無紋	5	○	–	–	1	○	–	–	–	1.1	나-7號住居址. 無布痕
	無紋	6	○	–	–	1.2		–	–	–	1.1	나-7號住居址
	無紋	7	–	–	–	1~2	–	○	–	1	0.8~1	가지구 탐색
	無紋	8	○	–	–	3.5~4	–	–	○	–	1	가지구 탐색, 無布痕
	無紋	9		–	–	2.8	–	○	–	1	0.81	가-서쪽 탐색
	無紋	10		–	–	○	○	–	–	1~2	1	가-동쪽 탐색. 미구기와
	無紋	11	○	–	–	3	–	○	–	–	1.5	가-N2W2, 無布痕
	無紋	12		–		4.3	○	–	–	1	1	가-N2W2
	無紋	13	○	–	–	○	○	–	–		1.1~1.5	가-S2E1
	無紋	14		–	–	2~3	–	–	○	1	0.8	가-S4W2
	無紋	15		–	–	–	○	–	–	1	0.7	가-S4W2
	格子紋	16	○	–	–	○	○	–	○		1.2	가-S5W1(上層). 色調混用
	無紋	17		○	–	–	–	–	○	1	0.6	가-S5W1(上層). 통쪽와통
	無紋	18		–	–	–	–	○	–	1	0.9	가-S5W1(中層)
	無紋	19		–	–	○	○	–	–	1	0.8	가-S5W1(中層)

區分 / 기와	文樣	連番	瓦桶 無瓦桶	瓦桶 통쪽	瓦桶 圓筒	素地 가래떡 (cm)	色調 灰(青)色	色調 灰(黑)色	色調 褐色系	麻布 통보 (mm)	기와두께 (cm)	備考
수키와	無　紋	20		–	–	2~3	○	–	–	1	0.7	가-S5W1(中層)
	無　紋	21		–	–	3.5~5	○	–	–	1~2	1.2	가-S5W1(中層)
	無　紋	22		–	–	○	○	–	–	–	0.6	가-S5E0(中層)
	無　紋	23	–	–		2	–	○	–	1	0.9	가-S6W2
	無　紋	24	–	–		2	○	–	–	1	1.2	가-S6W2. 下端內部 指頭紋
	無　紋	25	–	–		2	–	–	–	–	0.8~1	가-S6W1. 미구기와
	無　紋	26	–	–		–	–	○	–	1	0.9~1.2	가-S6W1
	格子紋	27	–	○		–	○	–	–	1~2	0.8~1	가-S6W1
	無　紋	28	–	–		–	○	–	–	1	1	나-N2E2
	無　紋	29	–	–	–	3.7	○	–	–	1	0.7~1	가-遺物包含層 (中層). 準미구기와
	無　紋	30	–	–	–	–	○	○	–	1	0.9~1.3	가-遺物包含層 (中下層)

제작 가능성이 높다. 특히 마포麻布흔적이 확인되지 않는 4점 중 무문無紋 수키와 1점은 무와통無瓦桶을 써서 제작했을 가능성도 있다. 이는 내면에 마포문麻布紋을 문지르지는 않았지만, 마포麻布흔적이 확인되지 않기 때문이다.

수키와에 사용되었던 소지素地는 암키와와 같다. 기와 성형을 위하여 충분한 타날 작업공정 과정에서 거의 지워졌을 가능성이 크지만, 수키와 30점 중 가래떡형 소지素地를 확인할 수 있었던 유물이 20점(67%)에 이르는 것은 사실상 모두가 가래떡형 소지로 제작되었을 가능성도 있다. 이는 역시 암키와와 같은 경향이다. 가래떡형 소지素地에서 소지素地의 춤이 가

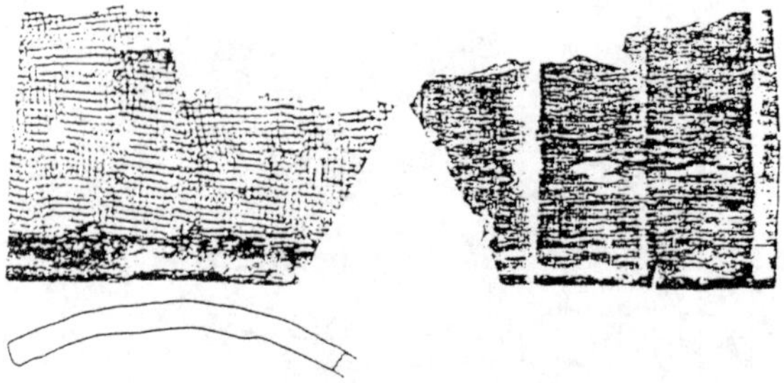

① 격자문암키와[통쪽 및 두 줄 엮기법(통쪽흔적)]

② 수키와 가래떡형 소지 부착 흔적

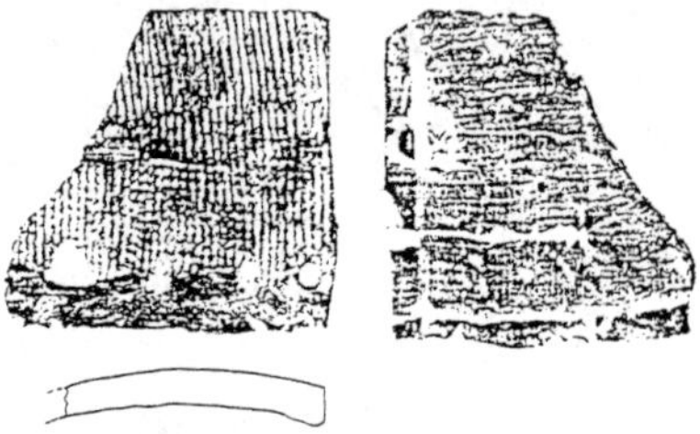

③ 승문암키와 가래떡형 소지 흔적

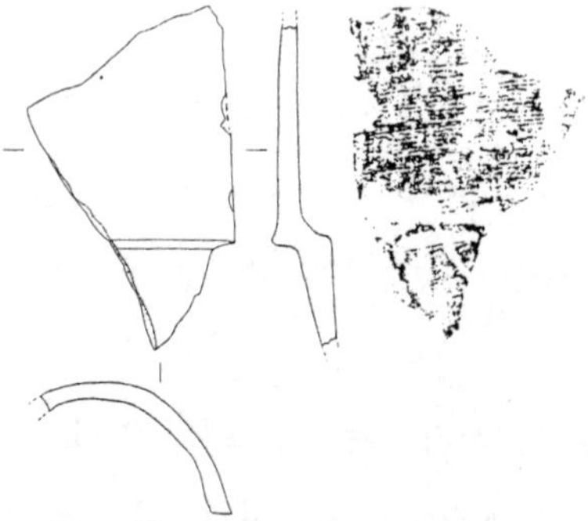

④ 미구기와

도면 70. 백제 전기(풍납토성) 평기와 탁본 및 그림

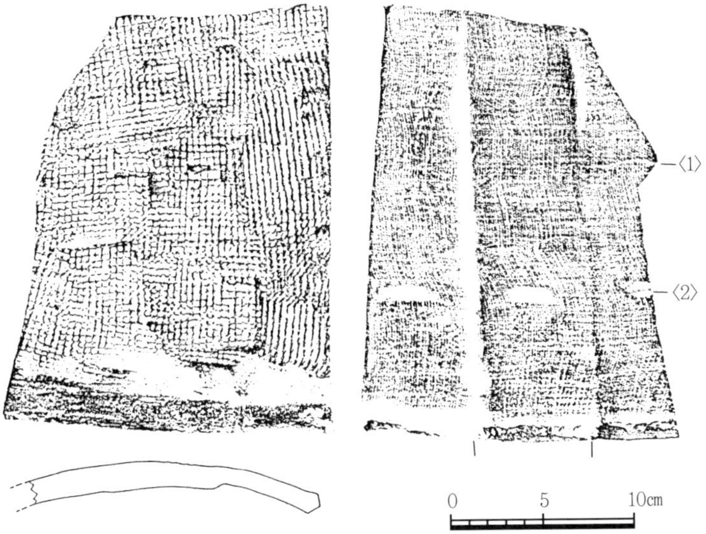

① 풍납토성 출토 암키와 통쪽와통 · 연결끈 · 가래떡형 소지 흔적

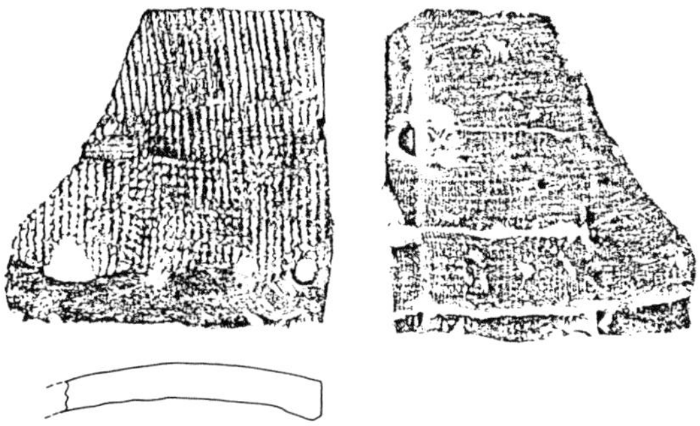

② 풍납토성 출토 승문암키와 가래떡형 소지 세부

도면 71. 백제 전기 평기와 통쪽 및 가래떡형 소지 제작기법

장 낮은 것은 1㎝, 가장 높은 것은 5㎝에 이른다. 대부분의 춤 높이는 2~4㎝ 내에 속한다.

통보는 마포문麻布紋통보만이 확인된다. 이 중에는 마포문麻布紋 흔적이 관찰되지 않는 것이 4점이다. 이들 모두 무와통無瓦桶을 써서 제작했는지는 확실하지 않다.

수키와의 두께는 0.7㎝에서 1㎝ 내외의 것이 많다. 이는 암키와와 함께 얇게 제작했음을 알 수 있다.

풍납토성의 수키와는 미구기와, 토수기와, 준準미구기와가 조사된다. 미구기와는 3점이 조사되었으며, 토수기와는 좀 더 많은 수량이 출토되었다. 이 수키와 중에는 내면에 마포문麻布紋이 없는 것에도 와정瓦釘 구멍이 뚫린 사례가 보인다. 또 앞에서 기술한 수키와 중 준準미구기와는 마치 언강에서 미구로 이어지는 지점은 제작시에 의도적으로 누르면서 기와의 둘레를 돌린 것이다. 따라서 이 미구흔적은 일반 미구의 길이에 비하여 훨씬 길게 조성되었다. 이러한 기와는 3점이 조사되었는데, 편의상 "준準미구기와"로 명명하기로 한다. 이 준準미구기와의 내면 역시 마포흔적과 함께 미구로 시작되는 부분이 힘에 의하여 눌렸던 것을 확인할 수 있다.

수키와와 암키와는 측면은 거의 99%가 정면조정에 의하여 와도의 방향을 관찰할 수 없었다. 이는 2분법이나 4분법에 따라 분리한 후에 기와의 양측면을 와도로서 완전하게 정면을 베어 내거나, 여러 번에 걸쳐 조정작업을 거친 것이다. 따라서 분리시 와도를 어느 방향에서 대었는지 거의 확인되지 않았다.

〈표 20〉의 기와 속성표에서 암키와에는 무와통無瓦桶에 의한 제작이 이루어진 사례가 확인되었다. 나머지 대부분의 속성은 풍납토성 출토 기와와 거의 일치하고 있다.

〈표 20〉 화산유적 출토 암키와 속성표[5)]

區分/文様	連番	기와두께(cm)	瓦桶			素地	통보		色調	側面調査	備考
			無瓦桶	통쪽	圓筒	가래떡(cm)	無	麻布			
格子紋	1	1.2	–	–	○	4.4	○	–	회백	半折	
格子紋	2	1.2	–	–	○	4~5	○	–	회	전면	
格子紋	3	1.1	–	–	○	5.5	○	–	암회	전면	
格子紋	4	1.2	–	–	○	○	○	–	회	?	
格子紋	5	1.3	–	–	○	○	○	–	회	전면	
格子紋	6	1.2	–	–	○	3.5	○	–	황갈	전면	
格子紋	7	1.2	–	–	○	4	○	–	황갈	?	
格子紋	8	1.1	–	–	○	3	○	–	회	전면	
格子紋	9	1.2	–	–	○	3	○	–	회	전면	
格子紋	10	1.5	–	–	○	3.5	○	–	회	전면	
格子紋	11	1.2	–	–	–	–	○	–	황갈	전면	
格子紋	12	1.2	–	–	–	–	○	–	회황	?	
格子紋	13	1.2	–	–	○	4.5	○	–	회	전면	
格子紋	14	1.5	–	–	○	3.8	○	–	회황	?	
格子紋	15	0.9	–	–	–	–	○	–	회	?	
格子紋	16	1.1	–	–	○	○	○	–	회	?	
格子紋	17	1.2	–	–	–	–	○	–	회	전면	
格子紋	18	1.3	–	–	–	–	○	–	회	?	
格子紋	19	1.3	–	–	–	–	○	–	흑회	?	
格子紋	20	1.6	–	–	○	○	○	–	흑회	전면	
格子紋	21	1.1	–	–	○	3.8	○	–	황갈	?	
格子紋	22	1.1	–	–	–	–	○	–	황갈	?	
格子紋	23	1.2	–	–	○	○	○	–	흑회	?	

5. 권오영, 「백제 전기 기와에 대한 신지견-화성 화산고분군 채집 기와를 중심으로-」, 『백제연구』, 충남대학교 백제연구소, 2001에서 전재. 명칭과 기타 필요한 사항은 필자가 임의로 고친 부분이 있음.

區分 / 文樣	連番	기와두께 (cm)	瓦桶			素地	통보		色調	側面調査	備考
			無瓦桶	통쪽	圓筒	가래떡 (cm)	無	麻布			
格子紋	24	0.9	–	–	–	–	○	–	적갈	전면	
格子紋	25	0.7	–	–	○	3.5	○	–	적갈	전면	
格子紋	26	1.2	–	–	○	4.0	○	–	흑회	전면	
格子紋	27	1.3	–	–	○	2.2	○	–	흑회	?	
格子紋	28	1.0	–	–	○	3.2	○	–	회	전면	
格子紋	29	1.0	–	–	○	3.5	○	–	황갈	전면	
格子紋	30	0.9	–	–	○	○	○	–	황갈	전면	
格子紋	31	1.2	–	–	–	–	○	–	적갈	?	
格子紋	32	1.2	–	–	–	–	○	–	회	전면	
格子紋	33	1.1	–	–	–	–	○	–	황갈	?	
斜格子紋	34	1.3	–	–	–	3	○	–	회	전면	
斜格子紋	35	1.3	–	–	–	3.5	○	–	황갈	전면	
斜格子紋	36	1.2	–	–	–	2.8	○	–	흑회	?	
斜格子紋	37	1.4	–	–	–	5	–	○	회	전면	
斜格子紋	38	1.2	–	–	–	–	○	–	적갈	?	
斜格子紋	39	1.2	–	–	–	3.5	○	–	황갈	?	
斜格子紋	40	1.2	–	–	–	○	○	–	흑회	?	
斜格子紋	41	1.1	–	–	–	4.1	○	–	황갈	?	
斜格子紋	42	1.1	–	–	–	3.2	○	–	암회	전면	
斜格子紋	43	1.3	–	–	–	3.3	○	○	적갈	?	
斜格子紋	44	1.2	–	–	–	3.0	○	–	회	전면	
斜格子紋	45	1.2	–	–	–	3.5	○	–	흑회	?	
斜格子紋	46	1.0	–	–	–	2.9	○	–	흑회	?	
斜格子紋	47	0.9	–	–	–	3.0	○	–	흑회	전면	
斜格子紋	48	1.5	–	–	–	3.5	○	–	회청	전면	
斜格子紋	49	1.0	–	–	–	2.5	○	–	황갈	전면	
斜格子紋	50	1.1	–	–	–	–	○	–	황갈	전면	
斜格子紋	51	1.2	–	–	–	○	○	–	황갈	?	
斜格子紋	52	1.1	–	–	–	–	○	–	적갈	?	

區分 / 文樣	連番	기와두께 (cm)	瓦桶			素地	통보		色調	側面調査	備考
			無瓦桶	통쪽	圓筒	가래떡 (cm)	無	麻布			
斜格子紋	53	1.3	–	–	–	4.0	○	–	황갈	?	
斜格子紋	54	1.0	–	–	–	3.8	○	–	황갈	?	
斜格子紋	55	1.1	–	–	–	3.7	○	–	회	?	
斜格子紋	56	1.0	–	–	–	3.0	○	○	흑회	전면	
斜格子紋	57	0.9	–	–	–	○	○	–	회	?	
斜格子紋	58	1.0	–	–	–	3.3	○	–	황회	?	
斜格子紋	59	1.1	–	–	–	○	○	–	회	?	
斜格子紋	60	1.2	–	–	–	4.0	○	–	황회	전면	
斜格子紋	61	1.0	–	–	–	?	○	○	황회	?	
斜格子紋	62	1.0	–	–	–	○	○	–	황회	?	
斜格子紋	63	1.5	–	–	–	?	○	–	회청	?	
斜格子紋	64	1.2	–	–	–	?	○	–	회	?	
斜格子紋	65	1.1	–	–	–	?	○	–	암회	?	
斜格子紋	66	1.0	–	–	–	?	○	–	명회	?	
斜格子紋	67	1.2	–	–	–	?	○	–	회	전면	
斜格子紋	68	1.1	–	–	–	?	–	○	암회	?	
斜格子紋	69	1.2	–	–	–	?	○	–	황갈	?	
斜格子紋	70	1.3	–	–	–	?	○	–	회	전면	
斜格子紋	71	1.3	–	–	–	?	○	–	회	전면	
斜格子紋	72	1.4	–	–	–	○	○	–	황회	?	
斜格子紋	73	0.8	–	–	–	?	–	–	흑회	전면	
斜格子紋	74	1.0	–	–	–	?	○	–	회	전면	
斜格子紋	75	1.2	–	–	–	?	○	–	적갈	?	
斜格子紋	76	1.1	–	–	–	?	○	–	적갈	전면	
斜格子紋	77	1.1	–	–	–	?	○	–	흑회	?	
斜格子紋	78	1.3	–	–	–	?	○	–	흑회	?	
斜格子紋	79	1.1	–	–	–	?	○	–	황갈	전면	
斜格子紋	80	1.1	–	–	–	?	○	–	흑회	전면	
線　　紋	81	1.2	–	–	–	5.5	○	–	황갈	전면	

區分 / 文樣	連番	기와두께(cm)	瓦桶			素地	통보		色調	側面調査	備考
			無瓦桶	통쪽	圓筒	가래떡(cm)	無	麻布			
線　　紋	82	1.0	–	–	–	○	○	–	황갈	?	
線　　紋	83	1.4	–	–	–	4.0	○	–	회	전면	
線　　紋	84	0.8	–	–	–	○	○	–	흑회	전면	
線　　紋	85	1.0	–	–	–	2.7	○	–	황갈	?	
線　　紋	86	1.0	–	–	–	○	○	–	황갈	?	
線　　紋	87	1.0	–	–	–	○	○	–	황갈	?	
線　　紋	88	1.1	–	–	–	2.3	○	–	황갈	?	
無　　紋	89	1.3	–	–	–	?	○	–	적갈	전면	
無　　紋	90	1.0	–	–	–	?	○	–	적갈	전면	
無　　紋	91	1.2	–	–	–	?	○	–	적갈	전면	

〈표 21〉 화산유적 출토 수키와 속성표

區分 / 文樣	連番	기와두께(cm)	瓦桶			素地		통보		色調	側面調査	備考
			無瓦桶	통쪽	圓筒	가래떡(cm)	널판형	無	麻布			
格 子 紋	1	0.7	–	–	–	–	–	–	○	황갈	?	
格 子 紋	2	1.2	–	–	–	–	–	○	–	회	?	
無　　紋	3	1.2	–	–	–	○	–	–	○	황갈	전면	
無　　紋	4	0.9	–	–	–	○	–	○	–	적갈	전면	
無　　紋	5	1.0	–	–	–	○	–	–	○	회	?	
無　　紋	6	0.9	–	–	–	–	–	○	–	적갈	전면	
無　　紋	7	0.8	–	–	–	–	–	–	○	회	전면	
無　　紋	8	0.8	–	–	–	–	–	–	○	황갈	전면	
無　　紋	9	1.1	–	–	–	–	–	–	○	황갈	전면	
無　　紋	10	1.1	–	–	–	–	–	–	○	회황	전면	

區分 / 文樣	連番	기와두께(cm)	瓦桶			素地		통보		色調	側面調査	備考
			無瓦桶	통쪽	圓筒	가래떡(cm)	널판형	無	麻布			
無紋	11	0.9	−	−	−	−	−	−	○	황백	전면	
無紋	12	1.1	−	−	−	○	−	○	−	황갈	전면	
無紋	13	0.8	−	−	−	−	○	−	○	회백	전면	
無紋	14	0.8	−	−	−	○	−	−	○	황백	전면	
無紋	15	0.9	−	−	−	○	−	−	○	황갈	전면	
無紋	16	0.9	−	−	−	−	−	−	○	황갈	?	
無紋	17	0.8	−	−	−	−	−	−	○	회황	전면	
無紋	18	1.3	−	−	−	○	−	−	○	암회	전면	
無紋	19	1.3	−	−	−	○	−	−	○	황갈	?	
無紋	20	1.2	−	−	−	−	−	−	○	회	?	
無紋	21	1.0	−	−	−	−	−	−	○	황갈	?	
無紋	22	1.1	−	−	−	−	○	−	○	회	?	
無紋	23	1.2	−	−	−	−	−	−	○	회갈	전면	
無紋	24	1.2	−	−	−	−	−	−	○	황갈	전면	
無紋	25	1.0	−	−	−	−	−	−	○	황갈	전면	
無紋	26	0.9	−	−	−	○	−	−	○	황백	전면	
無紋	27	0.9	−	−	−	−	−	−	○	회백	전면	
無紋	28	0.5	−	−	−	−	−	−	○	황갈	전면	
無紋	29	0.7	−	−	−	−	−	−	○	갈	전면	
無紋	30	0.9	−	−	−	−	−	−	○	황갈	?	
無紋	31	1.1	−	−	−	−	−	−	○	적갈	?	
無紋	32	0.8	−	−	−	−	−	−	○	황백	?	
無紋	33	0.8	−	−	−	−	−	−	○	황갈	?	
無紋	34	0.7	−	−	−	−	−	−	○	황갈	전면	
無紋	35	0.7	−	−	−	−	−	−	○	회	?	
無紋	36	0.6	−	−	−	−	−	−	○	황갈	전면	
無紋	37	1.2	−	−	−	−	−	−	○	명갈	?	
無紋	38	0.7	−	−	−	○	−	−	○	황갈	?	
無紋	39	0.7	−	−	−	−	−	−	○	갈	?	

區分 / 文樣	連番	기와두께 (cm)	瓦桶			素地		통보		色調	側面調査	備考
			無瓦桶	통쪽	圓筒	가래떡 (cm)	널판형	無	麻布			
無　　紋	40	0.9	–	–	–	–	○	–	○	적갈	전면	
無　　紋	41	1.2	–	–	–	–	–	–	○	회	?	
無　　紋	42	0.6	–	–	–	–	–	–	○	적갈	?	
無　　紋	43	1.0	–	–	–	–	–	–	○	갈	?	
無　　紋	44	1.1	–	–	–	–	–	–	○	암회	전면	
無　　紋	45	0.9	–	–	–	–	–	–	○	회	?	
無　　紋	46	0.9	–	–	–	–	–	–	○	갈	?	
無　　紋	47	0.8	–	–	–	–	–	–	○	회백	전면	
無　　紋	48	1.4	–	–	–	–	–	–	○	회갈	?	
無　　紋	49	0.7	–	–	–	○	–	–	○	회	전면	
無　　紋	50	1.0	–	–	–	–	–	–	○	암회	전면	
無　　紋	51	0.7	–	–	–	–	–	–	○	황갈	?	
無　　紋	52	1.1	–	–	–	–	–	–	○	황갈	전면	
無　　紋	53	0.8	–	–	–	–	–	–	○	황갈	?	
無　　紋	54	0.9	–	–	–	–	–	–	○	명갈	?	
無　　紋	55	0.7	–	–	–	–	–	–	○	황갈	?	
無　　紋	56	0.8	–	–	–	–	–	○	–	적갈	전면	
無　　紋	57	1.2	–	–	–	–	–	–	○	갈	전면	
無　　紋	58	1.2	–	–	–	–	–	–	○	황갈	전면	

용정리사지 출토 기와는 암키와 및 수키와 모두 출토된다. 와통瓦桶은 암키와의 경우 통쪽와통이 대부분을 차지하고 있다. 목탑지 북편기단 외측 구舊지표층에서 출토된 암키와는 원통와통은 관찰되지 않고, 대부분 통쪽와통으로 제작된 것이어서 주목된다. 이러한 경향은 확실하지는 않지만, 이곳에서 출토된 기와가 당시 통쪽와통으로만 제작하는 장인匠人에 의하여 제작되었을 가능성도 있다. 수키와는 통쪽와통에 의한 제작은 발

견되지 않는다. 색조는 적갈색과 회색계가 대부분이지만, 색조가 혼용인 경우가 있다. 통보는 모두 마포麻布통보로 확인된다(도면 72-②).

암키와는 와도瓦刀를 써서 원칙적으로 내측에서 외측면으로 향하여 그은 다음에 분리한 것은 삼국시대부터 조선시대까지 상통된 전통이다. 다

〈표 22〉 용정리사지 목탑 동편 구지표층 출토 평기와 속성표

<table>
<tr><th colspan="2" rowspan="2">區分 / 文樣</th><th rowspan="2">數量</th><th colspan="2">瓦桶</th><th colspan="5">瓦刀</th><th rowspan="2">色調</th><th rowspan="2">두께(cm)</th><th rowspan="2">備考</th></tr>
<tr><th>통쪽</th><th>圓筒</th><th>外→內</th><th colspan="2">內→外</th><th colspan="2">不明</th></tr>
<tr><td rowspan="3">암키와</td><td>繩紋</td><td>97</td><td>97</td><td>-</td><td>-</td><td colspan="2">97</td><td colspan="2">-</td><td>赤褐色</td><td>1.2~1.7</td><td></td></tr>
<tr><td>線紋</td><td>34</td><td>34</td><td>-</td><td>-</td><td colspan="2">34</td><td colspan="2">-</td><td>赤褐色</td><td>1.2~1.7</td><td></td></tr>
<tr><td>無紋</td><td>29</td><td>29</td><td>-</td><td>-</td><td colspan="2">29</td><td colspan="2">-</td><td>赤褐色</td><td>1.2~1.7</td><td></td></tr>
<tr><td rowspan="6">수키와</td><td rowspan="2">繩紋</td><td rowspan="2">27</td><td rowspan="2">-</td><td rowspan="2">27</td><td rowspan="2">4</td><td colspan="2" rowspan="2">17</td><td rowspan="2">6</td><td>미구 4</td><td rowspan="2">赤褐色</td><td rowspan="2">1.2~1.7</td><td rowspan="2"></td></tr>
<tr><td>토수 2</td></tr>
<tr><td rowspan="2">線紋</td><td rowspan="2">8</td><td rowspan="2">-</td><td rowspan="2">8</td><td rowspan="2">2</td><td rowspan="2">6</td><td>미구 1</td><td colspan="2" rowspan="2">-</td><td rowspan="2">赤褐色</td><td rowspan="2">1.2~1.7</td><td rowspan="2"></td></tr>
<tr><td>토수 5</td></tr>
<tr><td rowspan="2">無紋</td><td rowspan="2">16</td><td rowspan="2">-</td><td rowspan="2">-</td><td rowspan="2">-</td><td colspan="2" rowspan="2">-</td><td rowspan="2">16</td><td>미구 4</td><td rowspan="2">赤褐色</td><td rowspan="2">1.2~1.7</td><td rowspan="2">미구길이; 4.8, 5, 5.5</td></tr>
<tr><td>토수 12</td></tr>
</table>

〈표 23〉 용정리사지 목탑지 동편구지표층(와적층) 출토 평기와 속성표

<table>
<tr><th colspan="2" rowspan="2">區分 / 文樣</th><th rowspan="2">數量</th><th colspan="2">瓦桶</th><th colspan="5">瓦刀</th><th rowspan="2">麻布통보</th><th rowspan="2">色調</th><th rowspan="2">두께(cm)</th><th rowspan="2">備考</th></tr>
<tr><th>통쪽</th><th>圓筒</th><th colspan="2">外→內</th><th colspan="2">內→外</th><th>不明</th></tr>
<tr><td rowspan="3">암키와</td><td>繩紋</td><td>102</td><td>102</td><td>-</td><td colspan="2">-</td><td colspan="2">102</td><td>-</td><td>○</td><td>○</td><td>1.2~1.7</td><td></td></tr>
<tr><td>線紋</td><td>43</td><td>43</td><td>-</td><td colspan="2">-</td><td colspan="2">43</td><td>-</td><td>○</td><td>○</td><td>1.2~1.7</td><td></td></tr>
<tr><td>無紋</td><td>16</td><td>16</td><td>-</td><td colspan="2">-</td><td colspan="2">16</td><td>-</td><td>○</td><td>○</td><td>1.2~1.7</td><td></td></tr>
<tr><td rowspan="6">수키와</td><td rowspan="2">繩紋</td><td rowspan="2">36</td><td rowspan="2">-</td><td rowspan="2">36</td><td rowspan="2">2</td><td>미구 1</td><td rowspan="2">20</td><td>미구 4</td><td rowspan="2">14</td><td rowspan="2">○</td><td rowspan="2">○</td><td rowspan="2">1.2~1.7</td><td rowspan="2">미구 4.3cm</td></tr>
<tr><td>토수 1</td><td>토수 16</td></tr>
<tr><td rowspan="2">線紋</td><td rowspan="2">16</td><td rowspan="2">-</td><td rowspan="2">-</td><td colspan="2" rowspan="2">-</td><td rowspan="2">15</td><td>미구 1</td><td rowspan="2">-</td><td rowspan="2">○</td><td rowspan="2">○</td><td rowspan="2">1.2~1.7</td><td rowspan="2">미구 5cm</td></tr>
<tr><td>토수 14</td></tr>
<tr><td rowspan="2">無紋</td><td rowspan="2">22</td><td rowspan="2">-</td><td rowspan="2">-</td><td colspan="2" rowspan="2">-</td><td rowspan="2">22</td><td>미구 8</td><td rowspan="2">-</td><td rowspan="2">○</td><td rowspan="2">○</td><td rowspan="2">1.2~1.7</td><td rowspan="2">미구 4.5, 4.6, 4.8, 5, 5.1, 5.3cm</td></tr>
<tr><td>토수 14</td></tr>
</table>

〈표 24〉 용정리사지 목탑지 외부 구지표층 출토 기와 속성표

文樣		數量	瓦桶		瓦刀			麻布	色調	두께	備考
			통쪽	圓筒	外→內	內→外	不明	통보		(cm)	
암키와	繩　　紋	34	34	−	−	34	−	○	赤褐色	1.2~1.7	
	線　　紋	102	102	−	−	102	−	1×1mm 2×2mm 2×4mm	赤褐色	1.2~1.7	
	無　　紋	47	47	−	−	47	−	○	赤褐色	1.2~1.7	
수키와	繩　　紋	13	−	13	−	−	−	○	赤褐色	1.2~1.7	
	線　　紋	45	−	45	1	44	−	○	赤褐色	1.2~1.7	
	無　　紋	14	−	14	1	2	11	○	赤褐色	1.2~1.7	미구길이 4.2, 4.8, 5.5cm

〈표 25〉 용정리사지 목탑지 북편 구지표층 출토 기와 속성표

文樣			數量	瓦桶		瓦刀			麻布	色調		두께	備考
				통쪽	圓筒	外→內	內→外	不明	통보	赤褐	灰色	(cm)	
암키와	繩　　紋		61	61	−	−	61	−	2×2mm 3×3mm	○	−	1.2 ~1.7	회색기와 수 점
	線紋	토수	128	128	−	−	128	−	1×2mm 2×2mm	○	−	1.2 ~1.7	
		미구	−	−	−	−	−	−	−	−	−	−	
	無　　紋		60	○	−	−	60	−	−	○	−	−	
수키와	繩紋	토수	13	−	○	−	13	○	−	○	−	1.2 ~1.7	
		미구	−	−	−	−	−	−	−	−	−	−	
	線紋	토수	40	−	40	−	40	○	−	○	−	−	
		미수	−	−	−	−	−	−	−	−	−	−	
	無紋	토수	17	−	−	−	○	−	−	−	−	−	
		미구	2	−	−	−	−	−	−	−	−	−	미구 5.1cm

〈표 26〉 용정리사지 금당지 외부 구지표층 출토 평기와 속성표

區分 / 文樣		數量	瓦桶		瓦刀			麻布	色調		두께 (cm)	備考
			통쪽	圓筒	外→內	內→外	不明	통보	赤褐	灰色		
수키와	繩 紋	2	2	–	–	2	–	○	○	○	1.2	色調混用
	線 紋	100	52	48	–	48	52	○	○	○	1.2	色調混用
	無 紋	21	5	16	–	18	3	○	○	○	1.2	色調混用
	繩 紋	–	–	–	–	–	–	–	–	–	–	
	線 紋	41	–	–	14	22	5	○	–	–	–	
	無 紋	6	–	–	–	1	5	–	–	–	–	

〈표 27〉 용정리사지 금당지 내 축기부 출토 평기와 속성표

區分 / 文樣		數量	瓦桶		瓦刀			麻布	色調		두께 (cm)	備考
			통쪽	圓筒	外→內	內→外	不明	통보	赤褐	灰色		
암키와	繩 紋	12	12	–	–	12	–	○	1	11	1~1.1, 1.5 내외	
	線 紋	26	19	7	–			○	○	○	1~1.5	
	無 紋	32	27	5	–	32	–	○	○	○	1~1.5	
	繩 紋	3	–	3				○	–	3	0.7 0.9~1.4	
수키와	線 紋	17	–	17	1	8	8	○	○	○	1~1.5	미구 1 (3.5cm) 미구 1 (5cm)
	無 紋	19	–	19	–	7	12	○	○	○	1~1.5	측면은 瓦刀 또는 打捺道具로 처리하여 不明

① 승문암키와

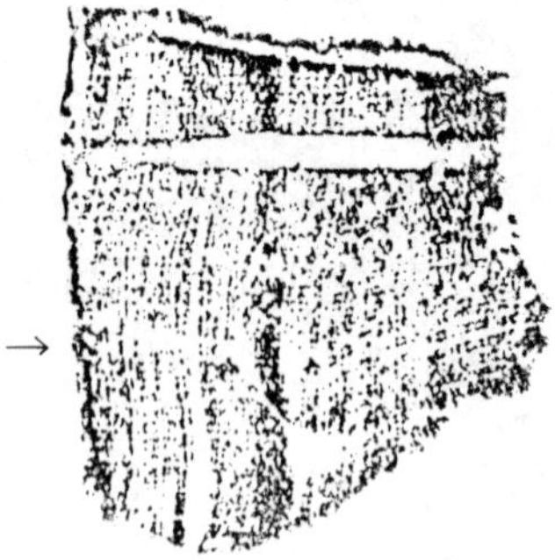

② 〈①〉의 내면 가래떡형 소지 흔적
및 마포통보 흔적

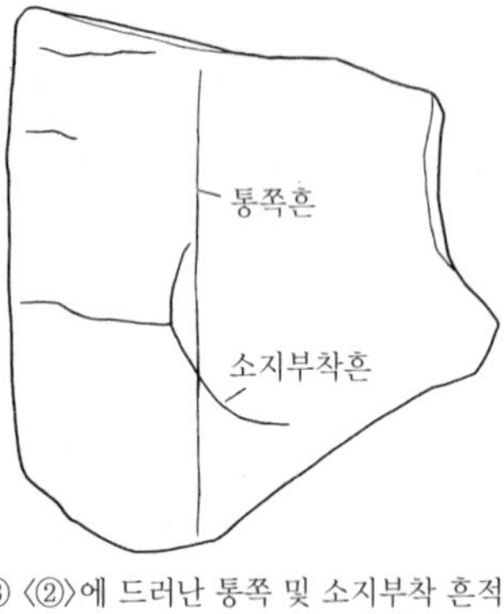

③ 〈②〉에 드러난 통쪽 및 소지부착 흔적

도면 72. 부여 용정리사지 출토 승문암키와 내면 소지 부착 흔적만 수키와의 경우는 내에서 외면을 향하여 그은 것과 외에서 내쪽으로 향하여 그은 것이 모두 확인되지만, 내면에서 외면으로 그어 분리시킨 사례가 훨씬 우세한 비율을 보이고 있음을 알 수 있다.

기와의 내면에 드러난 마포麻布는 한 올간의 너비가 2~3mm 내외로 조사된 것이 많다. 이러한 넓은 마포는 삼국에서만 조사되는 것이 일반적 사례이다. 특히 오래 사용하거나 어떤 이유에서든 마포의 올이 극히 부분이라 하더라도 늘어진 한 올간의 크기가 3mm를 넘어서 5mm 또는 10mm를 넘

〈표 28〉 미륵사지 연못지 북편 연못가 바닥 출토 백제 평기와 속성표

구분 / 기와	文様	수량	瓦桶	數量	麻布 통보(mm)	통쪽폭 (cm)	數量	備考
암키와	無紋	275	통쪽와통	43	0.5×0.8	4	6	
					1×1	4	8	
						5	3	
						7.5	1	
						不明	20	
					2×2	4	4	
						不明	1	
			圓筒瓦桶	232	0.5×0.9	-	77	
					1×2	-	154	
					2×3	-	1	
	線紋	236	통쪽와통	41	0.5×0.7	4	1	
					1×1	3.5	5	
						4.3	4	
						5	2	
						5.8	1	
					2×2	7	1	
			圓筒瓦桶	195	0.5×0.8	-	42	
					1×1	-	127	
					2×2	-	26	
	格子紋	9	통쪽와통	1	1×1	-	-	正格子紋
			圓筒瓦桶	8	0.7×0.8	-	-	斜格字紋

는 사례도 적지 않게 발견된다. 이러한 사례는 모두 삼국에서만 발견되고 있다는 점이 특이하다(도면 73).

기와의 두께는 대부분 1.5㎝ 내외가 많지만 1~1.3㎝ 범위 내에 속하는 것이 많다. 이러한 두께는 웅진천도 이후의 유적 출토 기와에서 다량으로 확인되는 사례는 거의 없다. 용정리사지 금당지 축기부築基部 내의 대부분 기와는 이렇듯 얇고 마포문麻布紋의 한 올간이 넓게 나타난다. 이러한 기와 역시 용정리사지 출토 기와의 특징 중의 하나이다.

색조는 목탑지 출토 기와는 대부분 적갈색 기와가 우세하다. 백제시대 기와 중에서도 드물게 적갈색이나 황갈색계 기와가 출토되지만, 이곳 목탑터에서 만큼 동일 유적에서 많은 적갈색계 기와가 출토되는 사례는 거의 없다. 반면에 금당지 내에서 출토된 기와는 대부분 회색계 기와를 사용하였다. 아마 기와 와장瓦匠이 약간의 시기 차이를 두고, 기와 수즙修葺에 그 원인이 있었던 것으로 짐작된다.

위의 기와는 미륵사지 연못지 바닥에서 백제계 토기와 막새 및 평기와가 출토된 것이다. 여기서는 선문線紋과 격자문格子紋 두 종의 문양와가 출토되었다. 암키와는 통쪽와통의 비율이 무문無紋은 16%, 원통와통圓筒瓦桶은 84%를 차지하고 있다. 선문線紋은 통쪽와통의 비율이 17%, 원통와통圓筒瓦桶 비율은 83%를 차지하여 전체 평균과 거의 같은 비율을 보인다. 한편 격자문格子紋은 통쪽와통의 비율이 11%, 원통와통圓筒瓦桶은 89%를 점유하고 있다.

마포문麻布紋 한 올간의 너비는 무문無紋기와 1점만이 3㎜ 내외의 성긴 올을 지녔고, 나머지는 보통 굵기를 나타낸다.

통쪽의 흔적은 가장 좁은 것이 3.5㎝, 넓은 것은 7㎝에 이른다. 이러한 범주는 한성시기의 것과 거의 일치한다. 또 이같은 경향은 백제의 경우 전기부터 백제 말기에 이르기까지 통쪽의 기법과 크기 등의 기본 제작기

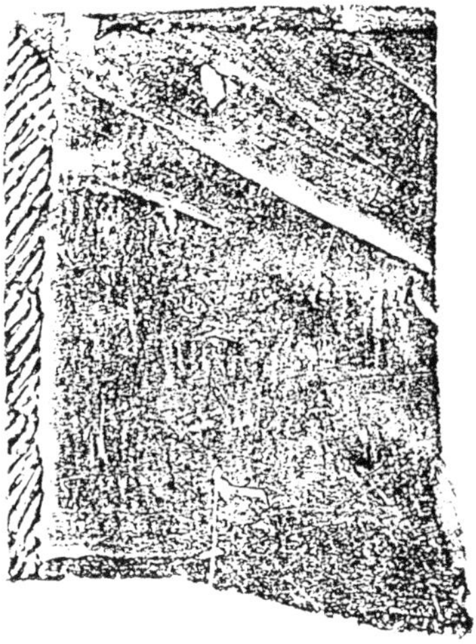

① 선문암키와

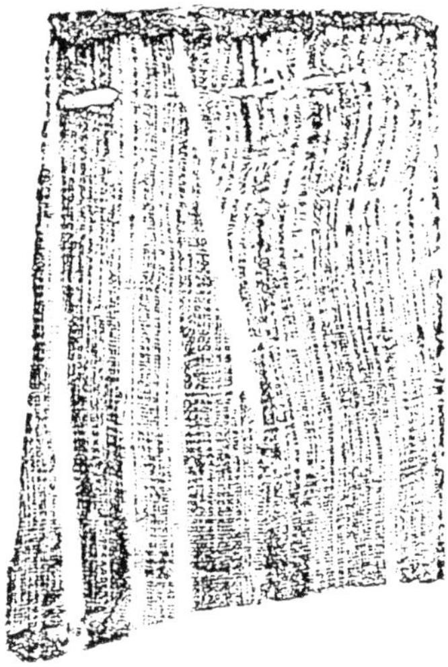

② 〈①〉의 내면 마포통보 및 소지 부착 흔적

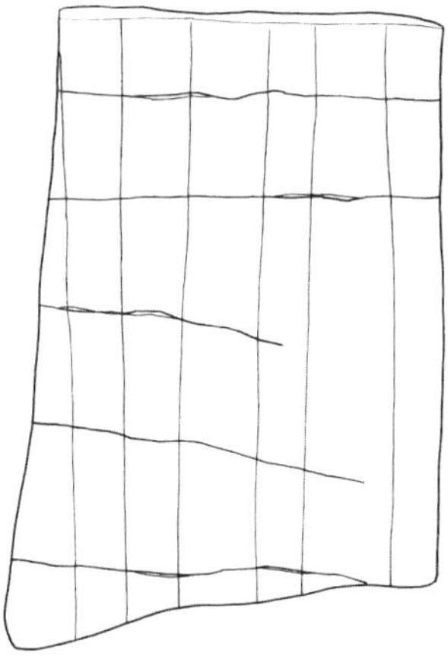

③ 〈②〉의 탁본에 드러난 통보 및 가래떡형 소지 흔적

도판 73. 부여 용정리사지 출토 선문암키와 내면 소지 부착 흔적(가래떡형 소지)

법은 일관적으로 계승되었음을 짐작할 수 있다.

〈표 29〉에서 보는 바와 같이 수키와는 무문無紋과 선문線紋 두 종만이 출토되었다. 미륵사지 백제 수키와의 특징은 2분법 분리시에 와도를 외측면에서 내면쪽으로 그어 분리한 것이다. 위의 통계표에서는 100% 모두 외면에서 그어 분리하는 것이어서 다른 백제유적과 가장 큰 차이점으로 부각되었다.

〈표 29〉 미륵사지 연못지 북편 연못가 출토 평기와 속성표

區分 / 기와		文樣	수량	瓦刀方向	數量	麻布통보 (올간폭:㎜)	마구길이 (㎝)	數量	備考
수키와	179	無紋	142	外面→內面	31	1×1	6.2	2	
							6.8	3	
							7.2	1	
							7.8	2	
					69	2×2	5.5	1	
							6	2	
							6.5	2	
							7.2	7	
							8	1	
					6	3×3	8	1	
				不明	36	0.8×0.8	–	4	
						1×1	–	24	
						2×2	6.4	8	
						1×1	–	–	
		線紋	37	外面→內面	32	2×2	5	1	
							5.5	1	
							5.8	2	
							7.1	1	
						3×3	–	3	
				不明	5	0.7×0.8	0.7×0.8	1	
						1×1	1×1	3	
						2×2	2×2	1	

기와 내면의 한 올간의 너비는 무문無紋 6점, 무문線紋 3점이 3㎜ 내외로 성긴 사례를 보여주고 있다. 무문無紋 수키와는 142점 중 81%가 미구기와로 확인되었다. 또 선문線紋 수키와는 82%가 미구기와로 확인되어 미구기와의 비율이 대단히 높게 나타난다.

〈표 30〉과 〈표 31〉의 미륵사지 연못지 북편 호안護岸 출토 평기와에서도 2종 와통瓦桶의 비율이나, 마포麻布통보 한 올간의 간격은 거의 차이가 없다. 두께는 대부분 1.2㎝이다. 기와 두께는 동일 기와에서도 위치에 따라 큰 차이가 날 수 있지만, 여기서 제시한 수치는 중심수치를 기록한 것이다.

미륵사지 동탑에서 동으로 수 미터 떨어진 구舊지표층하의 지하에는 처음 동원東院의 동東회랑과 북편 승방僧房 석탑을 조성하면서 동시에 축조했을 것으로 추정되는 남북향의 지하 암거暗渠가 120m 이상 확인된 바 있다. 이 암거暗渠는 북편 승방과 동회랑이 접하는 부분에 노출된 건물 내부 암거暗渠의 남단에서 지하로 이어져 남회랑 기단토 축기부 하부까지 이어

〈표 30〉 미륵사지 연못지 북편 호안 출토 암키와 속성표

區分 기와	文様	瓦桶	數量	麻布통보 (올간폭:㎜)	통쪽폭 (㎝)	數量	두께 (㎝)	備考
암키와	無　紋	통쪽와통	31	2×2	5.5	1	1.2	
					6.5	1	1.2	
					未確認	29	1.2	
		圓筒瓦桶	98	1×1	–	54	1.2	
				2×2	–	44	1.2	
	線　紋	통쪽와통	19	1×1	4.5	1	1.2	
					未確認	16	1.2	
				2×2	5	1	1.2	
				3×3	4.5	1	1.2	
		圓筒瓦桶	6	1×1	–	–	1.2	

〈표 31〉 미륵사지 연못지 북편 호안 출토 수키와 속성표

區分 / 기와	文樣	瓦刀方向	數量	麻布통보 (올간폭:mm)	통쪽폭 (cm)	數量	두께 (cm)	備考
수키와	無紋	外面→內面	355	1×1.5	4.5	1	1.2	
					5.5	2	1.2	
					6.3	1	1.2	
					7.8	4	1.2	
				2×2	–	1	1.2	
		內面→外面	4	0.7×0.7	–	1	1.2	
				1×1	–	3	1.2	
		不明	131	1×1.5	–	130	1.2	
				2×2	–	1	1.2	
	線紋	外面→內面	14	1×1	6.6	1	1.2	
					7.6	1	1.2	
		內面→外面	2	1×1	–	–	1.2	
		不明	10	1×1	–	–	1.2	

진 것이다. 따라서 남단 쪽의 암거暗渠는 남회랑 기단토에서 지하 140㎝ 이상의 깊은 곳에 자리잡고 있다. 그런데 이 암거暗渠는 화강암 할석을 그대로 고여 놓았거나, 일부 구간은 넓적한 돌을 양 옆에 세워 바닥과 뚜껑돌을 덮은 두 가지 방법으로 조성하였다. 이러한 암거暗渠 사이 사이에 사용한 화강암 할석 틈새에서 적지 않은 백제 기와가 출토되었다. 〈표 32〉와 〈표 33〉에 나타난 것처럼 암키와 중 무문無紋은 132점이 출토된 가운데 통쪽와통은 24점으로 18%를 점유한다. 나머지 108점은 원통와통圓筒瓦桶으로 82%이다. 선문線紋기와는 통쪽와통이 27점으로 31%, 원통와통圓筒瓦桶 59점으로 69% 내외이다. 반출된 사격자문斜格子紋은 1점으로 원통와통圓筒瓦桶으로 확인되었다.

암키와에서 통쪽와통 흔적을 보인 통쪽 너비는 최소 3㎝이고 최대는 7㎝ 내외이다. 이러한 크기는 풍납토성과 용정리사지에서 보이는 것과 거

〈표 32〉 미륵사지 동탑지 동편 지하암거 출토 암키와 속성표

區分/기와	文樣	瓦桶	數量	麻布통보 (올간폭:㎜)	통쪽폭 (㎝)	數量	備考
암키와	無紋	통쪽와통	24	1×1	3~4	6	
					4.5	4	
					4.5~7	1	
					5.5	3	
					7	1	
				2×2	3	1	
					4	4	
					5	2	
					6	2	
		圓筒瓦桶	108	0.5×0.8	–	6	
				1×1	–	65	
				2×2	–	37	
	線紋	통쪽와통	27	0.6×0.6	3.5~4	6	
				1×1	5	3	
					6	1	
		圓筒瓦桶	59	0.8×0.8	–	2	
				1×1	–	49	
				2×2	–	7	
				3×4	–	1	
	斜格子紋	圓筒瓦桶	1	1×1	–	1	
수키와	斜格子紋	圓筒瓦桶	1	1×1	–	1	

의 차이가 없다. 통쪽 너비의 대부분은 4~6㎝의 범주에 속하는 것이다.

한편 위의 암거暗渠에서 출토된 수키와는 무문無紋 191점 중 확인불명을 제외하면 116점에 이른다. 이 중 와도瓦刀로 기와의 외측에서 내측 쪽으로 그어 분리한 것이 113점으로 98%, 나머지 3점은 내측에서 외측으로 그어 분리한 것이다. 선문線紋은 총 13점이 출토되었다. 이 중 4점은 와도瓦刀의 방향을 알 수 없다. 따라서 와도瓦刀를 외면에서 내측으로 그은 것은 7점으로 78%이고, 나머지는 안에서 외면으로 그은 2점이 28% 내외를 차지

〈표 33〉 미륵사지 동탑지 동편 지하암거 출토 수키와 속성표

區分 / 기와	文樣	瓦刀方向	數量	麻布통보 (올간폭:mm)	통쪽폭 (cm)	數量	備考
수키와	無　紋	外面→內面	113	1×1	7	1	
				2×2	7	2	
		內面→外面	3	2×2	–	–	
		未確認	75	–	–	–	
	線　紋	外面→內面	7	1×1	5.5	1	
					7.2	1	
				2	–	1	
		內面→外面	2	1×1	–	–	
		未確認	4	1×1	–	2	
				2×2	–	2	

하였다.

미륵사지 기와의 특징은 수키와의 경우 2분법으로 분리할 때 와도瓦刀를 기와 외면에서 내면을 향하여 그은 다음에 분리시켰다는 점이다. 이러한 와도瓦刀의 방향은 다른 백제의 유적에서는 두 방법의 비율이 크게 차이가 나지 않는다.

위의 미륵사지 연못지 서편 수로는 연못지 서편에 호안護岸으로 연결되었다. 그런데 이 호안 부분에는 편평하게 형성된 둔덕이 1,000여 평 넘게 자리를 잡았다. 이 둔덕은 적갈색 점질粘質을 옮겨와 인위적으로 성토했던 것으로 조사되었다. 이 넓은 평지의 둔덕은 동편으로는 미륵사 서지西池가 위치했고, 서편으로는 레벨이 심하게 떨어지면서 뻘과 모래층이 형성되어 있었다. 이 뻘과 모래층은 지하 7m 지점에 암반과 백제시대 당시에는 지면을 형성했던 층위가 확인된 바 있었다.

둔덕의 상층인 평지에는 인위적으로 조성된 배수로가 여러 조가 확인되었다. 배수로 내에는 백제계 토기편이나 기와편이 적지 않게 묻혀 있었

〈표 34〉 미륵사지 연못지 서편 배수로 내부 출토 암기와

區分/기와	文様	瓦桶	數量	麻布통보 (올간폭:mm)	통쪽폭 (cm)	數量	備考
암키와	無　紋	통쪽와통	28	1×1	3.6	1	
					未確認	7	
				2×2	4.5	1	
					5	1	
					未確認	18	
		圓筒瓦桶	63	1×1	–	28	
				2×2	–	35	
	線　紋	통쪽와통	37	1	3.5	1	
					4.5	1	
					5	1	
					5.5	1	
					未確認	12	
				2×2	4	2	
					5	2	
					5.5	1	
					未確認	16	
		圓筒瓦桶	28	1×1	–	13	
				2×2	–	15	
	格 子 紋	圓筒瓦桶	3	1×1	–	3	

는데, 늦어도 통일신라 중기경에는 폐쇄되었던 것으로 나타났다. 여기에서 출토된 기와의 속성은 앞에서 제시된 연못지 호안護岸 바닥 출토 기와와 차이가 없다. 기와의 문양은 선문線紋, 격자문格子紋, 무문無紋이 조사되었다. 위의 여러 속성표屬性表에서 파악된 것처럼 미륵사지 평기와 문양은 선문線紋이 주류를 이루었고, 격자문格子紋이 드물게 출토되었다.

〈표 36〉에서 보듯 강당지 기단 외부 구舊지표층에서는 백제 기와 문양은 2종이 조사되었다. 무문無紋은 대부분 선문線紋이나 격자문格子紋 등을 재타날하거나 물질처리에 따라 지워진 것이다. 여기서 승문繩紋기와는

〈표 35〉 미륵사지 동탑지 동편 암거 출토 암키와 속성표

區分 / 기와	文樣	瓦刀方向	數量	麻布통보 (올간폭:㎜)	통쪽폭 (㎝)	數量	備考
수키와	無　　紋	外面→內面	43	1×1	5.3	14	미구기와 1점
				1.5×1.5	6.7	14	미구기와 1점
				2×2	7.5	15	미구기와 1점
		不明	59	1×1	–	30	
				2×2	–	29	
	線　　紋	內面→外面	9	1×1	–	7	
				2×2	–	2	
		不明	1	1×1	–	1	
			6	1×1	–	3	
				2×2	–	3	
	格 子 紋	不明	1	1×1	–	1	

〈표 36〉 미륵사지 강당지 기단 외부 구지표층 평기와 출토 현황[6]

區分 / 기와	文樣	總數量	瓦桶		瓦刀	
			통쪽	圓筒	外→內	內→外
암키와	繩　　紋	34	34	–	–	–
	格 子 紋	5	5	–	–	–
	無　　紋	1,605	1,605	–	–	–
수키와	繩　　紋	–	–	–	–	–
	格 子 紋	–	–	–	–	–
	無　　紋	1,665	–	–	1,665	–

100%가 통쪽와통을 써서 제작한 것으로 드러났고, 격자문格子紋 5점 역시 같은 현황이다. 수키와는 1,665점이 모두 분리할 때 외면에서 와도瓦刀를 그어 나눈 것으로 조사되었다.

6. 국립부여문화재연구소, 『미륵사유적 발굴조사 보고서Ⅱ』, 학술연구총서 제13집, 1996, p.263.

3) 고신라

(1) 황룡사지 출토 평기와 조사(도면 74~76)

황룡사지 기와는 구舊지표층보다 낮게 구덩이를 파 매몰한 기와무지에서 출토된 기와를 조사대상으로 하였다. 따라서 반출유물은 고신라계古新羅系로 편년되는 사례를 범위로 한 것이다. 이른 시기의 기와무지에서 출토된 기와들은 하한이 엄격하고, 이후의 유물이 혼입되지 않은 장점을 가지고 있다. 아래의 통계표에 소개된 수키와는 무문無紋과 선문線紋이 조사되었다. 우선 와통瓦桶은 수키와라는 특성으로 원통와통圓筒瓦桶이 확인되었을 뿐이다. 소지素地는 널판형 소지素地만이 나타났다. 눈테는 끈으로 연결한 이른바 연결끈 눈테가 무문無紋 기와에서 확인되었다.

통보는 모두 마포麻布통보로 드러났다. 마포麻布의 한 올간의 간격은 대부분 1×1㎜ 내외로서 보통 굵기를 보이지만, 〈표 37〉의 2번인 무문無紋 수키와 중에는 한 올이 10㎜ 내외로 크게 나타난 사례도 확인된다. 이러한 늘어지거나 한 올간의 간격이 넓은 것은 삼국의 마포麻布통보에서 종종 관찰되는 사례이다.

수키와의 종류는 조사된 사례가 모두 미구기와이다. 미구의 길이는 일정하지 않다. 짧은 것은 4.3㎝ 내외, 긴 것은 7㎝에 이르는 것도 있다. 미구의 길이가 시기를 말해 주지는 않는다. 2분법에 의한 와도瓦刀의 방향은 외면外面에서 내면內面을 향하여 그어 들어간 것이 9점, 내에서 외면으로 그어 나온 것이 3점 등이 확인되었다. 기와의 두께는 얇은 경우 1㎝에 미치지 못하는 것도 확인되었다. 이렇듯 작은 기와는 특수한 목적에 사용되었던 듯 하다. 대부분의 고신라古新羅 기와는 1.5~2㎝ 또는 2.5㎝에 이르는 것이 주류를 이룬다. 3㎝ 내외에 이르는 사례도 적지 않은데, 이는 황룡사지의 건물이 웅장했던 것과 무관하지 않았던 것으로 추정된다. 이러

〈표 37〉 황룡사지 출토 수키와 속성표

區分 / 文様	番號	瓦桶		素地		눈테	色調		통보	種類		瓦刀方向		두께	備考
		통쪽 (cm)	圓筒	가래떡	널판형	연결끈	灰青色	暗黃褐	麻布 (mm)	미구 (cm)	토수	外→內	內→外	(cm)	길이×밑폭(위폭);cm
無　紋	1	−	○	−	○	−	○	−	1	6	−	○	−	1.4	殘 30.2×13.3
無　紋	2	−	○	−	○	−	○	−	5~10 (1)	5.1	−	○	−	1.7	殘 28.8×19.2
無　紋	3	−	○	−	○	○	○	−	0.8	7	−	−	○	1.9~3.35	殘 43.2×16.3
無　紋	4	−	○	−	○	−	○	−	1	○	−	−	○	1.2	外面 물질, 內面빗질, 殘 22.6×12.3
無　紋	5	−	○	−	○	−	○	○	1.6	6	−	○	−	1.8~2.6	34.9×19.2(18.7)
線　紋	6	−	○	−	○	−	○	−	1	5.1	−	○	−	1.7	殘 13.5 (15)
線　紋	7	−	○	−	○	−	○	−	1.6	6.5	−	○	−	0.9~1.2	殘 32.5×17.3(15.2)
線　紋	8	−	○	−	○	−	○	−	1	6	−	−	○	1.9	殘 26.3×17.8
線　紋	9	−	○	−	○	−	○	−	1	4.3	−	○	−	1.5	殘 31.5 (15)

한 두께는 백제의 웅진천도 이후의 것과 비슷하지만, 약간 두터운 사례가 우세한 편이다.

황룡사지 기와의 색조는 회색이나 회청색이 주류를 이루고 있다. 위의 수키와의 표에서 보이는 것처럼 9점 중 100% 모두 회청색계를 띠었다. 다만 한 점이 회청색에 암갈색 일부가 혼입되었다. 암키와는 선문線紋, 소격자문小格子紋, 승문繩紋이 출토되었다. 이 중 와통瓦桶의 종류를 보면, 43점 중 35점이 통쪽와통으로 제작된 것이다. 그 점유율은 81%나 되었다.

고신라 기와는 이렇듯 통쪽와통이 차지하는 높은 점유율은 드문 현상이다. 이는 황룡사지 출토 기와에서 가장 안정된 구舊지표층이나, 후대 유물이 혼입되지 않은 층의 기와무지 출토 기와만을 대상으로 조사한데

〈표 38〉 황룡사지 출토 암키와 속성표

區分 / 文樣	番號	瓦桶		素地		눈테			色調			통보	두께 (cm)	備考 (길이 : cm)
		통쪽 (cm)	圓筒	가래떡	널판형	突起形	끈이음식	젓가락식	灰色	黑色	赤褐色	麻布 (mm)		
無紋	1	○	–	–	○	–	–	–	○	–	–	4 (1~2)	2.8	쓸음. 잔존 31.2×25.3, 有段式
無紋	2	5	–	–	○	○	–	–	○	–	–	1.2	1.4	잔존 15.5×21.8, 못눈테
無紋	3	4.8	–	–	○	○	–	–	○	–	–	1.2	1.6	통쪽 : 한 줄 엮기법, 끈매듭 눈테
無紋	4	4.5 5	–	–	○	–	–	–	○	–	–	0.6~ 1	1.4~ 1.2	瓦刀 : 上→下, 잔존 15.6×19.8
無紋	5	–	○	–	○	–	–	○	○	–	–	0.6 ~1	1.4	젓가락식 눈테(三絕), 잔존 15×20
無紋	6	–	○	–	○	–	–	○	○	–	–	1	1.9	一連 눈테, 잔존 22×24
無紋	7	3.5~4.9	–	–	○	○	–	–	○	–	–	0.1~ 0.5	1.4	잔존 10×14, 못눈테
無紋	8	–	○	–	○	○	–	–	–	○	–	0.9~ 1.2	1.6	쌍세로못고정식눈테, 잔존 11.6×16.5
無紋	9	5.5	–	–	○	–	–	○	○	–	–	0.5~ 1.1	1.5	虛中눈테, 두 줄 엮기법 6.4×3.9 , 빗질흔
無紋	10	○	–	–	○	○	–	–	–	○	–	0.3~ 1.6	1.7	못눈테(四角), 잔존 13.3×17.3
無紋	11	4, 5	–	–	○	–	–	–	○	○	–	1	1.8	잔존 14.5×10.6, 두 줄 엮기법
無紋	12	5.2	–	–	○	–	–	–	–	○	–	0.8~ 1.3	2.1~ 3.2	잔존 12×18.7, 有段式
無紋	13	–	○	–	○	○	–	–	○	–	–	1	1.6	쌍가로못눈테, 잔존 17.8×19, 빗질흔
無紋	14	○	–	–	○	○	–	–	○	–	–	1	1.5	끈매듭눈테, 빗질흔적, 잔존 16.2×14.2
無紋	15	5	–	–	○	○	–	–	○	–	–	0.7~ 1.1	1.1	못눈테, 잔존 12.5×17.4

區分 / 文様	番號	瓦桶		素地		눈테			色調			통보	두께 (cm)	備考 (길이 : cm)
		통쪽 (cm)	圓筒	가래떡	널판형	突·起形	끈이음식	짓가락식	灰色	黑色	赤褐色	麻布 (mm)		
無　紋	16	○	–	–	○	○	–	–	–	–	–	0.9	1.4	끈 매듭 눈테, 잔존 14×11.5
無　紋	17	5	–	–	○	○	–	–	○	–	–	1		못 눈테
無　紋	18	–	○	–	○	○	–	–	○	–	–	0.6~1.2	1.4	못 눈테, 잔존 22×14.5
無　紋	19	○	–	–	○	○	–	–	○	–	–	0.4~1	1.4	잔존 18.5×19.7, 쌍 가로 못 고정식
無　紋	20	5.5	–	–	○	○	–	–	○	–	–	0.6~1.6	1	끈 매듭 눈테, 잔존 11.3×13.3
無　紋	21	○	–	–	○	–	–	–	○	–	–	0.6~1	1.2	잔존 17×12
無　紋	22	?	?	–	○	○	–	–	○	–	–	1~1.2	1.1	끈 매듭 눈테, 잔존 13×12.9
無　紋	23	4.7	–	–	○	–	–	–	○	–	–	2	1.4	내면 빗질, 瓦刀 : 上→下 잔존 19.2×24.5
無　紋	24	5.6, 6	–	–	○	–	–	–	○	–	–	0.8~1	1.5	통쪽 : 두 줄 엮기법 잔존 19.2×16.2
無　紋	25	5.7	–	–	○	–	○	–	–	○	–	1.2	2	有段式(3×0.7), 분리면(下→上), 통쪽 : 한 줄 엮기법 (홈파엮기), 잔존 16×26.5
無　紋	26	3.5,4, 4.8,7	–	–	○	–	–	–	–	○	–	0.8~1.2	1.6	잔존 22.7×15, 통쪽 : 한 줄 엮기
無　紋	27	5	–	–	○	–	–	–	○	–	–	1	1.5	잔존 11.3×13.2
無　紋	28	4.5,5	–	–	○	○	–	–	○	–	–	1~1.6	1.1	끈 매듭 눈테, 잔존 31×25.5
無　紋	29	○	–	–	○	–	–	–			○	1.2	1.8	잔존 13×18.3
無　紋	30	5,5.5	–	–	○	○	–	–	○	–	–	1~1.4	1.4	小格子紋 타날 후 문지름. 잔존 15×33.9, 끈 매듭 눈테, 瓦刀 : 上→下

區分 / 文樣	番號	瓦桶 통쪽 (cm)	瓦桶 圓筒	素地 가래떡	素地 널판형	눈테 突起形	눈테 끈이음식	눈테 젓가락식	色調 灰色	色調 黑色	色調 赤褐色	통보 麻布 (mm)	두께 (cm)	備考 (길이 : cm)
無紋	31	○	–	–	○	–	–	–	○	–	–	0.9~1.2	1.2	잔존 14.5×24.4
無紋	32	3, 3.7 4.3	–	–	○	–	○	–	○	–	–	0.6~1	1.1	잔존 19.8×10.7, 끈 이음 매듭 눈테
無紋	33	4.7	–	–	○	○	–	–	○	○	○	–	1.1	色調混用, 내면 빗질, 끈 매듭 눈테, 잔존 11.4×11.8
無紋	34	6.7	–	–	○	○	–	–	○	–	–	0.8~1	1.3	虛中 눈테, 두 줄 엮기법, 잔존 6.4×3.9, 빗질흔
無紋	35	4.5, 5.3	–	–	○	○	–	–	○	○	–	1	1.1	잔존 14×13.8, 끈 매듭 눈테
無紋	36	5	–	–	○	–	○	–	○	–	–	0.7~1.2	0.8	잔존 14.5×14.6, 끈 이음 매듭
無紋	37	3.5, 4.5	–	–	○			○	○	–	–	1	1.5	短線 눈테, 잔존 22.2×19
無紋	38	○	–	–	○	–	–	–	○	–	○	1	1.7	內面 빗질, 잔존 20×18
無紋	39	4	–	–	○	–	–	–	○	–	–	0.6~1.1	1.65	잔존 13.7×19, 빗질흔
小格子紋	40	4.2, 4.5,5	–	–	○	–	–	–	○	–	–	1.3~1	1.2	잔존 16.4×16.9, 통쪽 : 한 줄 엮기법
小格子紋	41	–	○	–	○	–	–	○	○	–	–	1~1.6	1.9	瓦刀(上→下段), 一連눈테, 잔존 10×10
繩紋	42	4,5.5, 7	–	–	○	–	–	–	○	–	–	1	1.4~1.7	두 줄 엮기법, 잔존 23.5×31.2, 끈 엮은 지점 上下 4곳
繩紋	43	○	–	–	○	–	–	–	○	–	–	1	1.6	끈 매듭 눈테, 잔존 9.6×11.7

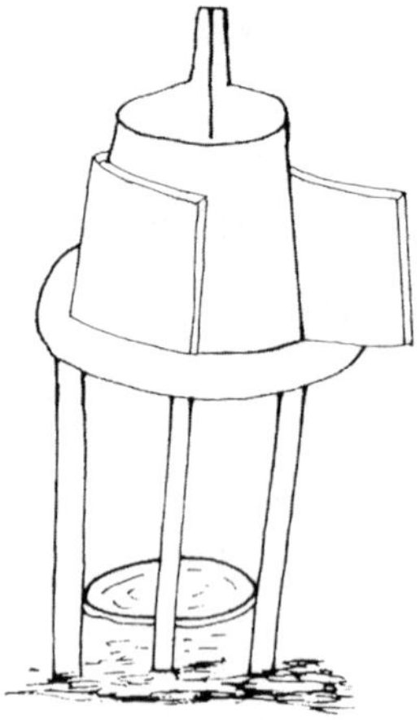

① 와통에 '널판형 소지'를 덧씌운 모습 모사도

② 널판형 소지로 제작한 소지 부착 흔적
(백제 : 부소산성)

③ 널판형 소지로 제작한 소지 부착흔적
(고신라 : 황룡사지)

도면 74. 널판형 소지에 의한 기와 제작

서 비롯한 현상으로 판단된다. 통쪽의 너비는 좁은 것은 3㎝에서 가장 넓은 것은 7㎝에 이르지만, 대부분은 3.5~6㎝ 범위 안에 들어간다. 이러한 통쪽너비는 좁은 것은 백제와 유사하고, 가장 너른 것은 백제의 것에 비하여 1㎝ 내외가 좁다. 그 수량도 좀 적지만, 주류를 이루는 통쪽너비는 백제와 비슷한 것으로 조사되었다.

소지素地는 가래떡형 소지素地를 필자가 실견한 적이 있지만, 대부분의 기와는 위의 속성표에 나타난 것처럼 널판형 소지素地로 조사되었다(표 38, 도면 74).

눈테는 돌기식, 끈이음식, 젓가락식 등이 나타난다. 이들 세 가지 유형은 백제에서도 가장 기본적인 유형이다. 색조는 회청색계가 35점으로 81%를 차지했는데, 이 수치는 수키와와 거의 비슷하다. 나머지는 회청색과 혼입된 흑색계가 3점, 순수한 흑색계는 4점이다. 암적갈색은 2점으로 총 수량에 비하면 5% 내외의 비율을 차지한다. 기와무지와 구舊지표 중 후대유물이 혼입되지 않은 층의 초기 기와 중에는 암적갈색의 기와가 함께 출토되었다. 이 기와는 기형이 비뚤어지거나, 정제되지 않은 것이다. 특히 이러한 평기와는 내부에 대부분 통쪽흔적이 확인되는 것이었다.

황룡사지 출토 기와에는 선단부 내측 방향쪽을 'ㄴ'자형으로 베어낸 사례가 많다. 이 기와는 출토 수량이 적지 않고, 출토 층위와 제작기법에서 고신라古新羅 기와에 속한다. 이 유형의 기와를 필자는 유단식 기와로 설정한 바 있다.[7] 기와의 종단면을 보면, 반대 방향의 선단부에서 'ㄴ'형의 홈이 있는 쪽으로 점차 두터워진다. 이 기와는 내측면에 통쪽흔적이 관찰되는 것이 많다. 이러한 기와에서는 무문無紋, 선문線紋, 격자문格子紋

---

7. 최맹식, 「황룡사지 회랑 외곽 출토 평기와 조사연구」, 『문화사학』 제17호, 한국문화사학회, 2002.

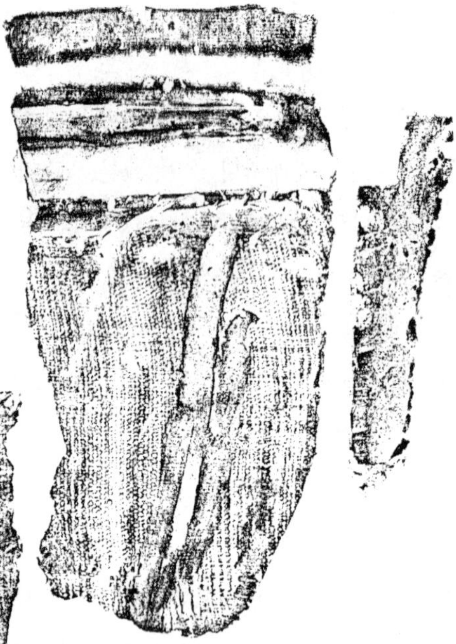

② 〈①〉의 내면.
'ㄴ' 자형 유단식 및 통쪽 · 마포통보 흔적

① 경주 황룡사지 출토 무문암키와

도면 75. 경주 황룡사지 출토 무문 유단식암키와

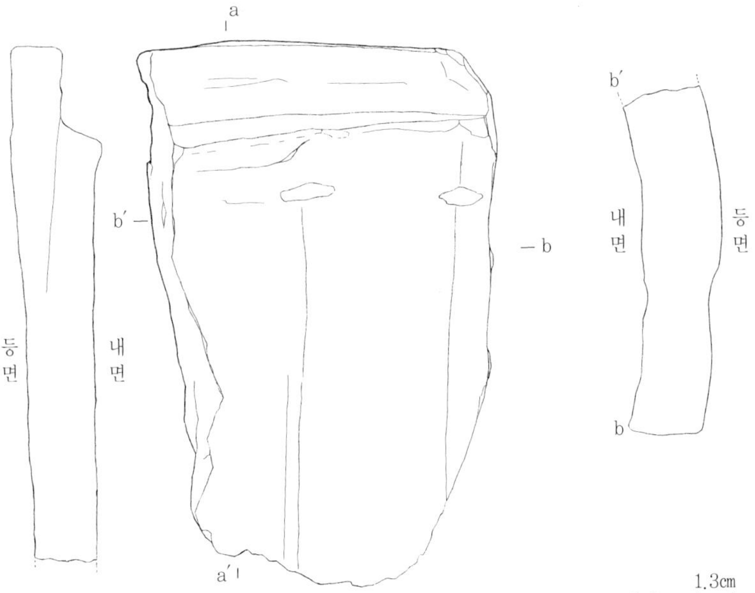

① 황룡사지 출토 유단식 암키와
〈도면 75〉의 그림(고신라)

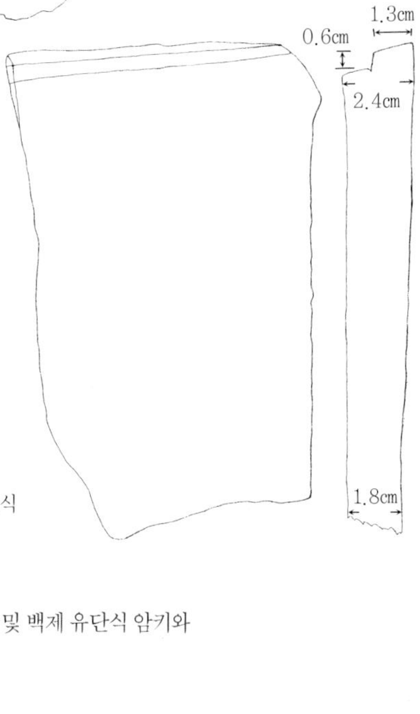

② 부여 전 천왕사지 출토 유단식
무문암키와(백제)

도면 76. 고신라 및 백제 유단식 암키와

이 모두 확인되었다(도면 75 · 76).

〈표 38〉에 의거하면, 통쪽을 엮는 기법은 한 줄 엮기법과 두 줄 엮기법이 조사되었다. 한 줄 엮기법 흔적을 보이는 통쪽와통은 3점, 두 줄 엮기법을 보이는 기와는 6점에 이른다.

또 눈테는 위에서 기술한 것처럼 크게 나눌 수 있는 3종이 모두 조사되었다. 이를 세부적으로 구분하면 〈표 39〉와 같이 8종이 확인되었다.

〈표 39〉 황룡사지 출토 고신라 기와 눈테 현황

區分 / 눈테	눈테 細分	數量	備考
突起式	못 눈테	6	백제기와에서 확인됨
	끈매듭 눈테	6	백제기와에서 확인됨
	쌍세로못 눈테	1	백제기와에서 확인됨
	쌍가로못 눈테	2	백제기와에서 확인됨
끈이음식	끈이음형 눈테	2	백제기와에서 확인됨
젓가락식	一連 눈테	2	백제기와에서 확인됨
	虛中 눈테	2	백제기와에서 확인됨
	三絕 눈테	1	백제기와에서 확인됨

〈표 39〉의 현황표에 나타난 것처럼 암키와 43점 중 윗표의 수치와 같이 다양한 눈테가 확인되었다. 이는 초기 기와 도입시기에 적극적으로 통쪽와통을 보급시켰기 때문일 것이다. 아울러 국가 간 고신라古新羅 기와 제작과 기술전수에 절대적인 영향을 끼쳤을 가능성도 높다.

암키와의 소지素地는 널판형 소지素地로 밝혀졌다. 그러나 이러한 추세는 황룡사지 전체 기와를 대상으로 하지 않고는 전체를 대변한 다고 할 수는 없다.

(2) 경주 방내리 고분군 출토 평기와 조사

방내리 고분군에서 출토된 평기와는 시상대屍床臺로 사용되었다. 이 자료는 한 시기의 것을 집중 검토할 수 있는 것이었다. 방내리 36호분 출토 수키와는 2점으로 모두 토수기와이다. 색조는 1점은 회색이고, 다른 1점은 적황색계이다. 그러나 여러 색조가 조금씩 혼입되어 단일색은 아니다. 기와의 와도瓦刀 방향은 모두 외면에서 내면으로 그어 분리한 것이다. 또한 〈표 40〉의 번호 1번 수키와는 2분법으로 분리할 때 와도瓦刀를 하단에서 상단으로 향하여 1회에 관통시켜 그었다.

수키와의 두께는 1~1.5㎝ 내외이다. 수키와의 내면 마포통보의 한 올 폭은 1×1㎜ 내외로서 보통굵기를 보인다.

암키와는 선문線紋과 격자문格子紋, 무문無紋이 확인되었다. 이들의 색조는 적갈색과 회청색계가 대부분을 차지하고 있다. 두께는 1~1.5㎝ 내외로서 수키와와 비슷하다. 내면 마포통보의 한 올 크기는 대부분 1×2㎜ 내외이지만, 〈표 40〉의 4번은 2.5×5㎜에 이른다. 이러한 성긴 마포문麻布紋은 백제나 고신라古新羅에서 종종 관찰되는 것이다. 암키와의 내면에는 끈이음눈테, 젓가락식 눈테가 확인되었다. 그런데 젓가락식 눈테 중에는 일련一連 눈테, 허중虛中 눈테, 삼절三絕 눈테가 모두 확인되었다.

암키와의 내면에는 빗질흔적이 많이 확인되었다. 성형 후 빗질한 것과 부착면에는 성형 전에 빗질한 흔적이 잘 드러난 것이 특이하다. 암키와의 측면에는 4분법으로 분리할 당시 하단에서 상단쪽으로 1회에 관통하여 그어 분리한 사례가 여러 점 조사되었다. 이러한 방법은 조선시대를 거쳐 계승된 요즈음의 분리방법과 다르다. 요즈음 전승되는 분리면은 기와를 세로로 놓았을 때 중간 지점을 기준으로 2회로 나누어 분리한다.

기와의 외면 중 2차 처리하는 물질 흔적면이 잘 드러난 사례가 여러 점이 조사되었다. 다음의 표에서 볼 수 있는 것처럼 물질도구는 너비가 3종

〈표 40〉 경주 방내리고분 내 평기와 속성표

遺蹟		區分 / 文樣	一連番號	瓦桶	素地	눈테			色調			통보	기와두께	瓦刀方向	備考
				圓筒	널판형	一連	虛中·三色	끈이음형	未色	暗赤黃褐	灰青色	麻布(올간 폭:mm)	(cm)	外→內	기와×하단폭(상단폭)(cm)
方內里古墳36號	수키와	無紋	1	○	○	–	–	–	–	–	○	0.6	0.8~1.4	○	토수기와, 34.8×16(9.7)
		無紋	2	○	○	–	–	–	–	○	–	1×1	1~1.5	○	토수기와, 35.7×15.4(9.4)
	암키와	格子紋	3	○	○	–	–	○	–	–	○	0.9	1.5~2	–	37.4×33.7(31), 瓦刀 下→上 1回 貫通
		格子紋	4	○	○	–	–	○	–	–	○	2.5~5	1.1~1.4	–	41.2×34(30.4), 內面 빗질, 外面 물질 도구폭 5cm
		格子紋	5	○	○	–	○	○	–	○	–	1.2	1.8~2	–	42.6×35(30.7)
		線紋	6	○	○	–	–	○	–	○	○	0.8	1.3~1.9	–	色調混用, 39×33.5(31.5)
		線紋	7	○	○	–	–	–	–	–	○	0.8	1.5~1.8	–	37×34.5(30.5), 瓦刀 下→上 1回 貫通
		線紋	8	○	○	–	–	–	–	○	–	1.4	1.3~1.9	–	36.5×31.7(28.9), 側面調整
		無紋	9	○	○	–	–	–	–	–	○	0.9	1.8	–	36.6×31.2(27.6), 內面 빗질, 外面 물질폭 8.5~8.7
		無紋	10	○	○	–	–	○	–	–	○	1×1	1	–	41.7×35.3(31.2), 外面 물질도구 폭 11~11.9(12.4)
		線紋	11	○	○	–	–	–	–	○	○	1×1	1.4	–	色調混用, 40.5×34(30.3), 外面 물질도구 폭 7.3×8.3
方內里古墳40號	수키와	線紋	12	○	○	–	–	–	○	–	–	–	1.3	○	35.9×5(8.3)
		線紋	13	○	○	–	–	–	–	○	–	1	1~1.5	○	35.8×14.3(8.8)
		線紋	14	○	○	–	–	–	–	○	○	1	1~1.4	○	35.4×15(9.5)
		線紋	15	○	○	–	–	–	–	–	○	0.7	0.8~1	○	35.3×14.4(8.5)
		線紋	16	○	○	–	–	–	–	–	○	–	–	○	15.6(7.9), 瓦刀 下→上 1回 貫通

遺蹟		區分 / 文樣	一連番號	瓦桶	素地	눈테			色調			통보麻布(올간폭:mm)	기와두께(cm)	瓦刀方向	備考 기와×하단폭(상단폭)(cm)
				圓筒	널판형	一連	虛中·三色	끈이음형	末色	暗赤黃褐	灰靑色			外→內	
方內里古墳36號	수키와	線　紋	17	○	○	–	–	–	○	–	–	1	1.4	○	35.3×16.7
		線　紋	18	○	○	–	–	–	–	–	○	0.9	1.1×1.5	○	34.8×14.7(8.5)
		格子紋	19	○	○	–	–	–	–	–	○	0.8	1.3	○	35.6×16(9.4)
		格子紋	20	○	○	–	–	–	–	○	○	0.8	0.6~1.5	○	35.3×17.2(10)
		格子紋	21	○	○	–	–	–	–	○	–	–	0.7~1.3	○	37.5×16.3(10.4)
		格子紋	22	○	○	–	–	–	–	○	–	0.8	1~1.6	○	36.3×16.8(9.4)
		無　紋	23	○	○	–	–	–	–	–	○	1	0.9~1.9	○	35.2×16.8(9.6), 瓦刀 下→上 1回 貫通
		線　紋	24	○	○	–	–	–	–	–	○	0.7	1~1.4	○	×17, 瓦刀 下→上 1回 貫通

遺蹟		區分 / 文樣	一連番號	瓦桶		素地	눈테		色調			통보麻布(올간폭:mm)	기와두께(cm)	備考 기와×하단폭(상단폭)(cm)
				통쪽(폭:cm)	圓筒	널판형	끈이음형	虛中·三絕	末色	暗赤黃褐	灰色			
方內里古墳40號	암키와	線　紋	25	–	○	○	–	–	–	○	–	0.9	1~1.5	37.7×31(29). 내면은 심하게 빗질
		線　紋	26	–	○	○	–	–	–	–	○	0.6	1~1.4	35.5×31.7(28.5)
		線　紋	27	–	○	○	–	○	–	○	–	1	1.4~1.5	38.5×31.6(29), 打捺道具 5×10.3, 虛中눈테, 內面 빗질
		線　紋	28	–	○	○	–	○	–	○	–	1	1.5	38.1×32.6(26.9), 三絕눈테
		線　紋	29	–	○	○	–	○	–	–	–	1	1.3~1.5	36.5×31(28.9), 三絕눈테, 打捺道具 6.5×8.9

遺蹟		區分 / 文樣	一連番號	瓦桶		素地	눈테		色調			통보 麻布 (올간 폭:mm)	기와 두께 (cm)	備考 기와×하단폭(상단폭) (cm)
				통쪽 (폭:cm)	圓筒	널판형	끈이음형	虛中·三絕	未色	暗赤黃褐	灰色			
方內里古墳40號	암키와	線 紋	30	–	○	○	–	○	○	–	–	1	1.2~1.3	36.2×33.2(28.9), 三絕눈테, 外面 물질폭 5.8~6.7
		線 紋	31	–	○	○	–	○	–	○	○	1	1.2~1.5	38.1×31.2(28.7), 色調는 混用
		線 紋	32	–	○	○	–	–	–	○	–	1	1.4~1.9	37.5×29.8(32.5)
		線 紋	33	–	○	○	–	–	○	–	–	1	1~1.5	35×29.3(30.6)
		線 紋	34	–	○	○	–	–	–	–	○	1	1.5	36.5×30(26.5)
		線 紋	35	–	○	○	–	○	–	–	○	2	1.5	45.3×44(39.5)

정도로 구분된다. 좁은 것은 5㎝ 내외, 중간은 8.5㎝, 가장 너른 것은 12㎝ 내외이다.

와통瓦桶은 모두 원통와통圓筒瓦桶이고, 소지素地는 가래떡형 소지素地가 조사되었다.

방내리 40호분 역시 암 · 수키와의 속성은 대부분 36호분 출토 기와와 차이가 없다. 수키와는 모두 원통와통圓筒瓦桶을 써서 제작하였다. 소지素地는 널판형 소지素地가 확인되었고, 가래떡형 소지素地는 관찰되지 않았다. 눈테는 젓가락식과 단절斷絕 눈테가 조사되었다. 단절斷絕 눈테는 허중虛中 눈테와 삼절三絕 눈테 등 2종이 모두 확인된다. 수키와의 종류는 토수기와가 출토되었는데, 미구기와는 확인되지 않았다. 수키와의 색조는 암적갈색 및 회청색으로 확인되었다.

수키와는 와도瓦刀 방향이 외면에서 내면을 향하여 그은 뒤에 분리한 것이다. 또 모두 하단에서 상단 쪽으로 1회에 관통하여 그어 분리하였다.

2. 사례에 따른 분석

1) 고구려

평기와의 내용은 제작기법과 이에 따른 문양 등을 빌려 그 특질을 조사할 수 있다. 제작기법 관찰의 포인트는 와통瓦桶을 쓰는 문제와 이 와통瓦桶 구조의 영향과 함께 성형후 처리방법에 따라 기와가 지니게 되는 여러 속성 내지 성격을 규명하는데 있다.

고구려 기와는 제작에 필요한 두 가지 와통瓦桶을 모두 사용했던 것으로 조사되고 있다. 하나는 통쪽와통이고, 또 다른 하나는 원통와통圓筒瓦桶이다. 평기와 내면에 드러난 통쪽와통의 흔적은 고구려유적에서 출토된 기와에 주로 나타나는 현상이다. 고구려 평기와 내면에 드러난 통쪽을 엮었던 끈 흔적의 사례 보고는 환도산성에서 나온 격자문格子紋 암키와 하나에 불과하다.[8)]

고구려 기와는 통쪽와통과 원통와통圓筒瓦桶 등 2종의 제작기법을 적용하여 제작되었다는 점은, 위에서 설명한 바 있다. 실제 기와를 관찰해 보면, 통쪽와통을 써서 제작한 기와가 월등하게 많은 비율로 조사되고 있

8. 백종오, 앞 논문. 위의 글에서 필자는 기와 안쪽에 난 둥근 구멍 흔적을 통하여 통쪽을 엮었던 흔적의 근거로 보고 있다. 이점에 대하여, 아직 통쪽을 잇는 끈 흔적으로 볼 수 있는 자료보강이 필요하다고 판단하고 있다.
최맹식 · 서길수, 「고구려유적 기와에 관한 조사연구」, 『고구려연구』, 고구려연구회, 1999.
최맹식, 「고구려 기와의 특성」, 『고구려연구』, 고구려연구회, 2001.

〈표 41〉 중국 동북지방 고구려 산성 출토 기와 와통 총계표

區分 / 遺蹟別	總數量	瓦桶		備考
		통쪽와통	圓筒瓦桶	
丸都山城	6	5		1점은 不明
新賓 木奇城	4	4		
鐵嶺 青龍山城	3	3		
新賓 五龍山城	1	1		
新賓 太子城	2	2		
西豊 城子山城	3	2	1	
延吉 興安城	2	2		
海城 英城子山城	3	3		
撫順 高爾山城	2	2		
撫順 玄菟城	1	1		
吉林 龍潭山城	1			不明
開原 龍潭山城	1	1		
集安 太王陵	1	1		
莊河 城山山城	1		1	
合 計	31	27	2	

다. 우선 고구려 고토故土였던 중국 동북지방의 14개 산성에서 나온 암키와 31점을 대상으로 조사 · 분석해 보기로 한다.

위의 기와 수량이 많지는 않지만, 14개소의 산성에서 조사된 기와에 대한 분석 수치이다. 따라서 와통瓦桶의 적용 빈도를 수치 값과 견주어 고려하면 그 경향은 충분히 반영되는 것이다. 즉 31점의 암키와 중 통쪽와통 26점, 원통와통圓筒瓦桶 2점, 와통瓦桶 흔적 불명 2점 등으로 분석결과가 나왔다.[9] 이는 통쪽와통을 써서 제작한 기와가 원통와통圓筒瓦桶으로 제작한 기와에 비하여 훨씬 우세한 비율을 차지했음을 알 수 있는 것이다. 고구려유적 중 경기도 북부지역의 호로고루, 당포성, 무등리 1보루에서 출

9. 최맹식 · 서길수, 앞 논문.

토된 한 통계는 이를 잘 입증한다. 통쪽와통으로 제작한 기와가 83%, 원통와통圓筒瓦桶 제작 기와가 17%의 비율로 산출되었다.[10)]

그밖에 또 다른 기와제작법은 와통瓦桶 없이 가래떡형 소지素地를 말아 올리면서 내외를 두드려 제작하는 기법이 보고되고 있다. 이러한 기법은 중국의 서주西周~남북조시대 및 백제의 한성도읍시기에 주로 적용·제작되었던 것으로 알려졌다.[11)] 그렇지만 중국에서도 한漢나라 말부터는 널판형 소지素地로 제작하는 기법이 등장하여 이전의 제작방법과 함께 두 가지가 다 계승되었고, 백제는 좀더 제한된 시기에 부분적으로 적용되어 제작했던 것으로 나타난다. 고구려 기와는 아직 무와통 제작기법이 보고되지 않았다.[12)]

고구려의 평기와 문양은 ① 승문繩紋, ② 격자문格子紋, ③ 선문線紋, ④ 거치문鋸齒紋, ⑤ 석문蓆紋, ⑥ 능형문菱形紋, ⑦ 수목문樹木紋 등 7종으로 확인된다. 고구려의 평기와에 시문한 다양한 문양은 지금까지 보고된 중국

---

10. 백종오, 앞 논문.
    심광주 · 김주홍 · 정나리, 앞 보고서.
11. 앞에서 언급한 바와 같이 이러한 기법은 중국에서는 "泥條盤築技法"으로 지칭하고 있으며, 1997년도 풍납토성에 대한 정밀조사가 진행되면서 이러한 기법을 적용한 기와가 확인되었다. 풍납토성 출토 기와에서 위의 제작기법에 의한 제작 근거에 확신이 서게 되어 그 동안 확신하지 못했던 유물에 대한 보고서 및 논문이 활발하게 전개되고 있다(권오영, 「백제 전기 기와에 대한 신지견-화성 화산고분군 채집 기와를 중심으로-」, 『백제연구』, 충남대학교 백제연구소, 2001).
    최맹식, 「고구려 기와의 특성」, 『고구려연구』 고구려연구회 12집, 2001.
    ______, 「풍납토성 출토 유물의 성격-기와를 중심으로-」, 『풍납토성의 발굴과 그 성과』, 한밭대학교 향토문화연구소, 2001.
    김기민, 「신라 기와 제작법에 관한 연구-경주 물천리 출토 기와를 중심으로-」, 동아대학교대학원 석사학위논문, 2001.
12. 이러한 결과는, 지금까지 고구려시대의 평기와에 대한 충분한 자료를 확보하지 못한 결과로 추정한다.

의 동시대 평기와의 문양과는 상당한 차이가 확인되었다. 당시 중국과 국경을 마주보는 가운데 대립 관계였던 고구려는 필요에 따라서는 교차적인 관계교류를 유지했을 것이다. 이러한 가운데 중국으로부터 영향을 받아 제작되었던 기와의 제작기법과 문양 도입은 자연스러운 현상으로 받아들일 수밖에 없다.

고구려의 성장 및 전성시기에 제작된 문양은 위에서 제시한 것처럼 다양하게 조사되고 있다. 이 시기에 중국의 경우는 승문繩紋이 절대적 수량을 차지했고, 수·당 이후에 들어오면서 선문線紋 등이 함께 시문施紋되었던 것으로 나타난다. 중국의 한나라 이후 문양에는 승문繩紋 도구를 써서 수없이 타날한 반복작업이 수반되었다. 이러한 과정에서 실제 기와에는 승문繩紋의 세밀한 부분이 잘 드러나지 않기도 하지만 동일기와에 부분적으로 관찰되기도 한다. 이는 반복타날과 많은 사용으로 인하여 승문도구에 소지素地가 깊이 박히게 되는 현상이 일어날 가능성이 매우 높다. 따라서 이러한 도구의 반복작업은 일견 선문線紋으로 관찰되는 사례가 적지 않았을 것이다. 실제 보고서에서 기술한 내용과 기와탁본을 비교하면, 이러한 현상을 읽을 수 있게 된다. 중국에서의 서주西周 이래 남북조시대에 이르기까지 평기와에서 승문繩紋이 차지하는 절대적 위치는 아마 문양의 도식화 이전 기와제작을 위한 실제 기능적인 측면을 중시하는 중국 특유의 전통 때문이 아닌가 여겨진다.

고구려 평기와에서 조사되는 문양의 다양성 존재는 기와 제작만을 위한 기능을 넘어선 그들만이 지닌 고유한 어떤 특성으로 보이는 것이다. 이러한 문양의 존재를 고구考究해보면, 대부분 중국 전국시대 이후 한나라와 낙랑 수막새의 문양에서 부분적으로 적용되어 왔던 것들이 많다. 예를 들면 수목문樹木紋은 전국시대의 반와당半瓦當[13]에서 흔히 사용되었던 문양이다.[14] 능형문菱形紋과 거치문鋸齒紋은 평양토성平壤土城에서 출토된 낙랑 수막새의 드림새에서 적용되고 있다.[15] 한편 다른 거치문鋸齒紋, 격자문格子紋, 능형문菱形紋, 석문席紋 역시 낙랑의 유적인 평양 대동강면大洞江面의 유적에서 출토된 전塼에서 같은 유형의 문양들이 직접 사용되었다는 점이다. 여기서 출토된 전塼에는 변형 수목문樹木紋과 승문繩紋 등 수많은 유물이 조사되었다. 기와와 가장 관련성이 깊은 전塼의 이러한 동반 출토 사례는 실제 건물용도 유물이라는 점과 중국과 백제의 와요지瓦窯址에서도 함께 제작된 사례와 함께 당시 유물 간의 교차 문양 적용의 근거가 될 수 있는 것이다.[16]

지두문指頭紋 기와는 평기와의 한쪽 선단부에 손가락 끝을 사용하여 일정한 간격으로 누르거나, 비슷한 형태로 만든 것을 지칭한다. 이 경우 지두문指頭紋은 기와 선단부 중에서도 외측면에 문양을 내는 것이 일반적이

---

13. 와당瓦當이란 명칭은 이 글에서는 원칙적으로 막새로 표기하였으나, 중국 수막새를 그대로 인용한 관계로 용어를 그대로 적용 · 표기하기로 한다.
14. 『신라와전』, 국립경주박물관 외, 2000.
15. 朝鮮總督府, 『樂浪郡時代ノ遺蹟』, 大正14年(1925).
초기의 중국 기와는 토기와 기와 전塼을 함께 만들었던 것은 실제 조사과정에서 확인되는 일반적 사안이다. 이러한 일부 사례는 부여의 백제 정암리 와요지에서 조사한 기와와 수막새, 전塼 등이 함께 출토된 것은 시사하는 바가 크다. 고대 중국의 초기 전塼은 원칙적으로 승문繩紋으로 일관된 점은 평기와 동일시기의 토기에서 보이는 점과 일치되고 있다. 특히 전국시대 이후 한나라와 낙랑의 전에 찍힌 문양은 수막새의 문양과 공통점이 대단히 높거나 거의 일치한다고 할 수 있을 정도이다. 대동강면大同江面에서 출토된 낙랑의 전塼에는 순수한 승문繩紋, 능형문菱形紋, 거치문鋸齒紋, 격자문格子紋, 단선문短線紋, 동심원문同心圓文, 고사리문(운문雲紋), 석문席紋, 중심선 없는 변형 선문線紋 등이 확인된다. 이러한 제반 문양은 고구려 평기와에서 모두 채택된 문양으로 드러나고 있다. 이러한 고구려 평기와의 문양이 반드시 중국의 서주西周 이래 한나라 낙랑의 수막새나 전塼의 영향을 받았던 것으로 단정할 수는 없다. 그렇지만 직접 접하고 영향을 주고받을 수밖에 없는 지정학적인 측면과 사신의 통교 기록은 이러한 가능성을 높게 만드는 것이다. 평기와에 수목문樹木紋 사용 여부는 실자료 검토가 필요하다.
16. 朝鮮總督府, 앞 報告書.

다. 고구려 평기와의 지두문指頭紋은 중국 동북쪽에 위치한 푸순[撫順] 고이산성과 지안[集安] 태왕릉에서 출토된 암키와에 나타난다.[17] 한반도의 고구려유적에서는 북한의 심귀리유적에서 나온 출토품이 보고되었다.[18](도면 77~81)

심귀리 출토 지두문指頭紋 암키와의 외면 문양은 무문無紋으로 지두문指頭紋은 손가락으로 누른 것이라기보다는 각진 나무나 작은 나무를 가지고, 일정한 간격마다 눌러 문양을 낸 것으로 보인다. 이 지두문指頭紋 암키와는 사진으로만 제시되어 자세한 내용은 알 수 없고, 내면쪽의 상태 역시 관찰할 수 없는 상태이다.(도면 77-②)

중국 푸순[撫順] 고이산성 출토 무문無紋 암키와에 압인壓印된 지두문指頭紋은 기와 선단 외면에서 관찰된다. 이 지두문指頭紋은 3.5㎝ 간격마다 나 있다. 기와를 사이에 두고 두 손가락으로 누르면서 생긴 지두指頭흔적이 기와의 내면에서도 옅게 확인된다. 이 지두문指頭紋 암키와의 내면에는 통쪽흔적이 조사되었다. 또 가래떡형 소지素地로서 와통瓦桶에 감아 성형한 흔적이 나타나 있다.(도면 77-③)

중국 지안[集安] 태왕릉 출토 지두문指頭紋 암키와 역시 선단부의 외면쪽에 지두문指頭紋이 압인된 것이다. 이 지두문指頭紋은 엄밀하게 말하면, 손가락으로 눌러 압인한 것이 아니다. 각진 나무에 마치 빗살처럼 횡으로 날카롭고 깊게 새겨 누른 것이다. 지두문指頭紋 간의 간격은 사실상 거의 접할 만큼 가깝게 압인되었다. 지두문指頭紋의 중심 간 간격은 2㎝ 내외이다. 이 암키와 역시 무문無紋이며 내면에는 통쪽흔적이 뚜렷하게 나타나

17. 최맹식 · 서길수, 앞 논문.
____________, 「고구려 기와의 특성」, 『고구려연구』 고구려연구회 12집, 2001.
18. 朝鮮總督府, 『高句麗時代之遺蹟』 圖版上册, 古蹟調査特別報告 第5册, 昭和4年.

있다. 또 기와의 내면에는 가래떡형 소지素地 흔적이 관찰되는데, 이 소지素地의 너비는 3.3㎝ 정도이다.(도면 78-①)

결론적으로 고구려의 평기와는 제작 당시 통쪽와통 및 원통와통圓筒瓦桶이 주로 사용되었던 것으로 조사되고 있다. 소지素地는 가래떡형 소지素地와 널판형 소지素地 모두 관찰된다. 문양은 선문線紋, 격자문格子紋, 승문繩紋, 석문蓆紋, 거치문鋸齒紋, 능격문菱格紋 등이 조사되었다. 백제와 고신라古新羅에서 지금까지 보고된 문양은 선문線紋과 승문繩紋, 격자문格子紋 3종에 제한된 것과는 비교된다. 통보는 일반 포문布紋을 가진 것이 대부분이다. 그러나 연천군 무등리 1보루, 당포성, 아미성 등지에서는 승문繩紋이 확인된다.

기와 제작시 분리를 위한 눈테 흔적은 잘 관찰되지 않는다. 이러한 이유는 내측 분리면 가장자리를 따라 와도瓦刀로 처리한 사례가 많아 잘 관찰되지 않는지 아직 확실하지 않다. 통쪽와통의 경우 각 통쪽을 연결하는 끈 흔적을 관찰하기 어려운 점도 백제나 신라와 다른 점이다. 이것은 제작기법에는 세밀한 부분에서 아직 파악되지 않는 면이 있기 때문으로 판단된다.

고구려의 평기와는 국내성을 초두로 한 초기와 평양으로 천도한 후기의 평기와는 아직 명확한 구분을 할 수 없는 상태이다. 이점은 앞으로 유적과 함께 충분한 자료검토가 선행되어야 명확하게 밝혀질 수 있을 것으로 판단된다.

2) 백제(도면 77~81)

한성도읍기의 기와 제작은 두 가지 방법에 의하여 제작되었던 것으로 조사되었다. 하나는 무와통無瓦桶이고, 다른 하나는 통쪽와통에 의한 제작이 이루어졌다. 무와통無瓦桶 제작법의 특징은 우선 정형화된 와통瓦桶을 사용하지 않은 대신에 토기제작 기법을 적용하여 제작하게 된다. 이 방법의 전제 조건 중의 하나는 소지素地의 사용을 반드시 가래떡형 소지素地를 이용해야 한다는 점이다. 가래떡형 소지素地는 권상법 또는 윤적법에 따라 제작하게 되는데, 어느 방법을 사용했는지는 명확하게 구분하기가 어렵다. 다만 제작된 기와의 사례를 관찰하면, 가래떡형 소지素地의 부착흔적선이 수평에 가깝게 나타난 흔적과 함께 몇 도 정도로부터 10° 이상의 각도를 보이는 경우도 확인된다. 그렇지만 다음과 같은 점에서 대부분 권상법에 따른 제작기법이 주로 적용되었지 않았나 판단된다. 그 이유는 다음과 같다.

· 토기와 같이 반드시 한 켜씩 다져 올리면서 제작할 수밖에 없는 정밀성은 요구되지 않는다.
· 기와 제작은 두께에 비하여 크기가 무리 없이 조성할 수 있을 정도의 모양과 형태를 가지고 있다. 즉 크기에 비하여 두께가 지나치게 얇거나 하여 제작에 큰 부담을 주지 않는다는 점이다.
· 실제 기와 관찰을 해보면, 가래떡형 소지素地의 부착흔적선의 각도는 몇 도에서 10° 내외에 이르는 경사가 많다.

위의 평기와 관찰결과를 분석해보면, 무와통법無瓦桶法에 따라 제작한 기와는 가래떡형 소지素地를 한 켜씩 올릴 때마다 안팎에서 두드리면서 제작한 것으로 단정하기는 어려워 보인다. 이는 가래떡형 소지素地에 의한 무와통법無瓦桶法 제작법은 권상법인 소지素地를 이어가면서 감아 올린다. 즉 제작하고자 하는 크기만큼 소지素地를 모두 올린 뒤에 두드려 제작했을 가능성이 높다는 것이다. 이러한 기와 관찰에서 드러난 추세는 절대적인 흐름이라기보다는 소지素地를 감아 올려 조성하는 이른바 권상법을

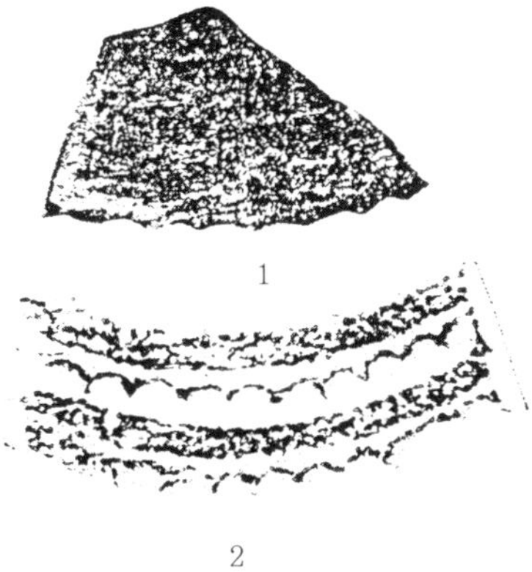

① 중국 북위 및 북제 암키와

② 고구려 심귀리 고분 출토 암키와

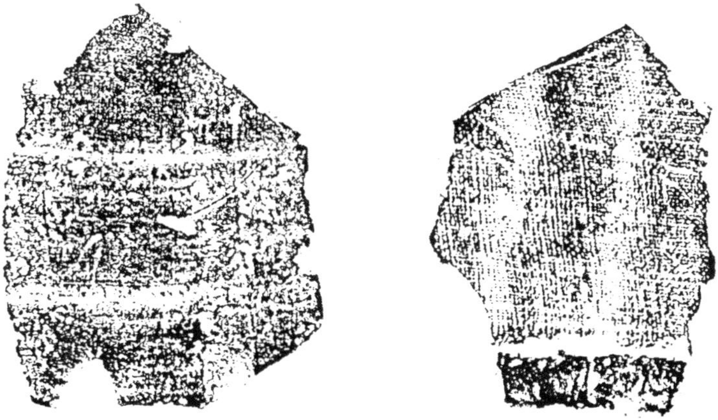

③ 중국 푸순[撫順] 고려산성(高爾山城) 출토 무문암키와(고구려)

도면 77. 중국 · 고구려 · 지두문 암키와

써서 제작하는 사례 · 비율이 훨씬 높다는 것이다.

통쪽와통을 쓴 제작기법은 백제 한성도읍기에 적용된 주 제작방법으로 확인되고 있다. 이 시기에 제작된 기와를 관찰하면, 기와 내면에는 통쪽 흔적과 각 통쪽 간을 연결하는 끈 흔적이 잘 나타나 있다. 통쪽 간을 연결하는 끈 흔적 기법은 한 통쪽에 두 구멍을 뚫어 잇는 한 줄 엮기법이 조사되었다. 다만 한 줄 엮기법이 웅진 · 사비도읍기의 동일한 기법과는 차이점이 나타난다.

적용기법의 차이는 웅진 · 사비도읍기의 것이 통쪽과 통쪽 간을 연결하는 틈 사이를 이었지만, 여기서 조사된 연결 끈 흔적은 한 통쪽의 중간 지점에 횡으로 나타나 있다. 그렇지만 역으로 생각하면, 연결하는 끈은 통쪽 내측은 위의 통쪽과 통쪽 간의 틈 사이가 연결되었다는 점을 알 수 있다. 즉, 위의 통쪽 간을 연결하는 두 가지 방법은 실은 한가지 방법임을 인지할 수 있다. 이는 통쪽와통의 두 면 중 어느 면을 밖으로 사용했는가에 따라 ① 한성도읍시기 암키와에 나타난 한 줄 엮기법(통쪽 간을 잇는 끈이 통쪽의 중앙에만 드러남)과, ② 웅진 · 사비도읍기에 드러난 한 줄 엮기법(통쪽 간을 잇는 끈이 통쪽과 통쪽의 틈 사이를 연결하여 나타남) 등 두 가지로 분류된다. 소지素地의 종류가 확인되는 경우 예외 없이 가래떡형 소지素地를 사용하였음을 알 수 있다.

통쪽와통의 기원은 사실상 명확하지 않다. 중국의 고대 평기와에서 통쪽와통의 흔적을 명확하게 판단할 만한 자료는 보고되지 않고 있다. 이 점은 아직 세밀한 관찰작업이 진행되지 않은 결과인지, 혹은 고대 중국에서 통쪽와통의 존재가 없었던 것인지는 확인되지 않는다. 그렇지만 중국 명나라의 자료에는 통쪽와통의 존재가 그림과 내용에서 정확하게 제시된 점은 그 연원이 거슬러 올라갈 가능성이 높다는 것을 의미하지 않을까 여겨진다.[19] 그렇다면 지금까지 중국 고대 평기와에서 통쪽와통의 존재가 명확하게 확인되지 않은 이유는 각 통쪽의 이음이 완벽해서 기와의 내면에 통쪽의 흔적이 관찰되지 않은 탓일까. 또는 명나라 『天工開物』에 도면으로 그려진 통쪽와통이 후에 개변改變된 것인가. 이러한 의문은 유적을 시대에 따라 구체적이고도 정밀한 평기와의 관찰작업을 수행하지 않는 한 풀릴 수 없는 것이다.

와통瓦桶은 중국의 경우 일찍이 서주西周시대 이미 출현했던 것으로 조사되었다. 따라서 우리 한반도에서는 중국의 한나라와 낙랑의 기와 제작기법에서 직·간접적인 영향을 받았던 점을 감안하면, 원통와통圓筒瓦桶의 모본模本은 중국계를 답습했을 가능성이 높은 것이다. 물론 이 당시의 원통와통圓筒瓦桶의 실제 모습은 유물이 출토되지 않고서는 파악할 수 없는 것이다. 중국 서주西周시대의 평기와 내면에 드러난 마포麻布통보 흔적을 빌려 와통瓦桶의 존재를 실감할 수 있다. 또 기와의 측면 분리흔적과 수키와의 경우 미구의 부착은 이 시기에 적어도 평기와의 기본 제작기법에서 발달된 한나라 시기에 비하여 큰 차이가 드러난 것으로는 판단되지 않는다. 기와의 경우 이른 시기부터 암키와는 4분법, 수키와는 2분법에 따라 분리했던 것이 통상적인 방법으로 조사되고 있다.[20]

따라서 지금까지 조사된 결과를 보면, 이시기의 평기와는 통쪽흔적을 관찰할 수 없는 기와가 더 우세한 수량을 보인다. 이는 원통와통圓筒瓦桶을 따른 제작기법이 도입되었음을 의미하는 것으로 해석된다. 원통와통圓筒瓦桶에 의한 제작 기와는 통쪽와통에 따라 제작한 기와와 함께 확인되는 경우는, 모두 가래떡형 소지素地라는 점이다. 이점은 한성도읍시기에는 널판형 소지素地는 아직 도입되지 않았을 가능성이 높다는 것을 시사한

19. 宋應星, 『天工開物』, 中華書局香港分局, 1978.
20. 尹盛平, 앞 보고서.

다. 그렇지만 아직 한성도읍기에 해당하는 평기와를 충분히 조사했다고 볼 수는 없기 때문에 지금까지의 한 경향으로 보고자한다. 이것은 중국의 경우 전국시기 말경에는 전통적으로 답습해오던 가래떡형 소지素地 외에 널판형 소지素地가 등장했다는 점이 유의되는 대목이라 할 수 있다.[21]

웅진 · 사비도읍기에 들어와서도 지금까지 계승되어오던 전통 제작기법이 대부분 그대로 이어졌음을 실감할 수 있다. 이는 제작기법뿐만 아니라, 기와의 겉에 시문되는 문양에서도 그대로 반영된다. 다만 한성도읍시기에 사용되었던 기법 중 계승되지 않고 단절된 것은 무와통無瓦桶을 따른 제작기법이다. 이 방법은 웅진으로 천도한 이후의 유적 출토 기와에서는 아직 보고사례가 없다.

백제에서 무와통법無瓦桶法의 단절은 기술적인 후퇴가 아니었다. 이는 ① 토기와 동일한 기법에서 벗어난 기와만의 분업작업으로의 전환, ② 다량 생산체제로의 발전, ③ 실질적인 기와 틀만을 쓰는 체제가 자리를 잡은 것 등으로 요약할 수 있다.

한성시기에 이미 도입되었던 암 · 수키와의 제작은 웅진 · 사비기와의 비교에서 다음과 같은 공통점과 차이점을 읽게 된다.

두 시기의 공통점은 ① 소지素地 중 가래떡형 소지素地 및 널판형 소지素地의 존속, ② 와통瓦桶은 통쪽와통과 원통와통圓筒瓦桶의 공용, ③ 문양으로는 승문繩紋, 선문線紋, 격자문格子紋의 존재, ④ 마포麻布통보의 존재를 들 수 있을 것이다.

두 시기의 차이점은 ① 웅진 · 사비기에 무와통법無瓦桶法의 소멸, ② 통보 중 승문繩紋통보, 갈대형 통보의 출현, ③ 통쪽와통에 의한 제작 기와의 절대적 우세, ④ 인장와印章瓦의 등장, ⑤ 지두문指頭紋 기와의 등장(암

21. 谷豊信, 앞 논문.

막새의 기원 또는 암막새의 등장), ⑥ 통쪽와통의 발전에 따른 각 통쪽 간을 연결하는 끈 이음 기법의 다양화, ⑦ 통기와 분리 시(암키와는 4분법, 수키와는 2분법), 눈테의 다양화 등을 꼽을 수 있다.

지두문指頭紋 기와는 백제 한성도읍기에서부터 흔적을 드러내고 있다. 다만 풍납토성에서 출토된 수키와의 내측 하단에 지두문指頭紋 형태가 보이지만, 이는 지문이 가볍게 남을 정도로만 흔적을 남긴 것이어서 일반적인 지두문指頭紋 기와와는 구별되는 사례로 확인된다. 지두문指頭紋 기와는 손가락이나 나무도구를 사용하여 기와의 형태가 짓누르듯이 나타나거나, 일견 파상문波狀紋처럼 보일 만큼 볼륨이 크고 깊은 흔적을 나타내어 나름대로의 기능적인 효과를 표현하려고 애를 쓴 흔적이 역력하다.(도면 78-②·③)

백제의 한성도읍시기의 지두문指頭紋 기와는 풍납토성과 몽촌토성에서 확인·보고되었다. 풍납토성 출토 지두문指頭紋 기와는 무문無紋 암키와로서 문양 간 간격이 거의 없이 접하여 시문된 것이다. 이 암키와는 내측면에 통쪽와통 흔적이 뚜렷하고, 드러난 지두문指頭紋은 하단의 내측면에서 관찰된다. 몽촌토성 출토 지두문指頭紋 암키와는 소격자문이 시문되었고, 내면에는 역시 통쪽와통의 흔적이 잘 남아 있다. 지두문指頭紋은 동일 기와에서 서로 연접한 것과 약간의 간격이 있는 부분이 있다.

웅진·사비도읍기의 기와 중에는 부여 군수리 백제사지軍守里百濟寺址에서 출토된 것이 있다. 군수리사지에서 출토된 지두문指頭紋 기와는 두 가지 종류가 관찰된다. 하나는 지두문指頭紋이 기와 선단부의 내·외측 어느 한 곳에 치우치지 않고 가운데 선을 따라 시문되었다. 다른 하나는 기와의 선단부 중앙에 작은 'V' 자형의 홈 선을 관통시킨 것이고, 지두문指頭紋은 이 음각 홈 선을 두고 그 옆에 거의 간격을 두지 않고 시문한 것이다.

① 중국 지안[集安] 태왕릉 출토 무문암키와(고구려)

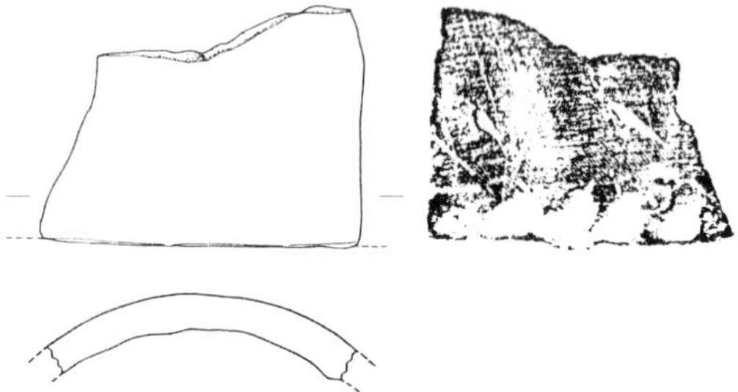

② 풍납토성 출토 수키와 지두문

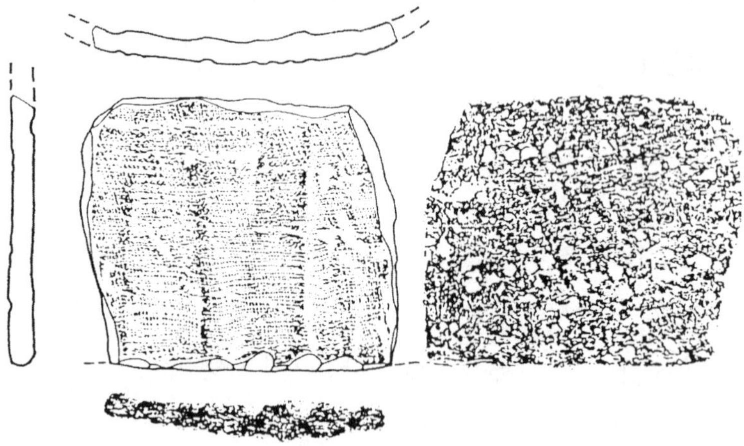

③ 몽촌토성 출토 격자문암키와

도면 78. 고구려 및 백제 전기 지두문 기와

부여지방에서 암키와의 선단부 중앙에 음각선을 마련한 유형은 중요한 의미를 갖는다. 이러한 음각선이 곧 지두문指頭紋과 일치되는 것은 아니다. 그렇지만 군수리사지 출토품에 나타난 사례처럼 'U' 형 홈에 지두문指頭紋을 배치하는 것은 또 다른 변화 의미를 내포하고 있다.(도면 79-①)

부여 전傳 천왕사지 출토품 15점의 암키와 선단부에서는 와도瓦刀로써 날카롭게 'V' 자형 홈을 마련한 것이 확인되었다. 이러한 유형은 'V' 자형으로 홈을 기와 선단부를 따라 관통시킨 것과 와도를 좀 뉘어 기와 내측면을 따라 선단부만을 잘라내어 마치 'ㄴ' 자처럼 형성되어 유단식 기와 모양을 한 것이 있다. 이러한 지두문指頭紋 기와의 특징을 보면, 기와의 장축방향을 기준으로 본 단면은 지두문指頭紋이 자리한 쪽으로 오면서 기와의 두께가 점차 두터워지게 제작되었다는 것이다.(도면 79-②) 이러한 기법은 처음부터 지두문指頭紋을 염두에 두고 기와제작을 했다는 점과 두텁게 조성된 선단부에 지두문指頭紋을 배치함으로 어떤 목적성을 분명하게 염두에 두었다는 점을 주목할 필요가 있다는 것이다. 다시 말하면, 지두문指頭紋 기와는 단순한 문양만을 시문한 것이 아니라, 처음부터 기능적인 면에서 분명한 목적을 두고 제작되었음을 간과할 수 없다는 결론에 이른다. 이는 백제시대에 처음 대두된 암막새의 초기 형태 중 시원적始原的인 한 유형으로 보인다. 물론 백제의 구체적 암막새의 존재는 부소산성에 출토된 대형토기의 구연부口緣部 형태로 제작된 또 다른 사례가 보고된 바 있다.[22] 이러한 지두문指頭紋과 음각 홈 선의 존재는 삼국시대에 암막새의 시원적인 싹이 구체화한 한 근거가 되는 것이다.[23] 이러한 점에서 백제의

22. 부여문화재연구소, 『부소산성발굴조사중간보고』, p.433(도판 134-②~⑧) 및 486(탁본 2-⑩~⑫-1), 1995.

23. 박홍국은 앞 논문(pp.65~66)에서 백제의 지두문指頭紋 기와가, 암막새 제작 이전 암막새의 역할을 대신하였던 발달된 암키와의 실례로 보았다.

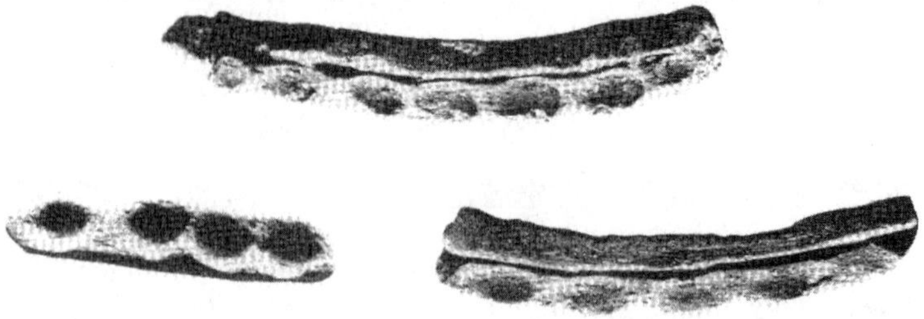

① 부여 군수리 폐사지 출토 암키와 지두문(백제)

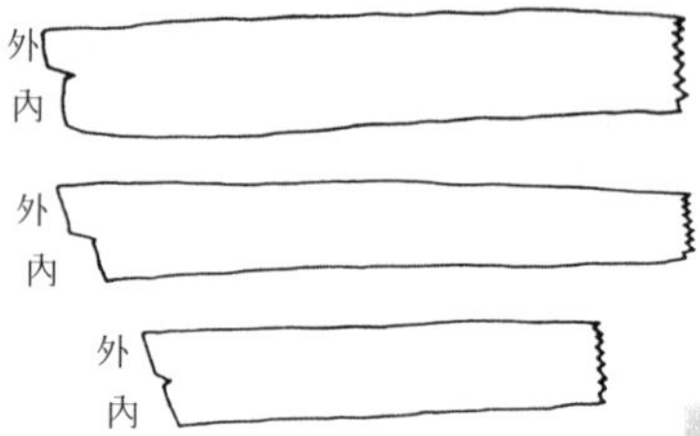

② 부여 천왕사지 출토 홈 암키와

③ 격자문암키와(고신라)

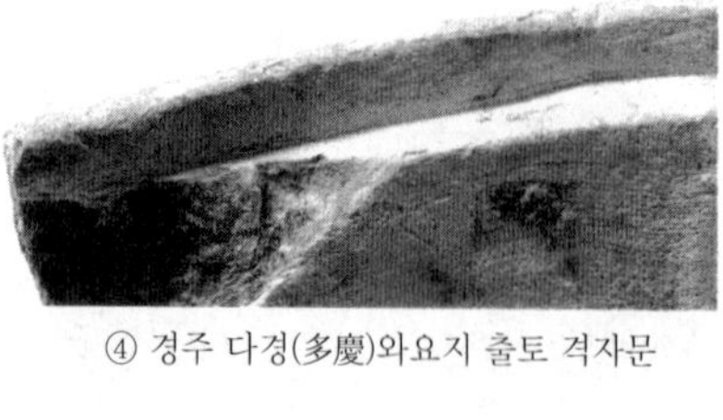

〈③〉의 내면 세부

④ 경주 다경(多慶)와요지 출토 격자문

도면 79. 백제 · 고신라 지두문 · 'V' 자 · 'ㄴ' 자(유단식) 암키와

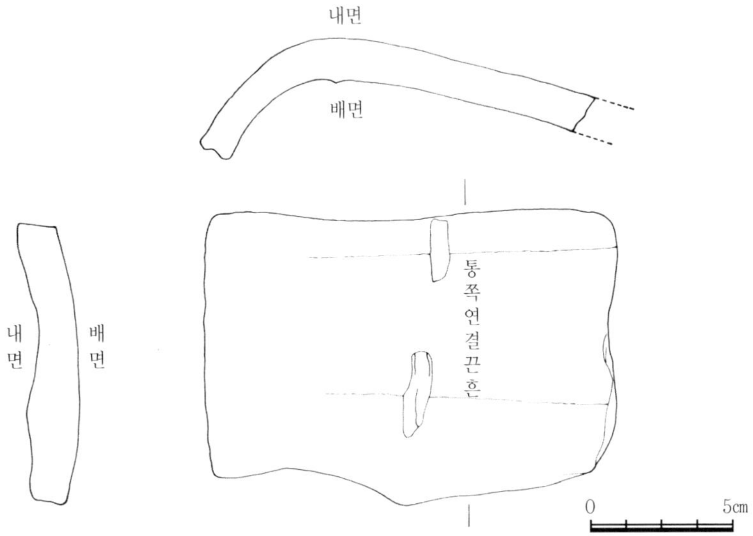

① 백제 암막새

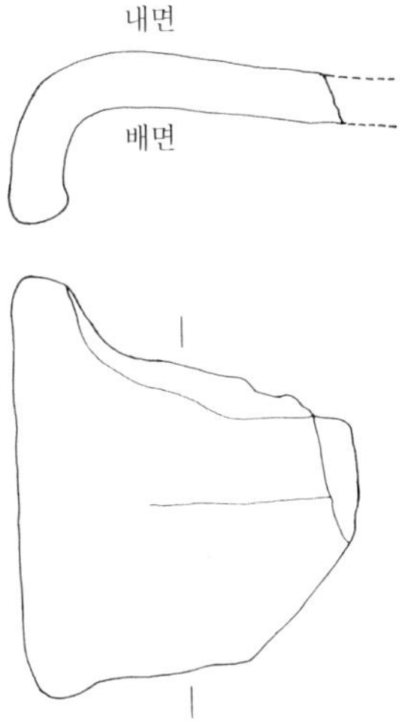

② 백제 암막새

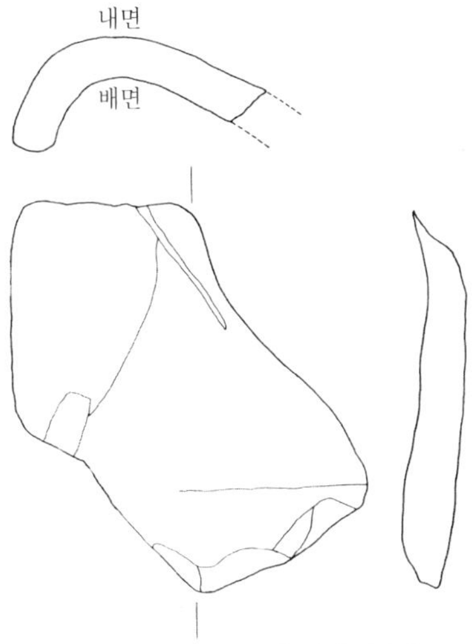

③ 백제 암막새

도면 80. 백제 암막새(부소산성 출토)

암막새의 시원적인 형태를 유형에서 보면, ① 등기와에서 드림새를 따로 제작하여 부착하지 않고, 동시에 제작하는 대형호大形壺의 구연부와 같은 나팔형의 암막새와(도면 80), ② 기와의 한쪽 선단부에 지두문指頭紋(또는 각목으로 누른 빗살문 형태) 또는 음각선이나 'ㄴ' 자형으로 깎는 기법 등을 단독적 · 복합적으로 문양을 낸 사례 등 두 가지 형태로 등장했음을 알 수 있다.(도면 79)

백제 평기와 세 문양인 승문繩紋, 선문線紋, 격자문格子紋 외에 무문無紋으로 조사된 기와는 처음부터 무문無紋 타날도구로 두드린 것은 거의 없었던 것으로 추정된다. 타날도구의 시원 문양은 승문으로 토기와 기와에서 동일한 기원을 가지고 있는 것으로 조사되었다. 즉 중국의 경우 서주西周부터 이미 가래떡형 소지素地를 사용한 토기나 기와의 성형작업은 우선 필요로 하는 기형을 만들고자 하는 것이 목적이었다.

소지素地의 성형은 충분한 밀도를 갖춘 두드림 작업이 먼저 이루어져 기형器形이 완성될 수 있는 것이다. 이러한 작업을 위하여 경험적으로 가장 밀도를 쉽게 갖추는 방법이 채택되었던 것이다. 구체적인 방법으로 새끼 끈을 나무 등에 감거나 하여 처음 등장한 것이 승문繩紋 형태의 흔적을 남긴다. 이 승문繩紋은 중국에서는 서주西周시기부터 이미 등장하여 수 천년 동안 다른 문양이 새로 등장했던 이후에도 가장 선호되어 온 타날도구 문양으로 남아 있게 된다. 중국의 경우 남북조시대 말기에 이르기까지도 대부분의 평기와는 승문繩紋으로 확인되고 있는 것이다. 이러한 현상은 승문繩紋의 문양은 결과론적인 결과일 뿐이지, 실제 문양을 위한 존재는 아니었다는 의미이다. 이는 결국 이 시기에는 승문繩紋이 토기나 기와를 만들기 위한 기능적인 면에서 존재해 왔다는 것을 의미할 뿐 결코 문양을 위한 장식적이거나, 도식화할 이유가 없는 것으로 해석된다.

백제시대의 문양은 승문繩紋 이외에도 격자문格子紋, 선문線紋 등이 등장한다. 한성도읍시기에는 소격자문小格字紋이 가장 우세하게 출토되는 경향을 보이고 있다. 이 시기에 선문線紋과 승문繩紋도 관찰되는데, 소격자문小格字紋에 비하여 수량이 극히 제한되었음을 알 수 있다. 풍납토성에서 출토된 평기와 출토 현황의 한 사례를 보면, 90점 중 소격자문小格字紋 87점, 승문繩紋 1점, 선문線紋 2점으로 확인되었다.[24] 물론 이러한 추세가 한성도읍시기 평기와 문양의 전체를 대변해 줄 수 있는 것은 아니지만, 그 흐름의 한 경향은 말해줄 수 있는 단서가 아닐까 한다. 또 같은 유적에 대한 다른 기관에서 출토된 평기와의 문양을 보기로 한다.

물론 여기에 제시된 기와의 수량은 제한적인 것이기는 하지만, 역시 같은 시기 출토 기와의 문양별에 따른 흐름을 짐작할 수 있는 것이다. 위의 자료에 따르면, 정리하여 계량화한 평기와의 총 수량 31점 중 격자문格子紋이 20점을 차지하고 승문繩紋이 4점, 선문線紋 5점, 무문無紋 2점으로 드러났다.[25] 백제 전기에 사용되었던 격자문格子紋의 특징은 모두 소격자문小格字紋이라는 것이다. 소격자문小格字紋은 기와를 성형할 때 가래떡형 소지素地를 충분한 밀도를 가하기 위한 용도로는 제격이다. 즉 소격자문小格字紋 역시 승문繩紋과 같이 순수한 기와 성형을 위한 기능적인 목적성에서 이용한 도구라는 것이다. 이점은 선문線紋 역시 같은 목적으로 사용된 것이었다. 백제 전기 선문線紋의 실태는 대부분 가늘어 날카롭게 문양을 시문했다는 느낌을 받는 것이 일반적이다. 따라서 이러한 문양의 실체는 그 목적을 위한 기능적인 측면에서 관찰되어야 한다는 점이다.

웅진 · 사비도읍기에는 승문繩紋 및 선문線紋과 격자문格子紋이 유적에 따

24. 국립문화재연구소, 앞 보고서. 여기서 출토된 평기와는 필자가 당시 윤근일 연구관 및 최성애 선생의 도움으로 직접 조사한 바에 의거한 것임.
25. 권오영, 앞 논문.

라 출토 수량의 비율에서 상당한 차이가 나는 경우와, 비슷한 경우 두 가지가 있다. 이는 와장瓦匠의 전습된 습관과 실제 기와에 사용되었던 소지素地의 형태에 따라 문양별 선호도가 달라질 수 있었을 것으로 판단된다. 예를 들면, 익산 미륵사지에서는 백제계의 기와에서 선문線紋의 출토량이 가장 우세하고, 다음이 격자문格子紋의 순으로 확인된다. 승문繩紋의 출토 숫자는 이들에 비하면 수 십분의 일에도 미치지 못한다.

미륵사지에서 조사된 평기와의 소지素地를 보면, 대부분 널판형 소지素地에 의한 제작이 이루어졌던 것으로 조사되었다.[26] 이에 대한 분석을 해보면, 이 유적에서 출토된 승문繩紋은 확인되는 경우는 모두 가래떡형 소지素地로서 제작되었음을 알 수 있었다. 이는 소지素地의 종류에 따른 기와의 성형을 위하여 타날도구가 달라졌음을 인지할 수 있는 것이었다. 이러한 또 다른 사례를 들어보자. 1997년 조사된 부소산성 서편의 통일신라 성벽 건물내와 주변에서 출토된 기와는 승문繩紋이 절대적 우세한 수량을 보여 주었다. 여기서 출토된 승문繩紋 평기와는 예외 없이 가래떡형 소지素地로 확인된 바 있다.[27] 이러한 사례는 기와의 소지素地에 따른 타날도구의 선택이 필요했던 점을 상기시키는 것이다. 즉 타날도구의 문양은 우선적으로 문양이 선택되는 것이 아니라, 기와 성형을 제대로 하기 위하여 밀도가 조밀하게 타날되는 승문繩紋 타날도구가 선택되었던 것임을 알 수 있게 하는 것이다.

풍납토성에서 출토된 소격자문小格字紋 기와의 내면에는 마포麻布통보 대신 승문繩紋통보가 확인되었음을 보고하고 있다.[28] 평기와 내면에 나타

26. 국립부여문화재연구소, 앞 보고서.
27. 국립부여문화재연구소, 앞 보고서.
28. 권오영, 앞 논문.

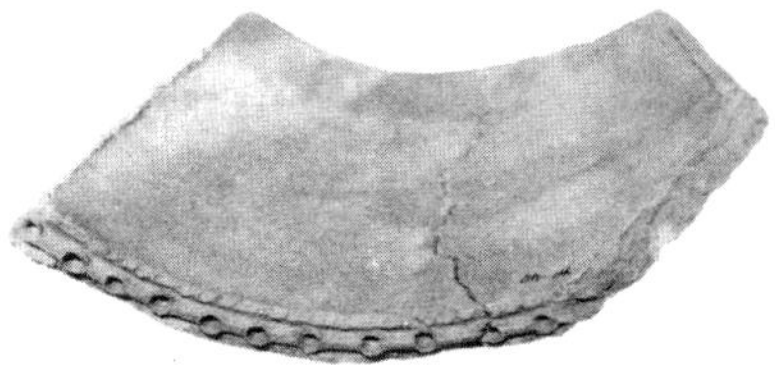

① 러시아 연해주 코르사코프카 불교사원지 출토 인화문 암막새(발해)

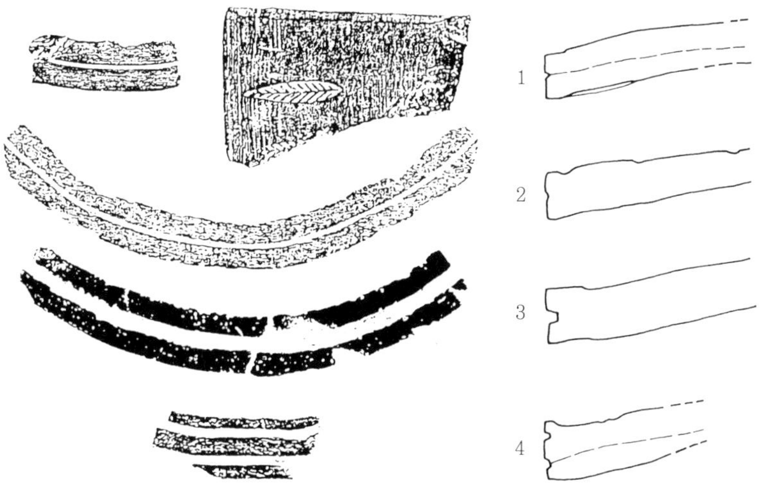

② 일본 重弧紋軒平瓦 탁본 · 실측도(1/4)
1. 垂水廢寺 2. 上坂廢寺 3. 椿市廢寺 4. 木山廢寺

도면 81. 발해 및 일본의 홈 낸 암키와 각종

난 승문繩紋통보의 존재는 수량에서 마포麻布통보에 비하여 절대적인 열세 상태이지만, 그 연원과 사용의 흐름을 파악하기 위한 자료로서는 대단히 중요한 위치를 차지한다고 볼 수 있다.

한성시기가 역사적으로 수백 년간 지속된 사실을 상기하면, 그 유적과 유물은 극히 한정적으로 조사되었던 것이다. 이는 곧 한성시기 전체를 파악하기에는 아직 적극적인 자료가 부족한 실정임을 말해준다고 할 수 있다. 그렇지만 평기와 내면에 승문繩紋통보의 존재는 이후, 웅진 · 사비도읍기에 널리 유포되었던 사실을 검토해보면, 당시까지 계승되어온 하나의 전통적 기법의 하나임을 인지할 수 있다.

백제 후기에는 마포麻布통보, 승문繩紋통보, 갈대형 통보가 유통되었음이 확인된다. 마포麻布통보는 가장 널리 사용되었는데, 그 수량 역시 시기와 유적을 불문하고 절대적인 우위를 차지하고 있다. 승문繩紋통보는 백제 고지故地에 넓게 분포되었으나, 남부지방을 제외하면 수량은 극히 적은 편이다. 승문繩紋통보는 부여 부소산성, 익산의 왕궁리유적 및 오금산五金山 남측 마용지馬龍池 바로 동편의 백제 유적지, 대전 계족산성, 하동 고소성, 순천 · 여수 · 광양 등지에 분포된 10여 개소 이상의 백제 후기 성내 유적에서 조사되고 있다.[29] 특히 하동과 순천 · 여수 · 광양에 산재한 백제 산성에서는 수량이 많아 일시적이거나 지엽적인 사용이 아니었던 것으로 드러나고 있다.

3) 고신라

고신라古新羅의 기와는 경주를 중심으로 분포되었다. 평기와 출토 유적은 같은 시기의 많은 유적 분포에 비하면, 대단히 제한적 출토 정황을 느

29. 최맹식, 앞 논문.

낄 수 있다. 이는 고신라古新羅가 6세기 중반경까지 경주를 중심으로 정치 · 경제 활동이 크게 이루어졌기 때문일 것이다. 이는 곧 유물의 중심지가 지역적으로 제한적이었던 점을 말해주는 것이고, 한편 당시 고신라古新羅 특징을 상징할 수 있는 유적과 유물은 대부분 경주를 중심으로 꽃피웠을 것이라는 점을 간과할 수 없다. 예를 들면, 북으로 고구려와의 접경지 및 서편으로 백제와 접경을 이룬 주변에서는 상징적으로 고신라古新羅만이 지니고 있는 특징을 파악할 만한 기와류를 쉽게 찾기가 어렵다. 이는 고신라古新羅가 당시 고도古都인 경주慶州를 벗어나 넓은 무대에서 본격적으로 군사외교활동을 벌이는 시기가 6세기에 접어들어서야 비로소 이루어진다는 사실과 무관하지 않을 것이다.

경주지역을 벗어난 지금의 한강 주변을 지배하기 시작한 이후 기와에서 고신라古新羅만의 특징이라고 이야기할 만한 사례를 쉽게 찾기 어려운 것이 현실이다. 이러한 결과는 고신라古新羅가 군사적으로 백제의 영역을 빼앗았지만, 경주에서 지금까지 꽃피운 그들만의 문화적인 특징을 그대로 정착시키기에는 많은 어려움이 뒤따랐기 때문이 아닌가 판단된다. 한강유역은 실제 고신라古新羅가 6세기 중기부터 경략經略하여 통일하기까지 100여 년 이상을 그들의 지배하에 두었던 지역이다. 그렇지만 한강유역을 중심으로 한 주변의 넓은 지역을 관견管見컨데, 고신라古新羅 특유의 기와만을 고집한 지역을 쉽게 들춰 낼 수 없는 것이 사실로 나타난다. 물론 조사된 여러 유적에서 출토된 평기와 중에는 결과적으로 고신라계古新羅系로 조사 · 보고되거나, 논문으로 정리되는 경우도 있다.[30] 그렇지만 고신라계古新羅系로 분류할 수 있는 가장 큰 특징은, 기와 내면에 통쪽흔적이 관찰되지 않는다는 내용에 의거할 수밖에 없다. 이 점은 지금까지의 조

30. 서봉수, 앞 논문.

사 · 연구결과이다.[31] 물론 이러한 추세 역시 전체 기와를 모두 일률적으로 단정하기는 어려운 것이 현실이다.

다시 말하면 고신라古新羅는 중국과 직접 통교가 가능한 한강유역과 같은 교두보를 확보한 시점에서 한반도를 통일할 때까지 100여 년 동안 경주를 중심한 지역에서 일상화한 문화를 이 지역까지 끌어들여 깊숙하게 뿌리를 내리지 못했던 것으로 이해되는 것이다. 이러한 견해는 주변에서

---

31. 서봉수, 「포천 반월산성 기와의 속성 분석과 제작시기」, 단국대학교대학원 석사학위청구논문, 1998.
박경식 · 서영일 · 박성상 · 김병희, 『포천 반월산성 2차 발굴조사 보고서』, 단국대학교, 1997.
손보기 · 박경식 · 박성상 · 김병희 · 황정옥, 『포천 반월산성 3차 발굴조사 보고서』, 단국대학교 중앙박물관 외, 1998.
________________, 『포천 반월산성 4차 발굴조사보고서』, 단국대학교 중앙박물관, 1999.
손보기 · 박경식 외, 『이천설봉산성1차발굴조사보고서』, 단국대학교 중앙박물관 외, 1999.
박경식 · 서영일 · 방유리 · 김호준 · 이동준, 『포천 반월산성 5차 발굴조사보고서』, 단국대학교 매장문화재연구소, 2001.
실제 5차에 걸친 발굴조사보고서에 의한 자료에 의하면, 토기에서 드러나는 특징은 고구려, 백제와 고신라古新羅 등 세 계통으로 보이는 측면이 모두 관찰된다. 유적 중 상협하광上狹下廣 형태의 저장공은 백제의 산성유적에서 관찰되는 전형적인 유적 중의 하나이다. 평기와 문양 중에는 거치문鋸齒紋, 능형문菱形紋, 석문蓆紋 등이 관찰되는데, 필자는 지금까지 이러한 문양을 고구려계로 조사 · 분류해왔다. 다만 이 한강 이북과 임진강 주변의 유역에 분포된 많은 산성은 고구려 · 백제 · 신라가 서로 오랜 동안 각축했던 지역이다. 이러한 지정학적인 조건은 실제 삼국이 서로 물고 물리는 과정에서 한 국가만의 특징만을 온전하게 지킬 수 없었던 특수성이 내재되었던 직접적인 원인이 되지 않았나 여겨진다. 이러한 점은 앞으로 역사적 사건과 더불어 유적 · 유물에 대한 세심한 관찰과 연구가 지속적으로 이루어져야 한다. 여기에서 신라기와의 구분법에 대한 관견管見은, 단순하게 평기와에 대한 내용만을 대상으로 이야기한 것에 불과하다. 종합적이고도 보다 정확한 판단을 하기 위해서는, 반출되는 다른 유물과 함께 관찰해야 함은 물론이다.

고신라古新羅 수막새 제작사례를 찾아보기가 어렵다는 데서도 뒷받침되고 있다. 이는 군사적으로 점유한 한강 주변의 요충지에서 조차 중요한 건축물에 필수적인 수막새를 자유롭게 제작하지 못했던 것이 실제 상황이 아니었나 하는 의문점이기도 하다. 한편 이러한 추세는 중요한 한강 유적을 중심으로 한 지역이 6세기 중기 이후 신라의 중요 거점지로서의 역할은 부인할 수 없겠지만, 경주와 같은 왕도王都와 동일하거나 격이 높은 문화를 영위시킬 만한 존재로까지는 발전시키지 못한 데서 비롯한 현상으로 지적하고자 한다.

수막새의 경우 경주지역에서는 일상 생활화했을 만큼 수량과 대부분의 유적에서 출토된다는 점에서 한강유역의 고신라古新羅 유적과는 비교되는 것이다. 이점은 고신라古新羅가 경주를 중심으로 한 왕도에서는 고구려나 백제로부터 비록 제작기술을 전수받았다고 하더라도 한강유역에서는 너무나 동떨어진 결과로 나타났다고 인식할 수밖에 없다.

고신라古新羅의 평기와 제작은 무와통법無瓦桶法과 통쪽와통 및 원통와통圓筒瓦桶이 적용되었다. 이는 백제의 한성도읍시기와 같은 양상을 보이는 것이다. 무와통법無瓦桶法은 황룡사지의 가장 오래된 기와 중에서 관찰된다. 기와의 내면에는 통보흔적이 관찰되지 않고, 가래떡형 소지素地를 부착하여 올렸던 것이 마치 단면 파상문波狀紋처럼 형성되어 있다. 물론 이러한 기와는 극히 제한적인 숫자에 지나지 않지만, 고신라古新羅 초기의 기와에서 관찰된다는 점은 기와의 제작기법의 흐름을 파악할 수 있는 한 단면으로 인식된다. 또 이러한 泥條盤築技法에 따라 제작된 기와가 모두 가래떡형 소지素地만을 사용했다는 점은 백제의 한성도읍기의 평기와에서 관찰되는 현상과 같다.

통쪽와통은 고신라古新羅에서 넓게 유포되지 않았던 것으로 조사되었다. 고신라古新羅 유적에서 보고된 통쪽와통에 의한 제작 사례는 황룡사지와 손곡동 경마장 예정 부지 등이다. 그렇지만 대부분의 유적에서는 평기와에 대한 정밀한 관찰과정을 거치지 않거나, 문양 표본만을 선정하여 기술하는 경향이 지금까지 나타난 대체적인 현상이었다. 이러한 점을 고려하면, 실제 통쪽와통을 써서 제작한 평기와는 훨씬 더 많은 유적에서 출토되었을 가능성이 높다.[32]

지금까지의 경향을 보면, 고신라古新羅 유적 중 경주지방을 제외한 여타 지방에서 출토된 평기와에서는 아직 통쪽흔적이 확인된 사례가 보고되지 않고 있다. 이점은 앞으로 정밀조사에 따라 그 결과가 달라질 가능성이 있다는 것이다. 그렇지만 지금까지의 이러한 추세는 고신라古新羅 평기와 제작과정의 한 단면을 엿볼 수 있는 단서를 제공해주는 것이라고 할 수 있을 것이다.

고신라古新羅의 기와는 통쪽와통의 흔적이 관찰되는 사례가 극히 적은 편이다. 이는 고구려나 백제의 기와에 비하여 비교가 되지 않을 정도로 큰 차이가 있다. 이러한 사실을 밝힐 명확한 이유는 실제 없다. 어떻든 월성해자 및 황룡사지와 같은 가장 오랜 역사유적에서 출토된 고신라古新羅 기와의 상한을 6세기보다 더 올라갈 것으로 보지 않고 있다. 이러한 상한 년대가 늦은 것은 상대적으로 신라의 기와 도입 시기가 늦다는 것을 반증하는 것이다. 이렇듯 늦은 시기에 기와가 도입되어 백제나 고구려 어느 쪽에서 영향을 받았던 간에 신라는 좀 더 발달하여 편리한 방법을 집중적으로 받아들였을 것이다. 이는 곧 짧은 기간 동안 대량 생산체제를 갖추는 계기로 볼 수도 있다.

---

32. 이러한 사례 중의 하나는 전傳 천관사지는 통일신라 극초기에 창건되었던 것으로 기록되었다. 여기서 발굴 출토된 기와를 모두 조사한 결과, 고신라古新羅계 수막새와 함께 수 십 점이 넘는 통쪽흔적이 있는 기와를 확인할 수 있었다.

고신라古新羅 평기와의 문양은 원칙적으로 백제와 같은 경향을 보이는 것이 지금까지 조사된 결과이다. 이는 초기 수막새의 경우 고구려의 양식에서 영향을 많이 받았던 것과 좀 비교되는 측면이다. 그렇지만 평기와의 문양은 백제의 전기 및 후기에서 보여주는 승문繩紋 · 격자문格子紋 · 선문線紋 등 세 가지에 한정되어 있다는 점에서 상통되는 것이다. 다만 고신라古新羅에서 보고된 그동안의 문양 비율은 선문線紋이 절대적 우위에 놓여 있다. 격자문格子紋은 선문線紋에 비하면, 10%에도 미치지 못함을 알 수 있다. 통일신라 초기의 전傳 천관사지 출토 사례를 보자.[33] 석탑 주변에서 출토된 기와 중 가장 고식古式으로 분류된 암키와의 총 수량은 2,956점에 달한다. 이 중 선문線紋은 2,135점, 격자문格子紋은 3점, 무문無紋은 818점으로 나타났다. 또 같은 지역에서 출토된 수키와 217점 중 선문線紋 91점, 격자문格子紋 6점, 무문無紋 120점의 비율로 조사되었다.[34] 이 유적은 천관사지라고 전해지는 자리로 실제 출토유물 중에는 고신라古新羅계의 수막새 등이 확인되고 있다. 위에서 통계자료로 삼은 것은 가장 안정된 층의 고식古式 기와만을 선정하여 수치화한 것이다. 위의 기와 문양의 통계수

33. 『삼국유사』, 기이 제2, 원성대왕 조 및 이인로李仁老의 『파한집破閑集』에 천관사에 관한 내용 출처이다. 『파한집』의 기록에 의거하면, 김유신(595~673)과 관련하여 초창되었던 것으로 확인할 수 있다. 또 『삼국유사』에서는 원성왕(재위785~798)이 왕위에 오르기 전의 꿈에 복두幞頭를 벗고 소립素笠을 쓰고, 12현금弦琴을 들고 천관사 우물 안으로 들어갔다고 하였다. 따라서 원성왕이 왕위에 오르기 전에 천관사는 이미 경영되고 있음을 확인된다. 따라서 김유신과 관련한 천관사는, 이러한 정황으로 보아 아마 통일신라 극초기경에는 초창되었을 것이다. 실제 발굴결과에 의하면, 탑지, 금당지, 강당지가 조사되었다. 고신라古新羅 수막새가 확인되고, 통일신라 유물이 주류를 이루고 있다. 금당지에는 고려시대에 중창되었던 건물(중금당中金堂 추정)과 고려시대의 평기와 청자편靑瓷片이 반출되었다. 이후의 유물은 확인되지 않아 고려시대 후기에는 이미 폐사廢寺되었던 것으로 판단된다(국립경주문화재연구소, 경주천관사발굴조사지도위원회 및 현장설명회회의자료」, 2001-11).

34. 전傳 천관사지의 평기와에 대한 조사는, 필자가 직접 조사한 것이다.

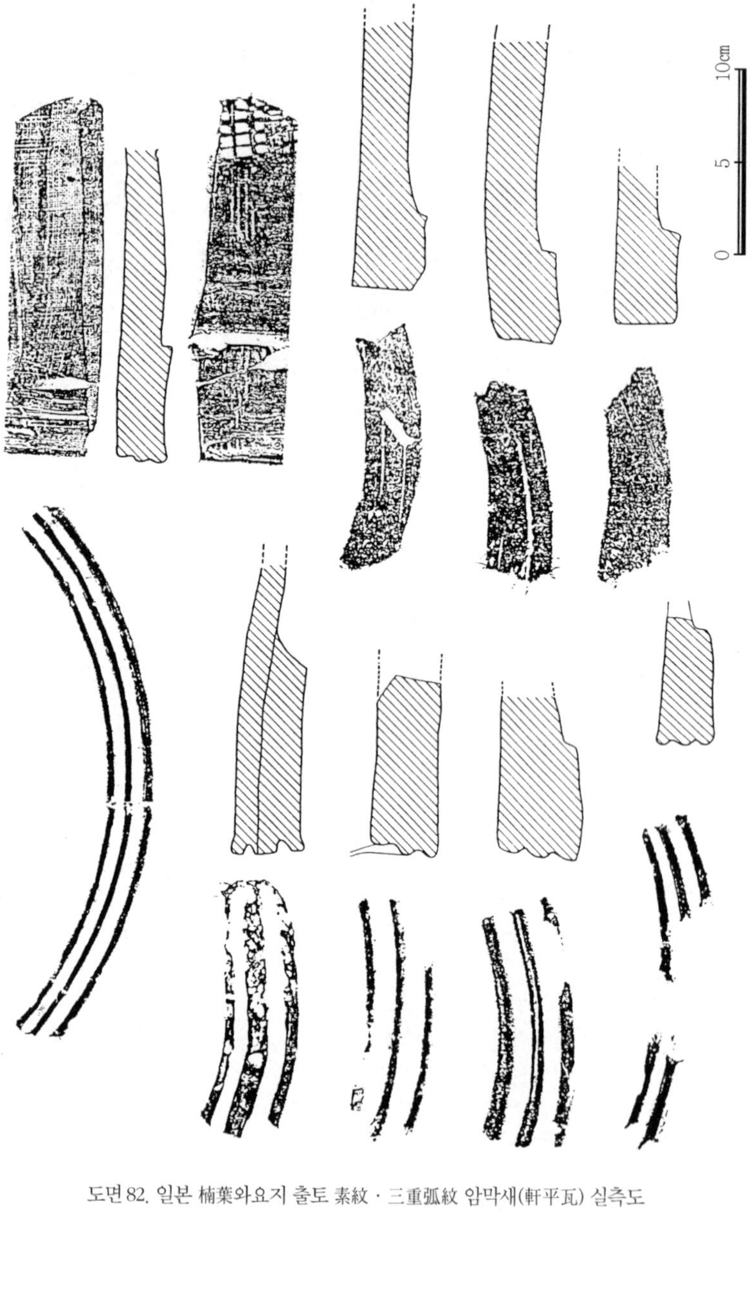

도면 82. 일본 楠葉와요지 출토 素紋 · 三重弧紋 암막새(軒平瓦) 실측도

치는 신라 평기와의 문양 전체를 해석할 수 있는 자료는 아니다. 그러나 실제 유적 및 유물을 빌려 고신라古新羅와 거의 인접한 시기에 초창되었음을 알 수 있다. 여기서 출토된 기와의 내용과 성격은 역시 신라 평기와 문양의 흐름의 단면을 읽게 해주는 것으로 보아도 무리가 없을 것이다.

신라의 평기와 통보는 마포麻布통보로 일관한다. 이점은 신라가 고구려나 백제와 대비되는 또 다른 특색 중의 하나가 아닌가 한다. 그렇지만 아직 신라 평기와는 동 유적에 대한 전체기와에 대한 통계작업이나 속성분석이 이루어진 사례는 거의 없다. 이러한 시점에서 마포麻布통보의 전용으로 단정하기는 아직 이른 감이 있다는 점을 지적해두고자 한다.

신라의 평기와는 통쪽와통과 원통와통圓筒瓦桶을 써서 제작되었음은 고구려 및 백제와 동일하다. 기와의 출현시기는 고고학적인 자료를 근거로 하여 6세기를 상한으로 보고 있다. 이것은 삼국 중 가장 늦은 시기로 확인되는 것이며, 여러 정황으로 보아 고구려나 백제로부터 직간접적인 영향을 받아 제작되었을 가능성을 높게 한다. 특히 통쪽와통을 사용했던 기와의 출토 범위는 경주를 중심으로 한 당시 수도를 벗어나지 못하여 주목된다. 아직 고신라古新羅의 전역에 대한 세밀한 자료가 보고 되지 않아 단정할 수 있는 단계는 아니다. 그렇지만 그동안 적지 않은 유적발굴을 했던 점을 고려하면, 그 경향은 어느 정도 짐작할 수 있지 않나 여겨진다. 고신라古新羅는 통쪽와통을 선호하지 않았다는 점은 아마 늦게 도입되어 통쪽와통이 전역으로 유포되기 이전에 이미 사용하기 편리한 원통와통圓筒瓦桶을 전용 · 사용했을 가능성도 유추할 수 있지 않을까 한다.

삼국의 평기와는 지금까지 조사된 자료를 근거로 하면, 고구려에 먼저 도입되고 이어 백제와 신라로 이어졌을 가능성이 있다. 물론 백제 막새 중에는 중국 남북조시대의 것과 구분하기 어려울 만큼 영향을 주고받았을 가능성이 높은 점들은 문양 등에서 확인할 수 있다. 이러한 점은 역사적으로 볼 때 중국에서 직접적인 영향을 받았을 가능성도 고려되어야 할 것으로 보인다. 고구려의 초기 막새는 중국의 한나라 및 낙랑과 뗄 수 없는 관계에 있다. 이러한 점은 유물의 제작기법과 문양에서 확인된다. 고구려 막새 중 6세기경 이후에는 고구려 특유의 강건한 연화문蓮花紋이 출현하지만, 중국 남북조시대의 북위北魏 등의 막새와 구분하기 어려울 만큼 영향을 받았던 것으로 나타난다. 이러한 막새의 영향은 곧 평기와에서도 동시에 적용되었을 것이다. 이는 일부 승문繩紋사용과 함께 제작기법에서 가래떡형 소지素地에 따른 제작법이 이를 반증해주는 사례가 아닌가 한다. 수막새 드림새 중 화판花瓣 내의 점문點紋은 백제나 신라에서는 관찰되지 않는 기법이나, 백제 한성도읍기의 광장동廣壯洞 출토 연화문蓮花紋 수막새 1점과, 고신라古新羅 황룡사지서 출토된 연화문蓮花紋 수막새 1점이 유일하다.[35] 중국의 한나라, 낙랑, 남북조시대의 수막새에서는 점문點紋이 배치되어 온 사례가 흔하게 확인된다.[36] 일본은 초기 수막새에서부터 나타난다.[37]

---

35. 『백제와당특별전』, 국립공주박물관, 1988 ; 신창수, 앞 논문.
36. 曾庸, 「西漢宮殿官署的瓦當」, 『考古』, 1959-12 ; 陝西省社會科學院考古研究所渭水隊, 「秦都咸陽故城遺址的調查和試掘」, 『考古』, 1962-6 ; 陳直, 「秦漢瓦當概述」, 『文物』, 1963-11 ; 劉慶柱, 「秦都咸陽幾介問題的初探」, 『文物』, 1976-11 ; 馬建熙, 「秦都咸陽瓦當」, 『文物』, 1976-11 ; 四川省博物館 外, 「四川西昌高梘唐代瓦窯發掘簡報」, 『文物』, 1977-6 ; 張其海, 「崇安城村漢城探掘簡報」, 『文物』, 1985-11 ; 陳大爲 · 王成生 · 李宇峰 · 辛岩, 「遼寧綏中縣"姜女墳"秦漢建築遺址發掘簡報」, 『文物』, 1986-8 ; 邱立誠 · 劉建安, 「廣東五華獅雄山漢代建築遺址」, 『文物』, 1991-11.
37. 『垂水廢寺發掘調查報告書』, 新吉富村文化財調查報告書 第2集, 新吉富村敎育委員會, 1976.
『椿市廢寺』, 行橋市文化財調查報告書, 行橋市敎育委員會, 1980.
『楠葉瓦窯跡粟倉瓦窯跡發掘調查報告』, 枚方市文化財硏究調查會, 1984.
『收藏資料目錄4』, 九州歷史資料館, 1987.
『般若寺跡 II』 大宰府寺跡 昭和62年度發掘調查槪報別冊, 九州歷史資料館, 1988.

따라서 위의 여러 정황을 종합하면, 삼국의 기와제작에 따른 전파루트가 수직적 경로만으로 영향을 주고받았다고는 단정하기 어렵다. 예를 들면 백제의 경우 고구려나 중국 양면으로부터 영향을 받았을 가능성이 높다는 것이다.

4) 삼국 평기와 규격에 관한 사례 조사

평기와의 규격은 건물의 규모나, 용도에 따라 규격은 신축성 있는 변화가 있었을 것으로 판단된다. 삼국의 각 유적에서 출토한 완형이나 완형에 가까운 기와를 도표화 하면 〈표 42〉와 같다.

기와의 규격은 처음부터 정해져 있는 것은 아니다. 건물의 크기와 건실한 정도에 따라 기와의 규격 역시 변화를 주었다. 이는 장인이 기본적으로 갖추어야 했던 자질이었을 것이다. 이점은 기와의 무게에 따른 건축물의 관계는 직접적인 상관관계가 작용하기 때문이다.

고구려의 기와는 완형 자료에 대한 충분한 내용을 파악하기는 어렵다. 그렇지만 대성산성이나 안학궁에서 출토된 평기와 완형을 빌려 그 대세

『彌勒寺』, 宇佐宮彌勒寺舊境內發掘調查報告書, 大分縣立宇佐風土記の丘歷史民俗資料館, 1989.
『唐澤 · 河南澤』, からさわかなんざわ遺跡發掘調査報告書-瓦窯跡群と横穴墓群の調査-, 東海自動車道改築松田町內遺跡調査會, 1989.
『天台寺跡(上伊田廢寺)』, 田川市文化財調査報告書 第6集, 田川市教育委員 會, 1990.
『平城宮跡發掘調査部發掘調査概報』, 奈良國立文化財硏究所, 1992
『豊前地方古代寺院古瓦-第80回九州古文化硏究會(中津大會)の記錄-』, 古文化談叢 第34集 別刷, 九州古文化硏究會, 1995.
『大宰府史跡』, 平成7年度發掘調査概報, 九州歷史資料館, 1996.
『平城京藤原京出土軒瓦型式一覽』, 奈良國立文化財硏究所, 1996.
『古代寺院の成立と展開-日本古代國家の成立を探る · Ⅴ-』, 泉南市 · 泉南市教育委員會, 1997.

〈표 42〉 삼국 평기와 규격표 1[38]

	遺蹟別	수키와 文樣	수키와 길이×밑폭(위폭)×두께(㎝)	암키와 文樣	암키와 길이×밑폭(위폭)×두께(㎝)
高句麗	大聖山城	繩紋	47×17.5(13.5)×1.7~2		50×32.5(?)×1.8
高句麗	安鶴宮(南門, 南宮, 北宮)		토수 ; 70×20(16)×2.5	葉紋 + 半弧紋	大 ; 65~70×37~56×2.5~3 中 ; 61×32~34×2.5~3.4 小 ; 34~37.5×30~32×1.8~2
			미구 大 ; 41.5~44.5×8.5×2(미구 7.5) 小 ; 32.5~31.8×8~9×2~2.2(미구 6.5)		
		無紋	40.2×18(9.5)×2	無紋	65×37.5×2.6
		①短斜線文+菱形紋 ②格子紋 ③銘文瓦	34×15.8(9)×1.5 38×17×2	短斜線紋 + 거미줄문	마루기와(박공용) ; 34~42×17~18×1.5
百濟	亭岩里瓦窯	線紋 토수기와	34×16(8.5)×1.3	線紋	35.2×271.5(통쪽 5;총 24개)
			37.5×17.8(11.2)×1.5		36×28×1.7(통쪽 4.5;총 30개)
			29×13.9(8.4)×1.1		33×29×1.6
					36.1×37(30.3)×1.6
					36.5×35.5(27.1)×1.5
				線紋+格子紋	28.5×27 3.2
			33.4×17.6(7.3)×1		
			32.5×16.2(10.5)×1.2		
			34.6×12.2(9.8)×1.5		
		線紋 미구기와	35.5×15.6(11.5)×1.5		
			29.5×12.5(8.5)×(미구 3.1)		
			31×11.5(9.5)×(미구 4)		
			19×13.8(10.9)×1.9		
			25.2×13.7(10.5)×1.9		

38. 『대성산의 고구려유적』, 김일성종합대학출판사, 1973.

〈표 43〉 부소산성 출토 평기와 규격표

遺蹟	文樣	크기(㎝)			瓦桶		눈테	두께	色調	備考
		길이	밑	위	통쪽	圓筒				
扶蘇山城	線紋암키와	38.2	31.5	27.3	4~5	–	끈매듭식	2	灰色	통쪽 복원 24개
		33.2	30	27	3.5~4	–	–	1.4~2.7	黑灰	
		41	33.3	28.8	4.5	–	끈이음식	2	–	打捺道具 8.6×7.7㎝
		39	32.2	28.8	3.5, 5, 5.5, 6.5	–	끈이음 매듭식	1.4	–	통쪽 복원 21~22개
		36.9	31	26.5	6	–	–	1.5	白色	麻布 올간 2~3㎜

〈표 44〉 부소산성 출토 평기와 규격표

遺蹟	기와	文樣	크기(㎝)			두께	色調	備考
			길이	밑	위	(㎝)		
扶蘇山城	수키와	小格子紋	50.0	16.3	11.8	0.8~1.3	暗赤褐	素紋 수막새의 등기와. 瓦釘孔
		線紋	37.9	16.3	–	1.3	灰色	百濟 土壙內
			40.2	16.0	11.5	1.5	灰黑色	百濟 貯藏孔內
			33.4	153	10.3	1.4	灰靑	麻布 올 너비 최고 0.5~1㎝ 瓦刀 上→下 貫通
			32.2	178	–	1.6	灰色	百濟土城 排水路內. 끈 이음 눈테

〈표 45〉 부여 전 천왕사지 평기와 규격표

遺蹟	기와	文樣	크기(㎝)			두께	色調	外→內	內→外	備考
			길이	밑	위	(㎝)				
扶餘傳天王寺址	토수기와	線紋	38.0	14.8	11.1	1.5	灰黑	–	○	百濟우물내(北便)
			37.7	17.6	12.0	1.4~1.7	灰褐	○	–	百濟우물내(南便)
			34.2	17.6	13.8	2.0	灰色	–	○	百濟우물내(南便)
			37.2	37.2	16.8	1.0	灰色	–	○	百濟우물내(南便)
		無紋	38.4	16.7	12.8	1.9	灰色	–	○	百濟우물내(北便)
	미구기와	無紋	27.6	13.7	10.3	1.0	灰色	–	○	百濟우물내(南便)

는 짐작이 가능하다. 대성산성에서 출토된 수키와는 〈표 42〉에 제시한 바와 같이 길이 및 밑 폭이 각각 47cm, 17.5cm에 달한다. 암키와 역시 길이 및 밑 폭이 각각 50cm, 32.5cm에 이른다. 한편 안학궁의 기와는 수키와의 경우 토수기와의 길이 및 밑폭이 각각 70cm, 20cm에 달한다. 다른 미구기와의 경우는 큰 것은 길이가 41.5~44.5cm 내외이며, 작은 것은 31.8~32.5cm 내외이다. 함께 출토된 다른 수키와 역시 길이는 34~40.2cm 범주에 속한다. 위의 내용을 요약하면, 고구려 수키와의 규격은 건물 규모에 따라 대형은 길이가 70cm 내외로 제작하였음을 알 수 있다. 작은 것은 길이가 34cm 내외이며, 대부분의 것은 40cm가 중간 크기의 것임을 알 수 있다. 이러한 규격의 차이는 건물에 따른 기와의 규격 역시 변화가 있었음을 짐작케 한다.

안학궁의 평기와는 대형은 길이가 60~70cm 내외, 작은 것은 34cm 내외, 중간은 37.5~42cm 내외임을 알 수 있다. 이 크기는 위의 수키와와 비슷한 것이어서 암·수키와를 한 짝으로 배치하기 때문에 서로의 균형을 맞추어 제작했을 것이다.(도면 83 · 84)

다음으로 백제 평기와에 관한 규격을 알아 보기로 한다.(도면 85 · 86)

백제 평기와의 크기는 크게 나누어 작은 것은 길이 30~34cm 내외, 큰 것은 35~40cm 내외가 주류를 이루고 있다. 작은 것은 특수한 용도로 사용되었을 것으로 판단되는데, 전체 길이가 20cm 내외의 것이다. 긴 것은 부소산성에 출토된 수막새의 등기와로서 길이가 50cm 내외로 조사되었다. 이러한 크고 작은 규격은 특수한 용도나, 건물의 규모에 따라 크게 제작되었을 것으로 판단된다. 위의 사례 중 수막새의 등기와의 길이가 50cm인 기와는 소격자문小格子紋을 시문한 부소산성 출토품이 있다. 이는 왕궁과 관련된 장엄한 건물에 비례하여 제작했던 데에서 그 원인을 찾을 수 있을 것이다.

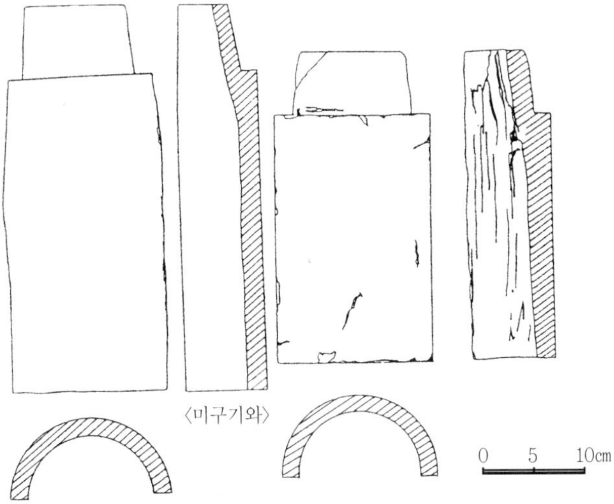

안학궁 출토 수키와

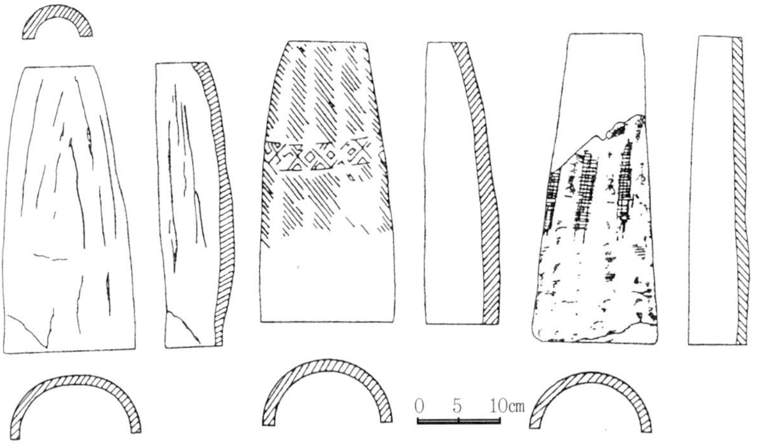

승문 단선문 + 능형문 격자문

〈토수기와〉

도면 83. 고구려 안학궁 출토 수키와 규격 · 문양

대성산성 출토 암키와 탁본

선문 + 격자문
대성산성 출토 암키와

고구려 안학궁 출토 기와(반호문)

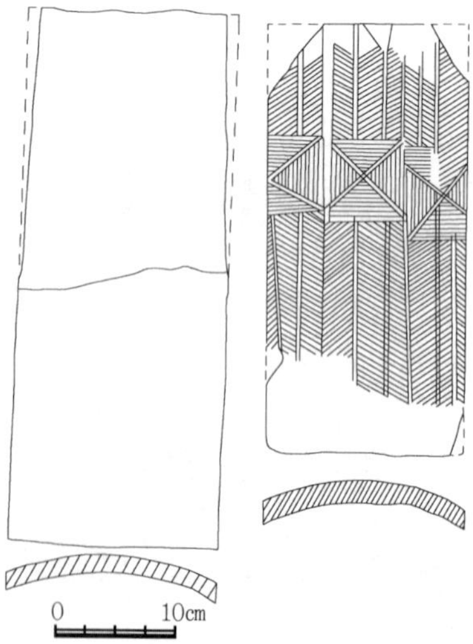

고구려 안학궁 출토 마루기와

도면 84. 고구려 대성산성 및 안학궁 출토 기와

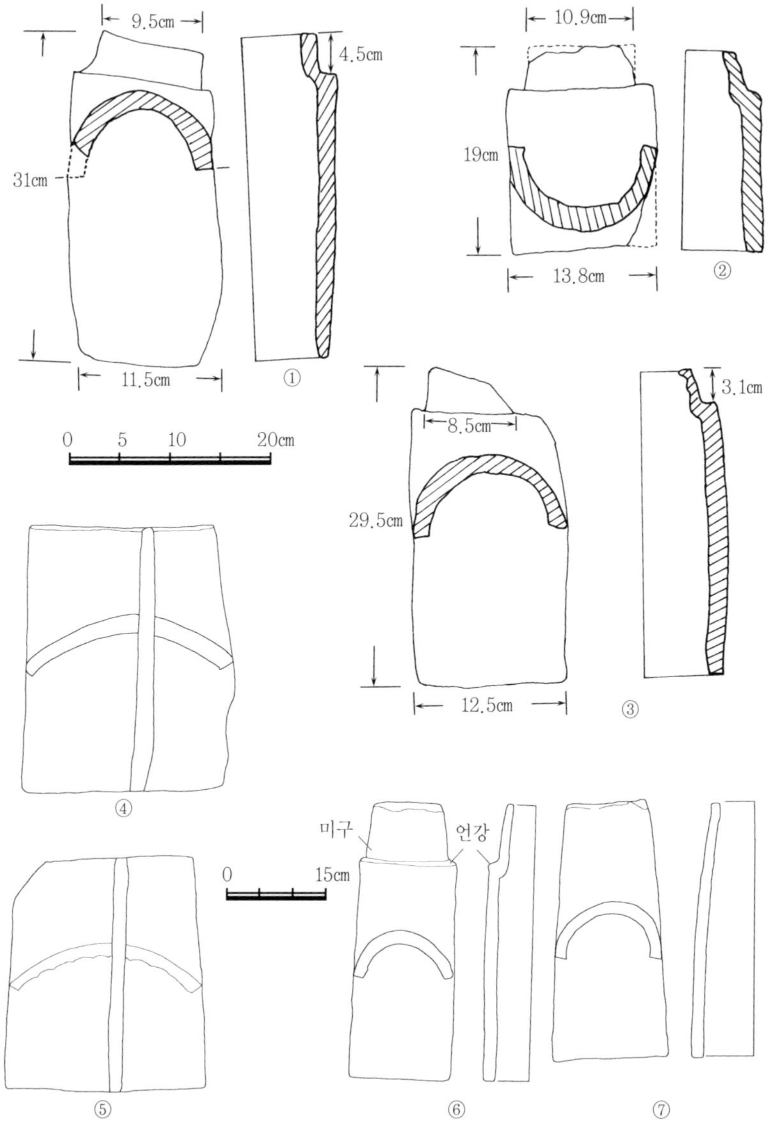

도면 85. 백제 평기와 규격(①~③ : 정암리 와요지, ④~⑦ : 미륵사지)

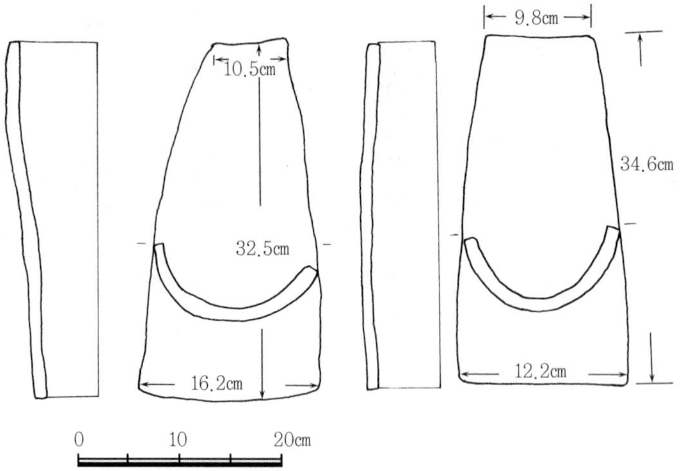

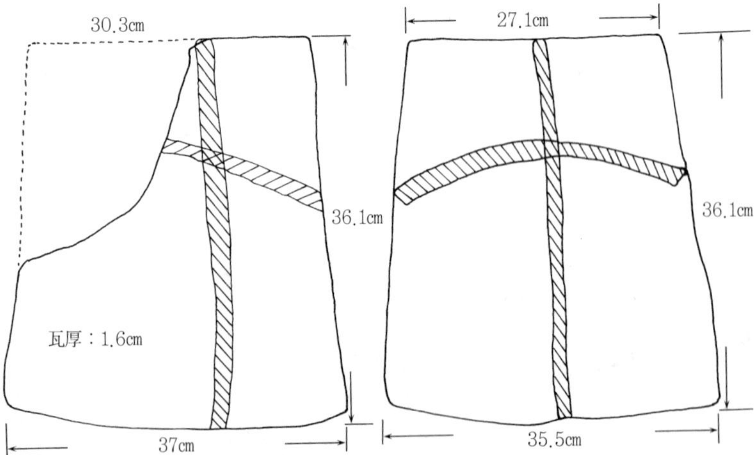

도면 86. 백제 평기와 규격(정암리 와요지)

위와 같은 특수한 용도에 사용되었을 것으로 보이는 작은 평기와나 긴 것을 제외한 대부분의 기와는 암·수키와 모두 길이에서 차이가 보이지 않는다. 다시 부여 능사지陵寺址 출토 평기와에 대한 규격을 보기로 한다.

부여 백제 능사지에서 출토된 평기와는 백제유적 중 가장 많은 완형 출토 사례를 보인다. 여기서 출토된 전체 기형器形을 파악할 수 있는 평기와는 수백 점에 이른다.

수키와는 토수기와 및 미구기와가 골고루 출토되었다. 토수기와는 크게 두 부류로 구분되는데, 길이가 32~34cm 내외의 범주에 들어가는 크기와 37cm 내외의 범위에 속하는 것이 그것이다. 이 중에서 길이 37cm 정도의 것이 우세한 수량을 보인다.

〈표 46〉 부여 능사지 암키와 규격표

기와	連番	文様	크기(cm)			瓦桶		麻布 통보	色調	備考
			길이	幅(중간)	두께	통쪽(cm)	圓桶			
암키와	1	線　紋	38.3	30.3	1.7	3, 3.7	–	○	灰色	
	2		39.2	26.5	1.5	2.3, 4	–	○	灰赤褐	
	3	繩　紋	36.8	28.0	2.0	4, 4.5	–	○	灰色	
	4		40.8	30.0	1.0	3.5	–	○	灰色	
	5		39.1	27.5	2.5	2.5, 3.5, 5.2	–	○	暗灰	
	6		40.3	27.5	1.4	4.3	–	○	灰黃	
	7		38.2	31.2	1.7	3.5, 5.5	–	○	灰黃	
	8		41.0	30.5	1.7	不明	–	○	灰色	
	9	格子紋	32.5	32.5	1.7	4.3 5.5~6	–	○	灰色	5×32cm 크기의 長板形 打捺道具 痕迹
	10		35.6	32.3	1.7	4.5	–	○	灰黃	
	11	無　紋	38.7	28.3	1.6	3, 3.7	–	○	灰色	

〈표 47〉 부여 능사지 수키와 규격표

수키와 種類	수키와 連番	文樣	크기(cm) 길이	크기(cm) 너비	두께	色調	麻布통보	瓦刀 內→外	미구(cm)	備考
토수기와	1	線紋	34.4	14.7	1.5	灰色	○	○	–	
	2		37.0	15.4	16	灰色	○	○	–	
	3		35.4	16.7	15	灰色	○	○	–	
	4		38.3	15.4	12	灰黃	○	○	–	
	5		34.1	13.9	12	灰色	○	○	–	
	6		36.6	15.8	16	灰赤褐	○	○	–	
	7		32.7	16.8	14	灰色	○	○	–	
	8		37.1	15.1	15	灰色	○	○	–	
	9		36.0	15.8	20	灰色	○	○	–	
	10		38.5	14.3	15	灰·暗赤褐	○	○	–	
	11		37.8	16.2	19	灰色	○	○	–	
	12		37.3	16.6	25	灰色	○	○	–	
	13		37.4	15.7	1.5	灰白	○	○	–	
	14	繩紋	36.4	?	1.6	灰赤褐	○	○	–	
	15	幾何紋	38.1	14.7	1.1	灰色	○	○	–	
	16		40.9	17	1.9	黃灰	○	○	–	
미구기와	17	線紋	40.3	16.4	1.4	灰白	○	○	5.4	
	18		39.7	16.2	1.4	灰白	○	○	5.2	
	19		40.5	16.8	1.8	灰白	○	○	4.9	
	20	繩紋	31.6	15.7	1.4	灰色	○	○	4.7	
	21		30.7	14.6	1.1	灰色	○	○	4.3	
	22		32.0	15.6	1.4	灰色	○	○	4.6	
	23		32.5	16.8	1.5	灰黃	○	○	5.2	
	24		37.1	15.3	1.3	灰色	○	○	4.8	
	25		32.0	?	1.8	灰色	○	○	4.0	
	26		32.7	16.4	1.3	灰色	○	○	4.5	
	27		35.4	15.2	1.6	灰色	○	○	2.8	
	28		32.0	13.2	1.2	灰色	○	○	3.9	
	29		31.3	18.1	1.8	灰色	○	○	4.3	
	30		33.6	15.3	1.2	灰色	○	○	5.4	
	31		31.6	15.3	1.3	灰色	○	○	4.1	

수키와		文	크기(㎝)		두께	色調	麻布	瓦刀	미구	備考
種類	連番	樣	길이	너비			통보	內→外	(㎝)	
미구기와	32	繩紋	32.4	15.4	1.4	灰色	○	○	4.6	
	33		32.4	15.5	1.6	灰色	○	○	4.8	
	34		31.1	15.0	1.3	灰色	○	○	4.5	
	35	格子紋	31.2	13.8	1.4	灰色	○	○	4.6	
	36		30.7	13.4	1.5	灰色	○	○	4.3	
	37		30.2	14.6	1.2	灰白	○	○	4.5	
	38		31.9	16.7	1.6	灰色	○	○	4.5	
	39		31.3	16.3	2.0	灰色	○	○	4.1	
	40		32.5	17.1	1.7	灰色	○	○	4.3	
	41	無紋	31.5	15.7	1.4	灰黃	○	○	4.9	
	42		32.9	16.3	1.6	灰白	○	○	4.1	
	43		33.6	15.8	1.6	灰色	○	○	3.7	
	44		32.3	15.8	1.4	灰色	○	○	4.8	
	45		30.2	15.6	1.6	灰色	○	○	3.9	
	46		35.2	16.6	1.7	灰色	○	○	3.5	
	47		32.2	15.5	1.3	灰白	○	○	4.3	
	48		31.4	14.7	1.2	灰色	○	○	4.7	
	49		33.0	14.2	1.3	灰色	○	○	5.0	
	50		31.2	14.0	1.2	灰色	○	○	4.4	
	51		32.5	15.2	1.4	灰色	○	○	5.0	
	52		29.1	14.5	1.1	黃褐	○	○	3.9	
	53		29.2	14.2	1.3	灰色	○	○	3.5	
	54		39.6	15.4	1.5	灰白	○	○	5.7	
	55		32.5	17.1	1.7	灰色	○	○	4.3	

미구기와는 37~40㎝ 내외의 범위에 속하는 것은 소량인 반면 30~32㎝ 내외에 속한 것이 대부분을 차지하여 주목된다. 소형인 경우 29㎝ 내외의 크기를 보이는 것이 몇 점 확인되었으나, 큰 차이가 없는 것이어서 용도는 다른 미구기와와 같은 기능으로 사용되었을 것으로 추정된다.

암키와는 수키와에 비하여 완형이 많지는 않지만, 규격은 수키와 중 토수기와와 같은 경향을 보이고 있다. 즉, 대형은 길이 37㎝ 내외부터 40㎝에 이르는 것이 대부분을 차지하고 있다. 소형은 길이 32㎝ 내외로 대형에 비하여 몇 분의 일에 지나지 않는다. 확인된 암키와는 거의 대부분 통쪽와통의 흔적이 있고, 통보는 예외 없이 마포麻布통보를 사용했던 것으로 조사되었다.[39]

〈표 48〉에서 제시된 서산 여미리餘美里 와관묘瓦棺墓용으로 제작된 기와는 길이가 40㎝ 내외의 것도 있지만, 대부분의 기와 길이는 50㎝ 정도의 길이를 가지고 있다. 물론 31㎝ 정도의 일반 백제 건물지에서 출토된 것과 비슷한 크기도 확인되지만, 극히 일부분에 그친다.[40]

여미리 와관묘瓦棺墓 기와의 크기는 일반 백제 건물지에서 출토된 규범 내의 것과 비슷한 크기도 다소 확인된다. 그렇지만 전체적으로 보면, 기와의 크기에서 나타나는 것처럼 대부분의 기와는 와관용瓦棺用으로 따로 제작되었을 가능성이 높다.

고신라古新羅의 기와 역시 크기에 있어서는 백제의 것과 대동소이하다. 아래 표에 제시한 경주 방내리 고분에서 출토된 수키와는 모두 토수기와로서 길이가 34~35㎝ 범위 내에 들어있는 것이 대부분이다. 다만 두 점만이 36~37㎝ 내외의 크기를 보인다.

방내리 고분군 출토 암키와의 길이는 가장 짧은 것이라도 35㎝를 넘는다. 대부분의 암키와는 길이 37㎝ 내외이며, 큰 것은 40~45㎝ 내외이다. 이러한 크기는 백제의 일반 건물지에서 출토된 것에 비하여 다소 큰 편에 속한다.(도면 75~77)

39. 국립부여박물관 외, 『능사-부여 능산리사지 발굴조사 진전 보고서-』, 2000.
40. 한국문화재보호재단 외, 앞 보고서 pp.278~279, p.305.

〈표 48〉 서산 여미리 와관묘 평기와 규격표

國別	遺蹟	連番	암키와(단위 : cm) : ( )내는 잔존 크기									備考
			文樣	길이	幅		두께	色調	통보	통쪽		
					밑	위				폭	數量	
百濟	瑞山餘美里瓦棺墓	1	線紋	43.5	–	30.8	1.3~2.2	灰褐	麻布	3.3~4.5	8	I 地區1號瓦棺墓
		2	線紋	45.0	32.0	27.0	1.2~2.6	軟灰	麻布	2.2~3.3	11	I 地區1號瓦棺墓
		3	線紋	50.0	(34)	(26)	1.2~1.6	軟灰	麻布	2.7~3.2	9	I 地區1號瓦棺墓
		4	線紋	46.8	32.3	29.3	1.2~1.7	軟灰	麻布	2.0~3.8	10	I 地區1號瓦棺墓
		5	線紋	47.0	32.0	28.0	0.8~2.7	灰靑	麻布	2.8~3.8	10	I 地區1號瓦棺墓
		6	線紋	49.6	32.0	(27)	1.6~3.2	黃褐	麻布	2.5~3.0	10	I 地區1號瓦棺墓
		7	線紋	49.0	33.0	25.0	1.3~2.7	灰靑	麻布	2.6~3.0	9	I 地區1號瓦棺墓
		8	線紋	48.0	35.0	29.0	1.4~2.1	灰靑	麻布	3.8	9	I 地區1號瓦棺墓
		9	線紋	50.0	34.0	30.0	1.5~2.7	明灰	麻布	3.8	10	I 地區1號瓦棺墓
		10	線紋	49.2	35.0	28.0	0.8~2.8	灰黃	麻布	2.7~3.5	11	I 地區1號瓦棺墓
		11	線紋	49.2	35.2	25.2	1.0~3.1	軟褐	麻布	3.0~4.0	9	I 地區1號瓦棺墓
		12	線紋	48.0	?	?	0.7~1.5	軟灰	麻布	2.7~3.7	6	I 地區1號瓦棺墓
		13	線紋	(44.7)	?	20.6	1.0~2.2	黃褐	麻布	2.8~3.3	8	I 地區1號瓦棺墓
		14	線紋	(39.5)	34.5	–	1.1~1.9	軟灰	麻布	2.3~3.2	10	I 地區1號瓦棺墓
		15	線紋	42.5	31.5	27.5	1.2~2.0	灰	麻布	2.0~3.8	9	I 地區1號瓦棺墓
		16	線紋	45.8	33.2	28.0	1.3~2.0	灰靑	麻布	2.0~3.4	11	I 地區1號瓦棺墓
		17	線紋	48.0	32.8	–	1.6~3.3	灰	麻布	2.0~3.3	10	I 地區1號瓦棺墓
		18	線紋	(26.5)	–	–	1.3~1.5	軟褐	麻布	–	無	I 地區2號瓦棺墓
		19	線紋	41.0	37.0	–	1.1~1.9	赤褐	麻布	–	無	I 地區2號瓦棺墓
		20	線紋	51.3	–	26.0	1.2~2.5	赤褐	麻布	2.0~2.5	10	I 地區2號瓦棺墓
		21	線紋	–	–	–	1.3~2.2	軟褐	麻布	–	有	I 地區2號瓦棺墓
		22	無紋	–	–	–	1.2~1.8	灰靑	麻布	–	無	I 地區2號瓦棺墓
		23	線紋	(35.3)	32.0	–	1.2~2.2	軟灰	麻布	?	有	I 地區3號瓦棺墓
		24	線紋	40.0	33.0	–	1.3~2.1	灰黃	麻布	2.6~3.0	9	I 地區3號瓦棺墓
		25	線紋	40.0	31.5	–	1.0~1.7	軟灰	麻布	2.5~4.3	8	I 地區3號瓦棺墓
		26	線紋	40.4	–	–	0.8~1.5	軟灰	麻布	?	有	I 地區3號瓦棺墓
		27	線紋	(31.0)	34.0	–	1.1~2.5	軟灰	麻布	2.0~3.0	11	I 地區3號瓦棺墓
		28	線紋	(41.0)	33.5	–	1.0~2.3	軟灰	麻布	–	有	I 地區3號瓦棺墓
		29	線紋	(41.0)	32.8	–	1.1~2.4	赤褐	麻布	4.0~5.0	?	I 地區3號瓦棺墓
		30	線紋	(22.0)	33.5	–	1.3~1.6	灰黃	麻布	–	有	I 地區3號瓦棺墓
		31	線紋	41.0	32.2	290	1.0~1.8	灰黃	麻布	2.5~3.7	?	I 地區3號瓦棺墓
		32	線紋	40.0	32.5	273	1.2~1.8	灰褐	麻布	3.8	?	I 地區3號瓦棺墓

國別	遺蹟	連番	암키와(단위 : cm) : ( )내는 잔존 크기									備考
			文樣	길이	幅		두께	色調	통보	통쪽		
					밑	위				폭	數量	
百濟	瑞山餘美里瓦棺墓	33	線紋	40.5	33.0	270	0.7~1.8	灰褐	麻布	3.2~4.4	9	I 地區3號瓦棺墓
		34	線紋	39.0	32.5	280	1.1~2.0	灰黃	麻布	3.8	?	I 地區3號瓦棺墓
		35	線紋	38.4	34.0	27.0	1.0~1.9	暗褐	麻布	4.5~6.3	7	I 地區4號瓦棺墓
		36	線紋	37.5	30.5	24.5	0.9~1.7	灰	麻布	3.9~6.2	6	I 地區4號瓦棺墓
		37	線紋	38.2	32.7	26.2	1.2~1.4	灰青	麻布	3.0~5.0	8	I 地區4號瓦棺墓
		38	線紋	36.5	31.4	25.7	1.2~1.6	軟灰	麻布	3.8	5	I 地區4號瓦棺墓
		39	線紋	(38.0)	32.0	–	1.0~2.1	軟灰	麻布	3.1~5.0	8	I 地區4號瓦棺墓
		40	線紋	40.5	33.1	26.8	0.9~1.5	黑灰	麻布	2.8~4.1	8	I 地區4號瓦棺墓
		41	線紋	37.0	31.0	27.7	1.2~1.8	灰青	麻布	4.3~5.6	6	I 地區4號瓦棺墓
		42	線紋	39.0	32.5	28.0	1.2~2.3	灰黃	麻布	3.4~4.9	7	I 地區4號瓦棺墓
		43	線紋	40.7	30.8	27.0	1.1~2.0	灰青	麻布	3.3~3.9	7	I 地區4號瓦棺墓
		44	線紋	38.4	31.7	26.8	1.2~1.7	暗褐	麻布	4.6~6.8	6	I 地區4號瓦棺墓
		45	線紋	39.2	34.0	28.2	1.0~1.8	灰褐	麻布	3.6	?	I 地區4號瓦棺墓
		46	線紋	39.0	32.5	27.8	1.0~1.8	灰青	麻布	3.5~5.5	6	I 地區4號瓦棺墓
		47	線紋	36.5	33.3	26.5	1.0~1.6	灰	麻布	3.4	?	I 地區4號瓦棺墓
		48	線紋	38.2	34.0	27.1	1.0~1.9	灰青	麻布	4.2~5.3	6	I 地區4號瓦棺墓
		49	線紋	38.4	–	–	0.8~1.4	黃褐	麻布	3.8	?	I 地區4號瓦棺墓
		50	線紋	39.8	32.6	–	1.1~1.5	灰	麻布	3.8~4.9	6	I 地區4號瓦棺墓
		51	線紋	38.7	31.5	26.2	0.8~1.6	黑灰	麻布	3.1~4.4	6	I 地區4號瓦棺墓
		52	線紋	38.4	32.5	27.0	1.0~1.6	黑灰	麻布	3.1~4.8	7	I 地區4號瓦棺墓
		53	線紋	39.5	31.8	27.4	0.9~1.8	灰	麻布	3.0~5.7	6.5	I 地區4號瓦棺墓
		54	線紋	39.8	31.1	–	1.0~1.9	灰黃	麻布	4.0~5.0	7	I 地區5號瓦棺墓
		55	線紋	40.2	33.2	295	1.1~1.7	黃	麻布	4.5~5.0	8	I 地區4號瓦棺墓
		56	線紋	39.8	33.9	290	1.0~2.1	灰褐	麻布	3.0~4.0	9	I 地區5號瓦棺墓
		57	無紋	40.8	31.8	282	1.2~1.7	灰褐	麻布	4.0~4.5	7	I 地區5號瓦棺墓
		58	線紋	40.2	33.6	284	1.0~1.8	黃	麻布	3.0~5.0	7.5	I 地區5號瓦棺墓
		59	線紋	40.4	33.1	279	1.3~2.2	黃	麻布	4.0~5.0	5	I 地區5號瓦棺墓
		60	線紋	40.0	34.3	–	0.7~1.5	灰褐	麻布	5.0~8.0	5.5	I 地區5號瓦棺墓
		61	線紋	39.2	26.5	324	1.0~2.0	黃褐	麻布	4.0~5.0	7.5	I 地區5號瓦棺墓
		62	線紋	40.5	33.3	270	1.3~1.6	黃	麻布	4.0~6.0	7	I 地區5號瓦棺墓
		63	線紋	40.6	33.0	302	0.9~1.9	軟褐	麻布	4.0~4.5	8.5	I 地區5號瓦棺墓
		64	線紋	(21.2)	38.4	–	1.3~2.0	灰褐	麻布	3.5~4.5	8.5	I 地區5號瓦棺墓

國別	遺蹟	連番	암키와(단위 : cm) : ( )내는 잔존 크기									備考
			文樣	길이	幅		두께	色調	통보	통쪽		
					밑	위				폭	數量	
百濟	瑞山餘美里瓦棺墓	65	線紋	41.7	34.0	293	1.1~1.7	黃褐	麻布	3.0~4.2	8.5	I 地區5號瓦棺墓
		66	線紋	40.8	32.2	288	0.7~1.6	灰褐	麻布	5.0~7.0	5.5	I 地區5號瓦棺墓
		67	線紋	40.0	33.1	295	0.8~1.9	黃褐	麻布	4.0~6.0	7.5	I 地區5號瓦棺墓
		68	線紋	39.0	31.0	–	0.8~1.6	灰黃	麻布	3.0~4.0	8	I 地區5號瓦棺墓
		69	線紋	–	–	–	1.2~1.3	軟褐	麻布	5.0	?	I 地區5號瓦棺墓

〈표 49〉 경주 방내리고분 수키와 규격표

國別	遺蹟	수키와				備考
		種類	文樣	連番	길이×밑폭(위)×두께(cm)	
古新羅	方內里古墳	토수기와	無紋	1	34.8×16(9.7)×0.8~1.4	
				2	35.7×15.4(9.4)×1	
			線紋	3	35.9×15(8.3)×1.2	
				4	35.8×14.3(8.8)×1.3	
				5	35.4×15(9.5)×1.4	
				6	35.3×14.4(8.5)×1	
				7	35.3×15.6(7.9)×1	
				8	35.3×16.7×1.4	
			格子紋	9	34.8×14.7(8.5)×1.1~1.5	
				10	35.6×16(9.4)×1	
				11	35.3×17.2(10.3)×0.7~1.5	
				12	37.5×16.3(10.4)×0.7~1.3	
			無紋	13	36.3×16.8(9.4)×1~1.6	
				14	35.2×16.8(9.6)×0.9~1.9	

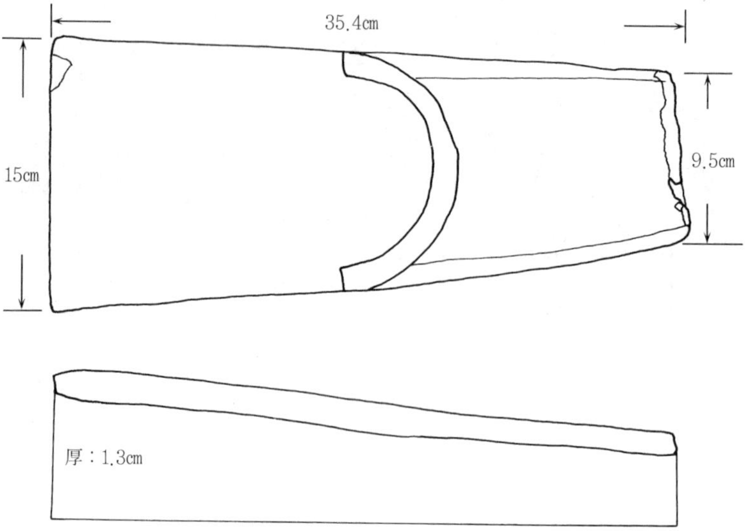

경주 방내리 40호분 출토 수키와(선문)

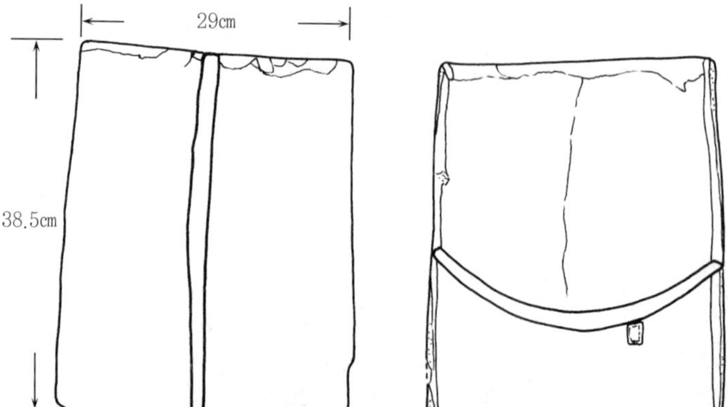

경주 방내리고분 출토 선문 암키와

도면 87. 고신라 평기와 규격(방내리고분)

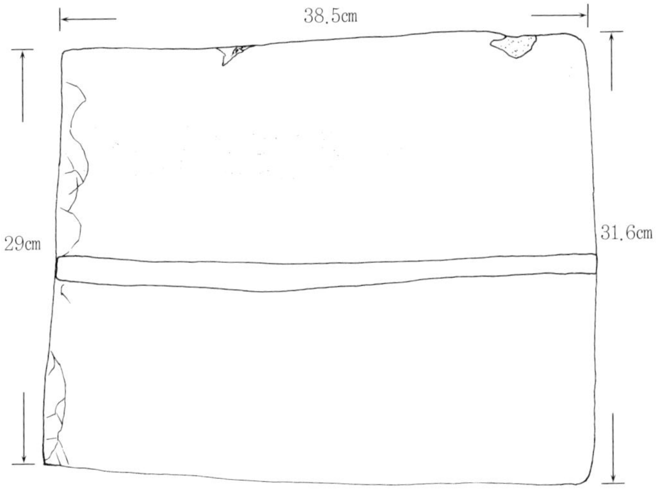

경주 방내리 40호분 선문 암키와

도면 88. 고신라 방내리고분 출토 암키와 규격(고신라)

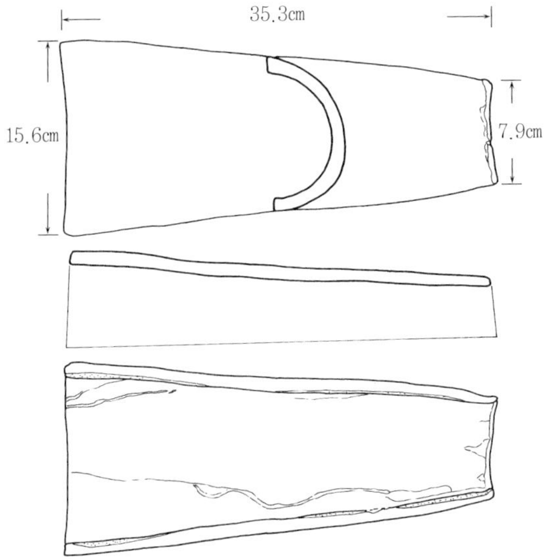

도면 89. 고신라 수키와 규격(방내리고분)

〈표 50〉 경주 방내리 고분 암키와 규격표

암키와		크기(㎝)	備考
文様	連番	길이×밑폭(위)×두께	
線　紋	1	40.5×34(30.3)×1.4	
	2	39×33.5(31.5)×1.3~1.9	
	3	36.5×31.7(28.9)×1.3~1.9	
	4	37×34.5(30.5)×1.5~1.8	
	5	37.7×31(29)×1.2	
	6	35.5×31.7(28.5)×1.4	
	7	38.5×31.6(29)×1.4	
	8	38.1×32.6(26.9)×?	
	9	36.5×31(28.9)×1.5	
	10	36.2×33.2(28.9)×1.2	
	11	38.1×31.2(28.7)×1.5	
	12	37.5×29.8(32.5)×1.3	
	13	35×30.6(29.3)× 1	
	14	36.5×30(26.5)×1.5	
	15	45.3×40.5(39.5)×1.5	
格子紋	16	41.2×34(30.4)×1.1~1.6	
	17	42.6×35(30.7)×1.8	
	18	37.4×33.7(31)×1.5~2	
無　紋	19	36.6×31.2(27.6)×1.8	
	20	41.7×35.3(31.2)×1~2	

따라서 경주 방내리고분 출토 평기와는 당시 일반 건물용으로 제작된 기와를 가져와 시상대屍床臺용으로 사용한 것이다.

경주 경마장 예정부지 출토 수키와는 길이 30~31㎝ 내외에 포함되어 규격이 거의 일정하다. 수키와는 31~34㎝ 범위내에 속하며, 1점만이 35㎝ 크기를 보인다. 동일유적에서 출토된 경우 암키와가 수키와에 비하여 길이가 긴 사례는 방내리고분 출토 기와에서도 확인된다. 암키와는 지붕에 수즙修葺시에 2장에서부터 4장 얹기를 사용한다. 여러 장을 포개어 얹

〈표 51〉 경주 경마장 예정부지 출토 평기와 규격표[41]

國別	遺蹟	기와	連番	文様	길이(cm)	너비(밑)(cm)	두께(cm)	瓦刀		통보	備考
								外→內	內→外		
新羅	慶州競馬場豫定敷地	수키와	1	線紋	32	13.5	0.9	○	−	麻布	토수기와 22號 竪穴遺蹟
			2	線紋	30.3	17	1.2	○	−	麻布	
			3	線紋	32.8	15.2	1.2	○	−	麻布	
			4	線紋	31.3	18.5	1.2	−	○	麻布	
			5	線紋	31.2	17	1.3	○	−	麻布	
			6	線紋	31.3	16.2	1.2	○	−	麻布	
			7	線紋	31.3	16.0	1.0	○	−	麻布	
			8	線紋	30.4	16.7	1.1	○	−	麻布	
			9	線紋	31.9	16.3	1.0	○	−	麻布	
			10	線紋	31.8	17.5	0.8	○	−	麻布	
			11	線紋	30.3	16.8	0.9	○	−	麻布	35號 竪穴遺蹟
		암키와	12	線紋	33.0	34	1.4	−	○	麻布	22號 竪穴遺蹟
			13	線紋	33.3	30.3	1.4	−	○	麻布	
			14	線紋	32.5	28.5	1.3	−	○	麻布	
			15	線紋	33.5	30.7	1.0	−	○	麻布	
			16	線紋	33	32	1.2	−	○	麻布	
			17	線紋	31.5	29.5	1.4	−	○	麻布	
			18	線紋	33.5	31.7	1.2	−	○	麻布	
			19	線紋	33	24.7	1.2	−	○	麻布	
			20	線紋	33.5	30	1.0	−	○	麻布	
			21	線紋	33.8	31	1.2	−	○	麻布	
			22	線紋	33.7	30.5	0.9	−	○	麻布	
			23	線紋	32.7	殘 26.7	1.2	−	○	麻布	35號 竪穴遺蹟
			24	線紋	34.2	33.3	1.5	−	○	麻布	
			25	線紋	32.5	29.8	1.1	−	○	麻布	
			26	線紋	32.3	33.5	1.2	−	○	麻布	
			27	線紋	34	30.5	1.2	−	○	麻布	
			28	線紋	33.5	27	1.3	−	○	麻布	
			29	線紋	32.7	30.5	1.1	−	○	麻布	
			30	線紋	35	33	1.0	−	○	麻布	

41. 한국문화재보호재단 외, 앞 보고서.

는 것에 비례하여 동파冬破 등에 의한 파손으로 인한 누수漏水로부터 안전하다.

고신라古新羅의 평기와 규격은 백제와 비교하여 큰 차이가 없지만, 일반 건물에 사용되었던 기와의 경우 고신라古新羅의 것이 백제에 비하여 다소 크게 제작되었던 사례가 많은 것으로 나타났다. 이러한 추세는 건물의 규모에 따라 변화되었음을 알 수 있다. 이는 동일시기라 하더라도 와장瓦匠의 전습傳習, 지역간 전통 및 기능에 따라 다소간의 크기와 모양은 달라질 수 있음을 알 수 있다.

IV
결론

결론

삼국 평기와 내용은 기와에 빌려 드러난 여러 가지 속성을 통해 관찰할 수 있었다. 여기서 얻은 조사내용을 분석 · 검토함으로써 삼국 간의 공통점과 차이점을 짚어 보았다. 당시 기와 제작기법과 실제 기와에 대한 실상 파악은 정확성과 특질을 어떻게 분석하는가에 달렸다. 이는 곧 삼국 간 평기와의 변화와 주고 받은 영향을 읽을 수 있는 근거가 될 수 있다.

기와의 실체에 대한 정확한 진단은 시기에 따른 변화와 유물 자체에 대한 정확한 편년 설정에 직접적인 영향을 미칠 수도 있을 것이다. 또 정확한 실체의 파악 정도는 삼국 간의 특징을 내세울 만한 자료가 직접적인 관건이 되었다. 이는 유적의 성격과 시기, 반출유물의 편년 설정 등을 내세울 자료로서의 기능도 지녔다 할 것이다. 이러한 여러 가지의 목적을 위한 단계로서 지금까지 삼국 평기와를 관찰했다. 그리고 이를 근거로 와통瓦桶 및 끈 연결법 · 눈테 · 와도瓦刀 · 통보 · 소지素地 · 문양 등을 분야별로 검토하여 제작기법을 살펴 보았다.

와통瓦桶은 기와를 제작하는데 필요한 가장 기본 요소이다. 또 기와를 제작하기 위해서는 제작과정에 따른 단계별 도구가 필수적인 것은 물론이다. 이러한 단계별로 사용되는 도구를 기와 관찰이라는 한 가지 작업으로는 모두를 밝힐 수 없다. 기와 제작공정 중 5단계인 성형단계에서 기와의 특징을 말해주는 여러 가지 도구의 흔적과 방법이 기와의 내 · 외면의 여러 지점에서 관찰되었다.

결과적으로 삼국의 평기와는 ①와통瓦桶 없이 제작하는 무와통법無瓦桶

法과, ②와통瓦桶을 쓴 제작방법 등 두 가지 방법으로 제작되었다. 와통瓦桶 없이 제작되는 방법은[1] 중국에서는 무통無桶으로 알려진 것이다.[2] 와통瓦桶을 사용한 제작법은 두 가지로 나누어지는데, 하나는 통쪽와통, 다른 하나는 원통와통圓筒瓦桶이다. 무와통법無瓦桶法의 기원은 중국의 서주西周시기에 등장한 오랜 전통을 가지고 있다. 이는 토기제작기법과 기본적인 궤軌를 같이하는 것이다.[3] 한반도에는 백제 전기인 한성도읍시기에 이미 도입되었다.

고신라古新羅의 기와제작법에서도 무와통법無瓦桶法이 관찰되는데, 황룡사지의 가장 빠른 시기에 제작한 기와에 포함된다.[4] 월성해자 유적에서

---

1. 와통瓦桶없이 제작하는 것을 "무와통작법無瓦桶作法"이란 용어를 설정하여 정리한 연구가 있다(김기민, 「신라 기와 제작법에 관한 연구-경주 물천리 출토 기와를 중심으로-」, 동아대학교대학원 석사학위논문, 2001). 무와통無瓦桶에 의한 제작기법을 중국에서는 "이조반축기법泥條盤築技法"이라는 용어를 사용한다. 이는 이 기법은 반드시 가래떡형 소지素地만을 이용하여 제작할 수 있기 때문에 명명된 것이다. 이 기법은 가래떡형 소지素地를 한 켜씩 감아 올려 내외에서 두드려가면서 성형하게 되는데, 기본적으로 토기제작기법과 동일한 것이다.
2. 일본에서도 이러한 기법을 그대로 받아들여 니조반축기법泥條盤築技法으로 부르고 있다. 필자는 "무와통작법無瓦桶作法"이란 용어 역시 무난하다고 판단되나, 이 명칭은 "유와통有瓦桶"이란 용어와 대립되는 위치에 있게 된다. 유와통有瓦桶으로 지칭될 경우, 다시 통쪽와통과 원통와통圓筒瓦桶으로 분리되어 다소 희석되는 듯한 느낌이 든다. 중국에서도 "무통無桶"이란 용어는 기법 중의 하나가 아닌 와통瓦桶 없이 제작하는 의미로 사용하고 있는데, 그 구체적인 제작법으로 니조반축기법泥條盤築技法으로 제시한 것이다(楊鴻勛, 「西周岐邑建築遺址初步考察」, 『文物』, 1981-3). 결론적으로 위의 여러 양상이 있음에도 불구하고, 필자는 김기민이 제시한 무와통작법無瓦桶作法이라는 명칭을 그대로 사용하기로 한다(김기민, 「신라 기와 제작법에 관한 연구-경주 물천리 출토 기와를 중심으로-」, 동아대학교대학원 석사학위논문, 2001).
3. 중국의 경우, 서주西周시기에는 구체적인 와통瓦桶 제시가 되지 않고 있다. 그렇지만 서주西周시기 출토 기와의 내면에 드러난 마포麻布통보의 존재는, 사실상 와통瓦桶의 존재를 부인할 수 없는 것이다. 이는 와통瓦桶 없이 제작하는 이른바, 무와통無瓦桶 제작법과 와통瓦桶에 의한 제작법이 병용되고 있었음을 의미한다.

출토된 기와에서도 동일한 기법이 적용되던 사실이 확인되었다.[5]

통쪽와통의 존재는 고구려의 경우 중국의 동북지방에 분포한 산성유적과 임진강유역 및 평양의 안학궁 등에서 확인한 고구려 암키와는 대부분 통쪽와통 흔적을 관찰할 수 있다.[6] 1990년대 이후 활발하게 진행된 임진강유역의 고구려유적에서 출토된 암키와는 통쪽와통을 써서 제작한 경우가 원통와통圓筒瓦桶에 비하여 월등한 비율로 우세한 것으로 나타난다. 이러한 경향은 수량을 빌려 많이 접할 수 없지만, 중국 동북지방의 고구려 기와에서도 비슷한 경향을 보이는 것은 사실이다. 고구려의 기와는 통쪽와통 제작이 대단히 우세하게 나타나고, 백제 역시 비슷한 경향을 보인다. 반면에 고신라古新羅는 경주를 중심으로 6세기 및 7세기 전반경의 일부를 제외하면, 원통와통圓筒瓦桶을 쓴 제작이 주류를 이룬다는 점에서 고구려나 백제와는 차이가 있다(표 52).

고구려의 기와 색조는 중국 동북지방의 고구려 산성 유적에서 출토되는 대부분의 기와에서 붉은 색이 나타나고, 임진강유역의 각 산성 출토 기와 역시 붉은색을 띠고 있다. 다만 태왕릉과 평양 안학궁 유적 기와는 회색계에 속하는 것이 대부분이다. 신라 기와는 황룡사지 초기 기와가 암

---

4. 황룡사지에서 출토된 무와통법無瓦桶法 기와는, 황인호 학예연구사의 도움으로 실견할 수 있었다. 수키와의 경우, 내부에 마포麻布통보 흔적이 관찰되지 않는 대신, 가래떡형 소지素地를 올려 가면서 두드려 성형한 것이다. 따라서 기와의 내면에 드러난 흔적은, 세로방향으로 마치 파상문波狀紋처럼 형성되어 있다. 그렇지만 이 수키와는 공간이 좁아 암키와와 같은 방법으로 손으로 안팎에서 두드리면서 성형하기는 어렵다. 아마 어떤 형태의 틀을 넣어 성형 후, 틀을 먼저 빼내는 방법으로 제작되었을 것으로 판단된다. 중국의 전한前漢 수막새의 뒷면에는, 이른바 분해식모골分解式模骨 흔적이 확인되고 있다. 이는 수막새의 등기와를 먼저 통기와 형태로 성형하기 위한 수단으로 사용된 와통瓦桶이라고 볼 수 있다(谷豊信, 앞 논문).
5. 신창수, 앞 논문 및 김기민 앞 논문.
6. 『대성산의 고구려유적』, 김일성종합대학출판사, 1973.

〈표 52〉 삼국 평기와 와통 대차 비교표

國別 / 瓦桶 및 기와		高句麗		百濟		古新羅		備考
		평양천도 이전	평양천도 이후	한성기	웅진 · 사비기	6세기경	7세기경	
無瓦桶	암키와	?	?	○	–	○	–	
	수키와	?	?	○	–	○	–	
통쪽와통	암키와	○	○	○	○	○	○	
	수키와	?	?	?	○	?	?	
圓筒瓦桶	암키와	○	○	○	○	○	○	
	수키와	○	○	○	○	○	○	

적갈색계가 많고 얇으며, 기형器形이 바르지 않다. 이 기와의 내부는 대부분 통쪽흔적이 확인된다. 이후 고신라古新羅 기와의 대부분은 회색이나 회청색계가 우세하게 나타난다. 백제 전기 기와는 회색과 미황색계가 우세하고, 얇아 0.5~1㎝의 범위에 속하는 사례가 우세하다. 후기에 오면, 회색과 미색에 이어 회백색계가 많은 편이다. 그러나 색조로서 구분하기에는 어려움이 있다.

위의 표에서 보이는 것처럼 백제의 기와제작법은 무와통無瓦桶, 통쪽와통, 원통와통圓筒瓦桶 등 세 가지 유형이 모두 확인된다. 다만 무와통無瓦桶은 한성도읍기에 해당하는 유적에서만 보고 되고 있다. 통쪽와통과 원통와통圓筒瓦桶은 한성도읍기와 웅진 · 사비기 모두 성행했던 양식으로 나타나는 경향을 보인다.

고신라古新羅는 무와통無瓦桶으로 제작된 기와가 경주지방을 중심으로 고도古都 주변의 유적에서만 보고 되는 추세이다. 이는 통쪽와통을 써서 제작한 기와가 경주 주변 유적에서 출토되는 경향과 유사하다. 황룡사지에서 확인된 가장 고식古式 기와로 분류되는 평기와는 마치 와통瓦桶 없이 제작된 것과 같이 기형이 뒤틀리거나, 전체적으로 거칠고 서투른 솜씨로 제작된 것이다. 그러나 내면에는 대부분 통쪽와통의 흔적이 그대로 남아 있다. 이러한 기와는 황룡사지에서 가장 이른 시기의 기와로 분류된다. 이 기와의 색조는 어두운 적갈색계 색조를 띠어 한 와장瓦匠이 같은 요지窯址에서 제작했던 것으로 보인다. 그래서 같은 태토로 똑같은 형상의 제작기법을 써서 만든 것으로 판단된다.[7]

결국 무와통無瓦桶은 백제의 경우 전기 이후에는 계승되지 않았고, 고신라古新羅는 통쪽와통의 존재가 미미했다. 그러나 신라가 통일할 무렵을 전후한 시기까지는 제한된 유적에서 적은 수량이나마 통쪽와통이 확인되고 있다. 통일신라 후에는 원통와통圓筒瓦桶이 전용되면서 한반도 내에서는 모두 이 기법으로 기와를 만들게 되었다. 결국 이 기법은 고려, 조선시대까지 그대로 이어져 내려와 우리의 고유 기와제작 와통瓦桶으로 자리잡았다.

다음은 통쪽에 대한 끈 연결법을 〈표 53〉을 기준으로 알아보기로 한다. 고구려의 환도산성의 격자문格子紋 암키와에서 보이는 한 줄 엮기법 이외에는 관찰하기 어렵다. 이에 대한 해석은 좀 더 많은 기와에 대한 분석 후에 가능할 것으로 판단된다.

〈표 53〉에서 고구려 평기와의 통쪽흔적은 백제나 고신라古新羅에 비하여 더 높은 비율을 보인다. 이점은 제Ⅲ장에 제시한 바와 같다. 그러나 끈 엮기법에 관한 내용은 백제나 고신라古新羅에 비하여 파악이 어렵다. 백제는 위의 14종의 엮기법이 모두 관찰되었다. 고신라古新羅는 두 구멍 뚫기에서만 3종을 확인할 수 있었다.

눈테는 통쪽와통 및 원통와통圓筒瓦桶에 부착된 기와 분리를 위한 예비

7. 최맹식, 「황룡사지 회랑 외곽 출토 평기와 조사연구」, 『문화사학』, 한국문화사학회, 2002.

〈표 53〉 삼국 통쪽와통 끈 연결법 대차 비교표

엮기법 種類 ＼ 國別		高句麗	百濟	古新羅	備考
한 구멍 뚫기	두 줄 통쪽건너 엮기	–	○	–	
	두 줄 통쪽사이 엮기	–	○	–	
두 구멍 뚫기	한 줄 엮기	○	○	–	
	두 줄 엮기	–	○	–	
	한 줄 홈쳐 엮기	–	○	○	
	두 줄 홈쳐 엮기	–	○	○	
	두 줄 엇걸어 엮기	–	○	–	
	사각홈 한 줄 엮기	–	○	○	
	한 줄 고정 엮기	–	○	–	
쌍 두 구멍 뚫기	두 줄 평행 엮기	–	○	–	
	두 줄 홈쳐 평행 엮기	–	○	–	
	두 줄 엇걸어 평행 엮기	–	○	–	
	사각홈 평행 엮기	–	○	–	
네 구멍 뚫기	한 줄 통쪽건너 엮기	–	○	–	

선이라고 할 수 있다. 삼국시대 눈테는 12여 종이 조사되었다. 다음의 〈표 54〉에서는 삼국 국가 별로 눈테의 특징적 존재를 설명해 준다.

눈테는 특히 백제에서는 가장 많은 사례가 조사되었고, 고신라古新羅에서도 백제에 준할 만큼 다양하게 나타났다. 고신라古新羅에서 조사된 새로운 기법 중에는 단절형 눈테가 있다. 이 범주 내에는 중앙에 1㎝ 내외의 끊어진 간격을 둔 것과(허중虛中 눈테), 두 지점에 1㎝ 내외의 간격을 둔 것(삼절三絕 눈테)이 처음으로 확인된 것이다. 이러한 다양한 눈테는 통일신라 이후 대부분 간단한 젓가락식이나, 끈 이음 눈테 등 두 세 종류만 계승된 것으로 나타났다. 또 이 같은 간단한 기법 역시 통일신라 이후 고려와 조선시대로 이어져 고착되었다.

와도瓦刀는 손잡이에 작은 칼을 부착한 형식과 죽도竹刀가 사용되었다.

〈표 54〉 삼국 평기와 눈테 대차 비교표

各種 눈테 \ 國別		高句麗	百濟	古新羅	備考
突 起 形	못 눈테	○	○	○	국가별 눈테의 존재는 자료의 축적에 따라 달라질 수 있음.
	네모 눈테	−	○	○	
	끈매듭 눈테	−	○	○	
	쌍가로 돌기 눈테	−	○	○	
	쌍세로 매듭 눈테	−	○	○	
끈이음형	끈이음 눈테	−	○	○	
	끈이음 매듭 눈테	−	○	○	
	끈 관통 눈테	−	○	○	
젓가락형	젓가락 눈테	−	○	○	
斷 絕 形	虛中 눈테	−	○	○	
	三絕 눈테	−	−	○	
	短線 눈테	−	○	○	

그밖에 제작공정 중 2~5단계에서 사용된 짼줄이 있다. 중국의 경우는 평기와를 분리하거나, 수막새의 등기와를 통으로 만든 다음 종단면의 1/2을 제거하는 수단으로 이 짼줄을 사용했던 흔적이 뚜렷하다. 그렇지만 삼국에서는 평기와를 분리하는 수단으로 사용한 흔적은 찾아보기 어렵다. 이러한 세 유형의 와도瓦刀는 지금도 전통 기와제작에서 그대로 적용되고 있음을 알 수 있다.

통보는 지금까지 마포문麻布紋이라는 용어를 포괄적 의미로 사용한 사례가 많았다.[8] 그러나 1990년 이후 많은 고대 유적이 발굴되면서 마포문

8. 조성모는 앞 논문에서 제작공정에 대한 내용을 다루면서 현장에서 사용하고 있는 용어를 모두 그대로 적용하고 있다. 문화재연구소에서 제작한 제와장에서도 통보로 정리하고 있다.

麻布紋 이외에 다른 유형이 등장하여 통보의 개념을 마포문麻布紋으로 대신하던 지금까지의 방법으로는 한계성을 절감하게 되었다. 따라서 전통한 식기와 제작 현장에서 사용되는 통보로 고쳐 부르기로 하였다.

따라서 통보는 재료의 유형별로 분류하게 되어 마포麻布(布紋)통보, 승문繩紋통보, 갈대형 통보로 잘게 나누었다. 고신라古新羅는 지금까지 마포麻布통보만이 확인되고 있어 고구려나 백제에 비하여 단일하다. 이러한 마포麻布통보는 결국 고신라古新羅의 단일 기법이 통일신라 이후 고려와 조선시대에 이르기까지 그대로 답습되는 것으로 나타나고 있다. 백제는 한성시기에 마포麻布통보가 나타나 웅진사비기 이후에는 백제의 고지故地 전역에서 확인되는 추세이다.

소지素地는 가래떡형 소지素地와 널판형 소지素地로 구분되는데, 삼국이 모두 공용한 것으로 조사되었다.

백제의 경우 한성도읍기에는 예외 없이 가래떡형 소지素地만이 확인되었다. 이는 가래떡형 소지가 실제 먼저 도입되었던 사실을 확인시켜주는 근거인 셈이다. 백제 전기에는 토기와 기와의 제작에서 와장瓦匠이 완전히 분업화되지 않았던 데에 기인하는 것으로 짐작된다. 고구려와 고신라古新羅는 두 소지素地 형태가 모두 관찰된다. 다만 고신라古新羅는 6세기경에 경영되기 시작한 황룡사지와 같은 초기 기와에서 가래떡 소지素地가 확인되었다. 중국 역시 가래떡형 소지素地는 서주西周에서 등장하여 전한前漢에 널판형 소지素地가 출현할 때까지 전용된 것으로 보고되고 있다.[9]

9. 근래 기전문화재연구원에서 조사한 화성 발안리發安里 마을유적 및 기안리旗安里 제철유적에서 조사된 백제 전기 기와 및 송풍관送風管의 제작방법은 거의 비슷하고, 실제 잔존상태에서 기능에 따른 형태에서 다를 뿐이다(기전문화재연구원, 「화성 발안리 마을 유적 · 기안리 제철유적 발굴조사」, 2003).

〈표 55〉 삼국 평기와 통보 대차 비교표

國別 / 통보	高句麗	百濟	古新羅	備考
麻布통보	○	○	○	
繩紋통보	○	○	–	繩紋통보는 中國 漢, 樂浪, 帶方에서도 존재. 百濟는 後期 백제故地에 분포된 많은 遺蹟에서 확인됨. 고구려는 臨津江流域 확인.
갈대형통보	–	○	–	

〈표 56〉 삼국 평기와 소지 대차 비교표

國別 / 素地	高句麗	百濟		古新羅	備考
		漢城都邑期	熊津 · 泗沘都邑期		
가래떡형 素地	○	○	○	○	
널판형 素地	○	–	○	○	

한반도에서는 통일신라 말경까지도 이러한 두 소지素地가 모두 사용되었음이 조사되고 있으나, 통일신라 시대에는 극히 부분적인 유적에서만 나타나는 경향이다.[10] 널판형 소지素地가 훨씬 우세한 수량을 보이고 있다. 고려 이후에는 널판형 소지素地만 사용된 것으로 나타나고 있다.

평기와의 문양은 삼국이 공유한 것과 공유하지 않고 고구려에서만 시문된 것이 조사되었다. 삼국의 공통 문양으로는 승문繩紋, 선문線紋, 격자문格子紋을 들 수 있다. 고구려 평기와에서만 확인되는 것은 능형문菱形紋, 거치문鋸齒紋, 석문蓆紋(삿자리문), 수목문樹木紋 등 네 종류에 이른다. 고구

10. 부소산성 및 이성산성(허미형, 앞 논문).

〈표 57〉 삼국 평기와 문양 대차 비교표

國別 / 文樣	高句麗	百濟	古新羅	備考
繩　紋	○	○	○	
格子紋	○	○	○	正格子紋 및 斜格子紋 모두 포함
線　紋	○	○	○	
菱形紋	○	−	−	菱形紋은 格子紋 내에 네모 형태가 2겹 이상 겹친 것.
鋸齒紋	○	−	−	
席　紋	○	−	−	
樹木紋	○	−	−	統一新羅 말경의 魚骨紋과 동일하나 구분키 위해 명칭을 달리함.

려 평기와의 다양한 문양은 가까이 접한 중국의 한나라와 관계가 깊었던 데서 연유한 것으로 보인다. 삼국의 기본적인 문양은 통일신라시대까지 이어지고, 수목문樹木紋은 통일신라 말경인 9세기경에 다시 등장한다.

참고문헌

[한국]

· 사료

삼국사기

삼국유사

· 자료 및 논저

고구려연구회, 『고구려 유적 발굴과 유물』 제12집, 2001.

고구려연구회, 『고구려연구』 제7집, 고구려연구회, 1999.

공석구, 『고구려 영역 확장사 연구』, 서경문화사, 1998.

과학백과사전출판사, 『조선전사 3-중세편 · 고구려사-』, 1979.

과학백과사전종합출판사,『발해사 연구 논문집(2)』, 1997.

광진구, 『아차산성 '96 보수구간내 실측 및 수습발굴조사 보고서』, 1998.

국립경주박물관, 『문자로 본 신라-신라인의 기록과 필적-』, 2002.

국립경주박물관, 『신라와전』, 2000.

국립문화재연구소, 『풍납토성 I -현대연합주택 및 1지구 재건축 부지-』, 2001.

국립문화재연구소, 『부소산성』, 1996.

국립문화재연구소, 『부소산성 발굴조사 보고서』, 1996.

국립문화재연구소, 『제와장』, 중요무형문화재 제91호, 1996.

국립문화재연구소, 『풍납토성 Ⅱ-동벽발굴조사보고서-』, 2002.

국립부여문화재연구소 외, 『부소산성 발굴조사 중간보고』 부여문화재연구소학술연구총서 제11집,1995.

국립부여문화재연구소 외, 『부여 구아리 백제 유적 발굴조사 보고서』 부여문화재연구소 학술연구총서 제7집, 1993.
국립부여문화재연구소 외, 『사자암 발굴조사 보고서』 부여문화재연구소 학술연구총서 제10집, 1994.
국립부여문화재연구소 외, 『용정리사지』 부여문화재연구소학술총서 제5집, 1993.
국립부여문화재연구소, 『궁남지』 국립부여문화재연구소학술연구총서 제21집, 1999.
국립부여문화재연구소, 『궁남지Ⅱ』 국립부여문화재연구소 학술연구총서, 제29집, 2001.
국립부여문화재연구소, 『부소산성』 국립부여문화재연구소 학술연구총서 제20집, 1999.
국립부여문화재연구소, 『부소산성 발굴조사 중간보고Ⅱ』 부여문화재연구소학술서 제14집,1997.
국립부여문화재연구소, 『부소산성 발굴 중간보고서Ⅳ』 국립부여문화재연구소 학술연구총서 제26집, 2000.
국립부여문화재연구소, 『부소산성 발굴 중간보고서Ⅲ』 부여문화재연구소학술총서 제23집,1999.
국립부여문화재연구소, 『왕궁리 발굴 중간보고Ⅲ』 국립부여문화재연구소 학술연구총서 제27집, 2001.
국립부여문화재연구소, 『왕궁리유적 발굴 중간보고』 부여문화재연구소 학술총서 제4집, 1992.
국립부여문화재연구소, 『왕궁리유적 발굴 중간보고Ⅱ』 국립부여문화재연구소 학술총서 제16집, 1997.
김동현 외, 『신라의 기와』, 동산문화사, 1976.
김동현 외, 『한국고건축단장 (하)-기법과 법식-』 한국건축사대계Ⅱ, 동산문화사, 1977.
김병모 · 배기동 외, 『이성산성 제8차 발굴조사 보고서』, 한양대학교박물관, 2000.
김선기 · 김종문 외, 『익산 제석사지 시굴조사 보고서』, 원광대학교 마한 · 백제문화연구소, 1994.
김성구, 『옛기와』, 대원사, 1992.
김성구 · 신광섭 · 김종만 · 강희천, 『부여 정암리 가마터(1)』, 국립부여박물관, 1988.
김원룡, 『풍납리 포함층 조사보고』, 서울대학교 고고인류학총서 제3책, 1967.
김원룡 · 임효재 · 임영진, 『몽촌토성 동북지구 발굴보고』, 서울특별시 · 서울대학교박물관, 1987.
김원룡 · 임효재 · 임영진 · 박순발, 『몽촌토성 동남지구 발굴조사 보고』, 서울대학교박물관, 1988.
김일성종합대학출판사, 『대성산의 고구려유적』, 1973.
김재원 · 윤무병, 『감은사지 발굴조사 보고서』 국립박물관특별보고 제2책, 1961.
김태식, 『풍납토성-500년 백제를 깨우다-』, 김영사, 2001.
김화영, 「탑평리 출토 연화문 와당」, 『고고미술』, 한국미술사학회, 1976.
大陸研究所, 『러시아 연해주 발해유적』, 1994.
동국대학교박물관(경주), 『석장사지』 박물관 제4책, 1994.
몽촌토성발굴조사단, 『몽촌토성 발굴조사 보고』, 1985.
문화재관리국 문화재연구소, 『미륵사 발굴조사 보고서 I 』, 1988.
문화재관리국 문화재연구소, 『황룡사유적 발굴조사 보고서 I 』, 1982 · 1984.

박용진, 「서울 삼성동 출토 고와」, 『고고미술』, 한국미술사학회,1976.

方學鳳(박상일 역),『발해의 불교유적과 유물』, 서경문화사, 1998.

배기동 · 윤선영 · 김윤아, 『이성산성 9차 발굴조사 보고서』, 하남시 · 한양대학교박물관, 2002.

부여문화재연구소, 『미륵사 발굴조사 보고서 Ⅱ』, 1996.

부여문화재연구소, 『부소산성 발굴조사 보고서』, 1995.

서길수, 『대륙에 남은 고구려』, 사단법인고구려연구회, 2003.

서울특별시 석촌동발굴조사단, 『석촌동고분군 발굴조사 보고』, 1987.

성주탁, 『백제 성지 연구』, 서경, 2002.

신광섭 · 김종만, 『부여 정암리 가마터(2)』, 국립부여박물관 · 부여군, 1992.

신영훈, 『한국고건축단장 上』,한국건축사대계Ⅱ, 동산문화사, 1975.

심정보 · 공석구, 『계족산성 정밀지표조사 보고서』, 대전공업대학 향토문화연구소 · 대전직할시, 1992.

심정보 · 공석구, 『계족산성 서문지 조사개보』, 대전산업대학교 향토문화연구소, 1994.

아산시 · 충남발전연구원, 『아산학성산성』, 1999.

안승주, 『공산성』, 공주사범대학 백제문화연구소, 1982.

안승주 · 이남석, 『공산성 건물지』, 공주대학교박물관 외, 1992.

안승주 · 이남석, 『공산성 건물지』, 공주대학교박물관 외, 1992.

안승주 · 이남석, 『공산성 백제 추정 왕궁지 발굴조사 보고서』, 공주사범대학박물관 외, 1987.

위덕대학교, 『경주 남산 장창곡 신라 와요지 지표조사 보고서』 위덕대학교박물관총서 제4책, 2001.

유원재, 『중국 정사 백제전 연구』, 학연문화사, 1995.

윤내현 · 한창균 외, 『망이산성 발굴 보고서(1)』 단국대학교 중앙박물관 고적조사보고 제20책, 1996.

윤내현 · 한창균 외, 『안성 망이산성 2차 발굴조사 보고서』 단국대학교 중앙박물관 고적조사보고 제25책, 1999

윤내현 · 한창균 외, 『이천 설봉산성 1차 발굴조사 보고서』 단국대학교 중앙박물관 고적조사보고 제24책,1999.

윤내현 · 한창균 외, 『이천 설봉산성 2차 발굴조사 보고서』 단국대학교 매장문화재연구소 학술조사총서 제6책, 2001.

윤내현 · 한창균 외, 『포천 반월산성 1차 발굴조사 보고서』 단국대학교 문과대학 사학과 고적조사보고 제3책, 1996.

윤내현 · 한창균 외, 『포천 반월산성 2차 발굴조사 보고서』 단국대학교 문과대학 사학과 고적조사보고 제4책 ,1997.

윤내현 · 한창균 외, 『포천 반월산성 3차 발굴조사 보고서』 단국대학교 중앙박물관 고적조사보고 제22책, 1998.

윤내현 · 한창균 외, 『포천 반월산성 4차 발굴조사 보고서』 단국대학교 중앙박물관 고적조사보고 제26책, 1999.

윤내현 · 한창균 외, 『포천 반월산성5차 발굴조서 보고서』 단국대학교 매장문화재연구소 총서 제7책, 2001.

윤내현 · 한창균 외, 『망이산성 학술조사 보고서』 단국대학교중앙박물관 고적조사보고 제13책, 1992.

윤무병, 『금강사』 국립박물관고적조사보고 제7책, 1969.

윤무병, 『부여 관북리 백제 유적 발굴보고(Ⅱ)』 충남대학교박물관총서 제18집, 충남대학교박물관 외, 1999.

윤무병, 『부여 관북리 백제 유적 발굴조사 보고(Ⅰ)』, 충남대학교박물관 외, 1985.

윤무병, 『부여 정림사지 연지유적 발굴 보고서』, 충남대학교박물관, 1987.

윤무병, 『정림사』, 충남대학교박물관 외,1981.

이남석, 『웅진시대의 백제 고고학』, 서경, 2002.

이남석 · 서정석, 『대통사지』, 공주대학교박물관 외, 2000.

이남석 · 서정석, 『성흥산성 문지 발굴조사 보고서』, 충남발전연구원 외, 1996.

이남석 · 이훈, 『천방유적』, 한국수자원공사 · 공주대학교박물관, 1996.

이남석 · 이훈, 『공산성 지당』, 공주대학교박물관 외, 1999.

이상엽, 『서산 여미리 유적』, 충청매장문화재연구원, 2001.

이종욱, 『신라의 역사(1 · 2)』, 김영사, 2002.

이호영, 『신라 삼국 통합과 여 · 제 패망 원인 연구』, 1997.

장경호, 『백제 사찰건축』, 예경산업사, 1990.

장준식, 『신라 중원경 연구』, 학연문화사, 1998.

전영래, 『익산 오금산성 발굴조사 보고서』, 원광대학교 마한백제문화연구소, 1985.

정동찬 · 유창영 · 홍현섭 · 윤용선 · 신영순, 『전통 과학기술 조사연구(Ⅱ)-대장간, 옹기, 기와-』, 국립중앙과학관, 1994.

정영호, 『중원 탑평리사지 발굴조사 보고서』 한국교원대학교박물관학술조사보고 제7집, 교원대학교, 1993.

조유전 · 남시진, 『월성해자 발굴조사 보고서Ⅰ』, 문화재연구소경주고적발굴단, 1990.

청주대학교박물관, 『청주 흥덕사지 발굴조사 보고서』 고적조사보고 제8책, 1986.

최규성 · 이호영 · 최근영 · 심광주, 『홍성 석성산성 건물지 발굴조사 보고서』 상명대학교박물관 학술조사보고서 제3책, 상명대학교박물관 · 홍성군, 1998.
최근영(편), 『한국 고대사의 제조명』, 신서원, 2001.
최몽룡 · 최병현, 『백제시대의 요지 연구』, 1988.
최인선 · 이동희 외, 『광양시의 산성-정밀지표조사 보고서-』 순천대박물관 지방문화총서 제15, 순천대박물관 외, 1998.
최인선 · 이동희 외, 『순천 검단산성과 왜성』 사학과 고적조사보고 제4책, 1997.
최인선 · 이동희 외, 『순천 검단산성과 왜성』, 순천대학교박물관 · 순천시, 1997.
최인선 · 조근우, 『여수의 성지-정밀지표조사 보고서-』 순천대박물관 지방문화총서 제16, 순천대박물관 외, 1998.
충남대학교박물관 외, 『성주사』 충남대학교박물관 총서 제17집, 1998.
충청남도, 『백제 역사 재현 단지 조성 조사연구 보고서(문화 예술 분야-백제 산업 연구-)』, 1996.
한국문화재보호재단 외, 『경주 경마장 예정부지 C-I 지구 발굴조사 보고서(본문)』, 1999.
한국방송공사, 『고구려성』 고구려특별대전, 1994.

· 논문

권오영, 「백제 전기 기와에 대한 신지견-화성 화산고분군 채집 기와를 중심으로-」, 『백제연구』 제33집, 2001.
권오영, 「풍납토성 경당지구 발굴조사 성과-건물지를 중심으로-」, 『풍납토성의 발굴과 성과』, 한밭대학교 향토문화연구소, 2001.
김기민, 「신라 기와 제작법에 관한 연구-경주 물천리 출토 기와를 중심으로-」, 동아대학교 대학원 석사학위논문, 2001.

김성구, 「다경 와요지 출토 신라 와전 소고」, 『미술자료』 제33호, 국립중앙박물관, 1983.

김성구, 「백제 · 신라와요」, 『불교예술』 209호, 1993.

김성구, 「부여의 백제 요지와 출토 유물에 대하여」, 『백제연구』 제21집, 충남대학교 백제연구소, 1990.

김인철, 「온정리 고성에 대하여」, 『조선고고연구』, 사회과학원고고학연구소, 1994-2.

김화영, 「한국 연화문 연구」, 『고문화논총』, 구주고문화연구회, 1974.

박용진, 「공주 출토의 백제 와전에 관한 연구」, 『백제연구』 제6집, 공주사범대학교 부설 백제연구소, 1973.

박홍국, 「삼국 말~통일신라 초기 신라 와전에 대한 일고찰 -월성군 내남면 망성리 와요지와 그 출토 와전을 중심으로-」, 동국대학교 대학원 석사학위청구논문, 1986.

박홍국, 「월성군 내남면 망성리 와요지와 출토 와전에 대한 고찰」, 『영남학보』, 영남고고학회, 1998.

백종오, 「경기 북부지역 성곽 출토 고구려 평기와 연구」, 단국대학교 대학원 석사학위논문, 2001.

서봉수, 「포천 반월산성 기와의 속성 분석과 제작 시기」, 단국대학교 대학원 석사학위 청구논문, 1998.

서오선, 「한국 평와 문양의 시대적 변천에 대한 연구」, 충남대학교 대학원 석사학위 청구논문, 1985.

신창수, 「황룡사지 출토 신라 기와의 편년」, 단국대학교 대학원 석사학위 청구논문, 1986.

양동윤 · 김주용 · 한창균, 「고구려 기와의 현미경 관찰과 XRD분석-고구려연구회 소장유물을 중심으로-」, 『고구려연구』 제7집, 고구려연구회, 1999.

윤근일, 「통일신라시대 와당의 제작기법에 관한 연구」, 단국대학교 대학원 석사학위 청구논문, 1978.

이창근, 「표본 한식개와 제작경위에 대하여」, 『문화재』 14호, 문화재관리국, 1981.

이훈, 「와요의 구조형식 변천」, 공주대학교 대학원 석사학위논문, 1996.

임영진, 「백제 초기 한성시대 토기 연구」, 『호남고고학보』 제4집, 1996.

장경호, 「백제 사찰건축에 대한 연구」, 홍익대학교 공학박사학위 청구논문, 1988.

장경호, 「한국 전통기와 제작기법과 그 규격에 관한 고찰」, 『초우 황수영 박사 고희 기념 미술사학 논총』, 1988.

장경호 · 최맹식, 「미륵사지 출토 기와등 문양에 대한 조사 연구」, 『문화재』제19집, 문화재관리국, 1986.

조성모, 「한국 전통기와 제작공정에 관한 연구」, 원광대학교 산업대학원 석사학위논문, 1995.

조성윤, 「경주 출토 신라 평기와의 편년시안」, 경주대학교 대학원 석사학위 청구논문, 2000.

조원창, 「백제 건축기술의 대일전파-기단축조 제와술-」, 상명대학교 대학원 박사학위 청구논문, 2002.

조유전, 「신라 황룡사 가람에 관한 연구」, 동아대학교 박사학위논문, 1986.

최맹식, 「고구려 기와의 특성」, 『고구려연구』 12집, 고구려연구회, 2001.

최맹식, 「백제 및 통일신라시대 기와문양과 제작기법에 관한 조사연구」, 『호남고고학보』 호남고고학회 제13집, 2001.

최맹식, 「백제 평기와 제작기법 일고-가래떡형(점토대) 소지를 중심으로-」, 『문화사학』, 한국문화사학회, 1999.

최맹식, 「백제 평기와 제작기법 신연구」, 단국대학교 대학원 석사학위 청구논문, 1998.

최맹식, 「백제 평기와 제작기법 연구」, 『백제연구』 제25집, 충남대학교 백제연구소, 1995.

최맹식, 「백제 평기와 한 유형에 관한 소고-기와 내면 승석문에 관하여-」, 『문화사학』, 한국문화사학회 제58 · 59합집호, 1999.

최맹식, 「통일신라 평기와 연구」, 『호서고고학』, 호서고고학회, 2002.

최맹식, 「평기와 연구의 최근동향」, 『백제연구』 제34집, 충남대학교 백제연구소, 2001.

최맹식, 「풍납토성 출토 유물의 성격-기와를 중심으로-」, 『풍납토성과 그 성과』, 한밭대학교 개교 74주년 기념학술발표대회논문집, 한밭대학교 향토문화연구소, 2001.

최맹식, 「황룡사지 회랑 외곽 출토 평기와 조사 연구」, 『문화사학』, 한국문화사학회 제17호, 2002.

최맹식 · 서길수, 「고구려 유적 기와에 관한 조사 연구」, 『고구려연구』, 고구려연구회, 1999.

최태선, 「평와 제작법의 변천에 대한 연구」, 경북대학교 석사학위 청구논문, 1993.

허미형, 「통일신라기 평와에 대한 연구-이성산성 출토 와를 중심으로-」, 한양대학교 석사학위논문, 1989.

홍재선, 「백제 사비성 연구-유물 · 유적을 중심으로-」, 동국대학교 석사학위 청구논문, 1981.

[일본]

· 사료

日本書紀

· 자료 및 논저

朝鮮總督府, 『樂浪郡時代遺蹟』, 古蹟調查特別報告 第8册.

朝鮮總督府, 『高句麗時代之遺蹟』, 古蹟調查特別報告 昭和4年.

朝鮮總督府, 『古蹟調査報告』, 朝鮮古蹟硏究會 昭和11年度.

朝鮮總督府, 『古蹟調査報告』, 朝鮮古蹟硏究會 昭和12年度.

朝鮮總督府, 『古蹟調査報告』, 朝鮮古蹟硏究會 昭和13年度.

池內宏, 『風納里土城』, 1935.

京都市文化觀光局 外, 『小栗栖瓦窯跡發掘調査報告』, 昭和59年.

九州歷史資料館, 『大宰府史跡』, 平成6年度發掘調査概報, 平成8年3月.

九州歷史資料館, 『般若寺跡Ⅱ』, 宰府史跡, 昭和62年度發掘調査概報別册, 昭和63.

九州歷史資料館, 『收藏資料目錄4』, 1987.

大分縣立宇佐風土記の丘歷史民俗資料館, 『彌勒寺』, 宇佐宮彌勒寺舊境內發掘調査報告書, 1989.

大川清, 『瓦尾根瓦窯跡 相模國分寺窯跡の調査』, 考古學硏究室報告乙種第2册, 國士館大學文學部 考古學硏究室, 1969.

大川清, 「扶餘郡 恩山面 金剛寺 出土古瓦의硏究」, 『百濟硏究』 第6輯,1973.

大脅潔, 『丸瓦の製作技術』, 奈良國立文化財硏究所學報 第49册, 1991.

大脅潔, 「百濟の軒丸瓦とその製作技術」, 『朝鮮の古瓦を考える』, 帝塚山考

古學談話會第555回記念, 帝塚山考古學研究所, 1996.

新吉富村教育委員會, 『垂水廢寺發掘調査報告』, 新吉富村文化財調査報告書 第2集 1976.

田川市教育委員會, 『天台寺跡(上伊田廢寺)』, 田川市文化財調査報告書 , 1990.

前場幸治, 『古瓦考』, 相模國分寺天台廢寺, 1993.

田川市教育委員會, 『天台寺跡(上伊田廢寺)』, 田川市文化財調査報告書 第6集.

朝鮮總督府, 『樂浪郡時代遺蹟』, 古蹟調査特別報告 第四册.

中井公, 『桶型內巻作り平瓦一事例』, 考古學と移住移動, 同志社大學考古學シりーズⅡ.

中村浩, 『窯業遺跡入門』, 考古學, 昭和59年.

行橋市教育委員會, 『椿市廢寺』, 行橋市文化財調査報告書, 1980.

古代學協會, 『平安京跡研究調査報告』 第4輯, 西賀茂瓦窯跡, 昭和53年.

三上次男 · 田村晃一, 『北闕山城-高爾山山城-高句麗新城の調査』, 中央公論美術出版, 平成5年.

龜田修一, 「百濟古瓦考」, 『百濟研究』忠南大學校百濟研究所 第12輯.1981.

龜田修一, 「百濟漢城時代の瓦に關する覺書-石村洞號墳出土例を中心として-」, 尹武炳博士回甲記念論叢, 1984.

龜田修一, 「ある高句麗系瓦-美作五反廢寺出土例について-」, 『交流の考古學』 三島格會長古稀記念號, 1991.

龜田修一, 「百濟瓦新羅瓦」, 『佛敎藝術』 209號, 1993.

龜田修一, 「朝鮮半島から日本への瓦の傳播」, 『激動の古代東アジア-6 · 7世紀を中心に-』, 帝塚山考古學研究所, 1995.

龜田修一, 「韓半島南部地域の瓦當裏面布目丸瓦」, 『碩晤尹容鎭敎授退任紀念論叢』, 1996.

龜田修一, 「百濟漢城時代の瓦と城」, 『第2回百濟史定立の學術セメミメー』, 1996.

龜田修一, 「朝鮮半島古代寺院寺町廢寺」, 『寺町廢寺は三谷寺か』, 廣島縣立歷史民俗資料館研究紀要 第2集, 1999.

龜田修一, 「武藏の朝鮮系瓦と渡來人」, 『瓦衣千年-森郁夫先生還曆記念論文集-』, 森郁夫先生還曆記念論文集刊行會 , 1999.

李다운, 「飛鳥白鳳瓦土器-年代論-」, 帝塚山大學古考學研究所歷史考古學研究會, 1999, 11-27.

上原眞人, 「天平12,13年 瓦工房」, 『研究論集』 Ⅶ, 奈良國立文化財研究所學報(41册), 奈良國立文化財研究所, 昭和59年.

上原眞人, 「平安貴族は瓦葺邸宅に住んでいなかつた」, 『高井悌三郎先生喜壽記念論叢(歷史學 考古學)』, 昭和63年一月三日.

上原眞人,「平瓦製作法の變遷」, -近世造瓦技術成立の 前提-, 『今里幾次先生古稀記念』.

栗原和彦, 「九州における平瓦一枚作り」, 『九州歷史資料館研究論集』 15, 1990.

帝塚山考古學研究所, 「朝鮮の古瓦お考える」, 『帝塚山考古學談話會』 第555回 記念, 1996.

九州古文化研究會, 「豊前地方の古代寺院と古瓦」, 第80回九州古文化研究會(中津大會)記錄, 『古文化論叢』 第34輯, 1995.

倉吉市教育研究會, 『大御堂廢寺跡發掘調査報告書』, 平成12年度.

奈良文化財研究所, 『古代瓦研究Ⅰ-飛鳥寺の創建から百濟大寺の成立まで-』, 古代瓦研究會シンポジウム記錄, 2000.

渡邊誠, 「瓦と 木綿」, 東アジア的觀点で, 『歷史民俗 8』, 神奈川大學日本常民文化研究論集.

京都府立山城郷土資料館,『山城の 古瓦』, 1983.

瀧本正志,『平瓦桶巻作りにおける一考察』, 考古學雜誌 第69卷 第2號, 日本考 古學會, 昭和58年 12月.

森郁夫,「瓦」,『考古學ライブリ』43.

上原眞人,「古代の 造瓦工房」,『古代史復元』9, 古代の都と村, 1989.

上原眞人,「古代末期にぉける瓦生産體制の變革」,『古代研究』13・14, 1978.

佐原眞,「平瓦桶巻作り」,『 考古學雜誌』第58卷 第2號, 日本考古學會, 昭和47年.

淀江町教育委員會,『上淀廢寺彩色壁畵槪報』, 1992.

廣島縣立歷史民俗資料館,『寺町廢寺と水切り瓦』, 平成10(1998)年度考古企劃展, 1988.

奈良縣立　原古古學研究所附屬博物館,『蓮華百相−瓦からみた初期寺院の成立と展開−』, 1999.

奈良國立文化財研究所,『飛鳥時代の埋藏文化財に關する一考察』, 飛鳥資料館,平成3年.

奈良國立文化財研究所,『寺跡頭塔發掘調査報告』, 2001.

九州資料館 ,『大宰府史跡出土軒瓦叩打痕文字瓦型式一覽』, 2000.

飛鳥資料館,『飛鳥時代埋藏文化財關一考察』, 2001.

淀江町,『華伯耆因幡古代寺院資料集』, 2002.

[중국]

『考工記譯註』

『天工開物』

『清式營造則例』

『營造法式』

劉敦楨, 『中國古代建築史』, 建築科學研究院建築史編委會組織編寫, 中國建築工業出版社, 1978.

傅熹年, 「關于展子虔游春圖年代的探討」, 『文物』,1978-11.

駱希哲, 『唐華清宮』, 陝西省文物事業管理局, 文物出版社, 1998.

焦南峰, 『漢陽陵』, 陝西省考古研究所, 重慶出版社, 2001.

祁英濤, 「中國古代建築的脊飾」, 『文物』, 1978-3.

譚英杰 · 孫秀仁 · 趙虹光 · 干志耿, 『黑龍江區域考古學』, 中國社會科學出版社.

郭寶鈞 · 馬得志 · 張云鵬 · 周永珍, 「一九五四年春洛陽西郊發掘報告」,『考古學報』, 中國科學院考古研究所編輯, 科學出版社出版, 1956-2.

黃展岳, 「一九五五年春洛陽漢河南縣城東區發掘報告」, 『考古學報』, 1956-4.

曾庸, 「西漢宮殿,官署的瓦當」, 『考古』, 1959-12.

陝西省社會科學院考古研究所渭水隊, 「秦都咸陽故城遺址的調查和試掘」, 『考古』,1962-6.

廣東省文物考古研究所 · 廣東省博物館 · 五華縣博物館, 「廣東五華獅雄山漢代建築遺址」, 『文物』, 1991.

俞偉超, 「鄴城調查記」, 『文物』, 1963.

李强, 「渤海 文字瓦摹誤訂正」, 『黑龍江文物叢刊』, 1984.

張其海, 「崇安城村漢城探掘簡報」, 『文物』, 福建城博物館, 1985.

陳大爲 · 王成生 · 李宇峰 · 辛岩, 「遼寧綏中縣姜女墳秦漢建築遺址發掘簡報」, 『文物』, 遼寧省文物考古研究所, 1986-8.

陳植, 「秦漢瓦當概述」, 『文物』, 1963-11.

黃士斌, 「漢魏洛陽城出土的遺物有文字的瓦」, 『考古』, 1962-9.

黃展岳, 「一九五五年春洛陽漢河南縣城東區發掘報告」, 『考古學報』, 中國科學院考古研究所編輯, 科學出版社出版, 1956.

何質夫, 「西安三橋鎭高窯村出土的西漢銅器群」, 『考古』, 1963-2.

張德光, 「山西洪洞古城的調査」, 『考古』, 1963-10.

羅哲文, 「臨洮秦長城敦煌玉門關酒泉嘉峪關勘查簡記」, 『文物』,1964-6.

陶正剛 · 協學明, 「古魏城和禹王古城調査簡報」, 『文物』, 연도삽입-4 · 5.

劉慶柱, 「秦都咸陽幾个問題的初探」, 『文物』, 1976-11.

馬建熙, 「秦都咸陽瓦當」, 『文物』, 1976-11.

王志杰 · 朱捷元, 「漢茂陵及其倍葬冢附近新發現的重要文物」, 『文物』, 1976-7.

四川省博物館 外, 「四川西昌高梘唐代瓦窯發掘簡報」, 『文物』, 1977-6.

尹盛平, 「扶風召陳西周建築群基址發掘簡報」, 『文物』, 1981-3.

楊鴻勛, 「西周岐邑建築遺址初步考察」, 『文物』, 1981-3.

邱立誠 · 劉建安, 「廣東五華獅雄山漢代建築遺址」, 『文物』, 1991-11.

靳楓毅, 「西漢柳城故址考辨」, 『黑龍江文物叢刊』, 1982-3.

陳全方, 「周原出土陶文研究」, 『文物』, 1985-3.

張其海, 「崇安城村漢城探掘簡報」, 『文物』, 1985-11.

張增祺, 「南詔大理國時期的有字瓦」, 『文物』, 1986-7.

李慶發 · 張克擧, 「遼寧西部漢代長城調査報告」, 『北方文物』, 1987-2.

蘇才, 「吉林輯安高句麗建築遺址的淸理」, 『考古』, 1961-1.

方起東, 「輯安東臺子高句麗建築遺址的性質和年代」, 『東北考古與歷史』 82-1,

周向永 · 趙守利 · 邢杰, 「西豊城子山山城」, 『遼海文物學刊』, 1993-2.

崔玉寬, 「鳳凰山山城調查簡報」, 『遼海文物學刊』, 1994-2.

楊永芳 · 楊光, 「岫岩境內五座高句麗山城調查簡報」, 『遼海文物學刊』, 1994-2.

富品瑩 · 吳洪寬, 「海城英城子高句麗山城調查記」, 『遼海文物學刊』, 1994-2.

曹桂林 · 王鐵軍「鐵岭境內五座高句麗山城簡介」, 『遼海文物學刊』,1994-2.

佟達, 「新賓五龍高句麗山城」, 『遼海文物學刊』, 1994-2.

辛占山, 「遼寧境內高句麗城址的考察」, 『遼海文物學刊』, 1994-2.

王錦厚, 「鴨綠江右岸高句麗山城研究」, 『遼海文物學刊』, 1994-2.

李强, 「渤海文字瓦摹誤訂正」, 『黑龍江文物叢刊』, 1984-3.

魏存成, 「渤海的建築」, 『黑龍江文物叢刊』, 1984-4.

李新全, 「三燕瓦當考」, 『遼海文物學刊』, 1996-1.

劉懷君, 「陝西省眉縣成山宮遺址的再調查」, 『古考與文物』, 2002-3.

ABSTRACT

Study of Roof Tiles of the Three Kingdoms Period

Choi Maeng-shik
Department of History
Graduate School
Dankook University
Advisor : Professor Jeong Yeong-ho

The Three Kingdoms Period, the start of the historical period in Korea, is a watershed in Korean history. This period is the start of Koreas recorded history and thus the authentic history of the country. Of course, archaeological and Chinese history and various Korean documents indicate that the prehistoric period had a much longer and more brilliant history. However, as far as tiles are concerned, no materials, such as written records or actual examples, date back before the Three Kingdoms Period. Therefore, it can be said that it is from this period that the history of Korean tiles begins.

Though tiles are a building material, they were used in various applications such as roofing and drainage pipes. This diversity of function is a development not only resulting from functional need since the introduction of tiles to Korea; there was also tendency to use them for artistic effect. Whether functional or artistic, if their purpose had not been clear then the tradition of tile making in Korea would not have developed and been maintained over such a long period of time.

Tiles are the most commonly excavated item from the post Three Kingdoms Period. They constitute a core part of the Three Kingdoms culture because tiles were absolutely necessary for built structures, which account for many of the historical relics and remains from the Three Kingdoms Period. These structures include palace buildings, temples, fortresses, government buildings and other urban buildings. The importance of tiles in the culture of the Three Kingdoms has been proved in excavations and a proper understanding of excavated tiles can be taken as a yardstick for understanding of that time.

Roof tiles are shaped differently according to the function on the roof. However, the ordinary roof tiles discussed here means the most basic units making up the roof: the convex and concave tiles. The roof tiles of the Three Kingdoms Period were made either with or without molds. The two different types of molds used were cylindrical molds and assembly molds. Tiles from the Baekje Kingdom, when Hanseong was the capital, were made without molds, or with assembly molds, but the former type is very small in number. All tiles from the following time, when Baekje moved its capital to Gongju, were made with molds, both cylindrical and assembly molds. From the Silla Kingdom, only a very small number of tiles made without molds have been found at such remains as the Hwangryongsa Temple site and other sites that existed around the sixth century. A larger number of tiles made with assembly molds have been found from the same period. Therefore, it can be surmised that cylindrical mold manufacture was the main tile making technique used from the 7th century in the Silla Kingdom. After Silla unified the Korean peninsula, the cylindrical mold technique was the only one disseminated. It thus became the traditional method of tile manufacture in Korea.

From the latter half of the Three Kingdoms Period, the use of molds made mass production of tiles possible and this was accompanied by development in tile manufacturing technology. Such technological development led to the establishment of tile making as an art on its own and there emerged artisans who specialized in making tiles. Previously, tile making had been considered a part of the art of ceramics.

The patterns on roof tiles from the Three Kingdoms Period represent a stage before patterns were used for wholly decorative purposes. This means that the patterns were created from the functional perspective of shaping the tiles. That is, a pattern was carved on the tools used to beat the tiles to give them shape and density. So the pattern stamped on the tiles was the result of a functional process rather than being decorative. In quality, shape and manufacturing techniques, the roof tiles of the Three Kingdoms Period were the most highly advanced for their time and thus were passed on to Japan. The tile manufacturing techniques of the Three Kingdoms were the basis for those of Unified Silla, after which time the techniques were handed down only partially.

Translator : Cho Yoon-Jung